ELIZABETH BISHOP

THOMAS TRAVISANO

Elizabeth Bishop

Uma biografia

Tradução
Luiz A. de Araújo

Companhia Das Letras

Grafia atualizada segundo o Acordo Ortográfico da Língua Portuguesa de 1990, que entrou em vigor no Brasil em 2009.

Título original
Love Unknown: The Life and Worlds of Elizabeth Bishop

Capa
Raul Loureiro

Foto de capa
Josef Breitenbach © The Josef and Yaye Breitenbach Charitable Foundation. Reprodução de Archives and Special Collections Vassar College Library (Ref#3.495)

Preparação
Julia Passos

Índice remissivo
Luciano Marchiori

Revisão
Renata Lopes Del Nero
Jane Pessoa

Dados Internacionais de Catalogação na Publicação (CIP)
(Câmara Brasileira do Livro, SP, Brasil)

Travisano, Thomas
Elizabeth Bishop : Uma biografia / Thomas Travisano ; tradução Luiz A. de Araújo. — 1ª ed. — São Paulo : Companhia das Letras, 2023.

Título original: Love Unknown : The Life and Worlds of Elizabeth Bishop.
ISBN 978-85-359-3367-3

1. Bishop, Elizabeth, 1911-1979 2. Poetas americanas – Biografia I. Título.

23-148681 CDD-811.54092

Índice para catálogo sistemático:
1. Poetas americanas : Biografia 811.54092

Aline Graziele Benitez – Bibliotecária – CRB-1/3129

EDITORA SCHWARCZ S.A.
Rua Bandeira Paulista, 702, cj. 32
04532-002 — São Paulo — SP
Telefone: (11) 3707-3500
www.companhiadasletras.com.br
www.blogdacompanhia.com.br
facebook.com/companhiadasletras
instagram.com/companhiadasletras
twitter.com/cialetras

Para Elsa, como sempre,

e

para os meus amigos e colegas na Elizabeth Bishop Society

[...] *Verdadeiramente, Amigo,*
Pois eu deveria ouvir teu Mestre mostrar-te
Mais favor do que dizes. Marca o fim.
A Fonte não fez senão renovar o que era velho:
O Caldeirão amoleceu o que se havia endurecido em demasia:
Os espinhos estimularam o que se tornara enfadonho:
Todos se esforçaram para reparar o que tinhas estragado.
Portanto alegra-te e louva-o ao máximo
Todo dia, toda hora, em cada momento da semana,
Quem gostarias de ser, novo, tenro, vivo.

George Herbert, "Amor desconhecido"

Sumário

Prólogo

A vida de Elizabeth Bishop é uma grande história. A história de uma menina que, aos oito meses, perdeu o pai para a doença de Bright e, aos cinco anos, perdeu a mãe para um distúrbio mental incurável. A história de uma mulher que lutou com a timidez e a insegurança, com o alcoolismo e com distúrbios autoimunes graves e permanentes, com obstáculos impostos pelo gênero e — como observou Adrienne Rich — com "o olho do outsider"[1] imposto por sua sexualidade lésbica. É, no seu núcleo, a história de uma menina que cresceu órfã, abusada e isolada e, com um esforço determinado, se transformou numa viajante internacional e na criadora de poemas inesquecíveis.

Nessa grande história, há uma rede de narrativas menores — das relações de Bishop com autores, artistas e compositores famosos do mundo todo, e com muitos amigos e amantes menos conhecidos. Explorar a rede de relações de Bishop com escritores, celebridades, artistas visuais e músicos, nativos, viajantes, estudantes, eruditos, médicos e políticos — somada a uma contracultura gay internacional então quase invisível para a cultura dominante — dá vida aos diversos mundos de meados do século xx nos três continentes que ela percorreu. Aos catorze anos, Bishop começou a escrever cartas autoexploratórias que eram vívidas, engraçadas e sofisticadas. Seus versos, prosa e cartas posteriores descrevem com uma clareza extraordinária sua experiência inicial a partir dos três anos. Os registros familiares também pintam um quadro lúcido da vida de Bishop *antes* dos três anos de idade. Mesmo que ela não tivesse se tornado uma poeta de renome mundial, valeria a pena explorar a história de sua vida porque oferece um retrato notável da luta permanente de um indivíduo contra a adversidade. Mas Bishop se transformou numa autora realmente grandiosa, e o registro que deixou oferece um relato convincente de como uma artista excepcional primeiro nasceu e então se fez. À sua maneira autodepreciativa, Bishop afirmou em entrevistas que o padrão de sua vida era o resultado de uma série de meros acidentes. Mas seus escritos precoces da adolescência deixam bem claro que, aos catorze ou quinze anos, ela já esboçava um plano de vida que priorizava a viagem, o amor, a amizade, a independência, a observação e a composição poética. Da adolescência em diante, Elizabeth Bishop manteve os contornos de seu plano e, como escritora e pessoa, realizou a maior parte dele.

A Elizabeth Bishop que surgiu para mim, depois de quarenta anos envolvido com sua vida e sua arte, era uma individualista discreta e determinada cujas ações e escolhas eram marcadas por uma disposição coerente a aceitar riscos, acrescida de um olhar aguçado para o detalhe e um senso de humor seco e distintamente perverso. Bishop era uma mulher que lutava de maneira persistente contra os inconvenientes físicos e emocionais que podiam ter incapacitado outras pessoas. Contudo, construiu uma vida que, apesar de todas as suas imperfeições, era marcada por sagacidade, energia, coragem, dedicação e realizações artísticas duradouras. Como observou seu amigo e protegido James Merrill,

"Foi *du coté de chez* Elizabeth [...] que eu vi a vida cotidiana que me agradava [...] com seu tipo de superfície aleatória, tchekhoviana, aberta para surpresas triviais e divertidas, ou até para as dolorosas, hoje um acesso de choro, amanhã um piquenique". Para Merrill, "Elizabeth tinha mais talento para a vida — e a poesia — do que qualquer outra pessoa que eu conheci, e isso me serviu como ideal".[2] Uma das imagens mais famosas e recorrentes da escrita de Bishop é o arco-íris, e ela certamente via a vida em todo o seu espectro. Sua abertura para todos os tipos de experiência, fossem desconcertantes, amargas, divertidas ou revigorantes, continua sendo uma das principais atrações de sua vida e de sua arte. Essas características também explicam, pelo menos em parte, a profunda e contínua influência de Bishop sobre os colegas escritores e o crescente encantamento que exerce nos leitores.

Tornou-se um axioma entre os críticos que o fato de Bishop ter dedicado a vida toda à viagem se devia em grande medida à busca por um "lar". No entanto, viajar não era apenas uma busca por segurança ou proteção. Era também por aventura, risco e descoberta, por amizade e amor duradouros, por material artístico e, talvez a mais importante, a busca por liberdade, baseada numa infância marcada pela perda, pelo isolamento e pela restrição. A "arte de perder", celebrada por ela com tristeza e pungente ironia no seu talvez mais famoso poema, "Uma arte", estava ligada em partes iguais a uma vida e uma arte de *achar* — uma arte que exigia uma espécie de encontro, apreciação e discreta epifania que aparecem copiosamente em toda sua obra. Sua habilidade insólita para equilibrar profundidade com leveza de um modo inteiramente natural e envolvente ajuda os leitores a enxergar o mundo de maneiras novas. Como Merrill observou pouco depois da morte de Bishop em 1979, "eu gosto de como toda sua obra está na escala de uma vida humana; não há amplificação oracular, ela não recorre a pernas de pau para ampliar sua visão. Não precisa disso. Já é suficientemente sensata e humana".[3] Entretanto, sua leveza e a escala consistentemente humana de sua poesia não impediam a profundidade. Como outro amigo e protegido, Frank Bidart, observou quinze anos depois da sua morte,

> a vida de Bishop, idiossincrática, aparentemente marginal, era exemplar. Sua recusa mascarada porém intensa a não ser nada além de si própria revela como um raio X as contradições e os prazeres da cultura do século XX. As tragédias na origem de sua vida estavam na raiz da mestria alcançada pela sua arte.[4]

Essa combinação única de qualidades — outrora subvalorizada, mas agora amplamente reconhecida — levou David Orr a declarar no *New York Times Book Review*, em 2006, que "nada se compara ao impacto de um grande artista, e, na segunda metade do século XX, nenhum artista americano em qualquer meio foi superior a Elizabeth Bishop".[5] Como escreveu May Swenson numa carta extática de louvor que ofereceu a primeira leitura pormenorizada dos *Poemas* de Bishop de 1955, livro que posteriormente ganharia o prêmio Pulitzer: "Não precisar de ilusão — ousar enxergar e dizer como as coisas realmente são é a emancipação que eu gostaria de alcançar — mas acho que você não precisa tentar, pois simplesmente enxerga assim, sendo você".[6]

Esta biografia espera mostrar a vida e a arte de Bishop como uma luta persistente, complexa e enfim bem-sucedida da fala contra o silêncio — uma luta em que sua obra permanece perseverante e curiosamente vívida mesmo quando se desenvolve a partir do isolamento, do sofrimento e da perda, e com eles se confronta. Muitos dos seus poemas mais esquivos e enigmáticos podem começar a parecer quase transparentes quando se empregam insights biográficos de maneira sensível, e a magia dos seus poemas não faz senão aumentar quando testemunhamos as lutas a partir das quais sua obra surgiu, lutas que ela destilou e transformou mediante a alquimia peculiar de sua arte. E no centro de sua grandeza como artista se acha a recriação ímpar de sua experiência infantil.

1. Entre dois mundos

Aos três anos, Elizabeth Bishop presenciou o grande incêndio de Salem — ocorrido na noite de 25 de junho de 1914, e do qual se lembraria até o fim da vida. O fogo se espalhou na escuridão, varrendo mais de cem hectares da histórica cidade portuária de Massachusetts e reduzindo a ruínas as casas de mais de 20 mil habitantes. As chamas obrigaram centenas de moradores de Salem a fugir em pequenas embarcações pela enseada Palmer em busca da relativa segurança de Marblehead, na margem oposta.

Era lá, perto da praia de Marblehead, que Elizabeth dividia uma casa de veraneio com a mãe recém-viúva, Gertrude Bulmer Bishop, e com a família paterna. No poema "Um bêbado", publicado postumamente, Bishop recordou que as chamas do outro lado da enseada eram altíssimas, "o céu ficou vermelho-claro/ rubro como uma rosa; meu berço pintado de branco avermelhou-se", e ela viu barcos com fugitivos chegarem à sua praia. No entanto, os habitantes de Marblehead estavam longe de se sentirem seguros, pois "o céu rubro estava repleto de ciscos/ cinzas e brasas", e muitos cidadãos trataram de molhar os telhados para impedir que suas casas também ardessem.

Em meio àquela cena caótica, a menina saiu à procura da mãe e encontrou Gertrude na companhia de vários vizinhos, dando café e comida aos refugiados de Salem. Seus gritos pedindo atenção e conforto passaram despercebidos. A única coisa de que Bishop se lembrou depois foi de ter recebido uma dura reprimenda da mãe na manhã seguinte quando estavam passeando na praia. Por curiosidade, a garota pegou um pedaço de uma meia comprida preta feminina que estava na areia "coberta de cinzas —/ objetos estranhos... lançados do outro lado da água", e sua mãe reagiu com rispidez: "*Largue isso aí!*".[1] Essa censura à sua curiosidade provocou muita vergonha e culpa, sentimentos que passaram décadas ecoando em sua memória, para só reaparecerem num poema profundamente autoexploratório — vinculando tal experiência a seu problema periódico de abuso de álcool —, poema esse que ainda estava na sua escrivaninha quando ela morreu.

Gertrude, a mãe de Bishop, estava com a saúde mental fragilizada quando houve o grande incêndio de 1914. Seus ataques de perturbação emocional haviam se tornado agudos depois da morte do marido três anos antes, quando a pequena Elizabeth tinha oito meses. Dois anos depois do incêndio, quando a menina tinha cinco anos, Gertrude sofreu um colapso mental do qual nunca se recuperou. Bishop continuaria sendo perseguida pelos perturbadores berros da mãe: "um grito, o eco de um grito", que, como ela mostra no seu conto "Na aldeia", de 1953, assinalavam o colapso mental de Gertrude. Esse foi o grito que se tornou parte do mundo interior de Bishop e "simplesmente se instalou ali de modo definitivo — não muito alto, mas vivo para sempre".[2] Bishop continuaria sofrendo por causa dessas e de outras perdas traumáticas — perdas tão extremas e tão bem lembradas que certa vez ela disse a seu amigo e colega poeta Robert Lowell: "Quando você escrever o meu epitáfio, tem de dizer que eu fui a pessoa mais solitária que já existiu".[3]

Contudo, é preciso entender outro lado da personalidade de Bishop se quisermos compreender a persona complexa que ela apresentava ao mundo tanto na vida pessoal quanto na poesia. Ainda que seu passado com frequência traumático fosse muito vivo para ela, Bishop também era extraordinariamente comprometida com o presente. Quando, aos quase sessenta anos, ela passou a dar aula na Universidade Harvard no outono de 1970, a poeta Kathleen Spivack, mais jovem que Bishop, observou que "ela tinha o olhar admirado da juventude". Spivack também a achou diferente da austera persona pública da "srta. Bishop", que ela esperava da reputação da poeta mais velha. No seu segundo ano em Harvard, Bishop instalou uma mesa de pingue-pongue na sala de seu pequeno apartamento na Brattle Street; a prática desse jogo devia ajudá-la com a artrite nas mãos. Spivack recorda suas partidas semanais de pingue-pongue, durante as quais "Elizabeth corria no seu lado da mesa, o belo rosto franzido de concentração, e gargalhava de suas jogadas traiçoeiras".[4] À noite, quando chegavam para jantar, os convidados se sentavam à mesa de pingue-pongue, agora sem rede e modestamente decorada com uma toalha. Como observou seu amigo e colega de Harvard Monroe Engel, Bishop não tinha espaço no apartamento para uma mesa de jantar e outra de pingue-pongue, de modo que escolheu esta última e declarou: "A gente pode comer numa mesa de pingue-pongue, mas não pode jogar pingue-pongue numa mesa de jantar".[5]

Segundo seu aluno Jonathan Galassi, na sala de aula da faculdade Bishop tinha "maneiras quase obstinadamente antiquadas".[6] Tratava os alunos pelo sobrenome, prática quase extinta no ensino superior americano no início da década de 1970. Em compensação, também podia ser *ela mesma* de maneira impertinente em momentos nos quais era de esperar um pouco mais de compostura. Sua mescla de educada correção com inconvencionalidade insolente também se manifesta na poesia, tal como a fusão à primeira vista contraditória da certeira exatidão com sua versão singularmente caseira de surrealismo. Ela denominava essa qualidade "surrealismo da vida cotidiana".[7] Tais características paradoxais, somadas à sua insaciável curiosidade juvenil e a sua perspicácia e diversão cômica — que o falecido prêmio Nobel Seamus Heaney chamou de sua "característica seca, alegre"[8] —, ajudaram-na a atrair um grupo de amigos vasto e ilustre, muitos dos quais também vieram a ser seus correspondentes devotados. Esses indivíduos afortunados se tornaram destinatários de um fluxo constante de cartas sarcásticas e reveladoras, que atualmente são consideradas um dos corpos de correspondência mais brilhantes e significativos do século passado.

Quando começou a dar aula de escrita e literatura na Universidade Harvard — e se instalou no pequeno apartamento da Brattle Street, ao norte da Harvard Square —, Bishop era uma viajante muito experiente. Residira no Brasil durante a maior parte das duas décadas anteriores e, antes e depois disso, tinha vivido longos períodos no Canadá, na França, em Key West, no México, em Washington, DC, em Seattle e em San Francisco, pontuados por passagens por lugares tão diferentes quanto o litoral do Maine, Cape Cod, Newfoundland, a Espanha, o Norte da África, a Toscana e (com muita frequência) Greenwich Village em Nova York, onde manteve durante vários anos um "sótão" na King Street como residência de verão. Mas agora, na sua última década de vida, Bishop havia retornado à terra natal. Seu apartamento na Brattle Street ficava apenas 64 quilômetros a leste da residência (já demolida) da Main Street, 875, em Worcester, Massachusetts, onde ela havia dado seu primeiro suspiro. A robusta lápide de granito, no Cemitério Hope de Worcester, sob a qual estão sepultadas as cinzas de Bishop — juntamente com os restos mortais de sua mãe canadense e de seu pai natural de Worcester —, fica alguns minutos ao norte do lugar em que ela nasceu. Todavia, seu "lá e de volta outra vez" havia sido uma viagem longa e agitada.

A Worcester de 1911, ano em que Bishop nasceu, era uma cidade industrial dinâmica, próspera e em constante crescimento — o terceiro centro urbano da Nova Inglaterra, depois de Boston e Providence, em Rhode Island. Worcester era uma comunidade na qual a família Bishop desempenhava um papel proeminente, mas Bishop não guardava uma lembrança agradável disso. Afirmou em uma carta a Anne Stevenson, autora do primeiro livro crítico sobre a poeta, que havia passado alguns meses miseráveis em Worcester com seus avós paternos. Entre os oito e os dezesseis anos, morara a maior parte do ano com uma tia materna num bairro operário de Boston. Esses meses longos e enfadonhos, quando ela costumava ficar confinada em casa devido a doenças, eram mitigados pelos verões com os avós maternos em Great Village, na Nova Escócia. O senso de identidade nacional, regional e familiar de Bishop sempre foi complexo e fluido. Nascida nos Estados Unidos de pai americano, era legalmente uma cidadã daquele país. No entanto, Bishop se descreveu a Stevenson como três quartos canadense e um quarto natural da Nova Inglaterra, pois seu avô paterno, assim como a família, nascera no Canadá. Contudo, mesmo suas raízes canadenses eram misturadas com americanas; como ela disse a Stevenson: "Meus ancestrais maternos eram, alguns deles, tóris, que foram embora do norte do estado de Nova York e receberam terras na Nova Escócia, cedidas pelo rei Jorge III".[9]

A família do pai de Bishop, os Bishop de Worcester, e a de sua mãe, os Bulmer de sua querida Great Village, na Nova Escócia, eram respeitadas em suas comunidades, mas os Bishop de Worcester eram empresários bem-sucedidos e muito mais prósperos. Na verdade, os prodigamente intitulados *Historic Homes and Institutions and Genealogical and Personal Memoirs of Worcester County, Massachusetts* [Lares e instituições históricos e memórias genealógicas e pessoais do município de Worcester, Massachusetts], publicados em 1907, exaltaram o avô paterno de Elizabeth, John W. Bishop, como um exemplo vivo do Sonho Americano, e a própria Bishop observaria mais tarde: "Uma típica história de Horatio Alger".[10] Na visão de *Historic Homes*, o avô paterno de Bishop era um homem cuja "ascensão de uma origem humilde a um patamar importantíssimo no mundo dos negócios" continha uma "lição valiosa" sobre a trajetória da riqueza e da estatura profissional. *Historic Homes* registra que John W. nasceu na Ilha do Príncipe Eduardo, no Canadá, em 1846, daí a afirmação de Bishop de que ela seria três quartos canadense. John W. migrou com a família para Rhode Island aos onze anos. Depois de apenas um ano de instrução formal, passou a trabalhar numa fiação de algodão, na qual labutou duramente até os catorze anos. A seguir, mudou para a construção civil — circulando, segundo Bishop, "com uma caixa de ferramentas de carpintaria nas costas".[11] Não tardou a se mudar para Worcester, onde tratou de subir na vida "com energia e perseverança incansáveis" até 1874 — quatro anos depois de um ótimo casamento —, quando passou a trabalhar por conta própria como construtor. Nos 25 anos seguintes, a empresa de John W. cresceu sem parar. Mantendo um centro de operações em Worcester, a J. W. Bishop & Co. abriu escritórios na Quinta Avenida de Nova York, assim como em Boston e em Providence — esta, em parte, devido a sua proximidade de Newport. *Historic Homes* atribui o sucesso da empresa do patriarca dos Bishop diretamente ao "fator pessoal. Ele trabalhava muito e até tarde e nunca deixou de aprender e de se dedicar".[12]

A J. W. Bishop & Co. erigiu vários chalés de veraneio — ou, como *Historic Homes* os denomina de maneira mais precisa, "mansões caras" — que povoam a Millionaires' Row, ao longo das praias de Narragansett Bay. No entanto, a firma se dedicava sobretudo, como Bishop recordaria mais tarde, à construção de "edifícios públicos, universidades, teatros etc.". "Muitos prédios em Boston, inclusive a Biblioteca Pública, o Museu de Belas-Artes etc."[13] Esses prédios ilustres e ainda populares são conhecidos não só pela utilidade e pela beleza, como pela perfeição e pela durabilidade de sua construção. Dizia-se com frequência no ramo que um edifício da J. W. Bishop & Co. era muito resistente.[14]

Devido a sua escolaridade limitada, John W. Bishop se tornou construtor, não arquiteto, mas o *Architectural Record* afirma que sua perícia em arquitetura e design de interiores era tal que muitos o consideravam "como um daqueles mestres do mármore a quem o mais eminente escultor pode confiar seu gesso de modelo parisiense com toda certeza de que o mármore acabado, formado à sua imagem, não precisará do retoque de sua própria mão".[15] Ainda que Bishop reservasse mais afeto para seus parentes Bulmer, em um aspecto ela era a neta de seu avô de Worcester. O domínio de John W. Bishop sobre a forma arquitetônica e os pormenores da construção se refletiria em Elizabeth Bishop em sua maestria para trabalhar a forma poética e o detalhe verbal. O que ele aprendeu a construir com pedra, ela aprenderia a construir com palavras.

Na época do nascimento de Bishop, a empresa de seu avô se achava no auge do sucesso e estava concluindo, no centro de Worcester, um dos prédios públicos mais singulares e atraentes: a sede da Sociedade Antiquária Americana.[16] Devido à riqueza e à unicidade de seu acervo, estudiosos do início da história americana e da cultura popular foram atraídos durante mais de um século àquele prédio de estilo colonial na Salisbury Street de Worcester, que fica a somente três quilômetros da casa em que Bishop nasceu. A arquitetura desse edifício é tão impressionante que há de revelar algo da mente e da personalidade de seu pai e de seu avô. O robusto exterior de tijolo não prepara as pessoas para o majestoso esplendor de seu interior, centrado numa sala de leitura de beleza surpreendente. Graciosas colunas jônicas emolduram o átrio octogonal dessa câmara e, "sob sua generosa cúpula",[17] a luz se filtra delicadamente sobre um aspirante a erudito que talvez esteja absorvendo a história e a cultura popular dos primeiros séculos dos Estados Unidos em periódicos ainda quentes da prensa. A declaração feita pela sede da Sociedade Antiquária Americana — e sua notável sala de leitura — é que as palavras impressas têm importância.

O pai de Elizabeth, William Thomas Bishop foi o primeiro vice-presidente da J. W. Bishop & Co. Como administrador dos negócios da empresa em Worcester, supervisionou diretamente a construção da Sociedade Antiquária Americana. Talvez estivesse trabalhando tão perto de casa por ter se casado recentemente; durante as etapas finais do trabalho no projeto da Sociedade Antiquária, sua esposa, Gertrude, estava grávida da menina que viria a ser sua única filha. O prédio da Sociedade ficou pronto e foi ocupado na metade de janeiro de 1911,[18] menos de um mês antes do nascimento de Elizabeth, em 8 de fevereiro de 1911. Tragicamente, aquele seria o último edifício cuja construção seu pai acompanharia até o fim.

Nascido em 1872, William Thomas era o mais velho dos quatro filhos sobreviventes de John W. Bishop e sua abastada esposa Sarah Foster, de Holden, Massachusetts. Quatro outros filhos morreram bebês ou na primeira infância. Uma das irmãs de William, Marion Edith (nascida em 1877), casou-se com Thomas Coe de Worcester e teve três filhos. Infelizmente, ela — como seu irmão William — morreu no mesmo ano em que Bishop nasceu.

Os outros dois irmãos de seu pai eram Florence (nascida em 1875), que nunca se casou, e John W. Jr. (nascido em 1880), que se casou, mas não teve filhos. Posteriormente, esses dois tios teriam um papel fundamental — e, do ponto de vista de Elizabeth, nem sempre feliz — na sua vida.

Quatro dias depois do nascimento da filha, o pai de Bishop escreveu uma carta cordial para os cunhados Bulmer, comentando com alegria e com um pouco de orgulho que sua esposa "tem mais leite do que pode usar, de modo que provavelmente vamos fazer manteiga. No começo, nós queríamos ter gêmeos e, quando mudamos de ideia, esquecemos de suprimir a metade do provimento de leite".[19] Grande parte do que Bishop sabia acerca do pai provinha da família de sua mãe. Como ela recordava, tanto a irmã solteira de William, Florence, quanto os Bulmer "eram muito dedicados a ele" e o achavam "calado e doce".[20] Preferia ficar em casa com um bom livro a se envolver no turbilhão social, mas, pelo que diziam, sua timidez — uma característica que a filha compartilharia mais tarde — diminuía entre os amigos íntimos e parentes. Elizabeth prezava a meia dúzia de livros que por fim herdou da vasta coleção do pai. Entre eles estava "uma belíssima edição de *As pedras de Veneza* [de Ruskin], com o ex-líbris dele, que foi um presente de duas das suas irmãs no Natal de 1898".[21] Qualquer vestígio persistente do pai que ela não conheceu era algo a que Bishop se agarrava para sempre.

A origem de Gertrude era muito diferente da do marido. Embora ambos tivessem raízes nas províncias marítimas do Canadá, as dela eram muito mais profundas e imediatas. Gertrude nasceu em agosto de 1879 em Great Village, na Nova Escócia. Como escreveu Sandra Barry, "Great Village no começo do século XX continuava sendo essencialmente o que tinha sido no fim do século XIX. As carroças percorriam ruidosamente as ruas de terra, e os lampiões a óleo ainda iluminavam o interior das casas (e, consequentemente, as lembranças e a imaginação de Bishop)".[22] Ela sempre recordaria vivamente a "terra fértil" de Great Village, "uma terra de um vermelho-escuro, pinheiros azuis, bétulas" e "um rio bonito que deságua na baía depois de passar por um brejo de água salgada".[23]

Gertrude era a terceira dos cinco filhos sobreviventes de William e Elizabeth Bulmer: uma irmã mais velha, Maud (nascida em 1874); um irmão mais velho, Arthur (nascido em 1877); e duas irmãs mais novas, Grace (nascida em 1889) e a bem mais jovem Mary (nascida em 1900). Outra irmã, Lizzy, nasceu morta. Os tios e tias Bulmer de Bishop seriam importantíssimos em sua vida, cada um tendo uma presença significativa em seus poemas e contos. Posteriormente, Bishop se autodenominaria "ratinha do campo", e seu apego ao belo e rústico mundo rural de Great Village seria muito intenso. Sua identificação consciente com a linhagem Bulmer nunca se abateu. Bishop atribuía aos Bulmer a maior parte do seu caráter pessoal e artístico, ainda que seu tipo de talento tivesse paralelos em ambos os lados da família. A sensibilidade, o desejo de viajar e a modéstia tinham fortes antecedentes nos Bulmer, assim como a reticência, o senso profundo de forma e estrutura artísticas, e a aguçada atenção ao detalhe revelam vínculos importantes com os Bishop. O amor pela leitura e a contemplação, a devoção pela arte e o senso de humor irônico tinham precedente em ambos os lados.

Seu avô materno, William Brown Bulmer[24] (nascido em 1848), proprietário do curtume local, era um cidadão amável, trabalhador, consciente dos deveres cívicos e muito respeitado. Possuía uma casa pequena no centro da cidadezinha e, como a maioria dos seus vizinhos, tinha uma pequena propriedade rural. Elizabeth sempre fazia questão de dizer que William Bulmer era o seu avô predileto. "Ele era um amor; muito doce, religioso, e sabia lidar com crianças." Elizabeth também se lembrava de que nos domingos, quando ele assumia a função de deão da igreja batista, "passava o cesto para recolher o dízimo [e] sempre me entregava escondido uma daquelas balas brancas, fortes, de hortelã com a palavra CANADA escrita nelas (creio que existem até hoje)".[25]

"Ao meu avô" de Bishop, sua elegia amarga e afetuosa a William Bulmer, figura entre os mais belos dos seus muitos poemas publicados postumamente. Nele, Elizabeth imagina a forma fantasmagórica, mas tangível, do avô na morte, "entroncado, ombros largos, determinado/ arrastando-se torto nas raquetes de neve" rumo ao polo Norte, e ela fantasia que "se eu pudesse surpreendê-lo, beijar-lhe o rosto,/ sentiria sua barba prata fria como geada/ e seu bigode antiquado/ cairia feito pingentes de gelo". O poema termina com um grito de protesto e angústia, tentando lhe deter o passo inevitável: "Vovô, por favor, pare! Eu não estive tão fria em anos".[26] Aqui há um desejo ardente de proximidade e carinho, mesmo quando a realidade irrompe e o objeto desse afeto se torna cada vez mais glacial e remoto.

A mulher de William, nascida Elizabeth Hutchinson em 1850, era irmã de George Hutchinson, na época um popular artista e ilustrador cuja obra — embora Bishop "não o tivesse conhecido"[27] — figuraria em dois poemas notáveis. Ela relembrava a avó materna como uma mulher às vezes rabugenta. Sua frase preferida era uma semichorosa "Ninguém sabe...". Todavia, como Bishop observou de maneira mordaz em seu fragmentário poema "As avós", publicado postumamente, "era verdade. Ninguém sabia".[28] Entretanto, ela também encarava sua avó Bulmer como uma mulher observadora, laboriosa, que ria e chorava com facilidade, era uma hábil dona de casa e se manteve profundamente dedicada ao marido, aos filhos e aos netos.

A mãe de Bishop foi professora durante pouco tempo no Cabo Bretão rural. Depois, assim como sua irmã mais nova Grace, fez curso de enfermagem no Hospital Geral de Massachusetts.

Quando conheceu William Bishop, seu futuro marido, em 1907, Gertrude tinha 27 anos, sete a menos que ele. Mesmo nessa época, a saúde de William era instável — alguns anos antes, ele desistira de um empreendimento comercial por causa de seus problemas de saúde — e há motivos para acreditar que o casal se conheceu quando ele estava internado no Hospital Geral de Massachusetts.[29] O encanto juvenil de Gertrude foi confirmado em um comentário feito a Bishop por seu tio Thomas Coe, que se casara com a irmã de William, Marion. Já no fim da vida, Thomas lhe contou: "A sua mãe foi a patinadora mais bonita que já vi — eu me apaixonei por ela, também, quando a vi patinando". Numa carta a Anne Stevenson, Bishop confessou: "Essas informações sempre me surpreendem muito, pois o que sei é muito pouco".[30]

Há razão para suspeitar que as diferenças de patrimônio e status social tenham suscitado certo grau de resistência na família Bishop à união de William com Gertrude Bulmer, em especial porque a cerimônia de casamento, realizada em 22 de junho de 1908, ocorreu não em Worcester, mas na elegante e neogótica igreja da Graça de Lower Manhattan, a primeira encomenda importante feita ao célebre arquiteto James Renwick Jr. De fato, as altas arcadas e os vitrais monumentais daquele lugar de devoção episcopal correspondiam à predileção de William pela arquitetura refinada. A escolha do lugar também podia sugerir uma disposição, por parte de Gertrude, a ser levada para longe de sua humilde origem batista. Na época, Grace, a irmã mais nova de Gertrude, era enfermeira em Nova York. Pode ter sido o único membro das duas famílias que compareceu à cerimônia.

Os recém-casados passaram a lua de mel na Jamaica e no Panamá antes de regressar a Worcester, onde William retomou suas responsabilidades na empresa da família. A frieza inicial para com o matrimônio por parte dos pais de William parece ter sido posta de lado quando o casal retornou — ainda que não tenha desaparecido completamente. Gertrude Bulmer Bishop se alçara muito acima de sua posição social, e Bishop, nos extensivos estudos de seus primeiros anos, tomou nota da preocupação de sua mãe com a necessidade de se vestir bem e de bancar a dama grã-fina. Essa preocupação com roupas sofisticadas, que, ao que tudo indica, parece ter ultrapassado a fronteira da mania, também é corroborada pelos prontuários médicos remanescentes — cujo conteúdo a própria Bishop não chegou a ver. Posteriormente, ela explicaria o equilíbrio complexo entre as duas famílias com uma alusão à origem humilde do seu próprio avô na Ilha do Príncipe Eduardo: "Meus avós Bishop vieram me visitar no Canadá várias vezes, ao que parece — eu me lembro de duas visitas. Embora meu pai tivesse se casado com uma moça pobre do interior, a geração mais velha ainda tinha em comum o bastante, creio eu, para manter boas relações apesar da diferença de dinheiro — foi a geração seguinte [dos Bishop] que me fez sofrer muito".[31] De fato, pode-se descobrir certa medida de sensibilidade compartilhada no fato de que, embora seu avô Bishop tivesse carro com motorista numa época em que os automóveis ainda eram uma raridade e, ainda que pudesse se dar ao luxo de comprar uma casa muito maior, ele e a esposa preferiam morar naquela que a prima de Elizabeth Kay Orr Sargent descreve como "uma casa de fazenda lindíssima, na Main Street, 1212, [que] ficava no campo, a pouco mais de três quilômetros do centro de Worcester". Sempre havia animais de fazenda por perto e, ainda que um velho caseiro fizesse o verdadeiro trabalho rural, "vovô sabia o que precisava ser feito".[32] John W. Jr., o tio de Bishop, que se orgulhava de seus cavalos e de seus cães, também optou por residir com a esposa, Mabel, numa casa de fazenda situada alguns quilômetros além da extremidade oeste de Worcester.

* * *

O relato mais antigo da vida de Bishop está inscrito no exemplar de seus pais de um livro outrora popular intitulado *The Biography of Our Baby*. A Elizabeth adulta sempre desejou conservar esse volume consigo, embora nos anos posteriores achasse divertido o sentimentalismo pós-vitoriano de sua linguagem e imagética.[33] No entanto, o livro mantém o seu fascínio. Esse relato inicial da vida de uma futura poeta se mostra intrigante tanto por suas lacunas e omissões quanto por suas revelações, pois conta uma história que se iniciou no orgulho e na alegria, depois deu uma brusca guinada rumo à tragédia imprevista, enquanto novas perdas espreitavam nas suas sombras e nos seus espaços vazios.

Os pormenores do nascimento de Bishop aparecem na primeira página do livro, na qual os espaços deixados em branco entre as passagens da prosa curiosamente grandiloquente da *Biography* estão preenchidos à mão (aqui indicados em itálico).

> Saibam os aqui
> presentes
> que neste dia *8 de fevereiro*
> do ano de *1911*
> *Elizabeth Bishop*
> nasceu na *Main Street, 875, Worcester Mass.*
> para o sr. e a sra. *William Thomas Bishop*
> às *10h45.*

À esquerda do nome da recém-nascida Elizabeth, a figura de uma fada criança com asas e despenteada oferece um enorme buquê de rosas atadas com uma fita rosada comprida e flutuante. Os espaços em branco deixados para os nomes da mãe e do pai não têm assinaturas, mas, embora o bebê tenha nascido em casa, a assinatura de um médico responsável e a de uma enfermeira estão devidamente anexadas.

Numa das páginas seguintes, encontra-se uma litografia idealizada de um garboso jovem pai de terno de verão e uma adorável jovem mãe de vestido florido compartilhando o prazeroso ato de pesar seu bebê. Sob o título "Baby's Weight", está registrado o peso de Elizabeth "Ao nascer" com sadios "3,17 quilos". No terceiro mês, esse peso tinha avançado, em etapas regulares, para "4,84 quilos". Então, no quarto mês de Elizabeth, uma nota ominosa ingressa na crônica e preenche as linhas reservadas para os cinco meses seguintes. Diz a nota: "Mamãe teve de/ sair com/ o papai & deixar/ Elizabeth/ durante três meses". A época dessa ausência corresponde exatamente à observação no obituário de William, segundo a qual ele abandonou o trabalho ativo na metade de junho e faltou constantemente a partir de então. A causa de sua morte foi a doença de Bright (atualmente chamada glomerulonefrite), uma forma excruciante de insuficiência renal, incurável na época e mesmo hoje difícil de tratar, que levou os pais de Bishop a procurar auxílio médico fora de Worcester, deixando-a vários meses sob os cuidados da avó Bishop. No dia 13 de outubro, oito meses depois do nascimento da filha e um mês depois de retornar com a esposa da sua malograda viagem, William faleceu. O progresso interrompido do peso de Elizabeth foi retomado com só mais um registro, dois meses depois da morte de seu pai: "7,9 quilos aos dez meses". Então a crônica do "peso da bebê" cessa abruptamente. Uma vida nova e mais difícil para Gertrude e Elizabeth Bishop estava prestes a começar.

O obituário na *Worcester Magazine* que registrou a morte do pai de Bishop foi colado no seu livro de bebê e passou a ser uma das poucas lembranças tangíveis dele. No obituário, a fotografia de William Thomas exibe um homem de compleição robusta, ombros largos, de terno abotoadíssimo. Ele ostenta um discreto bigode e, olhando para um ponto a certa distância, segura com firmeza as mãos às costas. Pode-se imaginar Bishop contemplando aquela imagem aparentemente confiante, ainda que sóbria, esforçando-se para decifrar seus segredos. Assim começa o obituário: "A morte arrebatou William T. Bishop, vice-presidente e gerente dos negócios de Worcester da J. W. Bishop Company, no dia 13 de outubro, aos 39 anos, oito meses e oito dias, um dos homens mais capazes entre os empreiteiros e construtores que tornaram Worcester famosa em todos os Estados Unidos". Sua reticência fundamental é confirmada pela afirmação de que ele era um "homem reservado, intensamente dedicado ao trabalho e ao bem-estar da empresa à que estava ligado", e pela observação adicional segundo a qual "seu amor pelo lar e pela tranquilidade o impediu de ser muito conhecido socialmente". Ao ler essas palavras, Bishop deve ter sentido certa afinidade com a reticência dele, assim como decerto deve ter se identificado com a afirmação segundo a qual ele era "um grande leitor de literatura sólida". Isso não chegava a ser muita coisa para uma menina que procurava conhecer o pai que havia sumido. Mais tarde, seus parentes Bishop, observando sua própria forma de reticência, passaram a falar raramente nele — um dos muitos silêncios que cercaria a vida de Elizabeth Bishop. Contudo, uma diferença importante entre pai e filha estava latente naquele obituário, pois, se aquele mostrava um profundo "amor pelo lar e pela tranquilidade", esta viria a ser uma célebre viajante.

No entanto, não se pode duvidar da profundidade do apego da mãe de Elizabeth ao marido durante seu tão efêmero casamento. De fato, o equilíbrio da vida e da viuvez de Gertrude — ela viveria até 1934 — centrou-se no seu pesar pelo marido perdido.

Nos anos subsequentes à morte de William, Gertrude se deslocou frequentemente com a filha entre as imediações da família de seu falecido marido, em Worcester, e a terra de sua própria família em Great Village. Na época, essa viagem de trem ou de balsa numa rota direta entre Boston e Yarmouth, na Nova Escócia, era considerada fácil e corriqueira, e fazia tempo que os Bulmer estavam acostumados a viajar entre Great Village e a próspera região ao sul que eles chamavam de "os Estados de Boston". As fotografias no seu livro de bebê mostram Elizabeth aos dois anos, no verão de 1913, participando de um piquenique ao sol de Great Village, cercada pelos muitos filhos dos Des Brisays, amigos da família. Fotografias tiradas em agosto de 1915 mostram-na brincando alegremente de maiô na erodida praia de Tidnish, na Nova Escócia, depois acenando com água até o pescoço, voltando-se e olhando para a câmera com um sorriso radiante. Numa sequência de quatro fotos tiradas em outubro daquele ano, alerta e sadia, Elizabeth encara a câmera e revela uma série de humores que lhe seriam característicos: primeiro brincalhona, depois intensamente concentrada, a seguir séria, então — sentada ao lado de um fofíssimo gato branco — positivamente travessa.

As primeiras lembranças da mãe que Bishop deixou registradas são fragmentárias e, quase sempre, parecem carregadas de incerteza, tensão e dor. A mais extensa dessas memórias foi o incidente na praia depois do grande incêndio de Salem, porém outro fato reaparece ao longo de sua obra de várias formas, tanto nas versões em prosa quanto em diversos poemas inacabados. Como Bishop relembrou, ela e a mãe estavam remando num dos famosos barcos-cisne do Jardim Público de Boston no verão de 1914. Quando sua mãe ofereceu um amendoim a um cisne de verdade que nadava ao lado delas, a agressiva ave lhe bicou a mão, manchando de sangue sua luva preta de luto. O poema fragmentário "Passeio de barco-cisne" transmite, em seu estilo telegráfico, um senso da natureza traumática desse incidente para a pequena Elizabeth, para sua mãe e também para a poeta adulta que um dia tentaria lidar com ele e com sua consequência muito mais trágica. Em sua versão preliminar, ela grita para a "ave malcriada, pavorosa!". Então reconhece que, embora ela e a mãe tenham continuado "flutuando, flutuando... suspensas", para ela, "todo o lago balançou"; para sua mãe, talvez, o acontecimento "degringolou" em "loucura e morte".[34]

Uma versão menos cataclísmica dessa cena aparece em "Uma mãe feita de pano", um poema inacabado que começa com a imagem de uma mãe difícil de discernir ou identificar em meio às camadas de vestidos pretos de viúva que ela usa continuamente: "Uma mãe é um chapéu/ chapéu preto com uma rosa de gaze preto? a cair semiaberto". Aqui seus acessórios se resumem simplesmente a "uma comprida luva preta/ que o cisne bicou/ no Jardim Público".[35]

Gertrude teve o primeiro acesso de doença mental registrado em 1914, quando morava com Elizabeth em Massachusetts. Conforme o depoimento de sua irmã Grace, ela "saltou de uma janela no segundo andar". Depois desse incidente, com o avô Bishop cobrindo todas as despesas, Gertrude "foi tratada no Deaconess Hospital, em Brookline, e depois enviada ao hospital particular do dr. Morton, em Norwood. Uma vez no sanatório, ela "não se mostrou suicida ou homicida, mas mórbida e depressiva. Passou cerca de três meses no sanatório e saiu praticamente curada".[36] Deve ter sido depois dessa internação que Bishop sofreu a repreensão da mãe no dia seguinte ao do grande incêndio de Salem.

Em 1915, Bishop e a mãe se mudaram para a casa da família, em Great Village, e lá houve um acontecimento que, quase cinco décadas depois, levou a uma das criações mais magistrais de Bishop, "Primeira morte na Nova Escócia". Esse poema explora a contemplação de uma criança de quatro anos dos mistérios da morte. Nasceu da perda de Elizabeth de seu primeiro primo, o filho ainda bebê do irmão de sua mãe, Arthur. O poema começa, na maior parte em linguagem infantil, com um retrato da cena do ponto de vista de uma criança quando sua mãe a introduziu na experiência do luto. A atmosfera da cena é profundamente canadense, com seus muitos testemunhos dos vínculos emocionais do Canadá com a monarquia inglesa. Lá, "na sala fria, tão fria", o branco cadáver de seu primo Arthur estava estendido sob uma série de cromogravuras, que enfeitavam a parede: a imagem de Eduardo, quando ainda era príncipe de Gales, ao lado de sua negligenciada consorte real, a princesa Alexandra, e o casal real reinante, o rei Jorge ao lado de sua rainha Maria.[37]

A atmosfera predominante, como em "Ao meu avô", é de um frio lancinante. Cromogravuras são imagens artificialmente coloridas montadas sobre fotografias em preto e branco, e ali aquelas representações da realeza britânica viva e morta ofereciam simulacros não muito convincentes de uma forma de vida mais majestosa. Isso devia confundir uma criança que estava tentando reconciliar os possíveis limites que separavam os vivos dos mortos. Quando a mãe da criança a leva para enfrentar a forma imóvel estendida no caixão do primo, suas palavras são meigas. Mas o silêncio cerca a cena, e não há nenhuma explicação sobre a realidade da morte:

"Venha", disse minha mãe.
"Venha aqui se despedir
do seu primo, o Arthurzinho."

Tal como Bishop apresenta a cena, "me levantaram no colo,/ me deram um lírio-do-vale/ pra pôr na mão do Arthur". Naquele momento, seu ser de quatro anos enfrentou mais do que algumas fontes de espanto, e mais do que alguns fatos desconcertantes que ela achava difícil explicar. A palidez da morte no rosto do primo a remeteu a "um boneco que ainda não foi pintado", mas o surpreendente choque do eritrismo do cabelo do primo a fez pensar que Jack Frost havia tentado dar algumas pinceladas vermelhas no cabelo de Arthur, mas logo "largou o pincel/ deixando-o branco pra sempre". A menina continua tentando recorrer a corolários familiares, mas nenhum é suficiente. Como último recurso, evoca uma fantasia agradável: seu primo Arthur vai morar num reino encantado junto com sombras coloridas, "em púrpura, em arminho", das figuras régias que o rodeiam na sala fria, tão fria. No entanto, como conclui o poema, o eu da infância de Bishop acha que aquela fantasia reconfortante não pode ser sustentada, pois ela se pergunta como Arthur poderia chegar lá "assim de olhos fechados,/ o lírio na mão, e as estradas/ todas cobertas de neve?". Assim como Gertrude tinha sido obrigada a enfrentar a morte do marido em 1911, sua filha, Elizabeth, é forçada a enfrentar a irreversibilidade da morte do priminho, uma perda assustadora a culminar num poema publicado na revista *New Yorker* 47 anos depois desse acontecimento.

Bishop realmente perdeu um primo-irmão, o filho de seu tio Arthur, ainda que, no Cemitério Mahon, a lápide conte uma história que difere do poema em mais de um detalhe importante. Sua pequena pedra em forma de coração identifica o defunto não como Arthur, filho de Arthur, mas como "F[rank] Elwood/ Filho de Arthur &/ Mabel Boomer/ Morto em 29 de junho de 1915/ Aos dois meses". Em "Primeira morte na Nova Escócia", Bishop intensificou a identificação entre pai e filho dando-lhes o mesmo nome. Mais significativamente talvez, centra a imagética do poema não num calmo e ensolarado dia de junho em Great Village, mas num mundo de frígida brancura que enfatiza a dureza, a irreversibilidade e o mistério da morte.

O que é impossível saber ao certo, a esta distância, é se Bishop confundiu o nome do seu primo bebê, ou a estação da sua morte, ou as duas coisas — ou se alterou esses pormenores deliberadamente a fim de criar um poema mais eficaz. Na poesia de Bishop, tais mudanças são importantes porque seus poemas contêm muitíssimos fatos. Em todo caso, mediante uma mescla de fato e imaginação em "Primeira morte na Nova Escócia", Elizabeth Bishop nos introduziu delicadamente em seu mundo emocional aos quatro anos de idade, uma menina que se depara frente a frente com o mistério da perda que os adultos ao seu redor não querem ou não sabem explicar.

2. A ratinha do campo

Em junho de 1916, quando Elizabeth tinha cinco anos, sua mãe foi internada numa instituição de saúde mental, o Hospital Nova Escócia de Dartmouth. Não sairia viva de lá — e Bishop nunca mais tornaria a vê-la. Dez anos depois, seu tio paterno e tutor, John W. Bishop Jr., nos trâmites para matricular a sobrinha na Walnut Hill School, fez a seguinte declaração a respeito do conhecimento de Bishop acerca da doença mental e da hospitalização da mãe: "Elizabeth ignora esses fatos ou, quando muito, apenas os supõe, pois ninguém nunca falou com ela sobre a mãe e ela nunca a mencionou". Essas palavras foram registradas nas anotações de uma reunião do tio Jack de Elizabeth com a equipe da Walnut Hill em julho de 1926. O registro prossegue: "O tutor de Elizabeth não quer de modo algum que se comentem esses fatos na presença de Elizabeth. Ela é uma 'menininha solitária' e ele espera que seja muito feliz na Walnut Hill".[1] Os escritos de Bishop ao longo de sua carreira mostram o pouco que seu tio Jack Bishop entendia a sobrinha e tutelada e o quanto subestimou o poder de observação e a memória da jovem Elizabeth. Sua obra em verso e prosa retorna repetidamente ao momento do colapso mental final de sua mãe no verão de 1916 — momento que a família cercou-se de silêncio. Sua obra também retoma a série ascendente de perdas e deslocamentos que precedeu o colapso de Gertrude e, além disso — e, se possível, ainda mais dolorosa —, a série de tais perdas que a ele se seguiram de maneira brutal. Todos esses fatos se deram antes do seu sétimo aniversário.

Bishop nunca tentou construir uma narrativa autobiográfica contínua desses acontecimentos que lhe alteraram a vida. Mas, se seus escritos em prosa e verso que registram esses primeiros anos forem colocados em ordem cronológica e examinados com sensibilidade, uma história se desdobra em intrincada minúcia e, às vezes, quase momento por momento. Documentos, bem como lembranças registradas de vizinhos e parentes, confirmam o essencial da narrativa de Bishop, assim como muitos de seus pormenores mais surpreendentes. Tais registros também revelam incoerências ocasionais ou desvios secundários do fato nos relatos de Bishop. Efetivamente, embora Bishop às vezes alterasse ou suprimisse o nome verdadeiro de um indivíduo, todas as figuras nos seus escritos sobre esse período inicial podem ser rastreadas até uma pessoa real. Ela mesma reconheceu que, embora condensasse a cronologia e reajustasse os fatos para melhor servir à narrativa, seu conto autobiográfico fundamental "Na aldeia" era na maior parte factual. Bishop avisou a *New Yorker*, célebre pela escrupulosa verificação de fatos até mesmo em poemas, que em "Na sala de espera", escrito mais de quatro décadas depois do evento, ela funde dois exemplares da *National Geographic* de 1918 em um só.[2] Todavia, escrevendo sobre seu passado com tanta especificidade persuasiva, Bishop se tornou, efetivamente, a arqueóloga da sua própria história. No âmago dessa narrativa ecoa o grito inesquecível de sua mãe: "Não muito alto, mas vivo para sempre".[3]

* * *

Na primavera e no verão de 1916, Elizabeth Bishop, aos cinco anos, e sua mãe, viúva e angustiada, foram acolhidas na casa dos pais de Gertrude em Great Village. Ela continuava vestida de preto, mantinha luto fechado do marido falecido quatro anos antes. Depois de seu retorno a Great Village, Gertrude apresentou sintomas cada vez mais intensos de distúrbio psicológico, ao passo que a filha Elizabeth — que se autodescrevia como "uma criança muito abelhuda"[4] — observava e escutava atentamente à distância, esforçando-se para decifrar um mundo carregado de enigmas. Numa carta escrita em Great Village em 1925 a Louise Bradley, sua primeira grande amiga epistolar, Elizabeth, aos catorze anos, descrevia o domicílio Bulmer como "uma casa branca velha e despretensiosa que enfia o narizinho arrebitado no meio da praça da aldeia. É uma casa indagadora".[5] Mas talvez a jovem Elizabeth é que fosse indagadora quando se empenhava em analisar a linguagem e os gestos que presenciava naquele misterioso reino governado pelos adultos. Para ela, tratava-se de um reino de frases cochichadas nervosamente e de olhares de esguelha.

Antes de seu derradeiro colapso, Gertrude tinha feito viagens ocasionais de Great Village a Boston ou a outro lugar, em busca de distração e alívio emocional. Durante essas excursões, Elizabeth costumava ficar em Great Village sob os cuidados dos avós maternos, William e Elizabeth Bulmer. No começo do verão de 1916, quando o estado psicológico de Gertrude piorou muito, organizou-se uma reunião de família para discutir o problema. Em seu conto autobiográfico "Na aldeia", Bishop dramatizou aquilo que sempre lhe viria à lembrança como o momento decisivo da crise. Nas primeiras páginas do conto, fala do ponto de vista de uma criança. "Era uma tarde quente de verão. A mãe e as irmãs dela estavam presentes. A irmã mais velha a trouxera para casa, de Boston, havia não muito tempo, e tinha ficado para ajudar. Porque em Boston ela não melhorara, depois de tantos meses — ou teria chegado a um ano?"[6] O comentário seguinte da menina, no conto, grava e leva adiante o tom de desespero que ela deve ter registrado na voz daquelas tias — na vida real, Maud, a irmã mais velha de sua mãe, e Grace, a mais nova. "Apesar dos médicos, apesar das despesas terríveis, ela não havia melhorado nem um pouco." O confuso ciclo de partidas e retornos é brevemente sintetizado: "Primeiro ela veio para casa com a filha. Depois foi embora outra vez, sozinha, e deixou a menina. Depois veio para casa. Depois foi embora outra vez, com a irmã; e agora estava em casa de novo". A garota, ao que parece, é levada a se perguntar a quem ela pertence afinal e se inquieta com o seu papel na cena presente. "A criança, que ainda não havia se acostumado com a presença dela [a mãe], agora estava parada à porta, olhando."[7] Acaso essa menina, aprisionada na terceira pessoa, se sente tão distanciada da sua única progenitora sobrevivente — e tão distanciada da sua própria identidade — que não consegue encontrar um modo de falar o pronome "eu"?

Podem-se compreender mais claramente os acontecimentos que levaram a essa reunião de família para discutir a crise emocional de Gertrude Bulmer Bishop graças a um documento que Bishop nunca teve oportunidade de ler, uma "Declaração" que acompanhou Gertrude ao ser internada na ala psiquiátrica do Hospital Nova Escócia de Dartmouth em junho de 1916, escrita por Grace, sua irmã caçula. Bishop sempre se referiu a Grace como sua tia preferida, achando-a alerta, afetuosa, sensata, muito inteligente e mais francamente comunicativa que qualquer um de seus parentes no lado Bishop ou no Bulmer. A declaração entregue ao superintendente médico do hospital não faz nenhuma tentativa de apresentar um diagnóstico, mas Grace era uma observadora treinada e descreveu o comportamento da irmã mais velha em resposta a um questionário impresso de várias páginas. Suas respostas manuscritas àquelas perguntas, apesar de seu tom de objetividade clínica, faz um relato tocante da intensa sequência de fatos que levaram à internação de Gertrude, palavras e atos que a própria Bishop deve ter presenciado, pelo menos em fragmentos, durante os primeiros cinco anos da sua existência prodigiosamente observadora.

Grace descreveu o colapso da irmã em 1914, observando que, na ocasião, Gertrude havia saído "praticamente curada" de um sanatório particular de Massachusetts. Mas continuou de luto fechado e — como não tardaria a ficar claro — à mercê de uma disfunção emocional permanente. Grace informou que Gertrude era "meiga" e "estável" antes do início da sua doença e a descreveu nos anos anteriores à morte do marido como não impulsiva, nem fanática, passional, ciumenta ou do contra — se bem que acrescentou espontaneamente as palavras "mas muito obstinada".[8] Grace revelou que sua irmã "não era muito religiosa quando estava sadia. Ia à igreja quando lhe dava vontade. Durante sua última crise, ficou mais religiosa".[9] Os acontecimentos deram uma guinada para pior em março de 1916, quando ela recebeu um documento comercial que a aborreceu. Embora o testamento de seu marido fosse generoso com Gertrude e a filha, a responsabilidade pelo patrimônio parece ter pesado muito sobre ela, e Grace vinculou o ataque de março de sua irmã a um forte aumento da ansiedade por seu bem-estar financeiro e sua saúde física, alegando que tais preocupações com frequência a deixaram "muito chateada durante aquele período". Ela também tinha distúrbios cardíacos e renais considerados imaginários, assim como ataques de mania religiosa. Grace, que morava em Boston, pôde expor suas próprias observações durante as várias viagens de Gertrude àquela cidade.

> Quando ia a Boston, imaginava ver pessoas que ela conhecia e acreditava que a consideravam uma criminosa. Havia ocasiões em que ficava animadíssima e falava na guerra, na igualdade do trabalho, no catolicismo, em ser enforcada, queimada como bruxa ou eletrocutada etc.[10]

Um dos piores medos de Gertrude era a perda potencial da única filha: "Sempre temeu que lhe roubassem a menina". A trágica ironia é que a força dessa ansiedade pela perda da filha certamente contribuiu para que a separação de mãe e filha perdurasse.

Os sintomas emocionais de Gertrude eram com frequência ligados a sintomas físicos. Ela se queixava de não conseguir ouvir e sofria calafrios nervosos. Tinha astenia. Começou a imaginar que estava sendo hipnotizada e passou a desconfiar de que os remédios que lhe davam continham veneno. Diante da pergunta "A paciente tem mostrado alguma apreciação do seu estado mental alterado?", a reposta de Grace sublinhou discretamente o páthos da situação: "Sim, às vezes se pergunta por que ela tem de sofrer assim, e depois volta a pensar que está fazendo isso por outra pessoa". Diante da pergunta se "ela ameaçou ou tentou suicídio ou violência contra outros", Grace confirmou que, infelizmente isso tinha acontecido: "Em março deste ano, ao receber uma carta comercial, tentou se enforcar com o lençol, e agarrou o pescoço de sua mãe".[11] Apesar da anterior propensão de Gertrude para a meiguice e a estabilidade, sua vida prévia apresentou pelo menos uma premonição de colapsos futuros, pois, quando ela tinha quinze ou dezesseis anos, seu pai a encontrou indo para o rio depois de ficar nervosa e deprimida por ter sido reprovada nas provas escolares.

Mais tarde, Bishop diria a Robert Lowell — que, em 1957, estava escrevendo um poema, "O grito", a partir de "Na aldeia" — que sua mãe nunca *a* havia ameaçado. Pelo menos, Bishop não tinha lembrança de nenhuma ameaça direta, afirmando que o perigo que a mãe representava para ela estava apenas implícito "nas coisas que eu ouvia os adultos dizerem antes e depois de seu desaparecimento". Acrescentou que não queria que a situação parecesse "pior do que era".[12] Ela dizer a palavra "desaparecimento" corresponde ao que ocorre no seu conto "Na aldeia": um dia sua mãe simplesmente se foi, e pouco a pouco Bishop começou a entender que talvez nunca mais voltasse. O depoimento de 1926 de seu tio Jack Bishop às autoridades da Walnut Hill confirma que ninguém explicou à menina as circunstâncias da internação de Gertrude numa instituição psiquiátrica, tamanho era o temor, a vergonha e a ansiedade associados ao estigma da doença mental naquela época. Já entrando na adolescência, Bishop era perseguida pelo pavor de que a doença mental de sua mãe fosse hereditária. Já que não recebera nenhuma explicação do que havia acontecido, não tinha como compartilhar com a família um processo de luto por uma perda comum. Em vez disso, enfrentou um enorme vazio.

Embora a família de Gertrude tivesse se esforçado muito para proteger Elizabeth dos comportamentos mais alarmantes de sua mãe, aquela menina observadora não podia deixar de perceber muitas coisas desconcertantes, motivo pelo qual afirmava que o "assombro"[13] talvez fosse a principal emoção da sua infância. Uma fonte crucial de assombro era o grito — ou, em outra versão, a série de gritos — que sua mãe emitia quando tentava sair da roupa formal de luto quatro anos após a morte do marido. No início do conto "Na aldeia", o grito de angústia ou surpresa ou medo ou protesto lançado por sua mãe é discreto. No entanto, também é ubíquo na sua presença persistente, como "um grito, o eco de um grito", que, pelo menos para ela, ainda pairava no ar daquela pequena aldeia da Nova Escócia. Nos seus ouvidos, e talvez nos dos outros, o grito "paira ali para sempre", manchando os "céus de um azul puro" sobre o campanário da igreja.[14] O dr. Richard Famularo sugeriu que uma das características do transtorno de estresse pós-traumático é a maneira como "a experiência traumática é acompanhada de lembranças intrusivas recorrentes". Entre elas estão "sonhos angustiantes, a reencenação do trauma e a reação intensa a lembretes simbólicos do trauma".[15] Aqui, o grito se mantém vivo como um lembrete simbólico na memória da oradora. De fato, no conto de Bishop, o grito assume uma vida independente, tornando-se não apenas um som, mas uma cor — uma cor que altera tudo que toca, para ela e também para aqueles que compartilham uma lembrança do acontecimento. Essa cor está sempre tingida de um leve tom de azul: "a cor das nuvens de flores dos olmos, o violeta dos campos de aveia". Quando escreveu "Na aldeia", Bishop morava no Brasil. Já era versada na psicologia freudiana e estava lendo a vasta coleção de literatura psicanalítica de sua companheira Lota de Macedo Soares, de Freud a Melanie Klein. Seis anos antes, passara um período sondando a psicanálise com a dra. Ruth Foster, terapeuta que foi uma figura crucial no seu desenvolvimento pessoal e artístico. Assim, Bishop estava bem preparada para ouvir o eco dos gritos da mãe como um retorno do reprimido, uma manifestação quase tangível da sua dor pelo súbito desaparecimento da mãe. Ele também funciona — paradoxalmente — como seu recurso mais potente para manter essa memória viva.

Tanto no conto "Na aldeia", de 1953, quanto no relato anterior da mesma cena em "Reminiscências de Great Village" — esboço inacabado de um conto no qual Bishop trabalhou em 1936, não muito tempo depois de se graduar no Vassar College — a prova de roupa foi a pedido de sua mãe. O ajuste cerimonial do vestido roxo novo da mãe — que, curiosamente, imita a prova de um vestido de noiva — ocorreu no "amplo quarto da frente, de paredes inclinadas dos dois lados", na casa dos seus avós. Mais de um século depois, as paredes desse quarto continuam simetricamente inclinadas, exatamente como Bishop as descreveu. Gertrude não experimentava um vestido novo desde 1914, o ano de seu primeiro colapso e de sua internação no sanatório de Massachusetts. Na versão publicada, a sogra de Gertrude lhe enviou um corte de um elegante tecido roxo — a cor tradicionalmente usada pelas viúvas ao sair do luto fechado. Entretanto, à medida que se desenrolaram os fatos, ficou claro que Gertrude sentia um conflito profundo com a ideia de abandonar a roupa preta de viúva. Significativamente, a criança de "Na aldeia" sempre confunde o sentido da palavra "mourning" [luto], que ela entreouve, mas não entende, e o da mais conhecida e mais auspiciosa "morning" [manhã].*

O extenso esboço de "Reminiscências", de 1936, e o primorosamente aperfeiçoado e condensado "Na aldeia", de 1953, variam o suficiente nos pormenores para permitir aos estudiosos do passado de Bishop compararem como, em épocas diferentes, ela relembrava aqueles momentos vitais — ou optava por remodelá-los para fins artísticos. Sua mãe, que era "muito magra", não sabia "se ia ou não gostar do vestido" e não cessava de perguntar: "Será que esse tom fica bem em mim? Não é vivo demais?" — e depois: "Não seria melhor se fosse preto? Acha que eu devia continuar de preto?".[16]

As duas versões da cena da costura sugerem que Gertrude não conseguia lidar com o estresse emocional de se desfazer da roupa de luto que ela mesma havia iniciado. Na versão publicada de 1953, a angústia crescente da mãe e seu acesso nervoso final são trabalhados de maneira breve e elíptica, em três frases curtas:

* Em inglês, as palavras "mourning" (luto) e "morning" (manhã) têm pronúncia quase igual. (N. T.)

O vestido estava todo errado. Ela gritou.

A criança desaparece.

Não muito tempo depois, a mãe simplesmente desaparece, sem nenhuma explicação — por mais que uma tristeza tácita permeie a família Bulmer. Em breve, a menina, agora se referindo a si própria como uma pessoa, como um "eu", dá com sua avó chorando no purê de batatas que "é delicioso, mas estranho. Fico achando que estou sentindo o gosto das lágrimas de minha avó; depois beijo-a e sinto o gosto delas em seu rosto". Pelo menos, na versão de Bishop dos fatos, pode-se provar o sabor ou sentir as lágrimas da perda de sua família, mas nunca se deve compartilhá-las. Tais lágrimas não reconhecidas correm como um leitmotif na carreira de escritora de Bishop desde sua fase inicial até o fim.

No esboço de "Reminiscências de Great Village" de 1936, a cena da costura é apresentada com muito mais violência emocional. No momento decisivo, a costureira pega uma tesoura grande, no processo de ajustar o vestido, "e agarra o pano extra". Nessa versão, a mãe da menina, curiosamente chamada Easter [Páscoa], cai de joelhos e arrebata o tecido da costureira.

"Não, não, tire a tesoura daqui. Grace, mande ela parar, ele vai sangrar! Eu vou sangrar."

As tentativas de Grace de confortá-la com palavras passam despercebidas, e a angustiada mãe da menina se põe a gritar: "Você não vai levar embora o meu vestido. O único vestido que eu tenho no mundo. Você quer me deixar nua. Ele é meu, é meu. Você não pode tomá-lo de mim. Quer me deixar completamente nua". Questões de roupa e nudez sempre eram centrais nas lembranças que Bishop guardava da mãe. Durante um intensivo processo de psicanálise com a dra. Ruth Foster, quando tinha 36 anos, ela criou para a terapeuta um minucioso relato escrito do seu passado, produzindo uma série de fascículos cada vez mais reveladores. No quarto fascículo dessas memórias, datado de 24 de fevereiro de 1947, Bishop lembrou Foster que, numa casa e numa aldeia sem água corrente, ela costumava assistir à mãe tomando banho. "Minha mãe ficava junto ao lavatório & eu me lembro de apoiar a cabeça no pé da cama e ficar observando — e, às vezes, também de cabeça para baixo, creio eu." Embora recordasse a mãe como muito bonita, ela também a via de algum modo ameaçada, percebendo, na sua lembrança, a vulnerabilidade e o desamparo "daquele corpinho branco".[17] Aqui, como no poema inacabado "Uma mãe feita de pano", a cena do banho é situada no mesmo quarto da frente da casa dos Bulmer em Great Village, com as paredes inclinadas. Num fragmento poético provavelmente datado da década de 1970, Bishop vê "uma figura nua de pé/ numa bacia tremendo". Essa figura nua, desajeitada, está "semiagachada", como o "quarto com o teto inclinado".[18] Esse quarto é o mesmo que serviria de lugar para a cena traumática da costura. Em quase todas as visualizações recorrentes de Bishop de sua mãe, Gertrude aparece ou vulneravelmente nua ou envolta e protegida por sua tradicional vestimenta de luto. Nunca aparece em repouso ou usando roupas comuns.

Quando "Na aldeia" foi publicado na *New Yorker* em 1953, toda Great Village o leu e o discutiu atenta e ativamente. Vários vizinhos recordaram Mate Fisher, o ferreiro da aldeia, e a afinidade que sentia pelas crianças, e particularmente pela pequena Elizabeth. No seu conto, Bishop apresenta a oficina do ferreiro como um lugar mágico em que as ferraduras "voam na escuridão como luazinhas de sangue" e "se afogam na água negra, chiando, protestando". Nesse paraíso sombrio, todas as criaturas, humanas e animais, parecem folgadas, sem pressa e — ao contrário de sua mãe —, à vontade dentro da própria pele, inclusive os dois homens que ficam observando, mascando ou cuspindo fumo, e o cavalo sendo ferrado. "De repente surge atrás dele um montinho de esterco, simétrico. Também o cavalo está perfeitamente em casa. Ele é enorme. Seu traseiro é como um globo terrestre, pardo e luzidio, representação de todo um mundo pardo. Suas orelhas são as entradas secretas para o mundo subterrâneo." A menina estuda essa criatura equina, e nela há um não sei quê tranquilizador, quase heroico, pois tem "medalhas" no peito e na testa, e "a nuvem de seu odor é ela própria uma espécie de carruagem".

O cavalo na ferraria tem sua equivalente feminina em Nelly, a vaca Jersey da família, a qual, numa incumbência, a menina conduz, ou melhor, segue por uma rua em que se alinham as casas de vizinhos conhecidos, se alternando entre amigáveis ou pedantes, a uma pastagem alugada a certa distância. Lendo o conto logo que foi publicado em 1953, e consciente do contexto de luto que o cerca, Lowell assim comentou essa terna passagem: "Sou capaz de chorar pela vaca". Como escreveu Bishop, no Brasil, aos amigos Kit e Ilse Barker pouco depois da publicação do conto,

> Cal Lowell disse que ele lhe lembrava uma "ruminante paisagem holandesa", e então, depois disso, a amante holandesa do melhor poeta do Brasil (eu não a conheço), cujo nome incrível é Madame Blank, escreveu-me que era parecidíssimo com a Holanda e me mandou um enorme pão de gengibre holandês: acho que a ideia de uma vaca simplesmente pode lembrar algumas pessoas da Holanda, só isso.

Nelly, também inteiramente à vontade consigo mesma, faz com que sintam sua presença como a de uma companheira um tanto voluntariosa que, ao mesmo tempo, é quase uma amiga. O esterco de Nelly aterrissa com um fascinante "Ploft. Ploft. Ploft. Ploft", enquanto Jersey prossegue no seu imponente e imperturbável desfile, deixando um rastro de círculos aromáticos, "um belo tom verde-escuro, como que rendado e aguado nas bordas".[19]

Quando Nelly chega à sua pastagem, a narradora de cinco anos se pergunta se também pode ficar lá. "Por algum tempo, penso em não voltar mais para casa hoje, e ficar o dia inteiro aqui no pasto, onde tudo é tranquilo, brincando no riacho e subindo nos montinhos cobertos de musgo, lá no trecho pantanoso." Mas tal fantasia não deve se realizar, pois Nelly se afasta para se juntar a uma amiga bovina, a menina acha que "de repente me vejo diante de uma solidão imensa, sibilante, ofuscante".[20]

"Na aldeia" omite a decisão da família de internar Gertrude num sanatório. O fato do desaparecimento da mãe é apresentado obliquamente, como por uma questão de indiferença da menina. "Agora o quarto da frente está vazio. Minha tia mais velha voltou para Boston e minha outra tia está planejando ir para lá também, dentro de alguns dias." "O quarto da frente está vazio. Ninguém dorme lá. Nele penduram-se roupas." Parece que agora ninguém na família deseja habitar o cômodo que presenciou o colapso final da sua mãe, muito embora aquele seja o melhor quarto da casa.

A internação da mãe de Bishop na ala psiquiátrica do Hospital Nova Escócia não deixou de modo algum de ter seus sinais tangíveis. Toda semana um pacote era enviado. Nesses pacotes, sua avó punha itens como bolo, frutas, compotas e chocolates, junto com um lenço ocasional, o Novo Testamento, ou o "calendário, com uma citação de Longfellow para cada dia". Ao observá-la organizar aquelas encomendas, Bishop notava como sua avó escrevia "o endereço da casa de saúde [...] com lápis-tinta roxo, indelével, no papel de embrulho alisado. A tinta não apaga nunca". Essa cor, naturalmente, é a mesma do vestido roxo de sua mãe. A tarefa da menina era levar o pacote ao correio. Tendo assimilado certo senso de vergonha e reserva das pessoas que a rodeavam, ela não queria que os outros lessem o endereço no embrulho quando estava cumprindo sua missão. No conto de Bishop "Na aldeia", seu trajeto passava pela ferraria da aldeia, e naquela jornada particular, ela se sentia compelida a esconder o endereço revelador: "vou para o outro lado da rua e troco o embrulho de mão, para ficar o mais afastado possível de Nate". Mesmo quando Nate, o ferreiro, pede alegremente: "Venha cá! Quero lhe mostrar uma coisa", a vergonha prevalece e ela finge não o ouvir. Uma das parentes de Bishop, Hazel Bowers, que posteriormente morou durante muitos anos na casa dos avós de Bishop, recordou, em 1985, que, quando o conto foi publicado na *New Yorker*, Mate Fisher confirmou que, sempre que estava levando um pacote ao correio, "Bishop nunca parava no caminho de ida. Sempre parava na volta". Bowers acrescentou: "Os avós não queriam que ninguém soubesse o endereço do destinatário do pacote".[21]

Bishop chegava à pequena agência de correio sem encontrar ninguém: "O sr. Johnson, o agente do correio, é a única pessoa que vê o endereço escrito em roxo, na letra de minha avó". No seu relato, o agente "muito velho e muito simpático" cumprimenta-a com as palavras: "Ora, quem eu vejo. Mais uma vez. Um bom dia para você". Depois de examinar o endereço e pesar cuidadosamente o pacote, ele observa: "É. É. A sua avó é muito dedicada".[22] O arquivo do hospital confirma que Gertrude recebia pacotes de casa com frequência, pelo menos nos primeiros anos de confinamento. O comentário do agente do correio deixa bem claro que ele, e sem dúvida quase todo mundo na aldeia de Bishop, sabia onde a mãe de Bishop morava agora. A maioria, se não todos, se entristeceu com aquela perda e se solidarizava com a filha de Gertrude.

Bishop evocou uma cena ocorrida pouco após o desaparecimento de sua mãe em um poema escrito quarenta anos mais tarde, "Sextina". A avó materna de Bishop é descrita lutando para manter uma aura de normalidade enquanto "cai a chuva de setembro sobre a casa".[23] Ali, à fraca luz, a avó divide a cozinha com a neta, lendo piadas no almanaque do agricultor, rindo e conversando para ocultar as lágrimas. Aqui Bishop inventa um novo uso psicológico e narrativo da forma da sextina, que remonta aos trovadores da Provença do século XIII. Numa série de estrofes de seis linhas, seis palavras finais reaparecem, cada vez numa ordem diferente: "menina", "lágrimas", "casa", "fogão", "almanaque" e "avó". Essas palavras funcionam tal como funcionou o grito no conto "Na aldeia", como um retorno freudiano do recalcado. Bishop observou mais tarde que sua avó chorava facilmente, e aqui a menina acompanha a migração das lágrimas salgadas de sua avó, quando elas dançam feito loucas no fogão preto quente, espreitam no seu chá e chamam a atenção como os botões da camisa do homem parado em frente à casa de giz de cera que ela mesma desenhou. Agora as lágrimas entram no seu canteiro de flores imaginário como sementes curiosas. A sextina termina tradicionalmente com um terceto que compreende as seis palavras finais da poeta. Aqui Bishop anuncia a fonte de sua vocação para artista — uma artista que traduz silêncio e perda em palavras enigmáticas, cantantes e articuladas: "*Tempo de plantar lágrimas*, diz o almanaque./ Enquanto a avó cantarola para o fogão,/ a menina faz outra inescrutável casa".[24]

A "chuva de setembro" da "Sextina" de Bishop situa a ação do poema no outono de 1916, três meses depois da internação de sua mãe no sanatório de Dartmouth e no início de sua carreira repleta de vaivéns como aluna do ensino fundamental e médio. Para uma menina de cinco anos no Canadá, a primeira experiência educacional de Bishop foi frequentar a classe introdutória (o equivalente canadense da educação infantil) na escola regional, uma breve caminhada que partia da casa dos Bulmer, seguia pela ponte de ferro fundido, passava pelo ferreiro e pelo correio, subia uma suave ladeira até o prédio branco, alto e cupulado de três andares. Bishop relembrou essa brevíssima experiência pedagógica no Canadá no seu conto "Primeiras letras".

Começa com uma evocação do que era, para ela, a natureza visceral da memória. "Toda vez que vejo uma série de colunas de números" desajeitadamente escritos à mão, "uma sensação estranha — como um arrepio —, em parte estética, em parte dolorosa, percorre meu diafragma." Nela, o efeito é um choque agudo, como ver a "espinha dorsal de um peixe grande subitamente romper a superfície da água". Ser confrontada, duas décadas depois, com colunas numéricas tão vacilantes quanto nos sujos livros de contas dos leiteiros de Key West, dos vendedores de bilhetes de loteria e dos barmen podia fazê-la ficar repentinamente com falta de ar. Como ela mesma explicou, "o nome verdadeiro dessa sensação é memória. Trata-se de uma lembrança que nem preciso tentar evocar, ou recuperar; está sempre presente, clara e completa".[25] Para Bishop, como sua obra demonstra de maneira consistente, a memória não era apenas visível ou audível. Também era somática — ou seja, do corpo. Ela via as lembranças com os olhos da mente, recordava-as no ouvido, mas também as sentia, mediante estremecimentos involuntários, no corpo, particularmente no diafragma, um fato não pouco importante dada a sua persistente suscetibilidade à asma. Bishop ligava esse efeito somático da memória ao que ela chamava de seu "verão dos números", os meses em que, antes de entrar na educação infantil, aprendeu a formar aquelas misteriosas figuras numéricas numa lousa na cozinha dos Bulmer, sob o olhar atento da avó. Foi uma tarefa difícil para ela, pois os números, como as palavras, eram sentidos, ouvidos e vistos.

Embora a matemática, em especial nas suas formas mais elevadas, estivesse fadada a ser sempre um desafio para Bishop, ela se entregou de imediato à leitura, referindo-se assim à sua cartilha canadense: "[eu] adorava todas as palavras". Na escola de Great Village, viveu alguns de seus primeiros encontros com a esquiva graciosidade das palavras, como quando pronunciava o nome de seu colega de classe Muir MacLaughlin como "Manure MacLaughlin".[26]* A escola de Bishop não tinha apenas uma classe — tinha diversas salas de aula nos dois primeiros andares daquele prédio alto com estrutura de madeira — mas a professora de Bishop, Georgie Morash, dava aula a um grupo de alunos da educação infantil até o quarto ano numa única sala ampla. A sra. Morash, como ela a recordava, lecionava com autoridade, mas também com bondade e respeito pelos alunos. Bishop associava o jardim de infância não só ao seu envolvimento com os mistérios das palavras como também aos mistérios dos mapas e a suas persistentes incertezas quanto à sua identidade nacional. Aos cinco anos, Elizabeth assistia às aulas de geografia dadas nas séries mais adiantadas e, na sua carteira na última fila, também estudava os mapas na parede da frente da sala de aula, que podiam ser puxados para baixo como persianas. Ela relembrou: "Eu queria ficar o tempo todo a enrolá-los e desenrolá-los, e tocar em todos os países e todas as províncias com a minha mão". Bishop gostava em particular do mapa do país no qual agora residia: "[...] fiquei com a impressão geral de que o Canadá era mais ou menos do mesmo tamanho que o mundo, o qual de algum modo cabia dentro dele, ou vice-versa, e que no mundo e no Canadá o sol estava sempre brilhando e tudo era seco e reluzente. Ao mesmo tempo, sabia muito bem que isso não era verdade".[27]

O que Bishop recordava como "o incidente mais dramático ocorrido na classe introdutória"[28] pode parecer trivial à primeira vista. Contudo, esse incidente nos leva ao âmago da mente e do caráter de Elizabeth. Sua tia Mary, de dezesseis anos, muito mais nova que a mãe e as outras tias de Bishop, era a filha temporã. Estudava na mesma escola que a sobrinha, numa série mais adian-

* "Manure" em inglês significa "estrume". (N. T.)

tada do segundo andar. Certo dia, por mera provocação, fez com que Elizabeth, de cinco anos, se atrasasse um pouco para ir à aula. Quando ouviu o segundo sinal, o que "era mesmo para valer", ela ficou apavorada, já que até então nunca tinha se atrasado. Começou a correr o mais depressa possível e chegou a ouvir a tia rindo dela. Entrou precipitadamente na sala de aula e, chorando, se atirou "contra o vulto ereto da srta. Morash". A professora a levou ao vestiário e respondeu com delicadeza que "me atrasar uns poucos minutos não era caso de chorar, e que eu devia entrar logo na sala de aula para cantar as canções matinais".[29] Um incidente como esse, no qual — reproduzindo o poema "O mapa" de Bishop — a "emoção ultrapassando demais a sua causa", indica o peso da ansiedade e da incerteza sob o qual a pequena Elizabeth passou a viver depois do inexplicável desaparecimento de sua mãe. Antes, no conto, Bishop afirmara objetivamente: "Meu pai já havia morrido, e minha mãe estava internada num hospital". E acrescentou: "Eu costumava pedir a minha avó, ao despedir-me dela, que me prometesse não morrer antes de eu voltar para casa; só perdi esse hábito quando começaram a fazer troça de mim".[30] No psiquismo de Bishop, suas primeiras perdas estavam vinculadas a um estado contínuo de inquietação e a um medo reflexivo de abandono. Esses sentimentos também estavam ligados, ou é isso que o incidente do atraso parece sugerir, a uma culpa profunda e a um senso de responsabilidade que lhe exigia manter ou, pelo menos, parecer manter um estado de perfeição na sua vida e na sua escrita.

No inverno de 1917, como recordou mais tarde, Bishop sofreu uma bronquite grave. Em 14 de fevereiro desse ano (seis dias depois do seu sexto aniversário), o *Truro Daily News* comentou que "a pequena srta. Elizabeth Bishop, que adoeceu há algumas semanas, está convalescendo rapidamente".[31] Essa foi a primeira das muitas interrupções por motivo de doença de sua educação inicial. Não obstante, ela conseguiu voltar à classe introdutória e concluir o primeiro ano, e relembrou que suas "primeiras experiências escolares foram agradáveis". Em especial, descobriu o "prazer *artístico*" de brincar com as palavras. Segundo a sua própria percepção, "cada letra tinha uma expressão diferente" e "a mesma letra tinha expressões diferentes em ocasiões diferentes".[32] Mais importante, quando o seu primeiro ano de aula se aproximava do fim, ela sentiu que tinha pela frente a "perspectiva da 'primeira série', bem como a geografia, os mapas, as histórias mais compridas e muito melhores". Podia se imaginar estudando na mesma escola durante muitos anos e, um dia talvez, até dominando "aqueles números misteriosos".[33]

Mas não seria assim. Na metade de agosto de 1917, como anunciou o *Truro Daily News*, a tia Maud, seu marido George Shepherdson e a tia Grace chegaram "para passar algumas semanas com o sr. e a sra. Boomer". Grace voltou para Nova York no dia 5 de setembro. Uma semana depois, não muito antes que Elizabeth iniciasse o primeiro ano com a sua admirada professora Georgie Morash, seus abastados avós paternos chegaram de trem e se hospedaram no hotel do vilarejo, o Elmonte House — solicitaram um quarto com banheiro, mas foram informados de que tal acomodação não existia em nenhum lugar de Great Village. Essa visita acabaria sendo fatal para a menina a quem o *Truro Daily News* voltou a se referir como a "pequena srta. Elizabeth Bishop". Segundo a informação do jornal, Bishop e seus avós retornaram a Massachusetts no dia 11 de outubro de 1917, em companhia da tia Maud. Bishop rememorou a partida da Nova Escócia no conto autobiográfico "A ratinha do campo", que foi concluído como um esboço refinado em 1961, mas publicado só cinco anos após a sua morte, talvez porque ela não quisesse tornar pública a sua avaliação negativa da família Bishop. Esse conto se inicia com Elizabeth, aos seis anos, abrigada em um vagão-leito na antiga ferrovia Boston & Maine dirigindo-se para o sul de Great Village, rumo à casa de seus avós Bishop em Worcester. Como ela recordou com mágoa muitos anos depois: "Eu havia sido trazida de volta, sem ter sido consultada e contra minha vontade, para a casa onde meu pai nascera, a fim de ser salva de uma vida de pobreza e provincianismo, pés descalços, pudins de sebo, lousas escolares anti-higiênicas, talvez até mesmo dos erres invertidos da família de minha mãe". Bishop observou que "com esse inesperado par de avós, os quais até algumas semanas antes para mim não passavam de nomes, uma vida nova haveria de começar", uma vida que apontava para "um futuro estranho, imprevisível".[34]

Sua avó "nova", Sarah Bishop, aparece em todo o relato como uma matriarca emocionalmente distante e formidavelmente respeitável, que só pensa em jogar fora as bonecas da netinha ("uma ou duas delas me eram muito queridas", disse Bishop) porque "concluíra que nenhuma de minhas bonecas estava em condições de poder viajar num vagão-leito". Foram substituídas por uma nova, mais limpa e "completamente desinteressante", que a avó fez questão de chamar de Drusilla ("eu não conseguia chamá-la pelo nome"). Assim começa uma elegia publicada depois de sua morte: "Onde estão as bonecas que tanto me amavam,/ quando eu era pequena?", e conclui com um vislumbre na impávida luminosidade de suas caras imutáveis: "Seu estoicismo eu jamais controlei/ sua sorridente expressão para toda ocasião".[35]

Tal como Bishop relembrou depois, a velha e espaçosa casa de fazenda de Worcester em que seus avós moravam num extremo da cidade em contínua expansão tinha aparência totalmente lúgubre. Seus vários residentes — inclusive os avós, a tia Florence, o tio John W. Bishop Jr. e seus numerosos empregados — pareciam nervosos e agitados. Certa vez, quando a mandaram buscar os óculos do avô no seu quarto vazio, Bishop se olhou rapidamente num espelho comprido e ficou chocada com o que viu: "o vestido feio, os cabelos compridos demais, a expressão triste e assustada no rosto". Na casa dos avós, a criatura com a qual ela mais se identificava era o cachorro, um boston terrier que pertencia à tia Florence (tia Jenny no conto), "cujo curioso nome era Beppo". Bishop acrescentou: "De início ele me inspirava medo, mas logo me adotou, talvez por ter na casa o mesmo status que eu"; nenhum dos dois sentia que ele ou ela tinham um lugar próprio. Beppo se mostrava de várias maneiras perturbado, e Bishop o apresenta quase como um alter ego dela: "Beppo tinha o estômago delicado; com frequência vomitava. Pulava assustado diante de perigos imaginários e emitia uns latidos diferentes, agudos, histéricos. Tinha olhos saltados, olhos de vítima de hipertireoidismo, que pediam compaixão e compreensão".[36] Quando os membros da família achavam que ele "se comportava mal", ele passava meia hora exilado num armário grande. Certa vez, Bishop o encontrou "castigando-se *a si próprio*" depois de criar uma "pequena poça de vômito". Ela observou que "ninguém jamais o punira por sofrer de gastrite; isso era coisa dele, fruto de sua consciência culpada, típica de um bostoniano". Tratava-se de um sentimento de culpa que ela própria compartilhava, intensificada por sua permanência na casa dos avós paternos.

Um dos numerosos desafios que Bishop enfrentou depois de sua indesejada transferência para Worcester foi a necessidade de cursar o ensino fundamental numa escola americana, não numa canadense. Isso significava ter de seguir os rituais patrióticos americanos, os quais tinham ganhado mais intensidade com o clima da Primeira Guerra Mundial. Como ela recordou: "Eu [...] detestava mais ainda o juramento à bandeira. Um ano antes, no Canadá, começávamos as aulas todos os dias cantando 'Deus salve o rei' e 'A folha de bordo para sempre'. Agora eu me sentia uma traidora. Naturalmente, queria que ganhássemos a guerra, mas não queria ser americana".[37] Em casa, quando ela confessou tais sentimentos à avó, a matrona militantemente convencional ficou horrorizada e a obrigou a participar de uma recitação diária do hino nacional americano. Bishop se lembrava daquele "poema comprido que não acabava mais", "a maior parte da letra não fazia nenhum sentido. '*Entre seu lar amado e a desolação da guerra*' me fazia pensar no meu pai morto, e evocava imagens estranhas em minha cabeça".[38]

Bishop ficava perturbada na atmosfera da mesa de jantar de seus avós paternos, tão diferente da cozinha dos Bulmer em Great Village. O que mais a incomodava eram as palavras e os atos do tio Jack Bishop, que um dia se tornaria seu tutor. Bishop recordou vinte anos depois, para sua terapeuta Ruth Foster, que o tio Jack brigava constantemente com os pais e, referindo-se a ela, dizia com frequência que "alguém andava precisando de uma surra ou de uma chicotada". Bishop lembrou: "Eu quase nunca falava à mesa",[39] porque ficava aterrorizada.

Elizabeth ainda contou à dra. Foster: "O tio Jack não parava de perguntar por que eu não ria nem brincava etc., coisas que ele fazia na minha idade etc., e eu morria de medo dele". Os prazeres de Great Village da ferraria de Mate Fisher, suas incursões ao pasto com a vaca Nelly e o mingau dos agradáveis cafés da manhã com vovó Bulmer agora pareciam longe do seu alcance. Bishop acrescentou que "tia Florence também contribuía com sua cota de comentários sobre chicotadas — eles deviam ter muito prazer em falar daquele jeito".[40] Ainda que aparentemente não chegasse a ser indelicado, o avô Bishop *era* emocionalmente reticente e, sendo o fundador de uma construtora bem-sucedida, tinha adquirido o seco hábito do comando. Elizabeth achava aquele novo avô "intimidador": "Ele era um outro avô e eu já tinha um e o adorava". Também começou a temer esse novo avô, embora a maior parte dos momentos de ternura familiar dos quais se lembrava se relacionavam com John W. Bishop. Um deles foi um presente do avô:

duas galinhas e um galo dourados. Sobre essas criaturas, Bishop exclamou alegremente: "Eram avermelhadas, sarapintadas, com cristas vermelhas, pequeninas como se de brinquedo; o galo tinha um rabo com penas compridas". O que aumentou o atrativo daquelas aves domésticas coloridas foi o galinheiro especial construído pelo faz-tudo de seu avô. Um segundo momento de alegria foi quando o avô perguntou se certa menininha não gostaria de ter aulas de piano. Bishop assentiu com entusiasmo e, assim, iniciou aquela que viria a ser uma longa carreira de pianista amadora. O terceiro desses momentos ocorreu na noite em que seu avô a pegou no colo e a levou a uma janela para ver a luz dos lampiões de rua brilhando nas árvores depois de uma tempestade de gelo. Segundo Bishop se lembrava da ocasião, ela disse: "'Aperte os olhos, vovô... Com força!' E ele obedeceu". Para Bishop, "foi um dos poucos momentos descontraídos de todo esse período melancólico".[41]

Quando Agnes, uma empregada querida da família, decidiu retornar à Suécia para se casar, Bishop considerou aquilo a gota d'água. "Chorei e agarrei-me a suas saias, a sua mala grande, quando ela me deu um beijo de despedida. A partir daí, as coisas foram de mal a pior. Primeiro, prisão de ventre; depois, eczema outra vez; por fim, asma. Eu tinha a impressão de estar envelhecendo, até mesmo morrendo."[42] E Bishop estava de fato ficando perigosamente enferma. Carente, desarraigada, intimidada, profundamente infeliz e com os pulmões debilitados pela grave bronquite que a acometera no ano anterior, ela enfrentou um violento caso de eczema e aquilo que os médicos receavam que se revelasse um caso fatal de asma, em breve acompanhado dos sintomas da dança de são Vito (atualmente conhecida como coreia de Sydenham), uma doença caracterizada por rápidos movimentos involuntários que afetam o rosto, as mãos e os pés.

"A ratinha do campo" termina com uma cena que também aparece no poema "Na sala de espera" de Bishop. As duas versões da história apresentam-na como uma menina prestes a completar sete anos, acompanhando sua tia Florence (disfarçada com um pseudônimo) a um consultório odontológico, no qual Florence tem hora marcada para um exame. Em ambas as versões, Bishop fica na sala de espera do dentista estudando a *National Geographic* de fevereiro de 1918; a diferença entre uma versão e outra é que o tratamento de prosa em "A ratinha do campo" mostra Bishop sofrendo de eczema e asma. E a crise de identidade dramatizada no clímax das duas versões é apresentada no relato em prosa de um modo mais sombrio e mais explícito: "Fui dominada por uma sensação de desolação absoluta, completa. Senti-me... *eu mesma*. Dentro de alguns dias, eu completaria sete anos de idade". E ela acrescenta: "Eu era *um* deles também, com meu corpinho insignificante, meus pulmões que chiavam. 'Agora você vai ver', disse algo em mim. Como que eu fora cair naquela armadilha?". No seu poema tardio, a narradora se recupera do efeito de uma vertigem e volta a se instalar na realidade cotidiana, que permanece familiar, ainda que, no plano psíquico, isso possa ter se alterado para sempre. Mas a versão em prosa de 1961, "A ratinha do campo", termina mais abruptamente e de modo muito mais sombrio: "Era como deslizar por uma encosta abaixo, esse pensamento, só que muito pior, e rapidamente ele se chocou contra uma árvore. *Por que* eu era um ser humano?".[43]

Por fim, ficou claro que Elizabeth não poderia suportar muito mais tempo a vida na casa dos avós Bishop. Aliás, seu avô reconheceu tardiamente que sua esposa tinha pouco talento para criar filhos, mesmo porque três dos seus próprios não conseguiram sobreviver à infância. Em maio de 1918, três meses depois dos fatos apresentados no fim de "A ratinha do campo", Elizabeth, aos sete anos, foi entregue no apartamento de sua tia Maud Bulmer Shepherdson e de seu marido. Lutando pela vida e para respirar, Elizabeth entrou no apartamento no colo do amável motorista de seu avô. "Eu não conseguia andar", lembrou ela, "e o Ronald me carregou escada acima — minha tia começou a chorar quando me viu." Elizabeth Bishop tinha apenas sete anos, mas havia passado a maior parte da vida viajando.

No caminho, adquirira, para compensar suas perdas, um senso de humor mordaz, um ouvido aguçado para a língua, um amor natural pela beleza, um ceticismo decidido em relação à opinião recebida, uma compreensão do valor da liberdade e um senso do ridículo intensamente desenvolvido. O mais importante, talvez, pelo menos para a sua evolução como escritora, foi ela ter aprendido a observar, a esperar, a escutar, a manter o seu próprio conselho e a não perder quase nada enquanto estudava silenciosamente e absorvia a linguagem codificada e os comportamentos misteriosos dos adultos que a cercavam.

3. Midas nos tocou a todos?

Elizabeth Bishop mais tarde descreveria o bairro em Revere, Massachusetts, como "uma parte meio pobre de uma cidade paupérrima".[1] O apartamento do primeiro andar dos Shepherdson, numa casa para duas famílias, na Cambridge Street, 55, ficava menos de dez quilômetros a nordeste da Massachusetts State House com sua cúpula dourada, que fica em Beacon Hill, com vista para o famoso Jardim Público de Boston.

A rua era íngreme e sem calçamento. Mais tarde, Bishop lembraria que, se o apartamento de seus tios ficasse num ponto um pouco mais elevado daquela ladeira escarpada, era possível que, se olhasse pela janela da sacada da frente, ela avistasse o topo do edifício Custom House, "então um ponto de referência em Boston".[2] Seis décadas depois, já no fim da vida, quando lecionava em Harvard, Bishop residiria num agradável condomínio repleto de livros, cheio de obras de arte e abarrotado de manuscritos, no Lewis Wharf, onde apreciava aquela que Elizabeth Spires descreveu, numa entrevista de 1978, como "uma vista espetacular do porto de Boston".[3] Sempre que podia, Bishop morava perto da água. Aquele espaçoso condomínio, sua última morada, ficava no terceiro andar de um armazém recém-reformado bem próximo da Atlantic Avenue e a uma caminhada de apenas dez minutos ao norte da histórica Custom House de Boston.

No entanto, para uma criança em Revere, o sonho de tal vida estava de fato longe. Bishop continuava sofrendo da asma e do eczema que afligiram sua breve e infeliz temporada na casa dos avós paternos, e, nos anos subsequentes, continuou sofrendo tão intensamente de distúrbios autoimunes que só frequentava a escola esporadicamente. Passou os primeiros anos da adolescência num estado de quase isolamento. Só quando estava bem a ponto de se aventurar a sair de casa é que brincava com as crianças do bairro dos tios, região etnicamente diversificada e de classe média baixa, mas não tinha nenhuma atividade que acontecesse fora dos limites do apartamento dos Shepherdson, a não ser ler, pensar e exercer seu considerável poder de atenta observação. Por necessidade, Bishop encontrou maneiras de se ocupar dentro de casa. "Eu sou capaz de desenhar a planta do apartamento agora",[4] escreveu ela mais tarde, referindo-se ao domicílio no qual sempre se sentiu mais uma hóspede do que um membro da família.

O apartamento de Revere estava repleto de livros e de números antigos da *National Geographic*. Talvez tenha sido ao estudar essas revistas que Bishop gravou na memória pela primeira vez as imagens de países estrangeiros e povos desconhecidos que depois encontrou nos números de fevereiro e março de 1918 da *National Geographic*, que teriam uma presença tão marcante no seu histórico poema "Na sala de espera". Como ela admitiu para Anne Stevenson, "eu frequentava a escola de modo intermitente, mas o que mais me lembro é de ficar na cama, com o peito chiando, lendo — e da minha querida tia Maud saindo de casa para comprar mais livros para mim".[5] Confinada pela doença naquele apartamento de "cozinha minúscula" e "sala de jantar minúscula"[6] durante boa parte de sua infância, Bishop encontrou na leitura, na imaginação e na observação atenta do que estava à mão seu principal meio de exploração, refúgio e fuga. Muitos anos depois, numa carta a Robert Lowell, ela explicaria sua "paixão pela precisão", dizendo: "Já que nós flutuamos num mar desconhecido, acho que devemos examinar com muito cuidado as outras coisas flutuantes que cruzam o nosso caminho; quem sabe o que pode depender disso?".[7]

Quando Elizabeth Bishop chegou pela primeira vez à Cambridge Street, 55, Maud, a irmã mais velha e sem filhos de sua mãe Gertrude, tinha 44 anos.[8] Nas suas memórias inacabadas, mas detalhadíssimas, "Sra. Sullivan Downstairs", uma fonte crucial de insight da sua vida em Revere, Bishop caracterizou Maud como "miúda, preocupada, nervosa, tímida".[9] Tendo abandonado a carreira de enfermeira, Maud havia se concentrado na vida doméstica, no casamento e nas necessidades do marido, George. Como Bishop comentou com sua psiquiatra Ruth Foster em fevereiro de 1947: "Eu me ressentia terrivelmente do tio George — tudo era feito para o conforto e o prazer dele, para mais ninguém".[10] Mesmo assim, Maud arranjava tempo para ler, pintar e costurar. Tia e sobrinha passavam muito tempo juntas. Maud não deixava de ter talento como pintora e "costurava bem", e Bishop se lembrava com carinho de quando "ela se sentava ao piano e nós passávamos a tarde toda cantando canções da Primeira Guerra Mundial. Maud tinha 'uma bonita voz de contralto' e às vezes nós também cantávamos hinos em partes — enquanto eu polia os infinitos canos de latão na cozinha".[11] Alguns anos depois, Bishop deu consigo cantando hinos no coro da igreja local, experiência que a levou a observar ironicamente em carta a uma amiga que "na plateia, a gente sempre acha a solista muito emocionante e boa. E quando você se senta *ao lado* dela, chega a ser chocante vê-la tirar um chiclete *enorme* da boca antes de se levantar para cantar 'O jardim da oração'".[12]

Ainda que cheirasse a gás de carvão e a gás de iluminação, a cozinha minúscula de sua tia "era cálida e aconchegante". A partir dessa cena, Bishop concluiu: "Minha tia e eu nos queríamos muito e cada uma contava tudo para a outra, e durante muitos anos não vi nada nela que merecesse crítica".[13] Bishop gostava de fogões de ferro fundido. O da cozinha de sua avó materna, em Great Village, era um Little Marvel a lenha. O fogão que dominava a cozinha de Maud, em Revere, era um Magee Ideal verde-escuro a carvão e a gás, cujo nome ela "leu durante anos e, às vezes, quando estava frio, fazia decalque de suas flores de ferro fundido".[14] Nas noites geladas da Nova Inglaterra, Bishop sofria ataques de asma frequentes e, enquanto ela ofegava, sua tia Maud "provavelmente passou noites e mais noites sem dormir, me dando injeções de adrenalina".[15] O dr. Bessel van der Kolk, autor de *The Body Keeps the Score: Brain, Mind, and Body in the Healing of Trauma* [O corpo acusa o golpe: Cérebro, mente e corpo na cura do trauma], sugeriu que a história da infância de Bishop representa "um caso clássico do tipo de experiência traumática na infância que pode levar a toda uma vida de transtornos autoimunes e alcoolismo". Segundo Van der Kolk, "depois de experiências traumáticas tão intensas e persistentes, o corpo sente que está sendo atacado e que precisa reagir".[16] Isso pode incentivar a liberação excessiva de anticorpos, coisa que leva o sistema imunológico a se voltar contra si mesmo e produz efeitos como a asma crônica e o eczema que Bishop sofreu, em especial quando exacerbados pelos pulmões debilitados em consequência da bronquite grave que teve. Van der Kolk associa a história da vida e dos sintomas de Bishop ao TEPT-C, transtorno de estresse pós-traumático complexo, e sugere que o timing do colapso de Bishop no inverno de 1917 e a natureza perene de suas doenças autoimunes são compatíveis com o transtorno. A psiquiatra Alice Miller demonstra algo parecido ao afirmar que, mesmo quando o indivíduo é estimulado a ocultar as fontes de seu trauma dos adultos que o rodeiam, ou de si próprio, "o paciente nunca cessa de nos informar sobre a sua realidade na linguagem dos [seus] sintomas".[17] Entretanto, Bishop jamais permitiu que seus sintomas a definissem ou limitassem, e sua luta para transformar o silêncio em discurso continuaria sendo uma preocupação central em sua vida e em sua arte.

Quando a pequena Elizabeth se sentia suficientemente bem, a tia Maud às vezes a convidava a um passeio a um modesto parque de diversões conhecido como Salem Willows, situado no norte, a algumas estações de trem de distância, num pequeno cabo logo depois da cidade de Salem. Salem Willows tem vista para o mar, em direção a Beverly Harbor, Salem Sound e ao Atlântico. Uma das principais atrações do parque era um grande carrossel projetado por um fabricante famoso, que ostentava uma variedade de animais magnificamente esculpidos e pintados para serem cavalgados por crianças de todas as idades. "Salem Willows", o poema de Bishop sobre essa experiência, passou por treze esboços sobreviventes, manuscritos e datilografados, e estava se aproximando da conclusão — e ainda na escrivaninha da poeta — no momento de sua morte súbita em 1979. Se ela tivesse vivido para ver "Salem Willows" passar pela máquina editorial da *New Yorker*, essa teria sido a primeira publicação de uma abordagem daqueles anos difíceis com os tios Maud e George.[18]

O poema começa com um flash de emoção e poder: "Oh, Salem Willows,/ em que cavalguei um leão dourado,/ dando voltas e voltas e voltas,/ rei do carrossel". De fato, dentre todas as figuras sedutoramente esculpidas e pintadas do carrossel — camelos, elefantes, cavalos, tigres — "acima de todas as outras/ eu preferia o leão,/ e o montei escanchada". E como ela poderia não preferir o leão: "Sua juba de madeira era dourada", e sua língua era "esmaltada de vermelho", ao passo que seus olhos eram mágicos, "vidro castanho com faíscas douradas".[19] Contudo, essa criatura fantástica não é capaz de uma ação real: "Sua pata dianteira direita estava erguida,/ mas as outras não se mexiam". A pequena narradora começa a entender que o carrossel do qual ela se imagina rainha oferece apenas ilusões de poder e de seguir adiante, para o seu leão e as outras figuras magníficas darem "voltas e voltas e voltas,/ suntuosamente, vagarosamente,/ ao som da música rude/ do órgão dourado!".[20] Todos os objetos encantadores do poema se revelam irreais.

Os músicos de gesso no centro do carrossel não passam de "metades da frente" incapazes de tocar seus instrumentos. "De tempos em tempos, com a música,/ eles erguiam uma flauta, mas nunca/ até os lábios, quase/ batiam nos seus tambores,/ não chegavam a dedilhar as liras apoiadas." Como Tântalo da mitologia grega, eles não conseguem saborear as satisfações que parecem estar próximas, porém sempre fora do seu alcance. "Era como se aquela música,/ rude, mecânica, alta,/ os desencorajasse de tentar." Para além do carrossel, "brilha um mar de vidro" — insinuando a atração de uma vida mais ampla de viagens e descobertas. Mas, por ora, à medida que o carrossel desacelera e para, a criança entende que tem de retornar aos limites nada satisfatórios de sua vida em Revere, levada para lá pela submissa, mas bondosa, tia Maud, que durante toda a aventura da sobrinha Elizabeth silenciosamente "ficou sentada tricotando/ tricotando à minha espera".[21] A animação suspensa das figuras de madeira e gesso pintados parece refletir o estado de suspensão e incompletude que define a vida de adiamento que agora ela era obrigada a levar.

Enquanto Bishop dava "voltas e voltas e voltas" naquele carrossel magnificamente esculpido, sua mãe Gertrude sofria um estado de suspensão muito mais grave a quase 740 quilômetros de distância, seguindo para o norte e para o leste a longa plataforma arenosa do oceano Atlântico. Isso porque em Dartmouth, na Nova Escócia, do outro lado de um porto profundo da capital provincial Halifax, erguiam-se os altos muros de tijolo do Hospital Nova Escócia para Doentes Mentais. O avô paterno de Bishop, John W. Bishop, continuava custeando as despesas médicas de Gertrude enquanto ela permanecia no Hospital Nova Escócia,[22] e, segundo Bishop, tentou várias vezes obter a transferência da nora para um hospital particular nos Estados Unidos, mas não conseguiu devido às leis de imigração americanas. Como Bishop disse a Anne Stevenson em 1964: "O mais trágico foi ela ter retornado para a NE quando voltou, antes da crise final". Bishop explicou: "Naquele tempo, as mulheres ganhavam cidadania americana quando se casavam com americanos — de modo que, depois que enviuvou, ela perdeu a cidadania. Depois não pôde mais voltar para os EUA, doente, e foi por isso que teve de ser internada no hospital de Dartmouth".[23]

Se tivesse sido autorizada a voltar para os Estados Unidos, Gertrude poderia ter se tratado no renomado Hospital McLean, em Belmont, Massachusetts (que abrigou posteriormente pacientes como os poetas Robert Lowell, Sylvia Plath e Anne Sexton), ou no avançado Hospital Estadual de Worcester. Sigmund Freud tinha visitado esse hospital em 1909 — ano em que ele e seu colega Carl Jung ministraram suas históricas "Cinco palestras sobre a psicanálise" na Universidade Clark, em Worcester, a apenas alguns quarteirões da casa do avô de Bishop. Entre os dignitários que assistiram às conferências, estava o dr. Ernest Jones, cujos três volumes de *Vida e obra de Sigmund Freud*, concluído em 1957, Bishop um dia devoraria e recomendaria entusiasticamente ao seu amigo Lowell.[24] A psicanálise freudiana, que fora muito bem acolhida em Worcester em 1909, não era de modo algum aceita no Canadá provincial na época do colapso decisivo de Gertrude, em 1916, e só seria reconhecida muitos anos depois. Não há indício de que ela tenha recebido algum tipo de diagnóstico psiquiátrico nem análise ou qualquer forma de terapia medicamentosa.[25] Hoje, uma avaliação dos sintomas cuidadosamente pormenorizados por Grace Bulmer no depoimento para o Hospital Nova Escócia, bem como nos informados nos registros clínicos do próprio hospital, poderia levar ao diagnóstico de grave bipolaridade com características depressivas — ou, adotando uma linguagem um pouco mais antiga, de loucura maníaco-depressiva. Mas tais diagnósticos ainda não eram amplamente reconhecidos. O tratamento medicamentoso eficaz da bipolaridade — empregando estabilizadores de humor como o lítio e outros agentes — só seria adotado décadas depois. Em carta a Stevenson de 1964, Bishop continuou refletindo sobre as coisas que podiam ter acontecido a sua mãe. "A gente sempre fica achando que se fosse agora teria sido melhor, ela teria sido curada etc." E acrescentou: "Tenho vários amigos que estão, já estiveram, vão estar, loucos". Esses amigos, dentre os quais figurava Robert Lowell, além de outros, "falam sobre isso com total naturalidade, e já visitei muitos hospícios. Mas em 1916 tudo era diferente. Depois de uns dois anos, se você não se curasse, perdiam todas as esperanças".[26]

Grace, a tia de Bishop, continuou envolvida na supervisão do tratamento de Gertrude na Nova Escócia. Bishop identificava em Grace Bulmer uma "mulher ativa, forte, bem-humorada" que vivia no presente. Mas, embora a achasse acessível em muitos assuntos, Bishop tinha dificuldade para extrair dela informações específicas sobre sua mãe porque, "sendo o tipo de mulher que é, a técnica dela é enterrar tudo isso, não tocar no assunto". Mesmo assim, a observadora Bishop obteve, sem dúvida, detalhes do estado de sua mãe, pois, como ela admitiu para Stevenson, "as crianças sempre dão um jeito de ficar sabendo de *tudo*".[27] Mas, enquanto Bishop quase certamente conseguia fazer suposições mais ou menos exatas sobre o estado de sua mãe, uma compreensão plena do seu destino e — talvez o mais importante — uma experiência compartilhada de luto desse destino com a família de sua mãe e a de seu pai se perderam atrás de um véu de silêncio, vergonha, ansiedade e medo.

Mais tarde, Bishop leu muito a literatura psicanalítica, mas nunca teve oportunidade de estudar o prontuário médico do longo confinamento de sua mãe, tentando em vão ter acesso a esses dados durante uma visita à Nova Escócia em 1946.[28] As primeiras observações do prontuário clínico foram feitas no dia 6 de julho de 1916, menos de um mês depois da declaração juramentada da tia Grace para o hospício. A primeira observação é em grande parte favorável, talvez até otimista: "A paciente tem se comportado muito bem desde que chegou ao hospital, agindo de modo elegantemente feminino". Nos primeiros dias internada, os cuidadores de Gertrude no hospício observaram-na lendo no seu quarto ou fazendo costura leve — ainda que "às vezes aja de maneira um tanto peculiar e ceda a leves delírios". De todo modo, "ela tem palavra e, até agora, vem se comportando muito bem". Dias depois, um comentário mencionou apenas "leves alucinações".[29] Quiçá tivessem esperança de que a muito desejada autocura de fato acontecesse.

Infelizmente, a observação seguinte da equipe do hospital, datada de 18 de setembro de 1916, mostra o estado de Gertrude tendendo a piorar: "Paciente atualmente na enfermaria 2 — estava mais ou menos destrutiva na enfermaria 7". Mesmo assim, depois de três meses de confinamento, Gertrude continuava a se interessar pela sua aparência e a escrever "um grande número de cartas à sua gente [...]. Ainda tem delírios, mas não fala neles com muita frequência". Mas, quando o Natal de 1916 se aproximou e Gertrude estava entrando no sexto mês de internação, passou a se mostrar mais melancólica e retraída. Um comentário de

13 de dezembro aponta algo que atualmente pode ser entendido como um grave episódio depressivo em seu ciclo bipolar: "Estado mental da paciente não muito bom. Agora passa o dia todo sentada num banco na enfermaria 1 e não fala com ninguém. Não se interessa por escrever cartas nem liga para sua aparência pessoal como antes. Tem alucinações de perseguição". Uma observação três semanas mais tarde notou ominosamente: "Ela desistiu de escrever cartas", e uma observação depois do Natal, registrou: "Nenhuma melhora".

Gertrude voltou a escrever cartas ocasionais para casa no início da primavera de 1917 e, conforme o relato do hospital, ficava "razoavelmente racional" quando recebia visita da família, embora sua única filha nunca estivesse entre os visitantes. Sem dúvida, os ouvidos de Elizabeth estavam bem sintonizados no que ela podia ouvir a respeito daquela visita. Em julho de 1917, a equipe do hospital admitiu que achava Gertrude "muito problemática" e que ela se mantinha "mais ou menos reclusa" no seu quarto.[30] Segue-se então um lapso de quase *dois anos* nas observações escritas sobre Gertrude por parte da equipe. Não aparece mais nenhum comentário no restante de 1917, tampouco há uma única anotação em 1918, quando eram tomadas decisões cruciais sobre a vida e o futuro de Elizabeth, inclusive sua retirada da Nova Escócia para ser entregue aos avós paternos.

Uma possível causa desse lapso no comentário do hospital é a grande explosão de Halifax, ocorrida em 6 de dezembro de 1917, quando o cargueiro francês *Mont-Blanc*, carregado de explosivos e material altamente inflamável que seriam entregues na Frente Ocidental em apoio à Grande Guerra na França, colidiu com outra embarcação no porto de Halifax, causando a maior explosão provocada pelo homem antes da era atômica. Mais de 2 mil habitantes da cidade pereceram na explosão, e centenas de prédios foram destruídos na cidade. Do outro lado do porto de

Dartmouth, onde ficava o hospital, que dava para a água, também houve muita devastação. A reação de Gertrude a esses fatos ficou sem registro, mas a própria Bishop por certo há de ter se perguntado até que ponto sua mãe foi afetada por aquela conflagração traumática.

Em "A ratinha do campo", Bishop descreve a si mesma no inverno de 1918, dizendo a uma amiga e colega de classe de Worcester, com uma "voz *sentimental*", que quando sua mãe "foi embora e me abandonou... Ela morreu também". Bishop notou que sua amiga ficou "impressionada e penalizada" — mas também relata seu próprio horror por ter mentido "deliberada e conscientemente", afirmando que aquela inverdade a levou a perceber pela primeira vez a "falsidade e o grande poder do sentimentalismo — embora não conhecesse a palavra". Bishop acrescentou: "Eu não sabia, e até hoje não sei, se menti por vergonha ou por um abjeto desejo de compaixão, dramatizando o que havia de melancólico e romântico na minha situação".[31] Certamente, dadas as circunstâncias, seu desejo de compaixão parece compreensível, não abjeto.

Quando o prontuário clínico de Dartmouth quebrou o silêncio acerca de Gertrude, no dia 6 de maio de 1919, foi para aludir — tragicamente — a "tendências homicidas", que a levaram a longos períodos de isolamento no quarto. Essa observação de maio de 1919 também mostra que o vestuário continuava sendo uma questão irritante e vexatória para a mãe de Bishop. O prontuário observava que Gertrude exigia toda sorte de roupas chiques, mas, "quando lhe dão uma peça, seja qual for, ela não tarda a destruí-la ou a jogá-la pela janela". Sua atitude conflituosa com o vestuário — que pode ter sido motivada, ao menos em parte, pela ansiedade pelo fato de que, ao se casar com William Bishop, ela subira decididamente na escala social, e que a morte dele a deixou numa situação socialmente anômala — se equipara muito com o relato de Bishop da relação da mãe com o vestuário. Conquanto não tivesse voltado a ver a mãe depois dos cinco anos de idade, ela entendera intuitivamente, de algum modo, a importância da roupa elegante e a ambivalência com essa roupa no psiquismo materno — um insight muito coerente com uma série de observações nos registros hospitalares que ela nunca teve oportunidade de ler. O hospital também mencionou "alucinações auditivas" preocupantes.[32] Por mais angustiante que possa parecer, a observação de maio de 1919 oferece a única descrição pormenorizada da saúde mental e emocional de Gertrude a ser encontrada no prontuário clínico em mais de uma década.

Decorreriam quinze meses entre a observação de maio de 1919 e a seguinte, de 31 de agosto de 1920. Essa apenas informava "pouca mudança desde a última notificação", acrescentando que Gertrude voltara a deixar de escrever cartas para casa. Passaram-se mais dezenove meses até o comentário seguinte da equipe, cuja íntegra é: "Nenhuma mudança". Um ano depois, uma observação deu conta de Gertrude num quarto vigiado, sofrendo alucinações. Dali em diante, ano após ano, durante toda a década de 1920, as observações sobre o estado de Gertrude se limitaram a dizer "sem alteração" ou "sem alteração desde a última notificação".[33] Esses registros deixam claro que a equipe do hospital havia perdido toda esperança de recuperação da paciente. Nesse período, os parentes Bulmer de Elizabeth se recusaram diligentemente a cogitar que ela tivesse contato com a mãe.

Nos últimos anos, Bishop se empenhou muito para expressar em verso seu entendimento da existência desoladora de sua mãe no Hospital Nova Escócia. O mais convincente desses esforços é o poema evocativo, ainda que fragmentário, "As paredes perduraram anos e anos", cujo título alternativo é "Asilo".[34] Esse poema inacabado luta, ao longo de muitos esboços, para entrar na perspectiva de sua mãe e expressar aquilo que Bishop só era capaz de imaginar que podia ter sido sua experiência durante todos aqueles "anos e anos". No entanto, ela certamente deduziu ou tinha ouvido às escondidas o suficiente para formar uma imagem mental das décadas de solitário confinamento da mãe. Os esboços do poema descrevem Gertrude examinando desesperadamente todos os detalhes de um quarto no qual está isolada, esforçando-se para descobrir alguma coisa — qualquer coisa — que sirva de fonte de interesse ou envolvimento: "Olhar para o teto era cansativo/ sobrecarregado de instalações e lâmpadas acesas/ mas as tábuas do assoalho tinham uma boa perspectiva./ Erguiam-se um pouco aqui, vergavam-se ali/ mas, ai de mim, se enfiavam debaixo da parede".[35] Bishop também sabia o que era confinamento, quando, muito doente para frequentar a escola a não ser durante breves períodos, ficava isolada naquele apartamento de Revere. Sem dúvida, foi durante sua permanência em Revere, estudando cada detalhe do fogão Magee Ideal e lendo pilhas da *National Geographic*, que Bishop formou a determinação de se entregar a uma vida de viagens.

Também cruciais para essa determinação — e decisivos no seu desenvolvimento como poeta e como pessoa — foram os longos verões que passava com os avós maternos em Great Village. Esses verões neoescoceses faziam parte de um acordo elaborado entre as famílias Bishop e Bulmer para o cuidado de Bishop. Sua saúde em geral melhorava no verão e, devido à contínua exposição sazonal a Great Village na sua fase mais verdejante, a casa dos Bulmer e seus arredores viriam a ser um centro de memórias indeléveis. Os escritos de Bishop desde a metade da adolescência até a sua morte demonstram reiteradamente o seu apego à grande beleza natural da terra natal de sua mãe. Ela jamais esqueceria aquela combinação única de paisagem terrestre e marinha, nem os ritmos daquela vida aldeã serenamente laboriosa. Sua escrita rememoraria muitas imagens do lugar: "A cor das nuvens de flores dos olmos, o violeta dos campos de aveia".[36] Uma várzea próxima, na qual as vacas pastam e ruminam ruidosamente ao lado de íris "nítidos, a estremecer" se alojaria profundamente na sua imaginação — uma imagem mental que emergiu com uma força surpreendente algumas décadas mais tarde, como em "Poema", no qual ela examinou uma bela e pequena pintura feita às pressas, "em uma hora, 'num só fôlego'",[37] pelo seu tio-avô, o artista George Hutchinson. Também relembraria as movediças marés da baía de Fundy e a sua enseada mais oriental, a baía de Cobequid, cujas águas em movimento mordiscavam a costa irregular da sua aldeia. A baía de Fundy se esvazia por completo duas vezes por dia a cada maré baixa, deixando atrás somente o "arroxeado do lodo/ com riachos de puro fogo". Na infância e, posteriormente, na condição de adulta que estava de volta, Bishop presenciava ocasionalmente a maré baixa e depois o retorno do fluxo quando a maré do Fundy voltava a subir rugindo e a baía, na sua recobrada plenitude, transformava-se num mar "rubro de aluvião" sobre o qual se punha um sol vermelho.[38] Para ela, aquela comunidade neoescocesa calma, mas distinta — com seus vastos campos florescentes, suas ruas poeirentas, seus rios de maré, pântanos salgados e brejos —, viveria na sua memória tanto como um locus de perda irrecuperável quanto como um reino de consolação inesgotável.

A casa dos Bulmer, na qual ela se aninhava durante seus retornos sazonais, ainda se ergue "ao longo da escura cicatriz" do rio Great Village, que "respira profundamente a cada maré".[39] O terreno da família é estreito, já que fica de frente para a aldeia, mas ostenta um comprimento considerável nos fundos, muito próximo do rio Great Village, avançando em direção aos pântanos salobros nas imediações da bacia de Minas. Bishop recordou: "nós fazíamos fermento com o lúpulo que crescia no celeiro; não havia água encanada", e lembrou que eles iluminavam a casa "com lanternas a querosene etc.".[40] As lanternas de querosene — e os fogões de ferro fundido — figurariam com destaque nos escritos tardios de Bishop, e sua experiência com esses objetos domésticos retornaria nos seus primeiros anos no Brasil. Junto à casa dos seus avós paternos, os olmos "lá fora estavam pesados, verdes", e o forro de palha "ainda emanava a essência do feno", enquanto "ao longo da palha do beiral, lentamente, lindamente, vespas percorrem uma madressilva trepadeira".[41] Aquele mundo de suspiros e odores e sons entretecidos funcionava, na sua imaginação, de modo muito diferente do bairro isolado e semiurbano de Massachusetts que ela dividia com a tia Maud e o tio George. Mas, embora seus retornos anuais de verão a Great Village servissem para manter vivas suas afeições e sua imaginação, suas raízes poéticas estavam fincadas não só em Great Village, mas também em Revere e Worcester.

Segundo seu próprio relato, Bishop compôs sua primeira centelha poética aos oito anos, enquanto escutava os ruídos de atividade na cozinha da avó materna. Seus melhores sapatos brancos precisavam ser limpos para a escola dominical, e Gammie Bulmer estava passando gasolina na parte de cima suja dos calçados e aplicando vaselina em outra parte de couro envernizado. Bishop ficou encantada com a interação daqueles sons: "Passei o dia todo dando voltas cantando 'gasolina/ vaselina'... Pode não ter sido um poema, mas foi minha primeira rima".[42] Anos depois, ela rimaria a trissílaba "suspension" com a quadrissílaba "comprehension".[43] Atreveu-se a encerrar um poema distintivo com um verdadeiro trava-língua com as tendenciosas rimas "jawful" [horrendíssimo], "awful" [horrendo] e "cheerful" [alegre].[44] Teve a audácia de rimar "extraordinary geraniums" [gerânios extraordinários] com "assorted linoleums" [linóleos sortidos],[45] e no seu "Galos", de produzir algumas rimas triplas horrendas, mas alegres, "making sallies/ muddy alleys/ making out maps like Rand Mcnally's".[46] No que talvez seja seu poema mais lido, a vilanela "Uma arte", Bishop rima os recorrentes "mistério" e "sério" com "quero", "austero" e enfim "etéreo".[47] Essa prazenteira apropriação precoce da rima descoberta em "gasolina/ vaselina" foi apenas o primeiro passo na jornada de toda uma existência envolvida com o jogo verbal, a experimentação e a descoberta.

Em "Maneiras", seu carinhoso tributo ao avô materno William Bulmer, de 1955, Bishop constrói um mundo a partir de uma sequência de rimas muito mais simples e decorosa. Subintitulado "Para uma criança de 1918", "Maneiras" começa com uma série de rimas monossilábicas perfeitas. Sentados no "banco da carroça", o avô aconselha a neta a "procure sempre falar/ com quem você se encontrar". As gentis diretrizes do velho defendem o compartilhamento comunitário e a responsabilidade mútua — e, em breve, sua carroça começa a se encher de novos passageiros, pois, como seu avô aconselha, sempre é necessário dar carona a quem quer que a gente encontre. Aqui se incluem "um garoto que nós conhecíamos" e o enorme corvo de estimação do garoto, que desce do ombro de seu amigo Willy e vai saltando de um mourão a outro um pouco à frente da carroça em movimento, mas nunca longe do chamado do dono. Bishop admite: "Fiquei preocupada./ Como ele ia saber aonde ir?". Mas o corvo e o rapazinho estavam facilmente de acordo, pois, sempre que "Willy assobiava, ele respondia". O avô Bulmer elogia aquela ave bem-educada que responde quando falam com ela.

Mas os tempos estão mudando, e o generoso conselho do avô enfrenta um desafio quando os automóveis passam por eles, pois "a poeira escondia a cara das pessoas" e os gritos de "Bom dia!" não eram ouvidos. No entanto, o mundo do avô Bulmer não tarda a voltar ao seu padrão habitual, em que as boas maneiras entre homem e animal ainda prevalecem. Ao chegar ao íngreme monte Hustler, ele disse "que a égua estava cansada,/ de modo que todos descemos e fomos a pé,/ como exigiam as nossas boas maneiras". O poema de Bishop se torna não só uma afetuosa homenagem ao avô Bulmer, como também uma despedida elegíaca do código social com o qual ele tinha sido criado e continuava a defender, um código já sob pressão em 1918, quando o automóvel começava a substituir a carroça puxada por animais. As futuras gerações de avós *não* recomendariam aos filhos ou netos falar — e muito menos dar carona — a qualquer desconhecido que vissem na estrada.

Na série de cartas de 1947 a sua psiquiatra, Bishop estabeleceu um forte contraste entre o seu querido avô Bulmer e o tio George Shepherdson, a mais importante presença masculina na casa da tia Maud, em Revere, e uma figura que definitivamente adorava cantar de galo. Ele conhecera Maud em Great Village e depois o casal se mudou para Massachusetts, onde George passou a exercer a modesta e mal remunerada função de contador na General Eletric. O minucioso exame feito por Bishop de sua dolorosa relação com o tio forma o segmento final de sua última carta à dra. Foster, datada de 24 de fevereiro de 1947. Ele ocupa três páginas com espaçamento simples sob o cabeçalho "*Tio George*". As várias páginas do autoexame de Bishop com Ruth Foster parecem ter levado a essas revelações finais a respcito do tratamento abusivo dispensado pelo tio a Maud e a ela própria. Quando Bishop escreveu para a dra. Foster, Maud já tinha morrido, mas George ainda estava vivo.

Bishop descreve George Shepherdson como um homem alto e muito forte, e observa que, em duas ou três ocasiões, havia quebrado as costelas de Maud. "Uma vez, eu vi acontecer — ele estava simplesmente levantando-a de uma mesa, ou algo assim, e ela disse 'Oh, minhas costelas' e desmaiou." Bishop se lembrou de outra ocasião em que o tio "me passou por cima do parapeito da varanda do primeiro andar e ficou me segurando pelo cabelo — só para se divertir". Também recordou um prolongado período em que, aparentemente, ele ameaçava surrá-la quase toda noite. Bishop tentava não levar a sério aqueles monólogos constrangedores, mas eles só cessavam quando ela ameaçava contar tudo ao seu avô Bishop, coisa que surtia efeito porque era John W. Bishop que pagava as despesas da neta em Revere. Provavelmente, essas remunerações formavam uma fatia significativa da renda da família Shepherdson. A agressividade de George não se restringia aos membros da família. Bishop contou à dra. Foster: "Ele era um verdadeiro sádico, sabe — regozijava-se com a violência, desprezava qualquer outra raça que não a dele, detestava os negros etc., acreditava na Ku Klux Klan e nos protocolos de Sião etc.". Todavia, concluiu, de maneira característica: "Nele, o que mais me dá repulsa, além do traço de crueldade, é o terrível sentimentalismo — acho que as duas coisas sempre andam juntas. Seus olhos vivem se enchendo de lágrimas etc.".[48]

Bishop também relembrou incidentes de carícias inadequadas quando o tio George lhe dava banho, pouco depois de sua chegada ao apartamento, aos sete anos. "Na minha inocência, acho que eu apenas pensava que aquela era uma lavagem inusualmente completa, mas lembro de sentir de repente muito desconforto e de tentar me afastar dele. Isso pode ter acontecido mais de uma vez." Também recordou outros episódios que "decerto eram sexuais — simplesmente seu jeito de pegar em mim etc." —, incidentes que se intensificaram quando ela entrou na puberdade e chegou aos catorze ou quinze anos. Do seu modo característico, Bishop afirmou que não considerava o tio George inteiramente culpado pelo comportamento que tinha, que ela relacionava ao tratamento brutal a que fora submetido pelos próprios pais. "Ao que parece, o pai era um diabo velho. Nunca deixava [os filhos] dizerem uma palavra ou fazerem perguntas e costumava chicoteá-los com brutalidade. Uma vez, a tia Maude me contou isso como um dos motivos pelos quais ele se comportava daquele jeito comigo. A mãe é uma diaba velha... Tem 92 anos agora e é tão perversa quanto é possível ser."[49]

Talvez tentando desculpar o tio tutor, Bishop fez questão de dizer à dra. Foster: "Eu não devia fazer de conta que a vida com o tio George era um inferno absoluto, porque não era, e muitas vezes eu senti carinho por ele — havia alguns períodos que eram piores que os outros". Mas se lembrou de uma ocasião particularmente assustadora: "Acordei e dei com a tia Maude ajoelhada ao lado da minha cama. Acho que estava rezando. Em todo caso, eu fingi que estava dormindo... Pode ser que ela quisesse ficar bem comigo, não sei". E acrescentou: "Isso me impressionou profundamente e, embora eu fosse bem ignorante em matéria de sexo, sei lá por quê, senti na mesma hora que aquele homem brutal tinha sido cruel com ela de alguma maneira". Talvez Maud estivesse rezando tanto por ela quanto pela sobrinha, mas, como observou Bishop, "a minha tia 'o tolerava', como dizem", e seu tom de voz em relação ao marido "sempre foi 'Oh, você sabe como são os homens'". Bishop observou em "Sra. Sullivan Downstairs" que tia e sobrinha contavam tudo uma para a outra — mas sua carta à dra. Foster sugere que ela *não* contava tudo a Maud. Essa carta também dá a entender que Bishop acabou enxergando uma característica para criticar na tia acanhada e preocupada: era sua mansidão perante o marido. Isso, por compreensível que fosse diante da força física e da ameaça que ele representava, deixava Maud sem condições de defender a si própria ou a sobrinha.

A única comunicação direta de Bishop com sua família sobre o comportamento do tio George foi na forma de dicas que ela mais tarde deu a sua tia Grace. Maud morreu em 1940, quando estava hospedada na casa neoescocesa de Grace. Esta ficou tão chocada com o comportamento intimidador de George com a esposa moribunda que o mandou embora dias antes do falecimento de Maud, de modo que ele não estava presente quando sua mulher morreu. Grace disse à sobrinha: "Sabe que eu nunca mais senti a mesma coisa pelo George desde a morte de Maude?". Segundo Bishop, Grace acrescentou "que às vezes se perguntava se não era em parte por culpa [de George] que eu não me casei — embora não saiba ao certo o que ela quis dizer com isso. Grace é uma mulher inteligente".[50] Nessa última carta à dra. Foster, Bishop atribuiu explicitamente sua já antiga desconfiança dos homens — com exceção apenas de seu avô materno e de seu excepcionalmente gentil vizinho de Key West, o filósofo John Dewey — a seu tio George Shepherdson. Muito embora esse tio não fosse um parente consanguíneo, suas bolinações certamente deviam ser consideradas incestuosas.

Em uma consideração sobre o transtorno de estresse pós-traumático, o dr. Richard Famularo assevera: "A experiência traumática da infância com frequência envolve maus-tratos por parte dos pais ou responsáveis. A consequente perda de proteção, o sentimento de traição, o medo diário e uma esmagadora sensação de desamparo podem influenciar todas as relações pessoais posteriores da criança".[51] Segundo o dr. Van der Kolk, os testes clínicos demonstram que "o corpo das vítimas de incesto tem dificuldade para distinguir perigo de segurança". É provável que isso provoque graves distúrbios autoimunes, pois o sistema autoimunológico se tornou "hipersensível à ameaça, de modo que tende a montar uma defesa ali onde não é necessária, mesmo quando isso significa atacar as células do próprio corpo".[52] Bishop *já* sofria gravemente de asma, eczema e da dança de são Vito em virtude de perdas traumáticas anteriores à sua chegada à casa de George Shepherdson. Agora se acrescentava o duradouro ônus do abuso emocional e sexual incestuoso imposto a ela pelo tio.

A sequência anterior de perdas de Bishop foi documentada acima de qualquer dúvida. Entre os muitos fatores que tornam crível a sua revelação acerca do comportamento do tio George é a natureza muito detalhada e específica de suas alegações, a comprovada confirmação de sua tia Grace e seu esforço para atenuar os atos do tio encarando-os como produto de seu próprio passado traumático. Também encontramos corroboração na linguagem dos sintomas: o fato de, mesmo aos trinta e tantos anos, Bishop ter uma cautela visceral com os homens. Seus relativamente poucos amigos do sexo masculino eram principalmente maridos ou parceiros de amigas íntimas, sendo que estas funcionavam como um amortecedor. Um exemplo seria o casal Lloyd Frankenberg e Loren MacIver. Talvez o efeito catártico das revelações de Bishop a Ruth Foster sobre George tenha suscitado uma alteração significativa nesse estado. Embora sua postura ansiosa em relação a um mundo perigoso não tivesse passado por nenhuma transformação mágica, três meses depois de fazer a série de revelações dolorosas a Ruth Foster sobre sua relação traumática com o tio, Bishop travou uma amizade profunda e duradoura com Robert Lowell. Mais tarde, encontraria amigos íntimos e confiáveis em James Merrill, Ashley Brown, Wesley Wehr, David Kalstone, Lloyd Schwartz, Frank Bidart e muitos outros. Um rápido exame da correspondência selecionada de Bishop em *Uma arte*, de 1994, pode confirmar tal mudança. Esse livro apresenta pouquíssimas missivas destinadas unicamente a amigos homens antes de ela ter sido analisada pela dra. Foster em fevereiro de 1947 — mas muitíssimas para esses amigos escritas depois dessa data.

Bishop era uma leitora ávida desde menina. Trabalhava com diligência na sua arte da poesia, a começar por aqueles experimentos iniciais aos oito anos. Os primeiros poemas que podem ser datados com certeza, publicados aos catorze anos de idade, já revelam um ouvido musical, olhos interessados pelo detalhe notável, o domínio dos padrões tradicionais de rima, um admirável domínio do ritmo e da métrica, a utilização inteligente do engenho e da alusão e um hábil manejo da linguagem figurada. Um exemplo crucial dessa poesia precoce é uma balada sem data nem título que começa com o verso "Certa vez numa colina encontrei um homem...". Esse poema decisivo, mas negligenciado, foi publicado muitas décadas depois de escrito em *Edgar Allan Poe and The Juke-Box*, e agora quase exige ser lido como uma alegoria da situação de confinamento de Bishop no mundo estreito em que seu avô paterno a exilou, para ser governada pelo tio abusivo e em que ficou mais confinada pelas doenças crônicas provocadas por estresses traumáticos anteriores e ainda presentes. Embora as emoções no poema sejam muito reais, seus pormenores são traduzidos para o reino da magia. Como muitas jovens leitoras vorazes, Bishop tinha atração por contos de fadas, talvez porque — como seu amigo Randall Jarrell observaria mais tarde — "o ogro das histórias é tão gigantesco, tão forte e tão idiota porque é essa a aparência que o adulto tem para uma criança".[53] A figura masculina dominante *nesse* poema não é um ogro, mas um bruxo malevolente, fortíssimo, desonesto e extremamente impiedoso.

O poema, que existe em uma única cópia manuscrita no arquivo do Vassar, começa com a descrição de um feiticeiro forte — "De barba prateada e um manto estrelado/ E sapatos bicudos" — que promete lhe mostrar um maravilhoso e longínquo reino de conto de fadas. A editora Alice Quinn acha que esse feiticeiro lembra o avô Bishop, mas sua crueldade extrema parece se alinhar mais com o tio George; porque, apesar da sua promessa de lhe mostrar a "Babilônia ou Terra da Sombra" encantada, o feiticeiro a encarcera em um compartimento minúsculo, "uma casinha" que se reduz a só "quatro paredes, uma porta minúscula, um telhado". Tendo prendido sua vítima e dando gargalhadas de alegria, ele reza o pai-nosso "de trás para a frente!" — uma antiga maldição há muito tempo associada a rituais satânicos. Então, sem mais nenhuma palavra, "a fechadura clicou duas vezes; um vento leve/ Soluçou uma vez, e ele se foi como névoa".[54]

A criança aprisionada tenta olhar por uma janela, mas, de um modo que lembra "A senhora de Shalott" de Tennyson — poema que a jovem Elizabeth certamente conhecia —, não consegue enxergar a natureza de maneira direta. Só pode ver uma imagem projetada numa parede interna — "De gente sombra, de bichos sombra" — e distinguir rostos pálidos nas paredes; apesar desses vislumbres de humanidade, a criança aprisionada não pode ter contato com nenhum homólogo humano real. Parece presa em um perpétuo laço de isolamento, tendo "o soluçante vento leve" como único companheiro. Mesmo assim, talvez ouça uma voz humana fora das paredes, pois logo pergunta, insegura: "Quem é você aí fora com o vento?". Acaso a imagem tremeluzente de um rosto "que brilha palidamente/ Entre as multidões nas minhas paredes" poderia ser uma pessoa real e talvez até um amigo potencial? No entanto, essa voz tão desejada do outro lado da porta — ou é apenas o vento soluçante? — implica certo perigo. Por fim, a narradora aprisionada conclui desesperadamente que o amigo sombrio que espreita na periferia fora de sua prisão tinha "era que ir embora", pois a criança receia as represálias que pode sofrer se seu poderoso captor chegar e descobrir que ela escapou temporariamente do cativeiro.[55] Uma década depois, na metade dos anos 1930, Bishop escreveria uma longa série de fábulas de enclausuramento que revelavam sua contínua luta com uma sensação de aprisionamento e a experiência de ser silenciada que haviam dominado sua infância e adolescência. Entre essas fábulas, encontra-se mais uma referência a Tennyson, o espirituoso "O cavalheiro de Shalott", poema que equilibra, de maneira aprimorada e positiva, os pontos de vista cômico e trágico de seu cavalheiro narcisista. Nenhuma das fábulas de enclausuramento compostas por ela logo depois da faculdade chega a ser tão sombria ou desesperada quanto essa comovente balada precoce.

Tal balada articula não a atormentada necessidade de Bishop de amigos solidários, mas também seu desejo ardente de viajar. Como ela demonstraria um dia, quando encontrava amigos solidários, devotava-se a eles — muitas vezes durante décadas, frequentemente até o fim da vida. E em parte mantinha essas amizades através do poder sedutor da palavra escrita. Ela chegou a se definir como uma das mais cativantes autoras de cartas da sua época. E se sua carreira de poeta começou cedo, também o foi a de correspondente, sendo que a carreira epistolar se iniciou com uma série de cartas reveladoras e em geral encantadoras a uma aspirante a poeta mais ou menos da sua idade, uma moça talentosa e empática chamada Louise Bradley.

4. Chafurdando na lama dos jardins celestiais

Só se vive uma vez, e eu vou viver!
Bishop a Louise Bradley,
16 de outubro de 1926

Numa tarde de julho de 1924, Elizabeth Bishop, aos treze anos, deu consigo instalada num vagão de trem num ramal ferroviário da estrada de ferro Nova York, New Heaven e Hartford, viajando do sul de Revere rumo à costa leste do cabo Cod. Estava iniciando o primeiro de muitos verões no Acampamento Chequesset, um acampamento particular de veleiro para meninas. Quando o trem parou na estação de Wellfleet e ela pisou na plataforma, viu muitas campistas veteranas se cumprimentando ansiosamente. Ela chegou a se sentir deslocada. Então aconteceu uma coisa surpreendente que lhe tirou o fôlego. Como Bishop escreveu dois anos depois a Louise Bradley, sua primeira grande amiga epistolar, "lembro da primeira vez que a vi — na estação suja. Você estava muito entusiasmada por rever todas as campistas — e, quando se aproximou de mim, disse: 'Eu não *te* conheço, mas vou te beijar também'".[1]

Bishop tinha vivido uma vida de isolamento extremo, praticamente incapaz de encontrar uma amiga da sua idade com a qual pudesse compartilhar seus numerosos interesses e paixões. Isso estava prestes a mudar, pelo menos durante algumas semanas iluminadas a cada verão. Como Bishop sintetizou na cronologia que construiu para sua psiquiatra Ruth Foster, "eu ia a um acampamento de verão no cabo Cod e lá fiz minhas primeiras amizades de verdade".[2] Alguns anos mais tarde, contou a Anne Stevenson: "Aos treze anos eu já estava bem o bastante para poder, no verão, ir para a colônia de férias, e foi só nessa época, por pouco tempo, e depois em Walnut Hill, que conheci garotas que eram tão inteligentes quanto eu, ou mais, e fiz amizades, e comecei a me animar um pouco".[3]

Bishop ficou surpresa ao descobrir que se tornara de repente popular. Também notou a presença de "várias amizades ligeiramente emocionais" entre as campistas. De fato, ela contou à dra. Foster que, alguns anos depois da sua experiência no acampamento, surgiu uma crise quando descobriram que "todas as meninas estavam se apaixonando por todos os lados entre si", coisa que levou a equipe, por recomendação de uma psicanalista, a fechar o acampamento naquele verão e recomeçar no ano seguinte.[4] A jovem Elizabeth, lá conhecida como "Bishie", continuou indo ao acampamento Chequesset por seis verões, passando em geral julho com as campistas e agosto com os avós Bulmer na Nova Escócia. Uma amizade emocional que a própria Bishop de treze anos formou no seu primeiro ano no acampamento de verão foi com a menina que lhe dera aquele beijo inesperado de saudação. Louise Bradley era um pouco mais velha, uma futura aluna do ensino médio que, então, estava no seu último ano no Acampamento Chequesset. Depois daquele primeiro verão juntas, sua amizade se manteve durante mais de uma década na forma de cartas frequentes e encontros bem menos frequentes, padrão que reapareceria em muitas das amizades epistolares que Bishop manteria mais tarde.

Quem escolheu o Acampamento Chequesset para ela foi seu tio Jack Bishop. Sarah, a avó de Elizabeth, e seu avô John W. Bishop morreram com alguns dias de diferença em 1923. John Bishop deixou 10 mil dólares para Elizabeth no seu testamento. Essa herança, combinada com a soma mais substancial que herdara do pai, fez dela uma herdeira em menor escala. Agora o tio John W. Bishop Jr., irmão caçula de seu falecido pai, era seu tutor legal e gestor de suas finanças até que ela chegasse à maioridade. Embora Bishop se ressentisse do tio devido à linguagem ameaçadora que dele havia absorvido na casa dos avós e à distância emocional com que ele passou a tratá-la mais tarde, Jack levou a sério seus deveres de tutor. E mostrou certa aptidão para encontrar atividades complementares para a sobrinha sob sua guarda, primeiro o acampamento de verão, depois o internato. Essas experiências foram financiadas pela renda que Bishop teve a sorte de herdar. E o primeiro fruto dessa herança foi seu verão inaugural no Acampamento Chequesset.

No minucioso ensaio "Elizabeth Bishop at Summer Camp", William Logan escreve que o Acampamento Chequesset tinha vista para "a frota de pesca de marisco no porto de Wellfleet [...]. O acampamento ficava na baía do lado oposto do píer municipal, num terreno de aproximadamente dezesseis hectares outrora habitado pelos índios chequesset, cujos montes de conchas ainda podiam ser encontrados na praia". Logan observa que, "naquele acampamento de água salgada, esperava-se que as meninas sobressaíssem em natação e navegação a vela — os monitores mantinham registros pormenorizados de seu progresso". As campistas também aprendiam a relatar seus encontros com a natureza em cadernos pautados: origem do hábito de anotar em cadernos observações e esboçar projetos literários, que acompanhou Bishop durante toda a vida. Ela passou a ser considerada uma excelente nadadora e uma velejadora particularmente hábil. Descrevendo a rotina do campo, Logan observa: "As meninas podiam velejar até a ilha Billingsgate para colher amêijoas, ou fazer uma viagem de um dia na *Mouette* a Plymouth ou Provincetown (onde, aos treze anos, Bishop descobriu um livro de poemas de George Herbert), ou um cruzeiro de três dias pelo canal do cabo Cod rumo à baía de Buzzards e Nantucket".[5]

Bishop constituiu uma amizade íntima com Louise Bradley no seu primeiro verão no acampamento. Elas tinham em comum não só o gosto por acampar como também a paixão por velejar. Também compartilhavam um grande interesse por poesia e o desejo de fazer carreira de poeta. Como seu primeiro ano no acampamento também foi o último de Bradley, Bishop se esforçou para manter o relacionamento vivo escrevendo cartas. As missivas de Bradley em resposta às de Bishop não sobreviveram, mas Bradley preservou cuidadosamente as de Bishop, e hoje elas estão no arquivo da Wylie House na Universidade de Indiana. A primeira carta de Bishop a Bradley foi escrita em Great Village no início de agosto de 1925. Ela havia terminado sua segunda temporada no acampamento e estava visitando os avós Bulmer. Sua primeira carta a amiga começa anunciando que "eu nunca tive saudade de casa, mas, no momento, sinto muita saudade do acampamento e, como sei que você entenderá os meus sentimentos, vou lhe escrever". Redigiu sobre a "casa inquisitiva" na qual agora residia e acrescentou: "Tenho nadado com frequência no adorável buraco de arenito vermelho, é tão bonito[,] pois pequenas folhas amarelas flutuam em toda a superfície e projetam pequenas sombras marrons e douradas no fundo. Às vezes, eu queria ser um peixe para poder ficar mais tempo mergulhada olhando para elas". Nessa primeira carta sobrevivente endereçada a quem quer que fosse, Bishop também anuncia uma motivação que a levaria a se entregar a uma longa e prolífica carreira de escritora de cartas: "Já me sinto imensamente melhor[,] pois escrever faz a gente se sentir melhor [...]. Você sabe que alívio é escrever quando a gente está triste". Essa carta, que exalta a válvula de segurança emocional da correspondência, está assinada: "Sempre com muito amor/ Bishie Bishop".[6]

O primeiro poema publicado de Bishop apareceu no outono de 1925 no volume 18 do *Camp Chequesset Log*, que Logan caracteriza adequadamente como "um órgão de vendas bastante transparente". "O chamado", de Bishop, combina bem com a agenda do *Log* e, ao mesmo tempo, mostra que ela havia absorvido um pouco do sabor de maresia e do suingue de seu predecessor neoinglês Henry Wadsworth Longfellow. "O chamado" proclama que, mesmo em Revere, "o vento, quando sopra nas ruas nevoentas,/ Tem uma marca do borrifo ácido", e que, apesar de sua distância do acampamento, "o odor, ainda que fraco, parece no meu coração/ vir direto da baía de Wellfleet".[7] O esforço carregado de nostalgia dessa aspirante literária de catorze anos pode ter um odor nitidamente diferente do espírito de camping, mas também mostra o domínio juvenil de Bishop da linguagem poética tradicional e sua capacidade de introduzir a experiência tátil no seu trabalho ao evocar "o cheiro penetrante do mar".

Depois de seu segundo verão no Acampamento Chequesset, ao qual ela se referiu como o "velho A. C." no verso final de "O chamado", Bishop foi considerada pelo menos suficientemente bem de saúde para tentar concluir seu primeiro ano letivo completo desde o jardim de infância no Canadá oito anos antes. No início, achou bem difícil a transição para esse novo ambiente. Como resposta, passou a escrever a Bradley com certa regularidade, a começar por uma carta de 17 de setembro de 1925 lamentando que "a escola começou e é simplesmente terrível! Como eu a detesto. A professora esbraveja comigo e diz que eu não presto atenção. É provável que não preste mesmo, mas não gosto que me digam isso". Elizabeth passou a ter segredos para a tia Maud e a anotar esses pensamentos e ideias num caderno — hábito que tinha adquirido no acampamento de verão e cultivaria por toda a vida. Ela disse a Bradley: "A titia achou o meu caderninho preto escondido debaixo do assento de uma cadeira. Acho que ela preferia que eu o mostrasse, mas eu não quis. Não quero que riam de mim. *Você* sabe. Agora está escondido atrás dos contos de fadas na estante". Também lamentou: "Louise, o meu cabelo está ficando totalmente cacheado!! Não vai ser horrível? Por que Deus *me* deu um cabelo assim e a *você* uma cabeleira perfeitamente maravilhosa?".[8] Esse lamento foi acompanhado de um desenho de palito engraçado de seu cabelo encaracolado.

Nos seus anos tardios de escritora de cartas, Bishop descobriu um tom que mesclava intimidade e franqueza com mais do que uma pitada de humor ácido e autoironia e uma aura de controle emocional modulado. Mas essas primeiras cartas a Bradley, ainda que sempre observadoras e em geral divertidas, expõem algo que só pode ser descrito como oscilações adolescentes de humor, já que mudam de uma atitude expressa de maneira intensa para o seu oposto, às vezes no espaço de duas ou três frases. Assim, numa carta a Bradley de 5 de janeiro de 1926, depois de começar com a queixa "eu de fato pretendia não ficar escrevendo eternamente para lhe retribuir" (por não ter sido mais rápida ao responder a uma carta anterior), ela prossegue de imediato: "Mas me sinto, como você costumava dizer, 'terrivelmente confiante', de modo que agora vou ser clementíssima e responder à sua carta". E faz o seguinte comentário acerca de Bradley: "Você deve ser uma personagem muito célebre na sua escola — cursando o último ano, editora do departamento de poesia e tudo mais". Depois lamenta: "Eis que eu não passo de uma pobre caloura famosa unicamente pela terrível burrice em álgebra. Louise, eu tirei 6,0 em comportamento por 'falta de atenção'!". Então seu espírito dispara rumo ao céu: "Acabo de fazer uma descoberta maravilhosa! Walt Whitman!". Conclui, com base num grosso volume de Whitman que levou da biblioteca municipal para casa, que "os poemas dele fazem a gente se sentir como que cantando e gritando". Os tios de Bishop, Maud e George, tinham se mudado recentemente do apartamento em que moravam para uma casinha em Cliftondale, uma parte de Saugus, alguns quilômetros ao norte de Revere. Esse novo domicílio na Sunnyside Avenue, 20, ficava atrás de uma cadeia de montanhas não distante do mar. Bishop exclamou, ainda bem-humorada, "o mundo não é lindo, Louise? É o que eu acabei de descobrir e, apesar das numerosas poças de lama e das notas baixas em álgebra, tenho andado razoavelmente animada". E acrescentou: "Arranjei amigos adoráveis na casa nova, uma antiga biblioteca meio bagunçada, um riachinho bonito quase ao lado da minha casa, uma família encantadora de oito pinheiros e, o melhor de tudo, a montanha". É claro que nenhum desses "amigos" novos era uma pessoa real. Bishop acrescentou sobre a geografia do lugar: "A montanha é de verdade, altíssima e fica pouco depois do riacho". Quem subisse ao cume da elevação próxima da casa em Cliftondale e olhasse em direção à Broad Sound veria a ilha Nahant e a baía de Massachusetts, cujas águas se estendiam num vasto panorama a leste em direção ao Atlântico. Bishop contou a Bradley: "Ficar lá no alto e olhar para as ilhas, os faróis e os naviozinhos dá uma terrível sensação de enxergar longe". Então seu bom humor despenca das alturas e ela encerra a carta com as palavras: "Por favor, escreva para mim que eu estou horrivelmente sozinha".[9]

Bishop acrescentou um pós-escrito pedindo desculpas pelos "poemas pesadelos" que enviara a Louise e quis saber ansiosamente de um poema prometido por Bradley: "Sobre o que era o *seu*? Eu gostaria de vê-lo". A pesquisa de Michael Hood no prontuário escolar confirma que ela tirou 6,0 em comportamento durante seu primeiro período de notas na escola de Saugus. Entretanto, naquele mesmo ano, passou a tirar boas notas na disciplina, o que sugere que estava começando a ficar mais confortável com sua nova experiência de escolaridade formal.[10]

Com a aproximação da primavera no mês seguinte ao do seu 15º aniversário, Bishop escreveu uma carta otimista a Bradley, sugerindo algo que parece ser um desejo de mais intimidade com a amiga um pouco mais velha. Essa carta de 30 de março de 1926 começa com a saudação "Mais querida de todas as queridas Almas Gêmeas", após a qual Bishop anuncia com um bom ânimo: "As flores têm nomes tão deliciosos, acho. Esporinha como os seus olhos, narciso como uma risada, e petúnias como anáguas de fada secando no varal". A seguir, acrescenta: "Eu adoro sair e pisar na 'boa terra marrom', e também gosto de ir descalça! É tão gostoso, mas acho isso impossível enquanto eu não for para o céu". Então, faz um convite extraordinário à amiga e confidente: "Você vem comigo chafurdar na lama dos jardins celestiais?".[11] Marianne Moore, que um dia viria a ser mentora de Bishop, havia sugerido poucos anos antes, em "Poetry" [Poesia], uma de suas obras mais citadas, que os bons poemas deviam ser "como jardins imaginários com sapos de verdade neles". Bishop só descobriu Moore no seu último ano no Vassar College, mas sua proposta de ir "chafurdar na lama dos jardins celestiais" prefigura misteriosamente tanto as semelhanças quanto as diferenças entre as duas como poetas. Moore se revelaria uma manipuladora magistral da interação das diversas figuras poéticas, inclusive sapos, pelicanos fragatas, pangolins e jerboas, mas tendia a evitar a feia realidade da lama. Por outro lado, Bishop sentia um forte ímpeto de explorar literariamente o esfarrapado, o maltratado, o negligenciado e o sujo — elementos que ela tratava de maneira característica com delicadeza.

Bishop continuava preocupada com o que parecia estar se transformando em dias de cabelo cronicamente rebelde, queixando-se de que sua aparência não tinha melhorado e de que seu cabelo cada vez mais cacheado piorara muito — a ponto de ela cogitar raspar a cabeça. Penteava o cabelo todo para trás e parecia "algo como uma lady Paderewski de péssimo humor". Anexou um noturno poético romântico, no qual "a lua fria se voltou para a minha mãe", e uma ode simuladamente heroica "À álgebra", que começa com uma denúncia da resistência dessa matéria à ambiguidade. "Você", proclama, "é o instrumento de uma regra fixa." Elizabeth admitiu num pós-escrito que esse poema havia se imposto a ela quando lhe deram a extraordinária nota 37 numa prova de álgebra.

Em muitos aspectos, o primeiro ano de estudo em tempo integral de Bishop desde o jardim de infância em Great Village continuava sendo uma luta. Nove dias depois de sua fantástica nota de álgebra, Bishop escreveu a Bradley sobre a reprimenda que levou no escritório do diretor: "Eu sou inteligente, mas não uso a minha inteligência — sou preguiçosa e indiferente —, fico olhando pela janela e sonhando — etc. Seria ótimo se eles estivessem errados para que eu pudesse me sentir martirizada, mas, ai de mim! É tudo verdade". Ela afirmou, talvez exagerando um pouco, que só não foi expulsa porque mentiu de maneira muito convincente para o diretor. Também estava com "um *pouco* de asma" naquela noite. Então perguntou à amiga Louise: "Você já se sentiu como um gato? Eu estou me sentindo assim hoje. Como um velho gato de rua espancado, de orelhas mastigadas, caminhando sem rumo na escuridão. É um sentimento estranhíssimo — tão *sozinha*. Você já pensou — por mais amigos que tenha — que nenhum deles pode realmente entender *você*? Às vezes eu me sinto como uma pessoa em outro planeta — olhando para alguém neste mundo. Boa noite!". Então, depois de refletir, acrescentou: "Esse parágrafo não é horroroso? Melhor não o levar a sério".[12]

Mas, ainda que sua realidade fosse em geral inquietante, sempre havia o reino dos sonhos, e nele sua amiga Louise costumava ser a figura central: "Tive um sonho adorável anteontem à noite. Sonhei que você e eu íamos andando num campo verde lindíssimo. De repente, centenas de passarinhos chegaram voando e pousaram na minha cabeça e nos meus braços e se alvoroçaram em toda parte. Foi tão real, mais real que levantar às 6h30 e se vestir no escuro". Bishop acrescentou: "É muito estranho de manhã tão cedo, mas eu vejo o sol nascer, atrás dos pinheiros".[13] Apesar da dificuldade que sentia com matemática, Elizabeth Bishop concluiu, aos quinze anos, seu primeiro ano completo de escolarização formal com uma nota mais que respeitável. Não apenas tirou A em comportamento, como sua nota final em álgebra foi 82 de 100.

Em julho de 1926, Bishop iniciou seu terceiro ano no Acampamento Chequesset, e escreveu imediatamente a Bradley sobre o primeiro desafio que ela enfrentou à sua vocação artística, mesmo naquele ambiente encorajador: "Anteontem à noite houve uma névoa lindíssima. Apareceu arrastando-se em longas faixas como fantasmas. Eu escrevi um poema sobre ela. Antes não o tivesse escrito, pois me distraí e larguei meu caderno lá fora". Ainda que tia Maud pedisse autorização para ler os cadernos de Bishop, neste caso uma colega campista apelidada Brownie não hesitou em ler o conjunto de esboços poéticos quando sua autora estava fora do chalé. "Quando voltei, Brownie disse que eu era maluca — 'Sem rima — Bishie — para que você escreve essas coisas?'". Bishop acrescentou: "Não ligo para o que *ela* pensa, mas, mesmo assim — os outros também podem pensar a mesma coisa". A admoestada Bishie concluiu: "Receio que seja loucura simplesmente pensar em ser poeta".[14] No fim da vida, Bishop insistiria em dizer que ser poeta lhe ocorreu mais ou menos por acaso, mas suas cartas a Bradley deixam claro que aos quinze anos ela já aspirava a uma carreira poética de maneira apaixonada. Essas cartas, junto com outros indícios testificantes, permitem-nos rastrear os esforços contínuos, os desafios e as dúvidas que ela teve de superar no processo de aprendizagem do seu ofício. E também sugerem os motivos que a levaram a ter de dissimular a profundidade e a origem precoce de sua vocação poética. Trinta anos depois, avaliando Bishop como uma poeta madura, Robert Lowell afirmaria que "em todas as questões de forma: métrica, ritmo, dicção, timing, conformação etc., ela é uma mestra". Bishop conquistara esses elementos de forma em parte porque havia começado muito cedo na escola pública de Saugus. A essa carta do acampamento, Bishop anexou "Canção da névoa" em verso livre, inspirado nas suas recentes observações noturnas. Esse poema precoce apanhou e desenvolveu o fraseado de sua carta, quando ela vê nuvens de névoa sobre os "austeros mangues" que cingem a praia do acampamento; quando, feito "uma tropa de fantasmas prateados", eles "avançam lentamente, orgulhosamente, em direção à praia".[15]

Mas, embora sua vocação poética tenha enfrentado desafios ocasionais no Chequesset, Bishop se sentia ainda mais como um peixe fora d'água ao regressar a Cliftondale no outono. Numa carta de agosto de 1926, ela lamentou: "Oh, por que você não está aqui para conversar comigo! Eu estou devorada pela poeira e pela melancolia — e a titia diz: 'Elizabeth — se você não parar de fazer essa cara de tédio e superioridade, ninguém vai gostar de você'. Que me importa — mesmo porque eu quero que só certas pessoas gostem de mim". Então fez uma pergunta que estava mais ou menos no cerne de sua vida futura. "Louise — é certo uma *moça* viajar sozinha até o fim do mundo — à Noruega — à Índia?

E morar em lugares estranhos e fazer coisas estranhas — ou duas mulheres". E acrescentou: "Os homens podem fazer isso, mas é o.k. para as mulheres? Talvez seja melhor que haja duas". Depois, num dos muitos convites que Bishop faria a Louise para compartilhar com ela uma vida romântica num país exótico, ela diz: "*Você* vem comigo".[16] Uma fantasia persistente, retomada em muitas cartas, era que ela e Bradley podiam "morar numa ilha dos mares do Sul", como Robert Louis Stevenson. "A gente pode viver exclusivamente de cocos... e imagine como seria econômico. Nós podíamos gastar todo o nosso dinheiro em livros."[17] As cartas de Bishop a Bradley mostram que, aos quinze anos, se não antes, ela sentia uma atração apaixonada e impenitente por outras mulheres. E estava pronta para expressar sua atração por Bradley em palavras que dificilmente poderiam ser consideradas ambíguas.

Seu tio Jack havia organizado a transferência de Bishop para a Walnut Hill School, um internato particular em Natick, Massachusetts, no outono de 1926, mas a Walnut Hill exigia que todas as alunas fossem vacinadas, e os médicos determinaram que ela não estava em condições de tomar vacina por causa da asma, do eczema e do seu estado físico geral. Assim, sua matrícula na Walnut Hill foi adiada para o ano seguinte. Nesse ínterim, Bishop passou a frequentar a North Shore Country Day School, a qual ela descreveu à amiga Louise como "um *Hades* perfeito — *com* aprimoramentos modernos". Tanto a vida escolar quanto a vida doméstica, Bishop reconheceu, eram difíceis para ela: "Eu não tenho família nenhuma — a não ser alguns tios e tias que tentam me educar cada qual de um jeito diferente". Às vezes, falava nas vantagens de não ter pais afetuosos porém exigentes, mas exagerou no protesto quando declarou: "É glorioso a gente não sentir que tem de dar certo na vida para não partir o coração de alguém". É notável que Bishop não tenha sido adotada formalmente por nenhum dos parentes que se revezaram para cuidar dela.

Na sua visão, como ela contou a Bradley, "eles pacificamente me deixam deslizar para a minha desgraça". Diante disso, ela podia achar justificado exclamar: "Eu daria tudo quanto tenho por uma hora de completa... *compreensão*".[18]

No entanto, Bishop reiterava seus convites para fugir com Bradley a um cenário remoto — talvez a Índia, talvez a Irlanda, talvez até mesmo o litoral da Nova Escócia — onde pudessem dividir uma casinha e um veleiro e "fazer todo tipo de — deliciosas — loucuras". Apesar da sua infância traumática e das barreiras aparentemente impenetráveis impostas pela sua saúde problemática, Bishop fez uma declaração de momento que daria cor a todo o seu futuro: "Só se vive uma vez, *e eu vou viver*!". E ainda acrescentou para encerrar essa carta fatal: "Boa sorte — e agarre tudo que você puder, enquanto puder".[19] Dali por diante, ela viveria sua vida de acordo com esses preceitos.

Na primavera do seu único ano na North Shore Country Day, em Swampscott, Bishop escreveu sobre sua luta constante com a matemática — talvez travasse essa luta, porque era a matéria que não podia ensinar a si mesma durante suas longas e isoladas horas no apartamento Revere. Ela perguntou a Bradley: "Você já teve *logaritmos*? E não são *terríveis*? Eu tenho um livro marrom bonito e fino e por dentro há apenas linhas, linhas e linhas de números! Dá vontade de chorar — vistas de fora, quase parecem poesia. Em junho, vou ter prova de álgebra — e simplesmente *sei* que vou ser reprovada!". Então, acrescentou: "Oh, você conhece aquela coisa antiga — 'À álgebra' —, tive de escrever versos brancos na aula de inglês e a entreguei com algumas correções. Foi um sucesso [...]. Duvido que a professora tenha entendido — ela é tão presunçosa". A primeira estrofe em verso branco que expressa a insatisfação de Bishop com o mundo dos números reduz a matemática a um universo organizado e monótono que pode ser governado pela lógica e fundamentado na verdade:

Tu és o instrumento de uma regra fixa.
O eixo das rodas da lei e da ordem,
Os fundamentos simples e definitivos de muitas verdades,

Para ela, a linguagem simbólica da matemática parecia um enigma insondável:

Tudo isso está nos teus sinais cabalísticos
E, mesmo assim, eu te acho misteriosa e indefinida
Como a rotação dos mundos no espaço.[20]

A ode em verso livre de Bishop à névoa invasora de Wellfleet contrasta de maneira acentuada e adequada, em forma e estilo, com o seu protesto pentâmetro contra as regras fixas da matemática. Isso mostra que, em plena adolescência, ela já havia chegado a um entendimento claro do alinhamento de som e sentido. Podia escrever livremente sobre a névoa que se acercava e rigorosamente sobre as leis da matemática, suscitando ora o descontentamento de uma colega campista em Chequesset com o seu verso livre, ora o espanto de toda uma classe de alunos de inglês com os seus hábeis pentâmetros.

Embora tivesse criticado a arrogância de sua professora de inglês na carta a Bradley, Bishop logo passou a lhe dar valor como orientadora influente e inspiradora. De fato, ela disse a Ruth Foster, em 1947, que essa professora de inglês da North Shore Country Day, cujo nome era sra. Littlefinger, foi a primeira boa educadora que ela teve na vida e a primeira a incentivar ativamente a sua escrita.[21] No fim do ano que passou sob a orientação da sra. Littlefinger, Bishop publicou cinco textos na revista literária da North Shore Country Day, a *Owl* [Coruja]. Entre eles, achava-se um conto mais ou menos no molde de O. Henry; dois breves exercícios sobre *Idylls of the King* [Idílios do rei], de Tennyson, um dos quais criticava de modo astuto o papel subordinado da mulher na poesia; e uma prosa em latim intitulada "Commutatio Opinionis". Mas a joia de sua colaboração para a *Owl* é "A balada do trem do metrô", um poema audacioso e encantador. Ele não só oferece uma alegoria cativante do desenvolvimento inicial de Bishop, como se impõe como uma obra extraordinária por si só. "A balada do trem do metrô" tenta com muita confiança criar um mundo primordial:

Há muito, muito tempo, quando Deus era jovem,
A Terra não havia encontrado o seu lugar.
Enormes dragões viviam entre as luas
E engatinhavam e rastejavam no espaço.

Esses enormes dragões viviam "dez mil anos" em um mundo de prazer, poder e divertimento inocentes. Com olhos que "eram como como os sóis zumbidores", e caudas como "afiados manguais de luz", essas criaturas "batiam nos meteoros com a cabeça/ Enquanto mundos despercebidos passavam;/ E coçavam as brônzeas costas nos/ Espigões do céu". Essa balada, com seu tom confiantemente atrevido e seu equilíbrio entre a leveza e a grandiloquência, revela uma poeta de dezesseis anos que tem prazer nos seus poderes literários, empregando de maneira inteligente assonância e aliteração para criar estrofes de balada metricamente corretas e ao mesmo tempo jazzísticas e divertidas. Esses dragões brincalhões parecem, ao longo dos anos, dar cambalhotas nos seus jardins celestiais. Apesar do tamanho tremendo, o comportamento dos "enormes dragões" se mantém curiosamente pueril, até mesmo frívolo. O mundo primordial que eles habitam, numa época em que até "Deus era jovem", é expansivo e aparentemente livre de lei ou restrição. Mas eis que, de modo abrupto, eles são apanhados num crime calamitoso, ainda que inadvertido, quando "um dia/ arriscaram comer/ um enxame de estrelas recém-criadas". Sem aviso prévio, isso provoca a fúria de Deus, e, com uma raiva que "fez os planetas estremecerem", Ele pronuncia estas inesperadas e extraordinárias palavras de condenação:

"Tu te alimentaste, animal ganancioso,
Das refulgentes jovens estrelas.
Por uma gula tão profunda quanto a tua —
Tranforma-te em vagões de metrô!"[22]

Essa virada culminante na balada de Bishop oferece nada menos que um refazer tragicômico precoce da história de Adão e Eva e da perda do paraíso. Na versão épica de John Milton, Adão e Eva sofrem merecidamente a perda do Éden, porque foram alertados para não comer o fruto da Árvore do Conhecimento do Bem e do Mal. Em contraste, o crime dos dragões de Bishop, quando comem o enxame de estrelas recém-nascidas, parece-se com o impulso instintivo de uma criança. Todavia, a fúria divina é rápida e definitiva — nenhuma esperança aqui de "paraíso recuperado". Mas a comédia se mantém viva na pura surpresa incongruente do fato e na surpreendente congruência da forma longa e sinuosa de um dragão com sua futura vida de vagões de um trem de metrô. A textura de Bishop é lúcida; sua imagética, precisa. No entanto, o julgamento arbitrário e punitivo do "Deus" da poeta recorda a cena inicial de "A ratinha do campo" e aquela outra balada de juventude, "Certa vez numa colina encontrei um homem".

Aos dezesseis anos, Bishop já havia mostrado que, como poeta, podia recorrer à alegoria e ao humor para explorar seus interesses emocionais mais profundos. Provara que podia empregar as formas poéticas tradicionais de modos surpreendentes. E tinha publicado pelo menos um poema verdadeiramente excelente e original, ao mesmo tempo que esboçava muitos outros exemplos durante um aprendizado autoimposto promissor. Ademais, ela havia se demonstrado determinada a se deixar guiar pelo lema "Só se vive uma vez, *e eu vou viver*!".

5. Walnut Hill

Quando chegou à Walnut Hill School, em Natick, Massashusetts, no outono de 1927, Elizabeth Bishop, aos dezesseis anos, causou uma impressão imediata nas colegas.[1] Na época, Walnut Hill era um conservador internato privado para moças comprometidas com altos padrões acadêmicos, e tinha o objetivo declarado de colocar suas alunas em faculdades femininas de elite. "Espera-se", declarava o sóbrio folheto de admissão, "que as graduadas da Walnut Hill sejam reconhecidas como mulheres de boa educação, de maneiras cultas e femininas e de caráter cristão."[2]

No entanto, ao entrar na Walnut Hill, Bishop talvez não parecesse à altura de tais expectativas. Rhoda Wheeler, que viria a ser uma amiga de toda a vida e, mais tarde, daria aula de inglês em nível superior, escreveu à sua mãe na sua primeira carta depois da chegada das alunas: "Há uma garota, de nome Elizabeth Bishop, que não acredita em Cristo nem no Poder Supremo e foi a única na escola que não assinou a promessa [da Associação Cristã]".[3] Uma semana depois, Rhoda Wheeler escreveu: "Além do mais, ela é vegetariana. Tudo isso por sua própria conta e risco também. Ela tem o diabo no corpo e é terrivelmente simpática, mas difícil de conhecer bem. Adora poesia e tem um monte de livros sobre isso". Wheeler acrescentou: "Ontem à noite, ela e outras duas (eu não!) foram pegas subindo no telhado do Stowe pela escada de incêndio".[4] Na primavera seguinte, num esboço intitulado "Telhados", Bishop refletiria sobre a atmosfera criativa de Walnut Hill, vendo nos telhados vitorianos do campus "essas muitas inclinações, essas muitas superfícies planas feito coisas como tampas de chaleira ou rolhas, embaixo das quais nós cozinhávamos e fermentávamos".[5] Bishop não tardou a abandonar o vegetarianismo, mas nunca perdeu o senso de aventura nem a disposição a encarar o mundo a partir de perspectivas incomuns.

O Stowe era um dos principais prédios acadêmicos da escola, mas, nos três anos que passou na Walnut Hill, Bishop morou na Casa Eliot com seus pitorescos gabletes, o principal dormitório da escola. Longe de ser um dormitório comum e corrente, ostentava uma sala de estar ensolarada, equipada com uma lareira enorme e assentos nas janelas, projetada para atividades sociais e encontros intelectuais. Também oferecia às 120 alunas da escola "quatro refeitórios de tamanho moderado com mesas pequenas, para que desfrutassem do silêncio e da ordem de uma família nas refeições".[6] Ainda que às vezes se exasperasse com o regime e as expectativas rigorosos da escola, Bishop encontrou um ambiente autenticamente familiar e com um círculo de amigas íntimas na Walnut Hill. Frani Blough, que veio a ser outra amiga de toda a vida e, mais tarde, foi durante muitos anos a editora-chefe da *Modern Music*, um dia relembraria seus primeiros encontros com "uma menina extremamente notável. Sua aparência era extraordinária, de cabelo bem encaracolado que chegava a ficar espetado, ao passo que todas as outras tinham cabelo liso e escorrido. E ela era notável em muitas coisas". Para começar, "tinha lido muito mais e com muito mais profundidade do que nós. Mas levava o aprendizado discretamente". Além disso, "era engraçadíssima".[7]

Joan Collingwood também comentou, mais de sessenta anos depois, a memorável presença de Bishop: "Ela tinha o rosto quase oval, bonitos olhos azuis e cabelo cacheado. Não dava para olhar e então desviar a vista".[8] Não foram só a sagacidade, a erudição ou a aparência de Bishop que impressionaram Collingwood e Blough; elas também se deixaram encantar pela sua capacidade de atuar, imaginar e criar. Foram seduzidas pela grande quantidade de histórias que "era capaz de contar, não de ler", e pelo seu repertório de alegres canções e cantigas de marujos da Nova Escócia. E mais, Blough recordou muitos anos depois que, "se uma ocasião qualquer na escola exigisse uma nova canção ou um esquete, eles apareciam da noite para o dia nas mãos dela". Ela impressionava não só com sua identidade emblemática; também adquiriu um nome emblemático: "Nós a chamávamos de 'Bishop',* referíamo-nos a ela como 'a bispa', e todas sabíamos sem sombra de dúvida que era genial".[9]

Em breve, Bishop começou a escrever para a revista literária da escola, *The Blue Pencil* [O lápis azul], uma publicação elegantemente produzida que publicava três números por ano: um no trimestre de outono, um no de primavera e um número especial em junho. Uma elevada proporção do corpo discente de 120 membros tinha de contribuir apenas para preencher a cota anual de páginas dessa publicação. Nesse espaço acolhedor, Bishop publicaria durante seus três anos na Walnut Hill um fluxo constante de poemas, resenhas, ensaios, esboços, contos e até uma peça de um ato. E seu talento literário não tardou a ser reconhecido, pois quatro trabalhos, dois em prosa e dois em verso, foram selecionados para o número de outono de *The Blue Pencil* durante o pri-

* "Bishop" também significa "bispo" (ou "bispa") em inglês. (N. T.)

meiro trimestre. Posteriormente, Bishop contou a um entrevistador que, como jovem leitora, "havia passado por uma fase Shelley, uma fase Browning e uma breve fase Swinburne".[10] O ensaio muito pessoal de Bishop "In Appreciation of Shelley's Poems" [Em agradecimento aos poemas de Shelley] dá vida à sua fase Shelley, ligando seu amor pela poesia do inglês ao seu verão anterior no cabo Cod no Acampamento Chequesset: "Eu [...] finalmente acabei dedicando todo o meu tempo de leitura a Shelley".[11] O agradecimento de Bishop não só afirmou a conexão íntima entre vida e arte como também a levou a dar o seguinte conselho valioso: "A melhor maneira de entender Shelley é ler uma parte de sua biografia e depois ler os poemas escritos por ele durante o mesmo período de sua vida". Ela se descreveu sentada na praia de seu acampamento de veleiro "com os poemas dele em um bolso e com *Ariel*, sua biografia escrita por André Maurois, no outro, e as nuvens e os veleiros de que ele tanto gostava ao meu redor". Assim situada, sentia que tinha uma janela aberta para a mente desse precursor romântico que, como ela acreditava, ardia qual "uma chama brilhante e obstinada que, por desilusão e tragédia, foi reforçada e recebeu cores mais profundas".[12] Meses antes, ela admitira para Louise Bradley: "Os poemas [de Shelley] me fazem me sentir metade como uma minhoca e metade como um deus".[13]

Bishop jamais esqueceu sua antiga afinidade com Shelley. Em 1975, numa prova dada a uma turma de poesia em Harvard, convidou os alunos a concordarem ou discordarem das afirmações de Shelley em "Uma defesa da poesia", sobre o poder da empatia, que ele descrevia como o poder de se pôr "no lugar de outro ou de muitos outros". Também lhes pediu que respondessem à alegação de Shelley segundo a qual a imaginação é "o grande instrumento do bem moral".[14] Nos seus primeiros escritos no internato, ela já começou a fazer afirmações próprias acerca do valor da empatia e do poder da imaginação. Ao mesmo tempo, enfrentou — tal como fizera Shelley — as frustrações e os desafios a ela impostos pela "ignorância e a convenção".[15]

Num editorial posterior para *The Blue Pencil*, Bishop continuou desenvolvendo suas ideias sobre os poderes da imaginação e o valor da resistência ao conformismo. Partindo de uma noção colhida na aula de química da sra. Ellis, afirmou que o trabalho duro, a disciplina e a rotina exigidos pela Walnut Hill não transformariam nem ela nem as suas colegas de classe em escravas tediosas porque "nós temos em nós não a lava fervente da terra, mas uma espécie de energia ardente e incessante de um tipo que não nos deixará destruídas nem vivendo no mundo como os bibelôs de porcelana na cornija da lareira". Sentia que era "essa energia, esse fogo" sempre presente, "pronto para explodir", que as conduziria à individualidade e à distinção.

Durante seus anos na Walnut Hill, como depois na vida, Bishop sempre procurou outros que ardessem com energia e fogo próprios e únicos.

Uma dessas amigas íntimas era Barbara Chesney, que depois se tornaria pintora profissional e professora de arte e cujo forte, nos últimos anos, seria um ousado domínio da cor expressiva. Chesney lembrou que ela e Bishop fizeram amizade quando assistiam a concertos e peças em Boston. Numa dessas ocasiões, Bishop "começou a confiar em mim. Falou-me sobre sua mãe e a costureira e me contou toda a história de 'Na aldeia'. Isso me fez querer protegê-la. Elizabeth precisava de alguém na época, e aparentemente fui eu. É possível que eu tenha sido a sua amiga mais íntima naquele tempo". Talvez por não saber de Louise Bradley, a confidente de Bishop do Acampamento Chequesset, Chesney acrescentou: "Não sei se ela já havia tido uma amiga tão íntima".[16] Por certo, Bishop via e falava com Chesney com muito mais frequência do que com a elusiva Bradley, com a qual sua relação se manteria predominantemente epistolar.

Durante seu relacionamento, muito além do período passado na Walnut Hill, Bishop fez visitas frequentes à casa da família de Chesney em Pittsfield, Massachusetts. Contudo, mesmo cercada pelo solidário círculo familiar de Barbara Chesney, Bishop não deixou de ser até certo ponto uma pessoa à parte. Sempre pronta para florescer com graça, sagacidade e energia entre as almas gêmeas, "não se encaixava", como recordou Chesney, "no bate-papo geral e na conversa fiada [...]. Quando eu voltava para casa, meus amigos não entendiam por que eu preferia visitá-la". Mas, para Chesney, "Elizabeth era muito mais interessante e tinha muito mais a oferecer e a aprender do que qualquer outra aluna da Walnut Hill", inclusive "um cativante senso de humor" e um talento instrutivo para "enxergar alguma coisinha excêntrica".[17]

Chesney disse que a relação delas não era lésbica, "embora eu saiba que algumas pessoas achavam que fosse. Certa vez, Ruby Willis, a professora de matemática, me chamou à sua sala e me perguntou se aquela era uma 'relação normal'. Não me lembro da resposta que dei, mas felizmente não levei nada disso a sério". Dentro do seu círculo de amigas na Walnut Hill, Bishop encontrou aceitação e estímulo porque, como diz Chesney, "Elizabeth era diferente e eu percebi isso e gostei".[18] Frani Blough concordou, relembrando: "Eu me diverti muito na Walnut Hill principalmente porque conhecia Elizabeth e algumas outras pessoas como ela".[19] Joan Collingwood, que se tornou professora de literatura, observaria: "Para mim, a experiência da Walnut Hill foi a experiência de conhecer Elizabeth".[20]

No entanto, a diferença social de Bishop — oriunda não só da sua história de isolamento e abuso na infância como também da reticência ou taciturnidade calvinista de seus ancestrais — revelou-se desafiante e atraente para as amigas. Quando seu primeiro feriado de Ação de Graças se aproximava, Rhoda Wheeler anexou uma fotografia de Bishop a uma carta à sua mãe. Também observou que a nova amiga planejava ficar na Walnut Hill durante as férias de Ação de Graças — sinal de seu desafeto crescente pelos tios e tias maternos e paternos próximos. Wheeler se esforçou para decidir se convidaria Bishop, que foi a vida toda um pouco avessa a férias com os parentes, para participar das festividades de Ação de Graças de sua família. "Tenho certeza de que pode ser bem divertido, mas, se houver uma festa, ela não gosta de dançar nem de coisas assim. Por exemplo, deve gostar de passear na praia ou algo parecido, não de ficar enfurnada dentro de casa, a menos que seja para ler. É claro que não seria descortês ou coisa que o valha, mas eu ficaria ansiosa para fazer com que ela se divertisse. Devo ser egoísta ou convidá-la? Imagino que me caiba decidir. Acho que vou acabar não a convidando."[21] Quando sua relação amadureceu, fez várias visitas à família Wheeler, que reagiu com apreço. Entretanto, a reticência de Bishop continuaria rondando suas relações. Joan Collingwood recordou: "Havia um grande vazio na sua vida. Elizabeth não falava muito sobre a infância. Era muito difícil". E a amiga acrescentou: "Eu me lembro exatamente do seu olhar, certa vez, quando estava saindo da nossa casa em Plymouth, Massachusetts, depois de uma visita. Era um olhar muito triste e ficou comigo. Talvez o certo fosse tê-la chamado de volta". Em todo caso, segundo Collingwood, Bishop nunca perdeu seu toque de humor, "uma atitude geral de diversão com as fraquezas da raça humana". Tão importante quanto: ela nunca perdeu "o senso de competência" como artista. "Estava absolutamente certa disso, e numa idade na qual pouca gente costuma estar."[22]

A Walnut Hill enfatizava a *mens sana in corpore sano*. Assim como as atividades acadêmicas, espirituais e culturais, a escola dava muita importância aos esportes, e Bishop um dia relembraria com certa afeição a enérgica atividade física nos seus anos de internato. A escola também fazia questão de manter uma dieta saudável. Os doces, mesmo quando enviados pela família, eram não só desestimulados como também rigorosamente regulados. O folheto de admissão da Walnut Hill afirmava que a saúde das alunas com frequência melhorava sob seu regime disciplinado, e, pelo menos para Bishop, foi o caso. No primeiro ano, porém, mesmo tendo finalmente sido liberada para tomar as vacinas exigidas para a matrícula na Walnut Hill, ela continuou a sofrer surtos agudos de asma e eczema crônicos.[23]

Naquele primeiro período de outono, Bishop foi uma paciente tão assídua na enfermaria da escola que teve de fazer recuperação em álgebra e francês. Em fevereiro de 1928, sua ardilosa tia Ruby, esposa do tio Jack Bishop, escreveu uma carta à escola queixando-se do que lhe parecia ser a falta de progresso da sobrinha. Ruby observou: "Elizabeth é um pouco mimada e não foi feita para fazer muitas coisas [...]. Sempre foi o tipo de criança patética precisando combater a asma e o eczema desde que era bebê. Só posso esperar que seu desempenho melhore com o tempo". Depois, na primavera desse primeiro ano, Ruby detectou uma melhora na conduta da sobrinha. Escreveu para a diretora da escola, a sra. Bigelow: "Como nós só a vemos ocasionalmente, pudemos notar uma grande mudança nela [...] e acreditamos que esteja no caminho certo".[24]

O currículo de Bishop compreendia latim, inglês, química e história antiga, além dos cursos de francês e matemática. Ela ia bem em quase todas as matérias, mas continuava tendo dificuldade em álgebra. Isso não agradava a professora de matemática Ruby Willis, a mesma que havia questionado a normalidade da relação de Bishop com Barbara Chesney. Como lembrou Frani Blough, Willis era "um osso duro de roer, muito severa e grandalhona, com bastante cabelo branco. Meio que olhava para a gente e fechava a cara". Willis e Bishop nunca se deram bem porque, segundo Blough, "Elizabeth tendia a ser um pouco insolente. E não tolerava a sra. Willis porque ela era um verdadeiro dragão".[25] Como Bishop estudou matemática nos três anos que passou na Walnut Hill, essa batalha se prolongou até a formatura.

Por outro lado, Bishop era uma aluna especial para a professora de inglês, Eleanor Prentiss, que depois passou a dar aula no Wellesley College. Bishop explicou a Anne Stevenson que a srta. Prentiss "era uma excelente professora de inglês *para aquela época* (incuravelmente romântica!)". Além de trabalharem juntas na sala de aula, Bishop sentia que Prentiss "me ajudou mais ainda, provavelmente, por me emprestar todos os livros dela que me interessavam e por admirar os meus primeiros versos — até demais, sem dúvida".[26] Blough relembrou que Prentiss "suspirava por qualquer coisa" e "escrevia bilhetes sentimentais", mas também tinha bom gosto em literatura e fazia questão de ajudar "qualquer uma que desse a impressão de ter algum talento". Mas Blough reconheceu que Prentiss era "uma espécie de provação por ser tão etérea".[27] A correspondência de Bishop com Blough continha mais de uma expressão de impaciência com os momentos de espiritualidade pós-vitoriana daquela encorajadora, mas irremediavelmente romântica mentora literária.

Os poemas que Bishop publicou na Walnut Hill mostram vestígios da mão orientadora da srta. Prentiss — tanto que, mais tarde, ela adotou uma atitude desdenhosa em relação aos poemas publicados na *Blue Pencil*. Ainda que seja verdade que poucos deles mostrem algo parecido com a verve irreverente de "A balada do trem do metrô", escrita na North Shore Country Day, esses poemas revelam um domínio precoce das formas tradicionais do verso, bem como notáveis lampejos de linguagem ou de observação que prenunciam o que estava por vir.

A primeira estrofe de "Atrás do Stowe", que acompanhava o agradecimento de Bishop a Shelley naquele número inicial de outono da *Blue Pencil*, mistura o mundo dos contos de fadas, que ela adorava nos primeiros dias de sua correspondência com Bradley, com traços dos olhos e ouvidos afiadíssimos que mais tarde apareceriam na sua obra madura. Aqui declara: "Ouvi um elfo passar assobiando", um que assobiava "elegante como a relva enluarada". Seguindo o elfo, ela acha o lugar em que "voam mariposas poeirentas e pálidas" e ouve os grilos cantarem. As mariposas fascinavam Bishop. E a notável simplicidade da linguagem, a especificidade da observação, o desenvolvimento linear do pensamento, o ritmo tranquilamente modulado e a ausência de autoenvolvimento piegas em "Atrás do Stowe", tudo continua sendo impressionante no trabalho dessa poeta ainda adolescente.

Além do seu fascínio pelas mariposas, Bishop gostava muito de subir em árvores, nas quais adorava obter um ponto de vantagem sobre o mundo lá embaixo, característica que conservou até depois de ter entrado na faculdade. No seu segundo poema publicado no primeiro número da *Blue Pencil*, explorou, numa linguagem direta e franca, o vínculo que sentia por uma espécie de vizinha, ou seja, uma árvore próxima de seu quarto na Casa Eliot. "A uma árvore" começa: "Oh, árvore junto à minha janela, nós somos parentes". "Felicidade suficiente", a poeta conclui enquanto olha pela janela:

Para mim, que estou atrás de sua estrutura robusta,
Repleta de minhas pequenas tragédias e lutos grotescos,
Encostar-me na janela e olhar para fora,
Admirando folhas infinitesimais.

Com seu modo característico, Bishop minimiza o significado de suas perdas e tragédias, ao mesmo tempo que sugere ser continuamente perseguida por elas. Acompanha as convenções românticas articulando a busca de consolação através de um vínculo pessoal com uma coisa viva na natureza. Mas o poema vai muito além da convenção, pelo menos no manuseio do som musical, no seu último verso, no qual um jogo intrincado de consoantes, vogais e aliteração com muitas camadas sussurram na frase final: "Admirando folhas infinitesimais".

A Walnut Hill começou como uma escola que enviava alunas para o Wellesley College; na época, era uma faculdade exclusivamente para moças. Seus dormitórios e salas de aula ficavam a pouco mais de três quilômetros do campus do Wellesley, uma caminhada moderada e um passeio de bicicleta mais moderado ainda. Boston também era facilmente acessível. Uma curta viagem na Estrada de Ferro Boston e Albany levava as alunas à Estação Sul de Boston. As excursões fora do campus eram reguladas e às vezes acompanhadas, mas em geral se autorizava a participação em eventos culturais no Wellesley ou em Boston. Em 1929, Rhoda Wheeler escreveu à sua mãe sobre o plano que tinha de ir a um desses eventos com Bishop, "um concerto em Wellesley para escutar uns russos, uma cantora e um pianista cujos nomes esqueci completamente".[28] O pianista era Sergei Prokofiev, que tocou suas composições, e a cantora era a esposa dele, a soprano Lina Llubera. Mais tarde, Bishop contaria a Anne Stevenson que apertou a mão do grande compositor depois desse concerto, acrescentando que a mulher de Prokofiev cantou excertos de "O amor das três laranjas". E declarou que as composições de Prokofiev, "o jeito dele de tocar, eu me lembro, me deu toda uma concepção diferente da música. Talvez a ideia de 'ironia' em música tenha sido uma revelação".[29]

Bishop estudou piano durante todos os anos que passou na Walnut Hill e se tornou uma pianista capaz. Num recital de alunas na primavera do seu último ano, abriu o programa com dois prelúdios de Chopin e o *Solfeggietto* de C. P. E. Bach. Prosseguiu com a engraçada e ritmicamente espinhosa gavota do op. 32 de Prokofiev.[30] A gavota do compositor russo foi certamente a obra mais vanguardista do programa. Na primavera anterior, ela tinha arriscado "Clair de Lune", de Debussy.[31]

Por mais que fizesse novas amizades na Walnut Hill, Bishop manteve sua correspondência íntima com Louise Bradley. Em uma carta de 3 de janeiro do seu primeiro ano, reconheceu a dificuldade de exprimir suas ideias em palavras. "Às vezes, penso que as palavras são coisas maravilhosas e me aguardam obsequiosamente, mas hoje não consigo encontrar as certas." Ela podia estar respondendo a uma carta de Bradley que era mais afetuosa que de costume, porque acrescentou: "Mas você sabe o quanto me fez feliz — tanto como quando nós passamos três preciosos dias juntas". Bradley também deve ter confessado inseguranças com o relacionamento, pois Bishop acrescentou num pós-escrito tranquilizador: "Deixe de ser boba — é claro que ninguém tomou o seu lugar! Deus a abençoe".[32]

Porém, na mesma carta, Bishop mostrou preocupação com a possibilidade de as atenções de Bradley estarem se desviando, e também falou na dificuldade de progredir rumo à idade adulta sob o estrênuo regime da Walnut Hill. "Louise", exclamou, "estou com um pouco de medo [...], eu tenho crescido muito." E acrescentou: "Eu mudo com tanta frequência que chego a rodar — e assim mantenho realmente certa estabilidade — feito um giroscópio, acho". A seguir, como costumava fazer nas cartas a Bradley, Bishop se autodepreciou no processo de exaltar a amiga: "Tenho tanto medo de que você não consiga gostar de mim tanto quanto antes [...]. Não passo de uma sonhadora e de uma rebelde inútil — e você é uma poeta". Bradley havia se transferido da Universidade de Indiana, onde estava muito descontente, para o Radcliffe College em Cambridge, Massachusetts, que ficava mais perto tanto de sua casa quanto da Walnut Hill. Em outro pós-escrito, Bishop incitou Bradley: "Você não podia vir me visitar numa tarde de sábado? A escola é tão adorável que eu tenho de mostrá-la a você. Fica só a meia hora de Boston".[33] No entanto, em suas cartas, não há nenhum indício de que tenham se encontrado na Walnut Hill, ainda que ela tenha insistido ao se despedir: "Eu te amo sempre — sempre,/ Bishie".[34]

Dois meses depois, quando Bishop escreveu a Bradley, em março do seu primeiro ano letivo na Walnut Hill, foi para comentar a experiência de um recital da renomada pianista inglesa Myra Hess na Jordan Hall do conservatório da Nova Inglaterra. Nessa carta, confessou que achava o efeito do concerto sobre ela "impossível de descrever". Estava perplexa, particularmente, com o impacto assustador da versão de Hess da chocante fantasia impressionista de *O pavão branco* de Charles Tomlinson Griffes. A experiência dessa obra surreal — em um estilo não diferente do de Claude Debussy — deixou-a "tão exausta que eu consegui arranjar uma placa de *Não perturbe*" para pendurar na porta de seu quarto na Casa Eliot. Isso lhe outorgou licença para "ficar no quarto e jantar aqui e ver todo mundo ir à igreja e escrever até as cinco horas. Escrever é bom — estou devendo dezoito cartas e tenho de produzir um artigo longo sobre *A abadia de Northanger* e um editorial para a *Blue Pencil* antes de terça-feira! Mas nada disso tem importância".[35]

Durante essa fuga sancionada da rotina escolar, Bishop se concentrou atentamente não nessas tarefas, mas num poema escrito à mão, que anexou a uma carta a Bradley. Essa missiva de março de 1928 oferece muito mais que um esboço acabado de um poema de Bishop em andamento. Também revela o processo de criação de um poema do início ao fim. Os versos iniciais expressam seu anseio de reproduzir o momento musical ricamente atmosférico que ela viveu pelas mãos de um mestre pianista: "Preciso de música que flua/ sobre a ponta irascível, sensível, dos meus dedos/ Sobre meus trêmulos lábios sujos de amargor,/ Com melodia, funda, clara e liquidamente vagarosa". Talvez Bishop sentisse que aquela não era uma experiência que lhe permitisse ter a esperança de reproduzi-la com seu toque menos hábil no teclado. Nas linhas subsequentes, a melodia se eleva ao reino da voz humana quando ela ouve "uma canção a cair como água na minha cabeça,/ E sobre trêmulos membros ruborizados pelo sonho de luzir". No transcurso de algumas horas febris, ela, aos dezessete anos, havia criado nos versos iniciais a oitava formada à perfeição de um soneto petrarquiano.

Bishop encerra com um sexteto petrarquiano reproduzido com precisão que toma sutilmente o rumo da generalização, declarando: "Há uma mágica feita pela melodia". Conquanto sua resposta inicial ao desempenho de Myra Hess tenha sido febril, aqui ela sublinha que uma experiência musical intensa oferece "um período de descanso e uma respiração serena", em que o "frio/ Coração" mergulha na "quietude subaquática do mar" e "cai nos braços do ritmo e do sono".[36]

Nesses versos finais, o espírito do ouvinte, primeiro alçado para além do teclado e para a cançao, desce de modo sonhador rumo à letargia. Nas últimas linhas de sua carta de janeiro a Bradley, Bishop declarou: "Vou tentar dormir e sonhar com um sol quente, com um mar azul-claro e com você".[37] Aqui, inspirada pelo talento artístico de Hess ao teclado, Bishop descobriu em palavras, e o dividiu com uma amiga íntima, um desejo ardente de transformar mágoa e dor em um estado de calma.

O "Soneto" de Bishop, que começou com uma meditação particular a ser compartilhada com uma amiga especial, não tardou a ser publicado em *The Blue Pencil*. O texto hibernou nos arquivos da Walnut Hill até ser reimpresso para um público novo, quatro anos depois da morte da autora, numa seção — "Poemas escritos na juventude" — incorporada aos *Poemas completos: 1927-1979* — de Bishop. Mas durante os anos que passou na Walnut Hill, ela também compôs um tipo de verso muito mais irreverente, de um estilo que nunca seria acolhido entre as capas da revista literária da escola. Um desses esforços apareceu em outra carta de Bishop a Bradley, enviada do Acampamento Chequesset em julho de 1928. Ela estava tentando persuadir Bradley a lhe entregar um poema prometido que esta ainda não lhe enviara. Então a instou de modo provocativo: "Em todo caso, só para provar que eu sei escrever poesia *bonita* — aqui está a minha única ideia em um mês". O que se seguiu foi um poema humorístico que teria chocado a srta. Prentiss.

Havia uma moça chamada Russle
Que usava uma anquinha enorme.
Num passeio de carroça
Uma cobra caiu dentro —
Como a anquinha da srta. Russle se agitou.[38]

Bishop retomou a carta com uma advertência irônica: "Depois desse meu poema humorístico vulgar, como você pode me recusar?". Muito tempo depois, ela exigiria que seus alunos em uma classe de redação de poesia, em Harvard, memorizassem um poema de Edward Lear, responsável por popularizar o poema humorístico no período vitoriano.[39]

Naquele mesmo verão, depois do seu primeiro ano na Walnut Hill, Bishop escreveu a Louise Bradley, em Cliftondale, para expressar uma vez mais um desejo recorrente, neste caso inspirado por um artigo de revista que havia lido recentemente. Contou à amiga: "E, oh, há uma matéria na *Atlantic* deste mês, Louise, sobre um homem que mora numa pequena ilha dos mares do Sul. Nós simplesmente precisamos — podíamos arranjar emprego de comerciantes numa empresa de navio a vapor, eu sei, e então podíamos morar numa choupana com telhado de sapê, com palmeiras e sol e mar por todos os lados e escrever, ler e sonhar e escrever um pouco mais [...]. Pelo amor de Deus, que adianta ser jovens se não for [para] fazer as coisas impossíveis que queremos fazer, para colher lembranças [...] agradáveis para a nossa velhice?". Bishop fez o que pôde para convencer Bradley a ser uma parceira íntima nos seus planos exóticos. "Vou ser pescadora de mariscos, motorista de caminhão e fazendeira, e nós vamos morar nos mares do Sul."[40] Embora as respostas de Bradley a ela não tenham sobrevivido, a impressão que se tem com frequência é de que, diante do esforço persistente de Bishop para instar reiteradamente Louise a aceitar um ninho num litoral do Norte ou numa ilha tropical, as respostas de Bradley mostram-na recusando delicadamente. Tendo recebido a resposta de Louise a um desses convites, Bishop retrucou: "Às vezes tenho a horrível sensação de que você tem um interesse maternal por mim — nem mais nem menos. E quando você me envia *Com amor*, parece mais 'Com babador e comida'". Talvez esse seja um dos motivos pelos quais, embora se correspondessem com frequência, elas raramente se encontrassem.

Mas, se a intimidade com Bradley sempre era inalcançável, sua colega de classe Judy Flynn estava bem mais perto, ainda que nunca totalmente ao seu alcance. Bishop descreveu a forte atração pessoal e física que sentia por aquela colega da Walnut Hill: "Eu realmente me apaixonei por uma garota chamada Judy Flynn. Era uma das adolescentes mais lindas que já vi. Muito irlandesa, [...] muito alta, de cabelo escuro, quase preto de longe, e olhos de um tom ligeiramente mais claro". Bishop acrescentou que ela "tinha uma bela voz grave", e que "também era tão simpática quanto bonita". E confessou: "No começo, eu tinha medo dela, mas, de repente, ela deu a impressão de ter os mesmos sentimentos por mim, e eu fiquei louca por ela nos dois anos em que esteve lá. Falavam muito de nós duas". Mesmo assim, a vice-diretora, Harriet Farwell, que sempre teve uma atitude protetora para com Bishop, apoiava seu relacionamento e as levava a passeios.

A vida familiar de Bishop continuava sendo um desafio quando seu último ano na Walnut Hill começou a se aproximar. Seus avós Bishop tinham morrido em 1923. Os avós Bulmer, já idosos, haviam se mudado para Montreal a fim de receber os cuidados da filha Mary, de modo que, pela primeira vez em anos, ela não fez a viagem anual de verão a Great Village depois da temporada no Acampamento Chequesset. Isso significa que não esteve com a sua tia predileta, Grace, que estava morando numa fazenda fora de Great Village naquele verão. Em vez disso, teve uma estadia desagradável na casa dos tios Jack e Ruby Bishop, com os quais seguia tendo uma relação difícil. Como ela escreveu a Louise Bradley em agosto de 1929, "eu me pergunto por que não fui feita para a vida familiar. *Sinto-me* feita para isso, mas talvez meus parentes não". E adicionou: "Acho que levo uma vida dupla — escola e acampamento — e, entre uma coisa e outra, só ficam os períodos de sepultamento enquanto espero a derradeira ressurreição".[41] Mais tarde, ela contou a Ruth Foster, referindo-se aos anos passados na Walnut Hill: "Eu tentei evitar visitar os meus parentes tanto quanto possível".[42] Em um caderno posterior à faculdade, lembrou-se de ter dito à sua amiga e colega Margaret Miller, "as famílias, para mim, parecem 'campos de concentração' — nos quais as pessoas realmente dão vazão a sua natureza sádica".[43]

Depois de sua infeliz estada com Jack e Ruby, Bishop viajou a Stockbridge, Massachusetts, onde haviam programado uma visita dela à tia Florence Bishop, a irmã solteira de seu falecido pai. Depois, na metade de setembro, voltaria à Walnut Hill School a fim de iniciar o último ano. Em sua obra-prima do fim da vida "Na sala de espera", Bishop caracterizaria Florence, rebatizada tia Consuelo, como "uma mulher boba e medrosa". Numa carta escrita no Brasil em 1956, contou à querida tia Grace que Florence "é realmente impossível, coitada, e sempre consegue irritar e dizer as coisas mais indelicadas do mundo, seja lá o que for, cedo ou tarde — embora ela não queira: a gente quase a pode ver tentando ser gentil, mas logo deixa escapar um comentário horrível e cruel!". E acrescentou: "Uma de suas farpas preferidas contra mim é que ser escritora torna a mulher grosseira ou masculina".[44]

Durante sua visita à tia Florence, esta decidiu dar uma festa e convidar rapazes e moças da idade de Bishop. Pode ser que muitas garotas de dezoito anos gostassem da ideia, mas Bishop a achou aterrorizante, particularmente com a perspectiva de ter de conversar com rapazes desconhecidos. Essa fobia parece se enraizar na sua experiência com o abusivo tio George. Bishop contou a Ruth Foster que, depois das primeiras experiências de violência verbal e toques impróprios que remontavam à sua pré-adolescência, "mais tarde, quando eu tinha catorze ou quinze anos, ele sempre tentava apalpar meus seios e eu procurava fugir e nunca revelava a mim mesma exatamente o que ele fazia, esse tio era tão corpulento e forte que, às vezes, conseguia me pegar".[45] Quando a noite da festa com rapazes desconhecidos se aproximou, Bishop foi cumprir uma incumbência no centro da cidade com sua prima Nancy Orr. E então simplesmente desapareceu, e ninguém soube aonde foi. Como contou à dra. Foster muitos anos depois, "eu tentei não entrar em pânico, mas estava cada vez mais apavorada". Assim, quando sua prima entrou numa loja, ela "apenas se pôs a caminhar quase de modo descontrolado".[46] Em breve, estava viajando de carona rumo à Walnut Hill School. Esperava encontrar lá Harriet Farwell, a vice-diretora que sempre a tratava com muita atenção. Naquele fim de tarde, ao chegar e encontrar a escola fechada, Bishop dormiu num bosque próximo sob uma chuva leve e acordou com um simpático cão de caça a lhe lamber o rosto. Quando se aproximou da escola naquela manhã, molhada, suja e enlameada, foi vista pela sra. Mulligan, uma professora de inglês que morava em frente à escola e a tratou com generosidade.

Bishop recordou para Foster que a sra. Mulligan "me levou para sua casa, colocou-me na cama, fez ovos mexidos para mim e não me perguntou absolutamente nada durante um bom tempo. Enfim, comecei a pensar no quanto a minha tia devia estar preocupada etc. e lhe contei o que eu tinha feito e ela telefonou para a tia Florence — nenhuma delas podia entender o porquê e eu não quis contar".[47] Talvez a Bishop de dezoito anos sentisse que, se quebrasse o silêncio, teria de explicar o seu medo dos rapazes, e isso levaria quase inexoravelmente a revelações desconfortáveis sobre o tio George.

Naquele inesperado refúgio, Bishop presenciou uma forma de vida familiar muito diferente da que havia conhecido na casa do seu tio abusivo ou nas de suas tias queixosas. "Aquela noite era aniversário do velho pai da sra. Mulligan, e eu me lembro de ter pensado em como tudo aquilo parecia agradável e pacífico e em como devia ser maravilhoso ter uma família amistosa." Sabendo da amizade de Bishop com Judy Flynn, a sra. Mulligan providenciou para que ela ficasse com Judy e sua família até que a escola abrisse dali a alguns dias. Como Bishop contou a Foster: "Judy e seu irmão vieram de carro de Manchester-NH e me levaram". É reveladora a maneira como Bishop relembrou a viagem de volta a Manchester: "Fiquei apavorada com o irmão, é claro, mas Judy estava junto e eu não tive de falar com ele". O "é claro" de Bishop ao mencionar seu medo do presumivelmente inofensivo irmão de sua amiga é decerto revelador. Ao chegar à casa de Judy, Bishop ficou surpresa quando a sra. Flynn lhe perguntou: "Por que você está tão infeliz?". Mais tarde, falou da sua fuga desesperada da festa da tia Florence: "Não creio que eu tenha contado essa história a mais ninguém". Mas o fato não passou despercebido pelas professoras e amigas de Bishop na Walnut Hill, onde se tornou uma questão de registro escolar. Nem pelos outros membros da família, que continuaram a encarar Bishop, nas suas próprias palavras, como "irremediavelmente esquisita".[48]

Pouco depois desse incidente, ela escreveu a Bradley, dizendo: "Querida Louise — você sabe que é realmente a minha família. Eu lhe pertenço e vou fazer o que você mandar — sinceramente". No seu enredo imaginário, a amiga um pouco mais velha desempenharia o papel de controladora: "É uma espécie de relacionamento de fadas. Desconfio que você vai me surpreender a qualquer minuto e se transformar num pássaro ou me prender numa casinha marrom até que eu me comporte". Bishop acrescentou: "Você sabe muito mais do que eu. Queria que me contasse se o certo é cumprir os deveres ou fazer o que a gente quer". Em vez de voltar para as tias, Bishop ficou na casa dos Flynn até o início do seu último ano na Walnut Hill. Flynn, que se formara em junho anterior, foi fazer graduação no Wells College.

Assim como encontrou uma maneira de expressar com humor seu sentimento de isolamento em "A balada do trem do metrô", Bishop transformou sua inquietude com a vida familiar e a ameaça representada por pretendentes masculinos em versos mordazmente engraçados em "Eu apresento Penélope Gwin", poema que escreveu ainda na Walnut Hill e deu de presente a Judy Flynn. Em janeiro de 1975, Flynn devolveu a Bishop esse e outros poemas cômicos, junto com, como ela contou a Blough, "toda uma coleção da *Blue Pencil*, 1928-9", além de um bilhete pedindo desculpas por não poder comparecer a uma leitura sua e prestando tributo ao seu "gênio especial".[49] Talvez Bishop tenha dado o poema a Flynn porque ela sabia em que circunstâncias a poeta o havia escrito. Bishop contou a Blough que achava seus poemas cômicos em dísticos "muito melhores" que os poemas mais sérios já publicados em Walnut Hill, se bem que confessasse que não tinha "a mais vaga lembrança de havê-los escrito".[50] A editora Alice Quinn relata em suas anotações para *Edgar Allan Poe & The Juke-Box*: "A heroína deste poema cria um animado drama a partir de dois imperativos: fugir das tias e renegar o casamento".[51] No texto manuscrito da sua adolescência, as palavras estão circuladas e ilustradas por uma série de adesivos de criança que lembram desenhos animados, que de algum modo caíram nas mãos de Bishop. Embaixo de cada uma dessas figurinhas de aparência amalucada está escrito o nome de um personagem importante no poema, a começar pela "Nossa heroína", uma pinguim de história em quadrinhos — por isso seu nome. Penélope é "uma amiga minha nos bons e nos maus momentos". Tal como Bishop faria no futuro, ela viaja "muito no estrangeiro/ em busca de cultura e arte". Também como Bishop, Penélope conclui: "Essa vida familiar não é para mim". Funcionando evidentemente como o alter ego da autora, essa pinguim fictícia assertiva declara: "Não vou deixar que me mimem/ E ninguém vai estorvar *esta* alma livre". Cada imagem retratada nas suas figurinhas cuidadosamente escolhidas está cercada de acessórios improváveis. E embora viaje com pouca bagagem, Penélope explica alegremente a inutilidade daqueles acessórios à medida que o poema se desdobra. Seu balão azul a instiga a "erguer a vista,/ Acima de todas mesquinharias e mentiras", ao passo que a planta compacta num vaso é a única coisa de que ela precisa para "se esconder de alguma tia perseguidora". Aqui, nessas rimas brincalhonas, a adolescente irreverente organizou seu futuro plano de vida com notável presciência.

Penélope, o alter ego de Bishop, diz com firmeza: "Eu abomino as minhas tias de todo coração/ especialmente quando tomam aulas de arte". Mas o ódio não é proteção suficiente, uma vez que "qualquer coisa na forma de uma delas/ Pode me fazer tremer, dar meia-volta e correr". À procura de liberdade e aventura e fugindo dos emaranhados da vida familiar, Penélope entra numa carreira de viagens que a leva "pelas estradas do país e sessenta estados/ A taxas realmente bastante surpreendentes". Não tarda a encontrar o caminho de Paris e Roma. Mas, como recorda Penélope, é na

Rússia que ela faz sua maior descoberta: “Era um devorador de tias russo —/ Grande apetite e mandíbulas adoráveis”. Esse curioso devorador de tias pode virar as mesas sobre suas temíveis tias, já que “uma tia olha para ele e desmaia,/ Mesmo a do tipo que desenha ou pinta”. Esse carnívoro russo feroz é representado numa figurinha na forma de um grande, mas sorridente e fofo, são-bernardo, que leva nas costas um macaco de pelúcia. Enquanto viaja pela “França romântica”, como fez Bishop logo depois de concluir a faculdade, brinca com o amor heterossexual na forma de um “belo tutor alemão”, cujo avatar de desenho assume a forma de um pato-real macho grasnante. Contudo, Penélope conclui rapidamente: “Mas não! Não hei de ser mulher de homem nenhum”, e, de fato, examinados mais de perto, os encantos desse pato-real macho se revelam superestimados, pois “ele fica de boca aberta o tempo todo”, e “Descobrir que ele começou a mudar/ Dá-lhe um bom tranco nos sentidos”. Enfim, com o enigmático adágio “O que não é é e o que não é”, Penélope dá um rápido “adeus” ao público — e o poema termina abruptamente com o dístico aprovador “Tenho certeza de que todos admiramos a srta. Gwin./ Quão doce e gentil ela tem sido”. Essa polida caracterização da querida Penélope parece antecipar a *persona* posterior de Bishop: a poeta bem-educada que seguiu um curso próprio ao mesmo tempo que subvertia em silêncio as normas tradicionais na sua vida e na sua arte.

Depois de um incidente em que Bishop e uma amiga grotescamente fantasiadas se puseram a desfilar em Natick, a compreensiva vice-diretora Harriet Farwell decidiu que estava na hora de tentar chegar à raiz dos problemas emocionais de Bishop. Ao matriculá-la na Walnut Hill, seu tio Jack afirmara de forma categórica que sua sobrinha e tutelada nada sabia da crise mental da mãe e que não convinha mencionar ou discutir sua internação com ela. A sra. Farwell discordou e pediu a Jack — na verdade, quase exigiu — autorização para que Bishop consultasse uma psiquiatra em Boston, chamada dra. Taylor. Farwell informou o tutor de Bishop que essa psiquiatra "não se mostrou nada preocupada com a hereditariedade de Elizabeth. No entanto, achava muito grave o fato de ela provavelmente ter recalcado dentro de si certa quantidade de informações sobre a mãe". Isso bastava, na avaliação de Farwell, "para torná-la muito infeliz e mantê-la num estado mental anormal". E acrescentou: "A dra. Taylor acredita de maneira muito decidida que fatos escondidos desse tipo são perigosos e precisam ser trazidos à tona".[52] Por fim, com a autorização de Jack Bishop, foi marcada uma sessão de terapia com a dra. Taylor. Mas era tal o código de silêncio da família, sob o qual havia passado toda a vida, que Bishop achou impossível se abrir com a psiquiatra. Como ela contou posteriormente à dra. Ruth Foster, "a analista não chegou a lugar nenhum comigo — eu não falava nada, embora gostasse dela". Bishop confessou: "Eu nem tinha percebido que ela sabia de tudo", acrescentando que ficou "tão exausta [...] que comecei a chorar".[53]

Bishop sentia uma atração fortíssima por Judy Flynn, embora naquele período esta estivesse mais ou menos comprometida com um rapaz chamado Dave, e a própria mãe de Judy achasse que a filha podia realmente preferir sua relação com Bishop. Entretanto, quando Flynn se formou e foi para Wells, Bishop deve ter percebido que a jovem amiga estava saindo de sua esfera de influência e que o risco de perdê-la era enorme. No último semestre do seu último ano, Bishop publicou na *Blue Pencil* um poema durante muito tempo negligenciado, que trata da perda de Judy para o mundo dos homens, intitulado "Morta".[54]

Mais que quaisquer outros poemas de Bishop na *Blue Pencil*, "Morta" é um experimento arriscado que suscita mais perguntas que respostas. Mesmo o título de uma só palavra se mantém gramaticalmente perturbador, como o próprio poema aliás. Nele, Winter é uma poderosa figura masculina — "O Winter é seu amante agora,/ Um amante inteligente e ousado" — e está no processo de roubar os carinhos da mulher amada do orador do poema, pois "ela se foi de mim,/ Separada, branca e fria".[55] Esse poema é claramente uma alegoria da própria experiência dolorosa vivida por Bishop de atração e perda potencial. As associações lésbicas de "Morta" foram expressas de modo tão oblíquo que passariam até pelo crivo de censura da sra. Willis, professora de matemática de Bishop que era como um dragão. Ao descrever a amada perdida como "separada, branca e fria", ela antecipa em mais de vinte anos a fria deusa da lua de seu "Insônia", de 1951, uma pálida figura branca que olha para si mesma "a mil milhas", mas nunca para a amante distante e solitária de que fala o poema. No final de "Morta", a aspirante a amante tem de admitir a derrota: o objeto do seu desejo foi sequestrado pela sedutora figura masculina, e a única coisa que resta é uma prova reveladora de sua submissão a Winter: "Essa geada na grama". O poema sugere o quanto a perspectiva do amor parecia arriscada para Bishop, naquela época e depois.

"Morta" desvia a atenção de seu tema de amor lésbico e perda mediante o simples expediente de não aplicar nenhum termo de gênero ao orador do poema. Essa omissão, tanto para a amante quanto para a amada ou para ambas, era uma técnica que Bishop continuaria a empregar durante toda a sua carreira. O gênero não especificado do narrador tem ainda mais importância no seu conto condensado e cativante publicado na *Blue Pencil*, "O polegar". Último esforço criativo de Bishop na Walnut Hill, esse conto usa a técnica de Poe de mudar gradualmente o tom do narrador desde a fria indiferença até a obsessão maníaca, e também de entrelaçar elementos de idealidade sobrenatural com um forte odor de perversão. A história se concentra na obsessão crescente do narrador por uma mulher bonita e inteligente chamada Sabrina, com uma atmosfera sutilmente erótica que se transforma numa intensidade quase frenética à medida que se desdobra.

Sabrina é identificada desde o começo como uma mulher com uma feminilidade delicada. Mora em "um desses apartamentos com paredes revestidas de seda, a luz do sol entrando pelas janelas com cortinas cor de limão, e o chá claro e cheiroso saindo do bule de prata o dia todo". Os encantos físicos de Sabrina equilibram a beleza idealizada com uma fria sexualidade camuflada. "Se você puder imaginar uma madona cujo rosto se afina na bochecha e no queixo, com um olhar de humor e um quê sutilmente emocional — pois essa há de ser Sabrina."[56] Talvez Bishop tenha plasmado Sabrina com aspectos de sua amiga Judy ou com o pensamento voltado para uma garota do acampamento de verão apelidada Happy, a respeito da qual ela escreveu a Bradley. Aquela era uma menina que "parece um mito, um tributo e um conto de fadas". Ela confessou a Bradley que a aparência daquela nova amiga do acampamento "me assusta. Por que tudo que é agradável me assusta tanto?".[57]

O narrador de Bishop logo descobre algo assustador em Sabrina. "Santo Deus — a mulher tem um polegar de homem! Não, não de homem — de animal —, um polegar pesado, grosseiro, com uma unha áspera, quadrada na ponta, estropiada e quebrada." Esse polegar na mão de uma mulher de beleza celestial provocou uma reação intensa no pretendente de Sabrina: "Era um polegar horrendo, um polegar de boxeador profissional, o polegar de um bicho do mato, de uma criatura obscena que só conhece imundície e brutalidade".[58] A questão da ambiguidade de gênero ocupa o centro do conto. O pretendente de Sabrina, o narrador, não é designado pelo nome nem identificado pelo gênero, e pode sentir uma atração tanto heterossexual quanto homoerótica por

Sabrina e, ao mesmo tempo, a representação quase sobrenatural da feminilidade tradicional de Sabrina é controvertida pelo seu polegar masculino de pugilista. O conflituoso desejo que impulsiona a história ganha intensidade com a admissão do narrador obsessivo: "Minha mente se concentrou em como seria tocá-la — pegar aquela mão hedionda e escondê-la na minha". Ele adiciona: "Eu me dei conta de que tudo aquilo estava destinado a me levar a algo errado, mas não consegui escapar". Quando finalmente persuadido do amor de Sabrina e segurando pela primeira vez a mão com o polegar horrendo, o pretendente é incapaz de enfrentar as consequências desse galanteio bem-sucedido. Pelo contrário, simplesmente foge da cena, e a história termina de maneira abrupta com as palavras: "Eu me levantei e a deixei sem dizer uma palavra, e nunca mais voltei".[59]

O último ano de Bishop na Walnut Hill foi um triunfo em vários aspectos. Seguindo os passos da amiga Frani Blough, ela assumiu a função de editora-chefe da *Blue Pencil*. Foi aceita tanto no Vassar College quanto no Wellesley College e escolheu o Vassar — talvez porque Blough já estivesse lá e amigas como Rhoda Sheehan também o frequentariam com ela, ou talvez porque, situado em Poughkeepsie, em Nova York, ficava a uma distância maior de seus inquietantes tios e tias Bishop e Shepherdson. Na época em que se formou na Walnut Hill, Bishop já estava se tornando uma escritora publicada e consideravelmente experiente. E havia começado a formar um grupo de amigas que lhe seriam leais por toda a vida. Também estava iniciando um curso que ela própria havia escolhido. O retrato da classe a mostra de perfil, olhando atentamente para um ponto distante. O lema abaixo dessa fotografia impressionante diz: "Os cachos da tempestade que se avizinha". Essa frase de "Ode ao vento oeste", do seu querido Shelley, parece predizer um futuro tempestuoso para a promissora diplomada pela Walnut Hill, mas também faz uma irônica referência ao seu cabelo visivelmente cacheado. Sob esse perfil intenso e a frase de Shelley, informa-se que o local de nascimento de Bishop é Great Village, na Nova Escócia. Com isso, ela não só anunciava sua eterna lealdade àquele lugar querido como também sugeria silenciosamente sua insatisfação com seus parentes de Cliftondale e Worcester. Agora, como sugerem de maneira clara a fotografia e a citação abaixo, Elizabeth Bishop, aos dezenove anos, começava a empreender aquela que viria a ser uma aventureira e muitas vezes tempestuosa jornada pela vida.

6. *Con Spirito*

Um breve passeio ao norte da biblioteca do Vassar College conduz a uma trilha curva e sombreada, orlada em ambos os lados por vinte bancos de pedra de granito laurenciano preto. Uma série de poemas ou de excertos poéticos criados por Elizabeth Bishop está talhada na superfície larga e plana de cada banco. Alguns deles foram publicados só depois da morte da poeta, extraídos dos manuscritos guardados na ala climatizada de Coleções Especiais da biblioteca. Esses bancos de granito e os poemas neles gravados comemoram o que uma publicação da faculdade chamou de "o gênio de uma das alunas mais eminentes do Vassar".[1] Também celebram os vinte anos de presidência do Vassar College por Frances Fergusson, uma notável defensora das artes, dedicados a ela quando se aposentou, em 2006. A artista conceitual Jenny Holzer, que criou a instalação, explica que "eu faço bancos quando quero encontrar um meio de juntar texto e gente".[2]

Quem procura a presença perene de Elizabeth Bishop na sua alma mater — ou qualquer estudante, pai ou ex-aluno desprevenido que esteja apenas à procura de um lugar para sentar e descansar à sombra — pode dar com frases como estas, extraídas de "Maçarico" de Bishop, poema publicado 28 anos depois da sua formatura: "O mundo é bruma. E logo o mundo vira/ um panorama imenso e detalhado". O maçarico de Bishop está "procurando alguma coisa, alguma coisa". Contudo, apesar de sua fama posterior de aluna do Vassar, ao concluir o seu primeiro ano ela não tinha nenhuma certeza de que encontraria o que estava procurando naquela universidade.

Para começar, Bishop teve problemas com a colega de quarto. Em 1978, numa entrevista a Elizabeh Spires (Vassar, 1974), ela recordou que, por ter se matriculado na faculdade um pouco tarde, "tive uma colega de quarto que eu nunca quis ter. Uma garota esquisita chamada Constance. Lembro que todo o lado dela do quarto era decorado com cachorros terrier escoceses — travesseiros, retratos, gravuras e fotografias". Essa não era bem a ideia de decoração agradável que Bishop cultivava. Por outro lado, ela admitiu: "Eu provavelmente também não era uma boa companheira de quarto, porque na época eu tinha uma teoria" segundo a qual, para estimular a inspiração poética, "era necessário anotar todos os meus sonhos".[3] Bishop guardava um pote de um pungente queijo roquefort na parte inferior de sua estante de livros porque achava que "comer muito queijo fedido na hora de dormir ajudava a ter sonhos interessantes".[4]

Três meses antes, no verão anterior à faculdade, Bishop havia escrito a Louise Bradley sobre uma abordagem totalmente diferente de como administrar a vida onírica: "Descobri uma maneira de ir dormir — que é tranquilizante e resulta em bons sonhos. Consiste em dizer todos os nomes de flores que você conseguir lembrar, repetidamente. Espora, zínnia, flor de cudo, cravo-de-defunto etc.".[5] A mudança noturna de Bishop da tranquila espora para o redolente roquefort para pegar no sono sugere também uma mudança de atitude para com a poesia. Ela divergiria do aprovado lirismo vitoriano tardio de Eleanor Prentiss em direção a algo mais cortante, mais ousado e talvez ainda mais indigesto — em suma, a algo mais marcadamente moderno.

O dormitório de Bishop nos quatro anos que passou no Vassar foi a Casa Cushing, uma estrutura de tijolo em forma de U que fica não muito longe das largas pedras nas quais hoje seus poemas estão escritos. Quando ela chegou ao Vassar, a Cushing era a maior e mais nova residência universitária da faculdade. Na entrevista de 1978, Spires fez uma pergunta a Bishop a respeito de uma lenda do Vassar repetida com frequência — transmitida de geração a geração durante mais de quarenta anos —, segundo a qual Elizabeth certa vez passou a noite trepada numa árvore próxima do seu dormitório. Ela confirmou esse pedacinho da tradição do Vassar, acrescentando que empreendeu tal aventura arborícola porque "aquelas árvores eram maravilhosas para subir. Eu era uma grande escaladora de árvores. Oh. Nós provavelmente desistimos lá pelas três da madrugada". Então ela perguntou, enfática: "Como foi que isso circulou por aí?".[6]

Acerca de Bishop, James Merrill comentou de modo memorável que "ela não era afetada. Se havia uma coisa menos artificial no seu caráter e no seu comportamento era o modo maravilhoso como personificava uma mulher comum. Por baixo, é claro, estava aquele gênio incrivelmente fresco que escrevia os poemas que a gente adorava".[7] No entanto, ao entrar no Vassar, Bishop se destacou por ser diferente — como ela sugeriu a Spires, "acho que todo mundo é dado a excentricidades nessa idade".[8] Bishop havia estabelecido um vínculo estreito com Eleanor Prentiss, a professora de inglês da Walnut Hill, apesar da sua propensão para o verso floreado. Mas não se deu bem com Barbara Swain, a professora de inglês no primeiro ano do Vassar. De fato, Swain descreveu sua relação como "puramente de sala de aula, e ainda por cima muito distante". Achava Bishop uma garota excessivamente cautelosa, que olhava para as autoridades com desconfiança nos olhos e, em todo caso, era bem capaz de cuidar da sua própria educação". Para uma avaliação parcial de sua intratável aluna, Swain "escreveu no cartão de Bishop que ela estava evidentemente fadada a ser poeta".[9]

Bishop podia estar fadada a ser poeta, mas entrou no Vassar em setembro de 1930 com a intenção explícita de estudar música. Tinha se apresentado ao piano de maneira regular e louvável nos recitais da Walnut Hill, tocando com frequência obras desafiadoras. Mas, no ambiente mais competitivo do Vassar College, mesmo uma composição de três partes de Bach se mostrava difícil de dominar, e seu sonho de fazer carreira de música se frustrou rapidamente. Frani Blough, amiga íntima de Bishop na Walnut Hill que estava um ano à frente dela no Vassar, observou que quando Bishop apareceu no primeiro de seus recitais mensais exigidos nos cursos de música da faculdade, "começou a tocar sua melhor peça e ficou travada. Recomeçou e ficou travada. Então se levantou e foi embora. Elizabeth nunca mais voltou a tocar em público. Morria de medo do palco".[10] Como sua amiga Frani observaria mais tarde, "a gente pode prolongar a escrita de poesia todo o tempo do mundo para aperfeiçoar uma palavra, mas precisa ter uma desinibição tranquila para tocar".[11]

A professora de piano de Bishop na Walnut Hill, que sabia que ela era uma artista eficiente, ficou tão angustiada com essa crise no desenvolvimento musical de sua ex-aluna que pediu à professora de Elizabeth no Vassar, Miriam Steeves, que fizesse um relato do que deu errado. Steeves observou com aprovação que Bishop "aparentemente tinha feito e era capaz de fazer um trabalho tanto musical quanto inteligente". Entretanto, observou que ela era "tecnicamente prejudicada por uma quantidade incomum de tensão muscular, a qual creio que tenha sido uma fase de organização nervosa [...] hipertensa". Steeves afirmou que havia trabalhado muito para ajudar Bishop a superar essa desvantagem, mas concluiu: "Tenho certeza de que era muito profundamente arraigada para ser alterada com facilidade".[12]

A observação do especialista em trauma dr. Bessel van der Kolk, segundo a qual, sob tanta pressão, "o corpo sente que está sendo atacado e que precisa reagir",[13] é coerente não só com os permanentes distúrbios autoimunes como também com a tensão muscular arraigada observada por Miriam Steeves, e também com a luta que Bishop travou por toda a vida com a ansiedade de se apresentar em público; ela demorou anos para se sentir à vontade fazendo leituras de poesia. Isso também pode ter tido um papel no seu perfeccionismo como escritora. A mente e o corpo de Bishop estavam presos num estado defensivo, e uma marca de sua conquista como escritora foi a descoberta de maneiras de transformar esses desafios emocionais em vantagem artística. Ela aprendeu a mobilizar sua curiosidade ativa e seu senso de humor como tônico diante dessas tribulações. E descobriu que, quando encontrava lugares mais parecidos com a sua querida Nova Escócia, em especial lugares à beira de um rio ou do mar e, particularmente, se incluíssem lampiões a querosene ou fogões a lenha, ela podia encontrar um refúgio temporário contra a ansiedade que em geral a perseguia.

Era improvável que a professora de piano de Bishop no Vassar soubesse do passado traumático da aluna. Mesmo assim, seu comentário sugere que ela sentia a ligação entre os desafios que Bishop enfrentava ao piano e "a dificuldade que parecia ter para adaptar o seu eu rápido e imaginativo, mas excessivamente tímido, às condições de uma faculdade".[14] Embora as avaliações que Bishop recebeu no primeiro ano dos professores de suas matérias favoritas, inglês e música, tenham sido perceptivas e até proféticas, ficaram muito aquém do estímulo afetuoso e compreensivo que ela havia recebido do corpo docente da Walnut Hill. No Vassar College, só lhe restava encontrar um modo próprio de se adaptar.

Além dos problemas com a colega de quarto e do tratamento frio e distante que recebia de suas principais professoras, Bishop teve dificuldade, naquele primeiro ano, para fazer amizades no ambiente maior e mais seletivo da faculdade. Em 1947, ela contou à sua psiquiatra que, naquele primeiro ano, "inicialmente, eu não tinha muitas amigas, a não ser as antigas amigas da escola, Rhoda Wheeler etc. Via muito pouco Frani".[15] E depois da sala de jantar íntima e de aparência familiar da Casa Eliot da Walnut Hill, Bishop achou muito perturbador o ruidoso refeitório da Casa Cushing do Vassar. Uma amizade que ela formou no primeiro ano foi com Eleanor Clark, que mais tarde viria a ser uma eminente ensaísta. Sua irmã, Eunice Clark (Jessup), estava um ano mais adiantada e um dia se lembraria com bom humor de Bishop, assim como de sua irmã e dela própria,

> Nós tivemos um caso de "elitismo". Minha irmã Eleanor chegou ao Vassar — depois de um ano estudando literatura, música e italiano numa atmosfera exclusivíssima em Roma — ao mesmo tempo que Elizabeth Bishop, provavelmente a caloura mais erudita desde John Stuart Mill. Elas estremeciam constantemente ante as pessoas que as cercavam; melhor jantar no quarto à luz de vela que enfrentar as estridentes filisteias no refeitório da faculdade.[16]

Bishop registrou seu desconforto com o refeitório da Cushing em "Uma palavra com você", poema publicado em abril de 1933, que capta uma característica comum da vida estudantil numa pequena faculdade de artes liberais: a experiência de viver num aquário — ou, como esse poema o expressa adequadamente, num zoológico. No refeitório de uma faculdade, tudo que uma pessoa diz ou faz pode ser presenciado, ouvido ou imitado, zombado, ou se tornar objeto de fofoca pelas colegas da narradora — ou, como diz o poema, os companheiros de cela do "zoológico" acadêmico. "Uma palavra com você" começa com um alerta vigoroso: "Cuidado! Aí está esse maldito símio outra vez". Talvez a gente possa escapar da fofoca ou do ridículo se ficar sentada "silenciosamente até que ele se vá/ ou então esqueça as coisas que ele sabe/... sobre nós". Só então a pessoa podia "começar a falar de novo".

O tom veemente e desesperado de "Uma palavra com você", marcado pelo ritmo staccato que continuaria sendo característico de numerosos poemas posteriores de Bishop, prossegue numa poesia cujas exclamações abruptas e violentas captam a sensação de ser observada, fustigada e imitada. No último verso, o poema retorna ao começo: mesmo que a pessoa tenha se livrado do símio, ainda precisa "ficar em silêncio", pois agora "o macaco ouviu".

Depois da morte de Bishop, sua amiga e colega poeta May Swenson descobriu esse exemplo da escrita de Bishop no Vassar entre os "Poemas escritos na juventude" coletados postumamente em 1983, nos seus *Poemas completos: 1927-1979*. A descoberta de Swenson dessa inesperada partícula de verso-revelação instigou-a a compor um verso-reflexão sobre sua elusiva amiga, intitulado "Sua obra precoce". Swenson conclui:

> *"Uma palavra com você"*
> *Teve de ser sussurrado,*
> *Falado no zoológico*
> *Para não ser ouvido*
> *Por macacos ou cacatuas à espreita.*[17]

Swenson mostrou que havia detectado na obra precoce de Bishop uma característica crucial da sua poesia tardia: o desejo de expor seus pensamentos e sentimentos mais íntimos em um tom que fosse ouvido pelos seus leitores mais alertas e simpáticos. Os poemas mais reveladores de Bishop em geral começam falando baixinho e, às vezes, quase num sussurro.

Por fim, numa noite de inverno no seu primeiro ano, quando a nervosa tensão em que viviam começou a parecer excessiva, Bishop e Eleanor Clark decidiram interromper aquilo, indo sem nenhum plano definido para a casa fechada da mãe de Eleanor em Litchfield, em Connecticut. Como Eunice, a irmã de Eleanor, recordou mais de quarenta anos depois: "Após torrar o dinheiro numa disparatada série de trens, ônibus e táxis, elas se viram, às três horas da madrugada, numa nevasca em Stamford [Connecticut] e sem um centavo no bolso".[18] Eunice prosseguiu: "Elas começaram a pedir carona para o norte e foram presas imediatamente". Os policiais, que suspeitavam que as duas estudantes a pé fossem prostitutas, mandaram Bishop esvaziar os volumosos bolsos do casaco. Surgiram uma caderneta repleta de anotações em grego antigo e *A imitação de Cristo* de Tomás de Kempis. Segundo Eunice Clark, "os policiais acharam que elas eram as putas mais esquisitas que a polícia já tinha prendido e, por fim, consentiram que telefonassem para a minha mãe, que foi buscá-las antes do amanhecer".[19]

Depois do difícil primeiro ano na faculdade, Bishop passou o verão de 1931 no litoral de Plymouth, dividindo um chalé e o acesso a um veleiro com uma amiga da Walnut Hill, enquanto ponderava se convinha voltar ao Vassar e cursar o segundo ano. No fim do verão, viajou para as cercanias de Wellfleet, perto do Acampamento Chequesset. Num esforço para refletir, partiu de Wellfleet numa aventura que descreveu a Louise Bradley: "Percorri a Back Shore de Nauset Light a Provincetown", uma caminhada noturna solitária ao longo de uma praia de mais de trinta quilômetros. Bishop explicou que havia partido impulsivamente "uma noite lá pelas oito horas [...] com uma pequena marmita de lata e com uma garrafa térmica de chá preto, um sanduíche de presunto, uma escova de dentes, um pente e uma gaita. Foi uma viagenzinha muito agradável, só que cheguei ao fim muito cedo". Ela achou "maravilhoso estar lá no meio da noite — o céu, as estrelas, a água e a areia, tudo fosforescente. Andei descalça a maior parte do tempo e, ocasionalmente, parava para nadar". No entanto, ficou preocupada porque, tal como sua ainda comentada aventura noturna numa árvore do Vassar, "esse tipo de coisa leva a maioria das pessoas a pensar que a gente é uma espécie de aberração atlética".[20] No fim daquele verão de 1931, ainda refletindo sobre o retorno à faculdade, Bishop alugou um quarto num apartamento de andar superior em Boston. Contou a Bradley: "Meu Deus, a proprietária está sacudindo os tapetes na janela abaixo de mim e eu é que estou recebendo todo o pó". E acrescentou: "Atualmente, estou morando na Pinckney Street, 90, segundo ou terceiro andar. Não sei exatamente por que estou fazendo isso. Umas vezes é muitíssimo interessante e outras é demasiado como crime e castigo". Meditando com um exagero cômico sobre os possíveis paralelos entre ela e o Raskolnikov de Dostoiévski, perguntou-se: "Eu sou uma excomungada social ou uma garota do Vassar? É preciso decidir isso".[21] Talvez a decisão se resuma a tirar cara ou coroa. Bishop perguntou a Bradley: "Onde você vai estar neste inverno? Muito em breve, vou ter de decidir na sorte sobre a faculdade, imagino. Você podia me ajudar a realizar a cerimônia".[22]

Bradley, que se queixara de suas dificuldades durante o primeiro ano na Universidade de Indiana e, logo depois, havia se transferido para o Radcliffe, deve ter escrito a Bishop uma resposta dura, mandando-a efetivamente parar com o disparate e voltar à faculdade. Na sua resposta, Bishop reconheceu: "Eu creio que, em termos gerais, você fez um ótimo trabalho nessa carta" — carta na qual, segundo afirma Bishop, Bradley almejava dar o devido crédito à faculdade. Ela comentou: "Suas cartas muitas vezes me apavoram". E mais: "Queria poder escrever cartas assim — mas, pensando bem, que eu saiba, ninguém merece recebê-las, a não ser eu". Contudo, Bishop confessou que achava o resultado estimulante: "Se você fizer isso de novo, faça-o a intervalos durante os meses de inverno — ah, vou ser PBK [Phi Beta Kappa] no terceiro ano, uma amiga para o que der e vier e, além disso, uma personagem realmente deliciosa". Enfim, Bishop resolveu continuar no Vassar para apaziguar a amiga Louise Bradley e também aplacar o tio Jack Bishop, pelo menos até que ela completasse 21 anos e "ele me deixe à mercê da misericórdia da VIDA e do mercado de ações".[23] Quanto ao Vassar, ela admitiu com tristeza, "penso nele em termos de uma cama, um café da manhã pacífico e solitário, uma biblioteca bacana e a remota chance de um trabalho ou de amigas interessantes". Posto que a carta de Bradley tivesse servido de tônico revigorante, Bishop não deixou de fazer um apelo: "Por favor, escreva uma carta exclusivamente sobre você — largue de dar 'o devido crédito à faculdade'".[24]

Nas semanas subsequentes ao seu relutante retorno ao Vassar College, Bishop se viu muito rapidamente em meio a um grupo de amigas afáveis e começou a gostar da faculdade bem mais do que esperava. Uma das amigas novas era Mary McCarthy, que em breve seria uma autora eminente. McCarthy relembrou sua relação com Bishop: "No Vassar, eu era da classe 33; e ela, da 34. Entrei no outono da crise de setembro de 1929, de modo que nós vivemos a faculdade em plena Depressão, e de modo que éramos, penso eu, um tanto mais rebeldes, mais diferentes, se bem que talvez não de um jeito convencional".[25]

McCarthy lembrou que "Elizabeth tinha um rosto muito engraçado. Tinha cabelo engraçado, que era muito, muito elétrico e rebelde — vivo. Parecia uma pessoa do século passado". E ainda observou: "Acho que nós a concebíamos mais como escritora cômica", e acrescentou, "penso num poema que ela escreveu sobre morar perto do banheiro". Mais de cinquenta anos depois do ocorrido, McCarthy conseguiu recitar de cor esse poema para um documentário da rede de televisão PBS, com uma expressão de evidente alegria no rosto:

Senhoras e senhores, damas e cavalheiros,
A despacharem seus excrementos com a descarga,
Sentada eu ouço para lá da parede
A triste e contínua cachoeira
Que os canos sanitários podem dar
Para silenciar nossas ações primitivas.[26]

McCarthy declarou enfaticamente: "Ora, *esse* poema era conhecidíssimo na área de fumantes do nosso refeitório".[27] Durante os anos que passaram juntas no Vassar, McCarthy ficou muito amiga de Frani Blough. Agora Bishop se sentia reconectada a Blough — e ela, Mary McCarthy, as irmãs Clark, Blough e outras começaram a se reunir como um grupo de escritoras, artistas e críticas sociais que tinham interesses comuns e uma atitude igualmente satírica. Juntas, podiam observar o mundo do Vassar e além, cada qual do seu ponto de vista não muito convencional.

Um dos vínculos mais estreitos, complexos e duradouros que Bishop formou no Vassar College foi com a inteligente colega Margaret Miller, que se tornou historiadora da arte, estudiosa da literatura e pintora. Como Bishop contou a Ruth Foster, um dos destaques do seu segundo ano na faculdade foi ela "ter ficado muito amiga de Margaret Miller quase imediatamente".[28] Rhoda Wheeler considerava Miller a "equivalente intelectual" de Bishop.[29] Outra amiga, Gretchen Keene, descreveu Miller como "magra, parecia um passarinho, de olhos brilhantes e dona de um afiadíssimo senso de humor. Era inovadora, estudiosa e tinha muita vivacidade mental". Harold Leeds, que conheceu Bishop e Miller em Nova York alguns anos depois, lembrou que "Margaret era especial em muitos aspectos. Ela e Elizabeth tinham uma curiosidade muito parecida por coisas e palavras". E, tal como Bishop, Margaret era "extremamente expressiva".[30] Os sentimentos de Bishop por Miller não tardaram a se transformar numa paixão, mas, embora elas continuassem amigas muito próximas durante toda a faculdade e mais tarde na vida, Bishop logo percebeu que aquela atração romântica não era correspondida e tentou calar esses sentimentos. Nas raríssimas ocasiões em que fez alguma leve insinuação, topou com uma brusca rejeição. Mesmo assim, sua amizade íntima continuou, embora não sem desafios e, ao que tudo indica, nos termos de Margaret Miller.

No dia 8 de fevereiro de 1932, Elizabeth Bishop completou 21 anos. Passou a ter mais liberdade de tomar decisões próprias do que a maioria das moças ao chegarem à maioridade. Tinha, naturalmente, muita sorte de dispor de uma renda modesta, mas independente o suficiente, sobretudo em plena Grande Depressão. Contudo, tratando-se de família, estava quase completamente só. Fazia visitas ocasionais ao tio Jack e à tia Florence Bishop, assim como aos tios Maud e George Shepherdson, porém com mais frequência passava as férias universitárias sozinha no Vassar. Em compensação, concentrava-se principalmente nas amigas da Walnut Hill e do Vassar, visitando com frequência Barbara Chesney em Pittsfield, bem como fazendo incursões, durante o ano letivo, de Poughkeepsie à vizinha cidade de Nova York, mais ao sul. Bishop teve férias animadas e sociáveis no verão de 1932, quando alugou com Chesney um chalé na conhecida Wellfleet, o qual elas compartilharam com outras amigas que chegaram depois. Então, em agosto de 1932, fez um passeio a pé na Terra Nova com a colega Evelyn Huntington.

Bishop guardou um diário de suas viagens à Terra Nova, um registro informal que deixa claro que aquelas duas moças viajando juntas ao longo da costa da Terra Nova eram objeto de grande curiosidade local. Além de pegar carona nos caminhões de brita e de ter animadas e incongruentes conversas com os donos de bar do lugar, elas dominavam a arte de fazer sopa de bacalhau e consumiam cafés da manhã enormes "com *maravilhosos* pãezinhos torrados e café".[31] Perto do início de sua viagem, num cartão-postal de 20 de agosto a Frani Blough escrito em São João da Terra Nova, Bishop disse: "Este lugar supera em muito os meus melhores sonhos. As falésias sobem 120-150 metros diretamente do mar. Eu queria, e não apenas no sentido convencional, que você as visse. Todas as ruas e casas descem rumo à água, aparentemente apoiadas nos mastros dos navios".[32] Quando sua excursão à Terra Nova chegou ao fim, Bishop tinha aproveitado várias semanas animadas e intensas, envolvendo um tipo de atividade que ela sempre achou revigorante e terapêutica. Também tinha fragmentos de observações que mais tarde se tornariam dois poemas importantes, "Uma pintura grande e feia" (1946) e "Mais de 2 mil ilustrações e uma concordância completa" (1948).

Na metade de setembro, Bishop voltou ao Vassar College para o semestre de outono do terceiro ano, no qual começou a organizar um plano, com várias colegas de literatura, cujo resultado viraria lenda no Vassar. Certa vez, o amigo e editor de Bishop Lloyd Schwartz comentou que "a coisa mais fascinante na Elizabeth Bishop quando ainda era estudante era já ser uma escritora consumada".[33] Entretanto, durante os primeiros cinco semestres no Vassar College, ela teve poucas oportunidades de mostrar esse talento. A partir do outono do primeiro ano na Walnut Hill, suas contribuições para *The Blue Pencil* eram aceitas de muito bom grado. No último ano, Bishop sucedeu Frani Blough como editora-chefe da *Blue Pencil*. Mas, no fim do trimestre de outono do terceiro ano no Vassar, nenhuma de suas contribuições tinha sido aceita pela *Vassar Review*, cujo conselho editorial conservador formava um grupo rival que se opunha a Bishop e a amigas como Blough, Mary McCarthy, Eleanor e Eunice Clark e Margaret Miller. Bishop descreveu assim a situação para Elizabeth Spires: "A maior parte de nós havia apresentado trabalhos para a *Vassar Review* que não foram aceitos. Todas ficamos chateadíssimas porque achávamos que éramos boas". Boicotada pela *Vassar Review* no outono do terceiro ano, ela se integrou à equipe editorial do jornal bissemanal do Vassar, o *Miscellany News*. A editora-chefe do *Miscellany News* era Eunice Clark. Frani Blough aparecia regularmente como crítica musical. Mary McCarthy foi designada "Repórter Estrela". Bishop era editora e, graças a sua habilidade no estilo cômico, colaboradora regular da popular coluna humorística "Campus Chat". Enquanto trabalhavam juntas no *Miscellany News*, ela e as amigas tramavam lançar uma revista literária alternativa. Reunindo-se num bar clandestino e bebendo em xícaras um vinho tinto que Bishop qualificou de "horrendo", aquelas autoras reprimidas elaboravam o plano de uma revista rival da *Review*, encarregada de procurar escritos ousados em todos os gêneros — a serem criados principalmente por elas mesmas — e, ao mesmo tempo, de incentivar a participação de colaboradoras com ideias afins. O primeiro número seria publicado na primavera do terceiro ano de Bishop, em fevereiro de 1933, e outro em abril. A publicação seria anônima. Elas buscariam anunciantes. Os pormenores práticos de produção apresentaram poucos problemas, uma vez que as editoras já eram experientes na publicação de um jornal bissemanal. Mary McCarthy propôs intitulá-la *The Battle-Axe* [O machado de batalha], mas a sugestão mais sutil de Bishop, *Con Spirito*, trocadilho que aludia às raízes conspirativas da revista e às suas aspirações a um estilo de desempenho cheio de vida, se saiu vencedora pela inteligência.

Quando o planejamento da *Con Spirito* se aproximava da concretização em 30 de dezembro de 1932, Bishop escreveu a Bradley no seu dormitório no Vassar: "Estou desfrutando demais da faculdade para a minha paz de espírito".[34] Mary McCarthy lembrou que, quando foi publicado em fevereiro de 1933, o primeiro número "foi um sucesso".[35] A cobertura da *Con Spirito* e do interesse e da controvérsia que provocou começou a aparecer regularmente no *Miscellany News* do Vassar e foi registrada pela imprensa literária de Nova York e de outros lugares. A cobertura do *Miscellany News* trazia cartas à editora, favoráveis e contrárias, assim como entrevistas de membros do corpo docente (majoritariamente favorável). Como a equipe editorial do *Miscellany* era dominada por conspiradoras do quilate de Eunice Clark, Bishop, Blough e McCarthy, a enxurrada de publicidade gratuita representada pela extensa cobertura da *Con Spirito* por esse jornal bissemanal dificilmente há de ter sido acidental. De maneira notável, até dignitários visitantes como o célebre estudioso da literatura Herbert Grierson e o próprio e grande T.S. Eliot foram citados nas páginas do *Miscellany News* falando bem da *Con Spirito*.

Eliot havia chegado ao campus do Vassar no início de maio de 1933, pouco depois da publicação do segundo número da *Con Spirito*. Estava lá para participar da estreia mundial de sua primeira peça, *Sweeney Agonistes*. Bishop foi encarregada de cobrir para o *Miscellany* a leitura e a palestra que Eliot daria sobre a sua obra antes da estreia do drama. Seu artigo principal sobre Eliot informava que o renomado poeta fizera a implausível afirmação: "A minha poesia é simples e direta", e que "a plateia reagiu com uma ruidosa gargalhada".[36] Bishop entrevistou o próprio Eliot pouco depois. Os dois estavam sentados em estofados formais e desconfortáveis num salão do Vassar durante um dia que Bishop mais tarde descreveu como "de calor ardente". Ela observou na entrevista que deu a Spires que o excessivamente correto Eliot "por fim me perguntou se eu me importaria se ele afrouxasse a gravata, coisa que para ele era como tirar toda a roupa".[37] A entrevista de Bishop de 1933 para o *Miscellany* citou a afirmação de Eliot segundo a qual, num campus de faculdade, ele preferia "publicações espontâneas e de curta duração" a órgãos escolares estabelecidos há muito tempo. E acrescentou que tais revistas eram "mais interessantes e tinham mais personalidade quanto menos editores e menos colaboradores tivessem".[38] Como essas observações combinavam exatamente com a *Con Spirito* para o descrédito da *Vassar Review*, Bishop decerto havia feito ao grande homem uma série de perguntas capciosas cuidadosamente calibradas.

Um dos trabalhos mais intrigantes de Bishop na *Con Spirito* é "A inundação", que apareceu bem no centro da primeira página do primeiro número da revista, flanqueado por um estimulante manifesto declarando os princípios editoriais orientadores da nova revista, o primeiro dos quais era a rejeição da misoginia arrogante, e o segundo era a abjuração do aparentemente incurável anacronismo literário da *Vassar Review*. Primeiro poema publicado por Bishop no Vassar, depois de uma efusão de poemas na Walnut Hill, "A inundação" apresenta aquilo que seu poema posterior "Galos" chamaria de um "ativo deslocamento na perspectiva", pois imagina uma comunidade que se vê submergindo lenta, mas continuamente, na água de uma misteriosa maré alta. Um mundo em que tudo que outrora parecia normal ou estável se vê estranhamente transformado. De algum modo, uma espécie de existência subaquática continua, mesmo quando a água encobre toda a comunidade. O poema começa descrevendo o movimento da inundação, que "atinge primeiro o parque" e faz com que as árvores fiquem "onduladas e encharcadas". Sob a pressão dessas mudanças, os veículos fabricados pelo homem passam por uma estranha metamorfose e chegam a parecer vivos. Os carros e os carrinhos de mão estão de "olhos arregalados" e parecem um "peixe boquiaberto" enquanto "se deslocam para casa na maré suburbana".[39] O que antes eram colinas agora são ilhas submersas. Os campanários da igreja, projetando-se acima da linha d'água, agora funcionam como boias de sinalização, com navios passando acima deles, não abaixo. Mas como pode haver alguém vivo lá embaixo, tocando de algum modo os sinos de alarme? "A inundação" deixa essas perguntas sem resposta.

Como previu Eliot, uma "publicação espontânea" como a *Con Spirito* seria de curta duração. Três das conspiradoras mais importantes, Mary McCarthy, Frani Blough e Eunice Clark, se formaram na primavera de 1933. A revista conseguiu produzir mais um número em novembro de 1933, o outono do quarto ano de Bishop. Àquela altura, como ela contou a Spires, "a *Vassar Review* voltou atrás e algumas das nossas editoras viraram editoras daquela publicação, e então publicaram coisas nossas na revista".[40] No entanto, essa efêmera publicação fora da lei teve um impacto duradouro. Ajudou a lançar a carreira de várias escritoras e editoras importantes e logo passou a fazer parte da tradição do Vassar. Como observou Bethany Hicok, autora de *Degrees of Freedom: American Women Poets and the Women's College, 1905-1955*, "a leitura dos três números da *Con Spirito* revela não só exemplos de escrita de alta qualidade como também uma agudeza crítica que situa essas mulheres na vanguarda dos debates literários e políticos da década de 1930".[41] A própria Bishop começou a enviar seus textos da *Con Spirito* a jornais nacionais. Dois foram aceitos e publicados antes de sua formatura em junho de 1934, e outros receberam respostas animadoras convidando-a a "continuar enviando seu trabalho". Em 30 de janeiro de 1934, ela anunciou com orgulho para Frani Blough o recebimento de um cheque de 26,18 dólares, seu primeiro pagamento como escritora profissional, pela publicação em *The Magazine* de um conto da *Con Spirito*, "Então vieram os pobres".

Bishop cantou o "casamento" entre os dois empreendimentos literários rivais do Vassar em seu alegre "Epithalamium", publicado numa "Campus Chat" de novembro. Seu primeiro verso invoca o deus grego do casamento. O segundo usa uma rima que faria Cole Porter corar. E o quarto põe um adágio popular de ponta-cabeça:

> *Hímen, Hímen, Himeneu,*
> *Duas vezes os cérebros e a metade do spaeus.*
> Con Spirito *e* Review
> *Pensam que um pode viver com tão pouco quanto dois.*
> *A literatura chegou à encruzilhada,*
> *Agora pelo santo matrimônio acomodada,*
> *E a esterilidade escafedeu-se.*
> *Bênção ao ditoso leito conjugal.*[42]

A união das duas revistas literárias beligerantes do Vassar pode ter sido um casamento de conveniência, mas, mesmo assim, não deixou de ser proveitosa. Nos primeiros dois anos e meio de Bishop no Vassar, os textos apresentados por ela não foram aceitos por nenhuma publicação da faculdade. Nos três últimos trimestres, ela publicou dezoito textos, dentre os quais nove poemas, cinco contos, três ensaios e uma resenha de livro.[43] No processo, Bishop demonstrou que já era uma escritora consumada. Tinha adquirido confiança em si e nas suas amigas como autoras. E como ela própria relembrou: "Nós nos divertimos muitíssimo fazendo aquilo, enquanto durou".[44]

No penúltimo ano no Vassar, Bishop desenvolveu um importante relacionamento que não estava ligado ao seu trabalho na *Con Spirito*. Foi a amizade, e depois um romance, com Louise Crane. Algumas das suas amigas no Vassar, inclusive Mary McCarthy, dependiam de bolsa de estudo, mas as outras, como Blough, Miller e as irmãs Clark, tinham pais abastados. O patrimônio da família de Louise Crane era de um nível completamente diferente. Filha do segundo casamento de seu pai Winthrop Crane com Josephine Boardman, Louise era a mais nova dos quatro irmãos Crane, e — como o patriarca da família tinha sessenta anos quando ela nasceu — Louise havia nascido quando o pai já era idoso. Winthrop Crane transformara a empresa de papel de seu pai, a Crane Paper Company, literalmente numa máquina de fazer dinheiro quando, em 1879, obteve um contrato exclusivo para imprimir as notas do Federal Reserve, a moeda dos Estados Unidos. No momento certo, Crane fez importantes investimentos na Otis Elevator Company e na AT&T e, republicano que era, foi sucessivamente, entre 1897 e 1913, vice-governador, governador e senador dos Estados Unidos por Massachusetts.

O pai de Louise Crane morreu em 1920, quando ela tinha sete anos. Dali por diante, Louise ficou sob os olhos vigilantes da mãe, Josephine, que era vinte anos mais nova que o marido. Josephine B. Crane, conhecida por Louise como "Ma", era uma figura formidável por si só. Tendo demonstrado um grande interesse pela arte, foi a influente cofundadora do Museu de Arte Moderna, o MoMA. Mantinha um salão artístico nas noites de quinta-feira no seu deslumbrante apartamento cooperativo de dezoito cômodos na Quinta Avenida, em Manhattan, uma base de poder a partir da qual exerceu considerável influência sobre o panorama da arte em Nova York.

Criada nesse mundo embriagante e privilegiado, Louise Crane desenvolveu uma personalidade muito própria. Era dois anos mais nova que Bishop e entrou no Vassar em 1931, um ano depois de Elizabeth. Aluna indiferente, não chegou a se formar. Irmã caçula de outros três filhos, tinha aprendido a ser bastante provocadora. Como Bishop, tinha espírito de aventura, amor ao risco e um aguçado senso do ridículo. Também mostrava certo gosto pelo que Bishop chamava de "slumming"* e um jeito estranho de julgar a qualidade intrínseca de obras de arte.[45]

Como Bishop confessou com certo acanhamento a Ruth Foster em 1947, ela com frequência sentia muita vergonha quando amigas abastadas da Walnut Hill ou do Vassar a visitavam na casa dos Shepherdson em Revere e, depois, em Cliftondale. E admitiu: "Durante anos, eu me envergonhei muito da tia Maud, de toda aquela parte da minha vida, eu a escondia praticamente de todo mundo". Mas ela não era a única a sentir vergonha. "No caso da minha tia, para começar, ela morria de medo das minhas amigas, e eu sabia do seu pavor tanto quanto do meu". Sem dúvida, parte da sua ansiedade estava ligada à transferência da vergonha profunda que tinha por causa do tratamento abusivo que sofrera do tio George, o qual se sentia obrigada a esconder. Naturalmente, como Bishop comentou com Foster, "muitas crianças passam por períodos em que se envergonham dos pais sem nenhuma provocação como a que eu tinha". E reconheceu que Louise Crane foi a pessoa que a ajudou a superar tais sentimentos, porque "era tão doce e delicada com a minha tia e o meu tio [...]. Quando a conheci, ela tinha, realmente [...] um talento extraordinário para uma garota da sua idade para se dar bem com os mais diversos tipos de pessoas e deixá-las à vontade".[46] Durante seus anos de viagens com Crane depois da faculdade, Bishop se veria percorrendo com ousadia uma ampla gama de níveis econômicos e culturais, e até chegou a certo grau de reconciliação com os tios Maud e George.

* "Slumming", cujo termo deriva de "slum", o equivalente a favela em inglês, significa frequentar lugares ou pessoas de nível social muito inferior. (N. T.)

Ao mesmo tempo que desenvolvia relações com várias amigas do Vassar, sendo cofundadora de uma bem-sucedida revista literária, ainda que efêmera, e lançando uma carreira de autora publicada fora dos seus limites estudantis, Bishop também elaborou uma série de princípios artísticos que continuariam a nortear a sua escrita durante toda a vida. Um dos trabalhos decisivos para o seu desenvolvimento futuro que ela produziu no Vassar foi "Gerard Manley Hopkins: Apontamentos sobre o timing em sua poesia", divulgado na *Vassar Review* na primavera de seu quarto ano. Hopkins, um poeta e padre jesuíta inglês falecido em 1889, foi adequadamente definido por Christopher Ricks como "o poeta mais original da era vitoriana".[47] Sua poesia estava muito à frente do seu tempo e, com exceção de uma fração mínima dela, só foi publicada trinta anos depois da sua morte. Quando, em 1918, seu amigo Robert Bridges, então poeta laureado da Inglaterra, finalmente publicou uma edição escolhida da poesia de Hopkins, foi um grande sucesso nos círculos literários avançados. Uma edição ampliada, a versão que Bishop deve ter lido, foi publicada em 1930. Bishop foi profundamente influenciada pelo uso radicalmente inventivo da linguagem poética de Hopkins e pelas teorias provocativas sobre ritmo poético e imagética que ele revelou em suas cartas a Bridges publicadas após a sua morte.

O ensaio de Bishop no Vassar se concentrava em especial no modo como Hopkins "ajusta temporalmente" a articulação da sua ideia, com o que ela chamava de o momento que ele escolhia para deter seu movimento em direção ao "poema, único e perfeito", que "parece estar separado da mente consciente, esquivando-se dela de propósito, enquanto a mente consciente se aproxima dele com dificuldade, passo a passo". Na visão de Bishop, Hopkins escolhe "deter seus poemas, captá-los no papel, naquele ponto de seu desenvolvimento em que eles ainda estão incompletos, ainda próximos do primeiro grão de verdade ou apreensão que lhes deu origem".[48] No seu ensaio sobre o timing em Hopkins, Bishop também cita um célebre ensaio de M. W. Croll, "The Baroque Style in Prose" [O estilo barroco na prosa]. Bishop explorou a asserção de Croll, segundo a qual o objetivo dos escritores de prosa barroca, como John Donne nos seus sermões, era "retratar não um pensamento, mas a mente a pensar". O objetivo desses autores era captar não um estado de certeza estabelecida, mas o momento "em que a ideia pela primeira vez se objetifica com clareza na mente", de modo que "cada um de seus componentes ainda preserva sua própria ênfase peculiar e um vigor independente só seu — em suma, o momento em que a verdade ainda é *imaginada*".[49] Esses princípios, que Bishop articulou na obra de Hopkins e depois se apropriou deles e os reconfigurou para uso próprio, continuariam orientando o desenvolvimento de sua poesia nos anos seguintes. Como ela disse numa entrevista em 1966, o objetivo do poeta é "dramatizar a mente em ação, não em repouso".[50] Bishop, que estava prestes a se revelar uma artista madura, começaria, menos de um ano depois da sua formatura, a empregar esses princípios em poemas inovadores como "O mapa", "O iceberg imaginário" e "O homem-mariposa". E continuaria encontrando maneiras originais de "dramatizar a mente em ação", até chegar a criações culminantes como "Uma arte", "Santarém" e "Cadela rosada".

Um dos subprodutos mais incomuns da sua absorção precoce da poesia e da poética de Hopkins foi o "Hino à Virgem", publicado no segundo número da *Con Spirito*. Hopkins era conhecido pelos ritmos saltados, de sonoridade recortada, e pelo uso surpreendente da aliteração que colheu em suas pesquisas na poesia anglo-saxônica. Bishop une esses efeitos hopkinsianos a um assalto verbal nada similar ao poeta ao criar uma imagem abandonada da Virgem Maria encontrada atrás de uma cortina, num poema que mostra a exploração da poeta ainda estudante das possibilidades artísticas oriundas da violência de tom; num poema que descreve a efígie de Maria como "cara de cera, corpo de pau", que pode, numa frase impertinente e intrincada, "fazer-nos adorar à nossa maneira?". De fato, essa imagem esculpida da Virgem é insultada com as palavras "não desvies teu rosto bonito, deves exibir-te e encontrar os olhos da nossa plateia".[51] Embora não seja de modo algum uma das criações mais sutis ou mais satisfatórias de Bishop, "Hino à Virgem" — bem como "Uma palavra com você", publicado no mesmo número da *Con Spirito* — mostra que a jovem Bishop estava estudando os efeitos de tom e som na sua escrita, uma fonte de energia na sua obra, sobre a qual ela viria a ter pleno controle artístico no espaço de apenas dois anos. E, quando foi escolhido para a edição de abril de 1934 de *The Magazine*, semanas depois de sua divulgação na *Con Spirito*, "Hino" marcou a sua primeira publicação remunerada como poeta aos 22 anos.

Enquanto estudava a poética original de Gerard Manley Hopkins, Bishop também lia todos os poemas que encontrava de Marianne Moore, uma poeta igualmente notável que morava no Brooklyn. Em "Esforços do afeto", poema memorialístico de sua longa amizade com Moore publicado postumamente, Bishop recordou o esforço que fez, no Vassar, para encontrar mais do que uns poucos poemas seus para ler. Tendo "lido todos os poemas dela que havia encontrado, em números antigos da *The Dial*, revistas de poesia e antologias existentes na biblioteca da faculdade", ela percebeu que lá não havia nenhum exemplar do livro *Observations* (1924) de Moore, "e eu nunca o vira". Quando Bishop perguntou a Fanny Borden, a bibliotecária de voz baixa da faculdade, por que "a biblioteca do Vassar não continha nenhum exemplar de *Observations*, o livro da maravilhosa poeta Marianne Moore", Borden "pareceu ligeiramente surpresa" e perguntou: "Você *gosta* dos poemas de Marianne Moore?". E então revelou que era amiga da mãe de Moore, havia conhecido Marianne ainda pequena, achara-a singular e continuava sendo sua amiga. Borden emprestou a Bishop seu próprio exemplar de *Observations* (recheado de recortes de críticas negativas) e providenciou um encontro de Bishop com a poeta mais velha. Mas não respondeu à pergunta inicial de Bishop: por que, afinal, a obra de uma poeta americana tão renomada — pelo menos entre os colegas poetas — como Marianne Moore não estava representada na "excelente biblioteca" de uma faculdade feminina como o Vassar? Numa época em que T.S. Eliot era tão idolatrado que suas peças podiam estrear com considerável fanfarra no campus do Vassar, e numa época em que o público do Vassar entendia de imediato uma piada sobre a transparência de sua obra, Moore vivia numa obscuridade relativa, com seu trabalho quase inacessível. Um ano depois da conversa de Bishop com a bibliotecária da faculdade, *Selected Poems* de Moore foi editado pela Faber & Faber and Macmillan, com introdução do próprio Eliot. Sem dúvida, a biblioteca do Vassar um dia encontraria um lar para esse magro volume.

Um poema de Moore que Bishop diz ter descoberto no exemplar de Fanny Borden de *Observations* foi "Marriage" [Casamento]. Ela declarou que poemas como esse "me pareceram, como até hoje me parecem, milagres de linguagem e construção. Por que ninguém jamais havia escrito sobre as coisas dessa maneira clara e deslumbrante?". Em "Marriage", de Moore, Bishop encontrou um poema contemporâneo que não só era extraordinário na sua construção como também dramatizava a mente em ação, retratando "não um pensamento, mas a mente a pensar". O poema de Moore começa com uma frase de dezessete linhas que considera o conceito de casamento, "essa instituição,/ talvez devêssemos dizer empresa", de uma perspectiva cética após a outra. Essa instituição curiosa, mas dominante, ou empresa do casamento (quiçá abrigo, quiçá prisão) é uma entidade viva com contradições, "a exigir promessas públicas/ da intenção da gente/ de cumprir uma obrigação".[52] Depois de uma série desses legalismos desconfiados, Moore salta repentinamente sobre a questão: "Eu me pergunto o que Adão e Eva/ pensam disso a esta altura". Talvez o casamento até ofereça algumas tentações — "esse aço em combustão/ vivo de dourada brilhantez" —, contudo, de forma geral, ele parece uma tradição "circular", autoperpetuante, talvez até mesmo uma "impostura". E para alguém como a própria srta. Moore, continua sendo uma instituição ou empresa que "exige toda a engenhosidade criminosa da gente/ a evitar".[53] No entanto, na superfície da lápide que Marianne Moore divide com a mãe no cemitério Evergreen, em Gettysburg, Pensilvânia, vê-se um espaço em branco — no qual seria incrustado o nome de seu marido, se ela o tivesse tido.

Talvez nem todos achassem "claro" esse poema multidirecional, que Bishop afirma que mostra o ceticismo paralelo dela e de Moore em relação ao casamento. As duas mulheres exerceram toda a sua engenhosidade, criminosa ou não, para evitá-lo.

Quando se conheceram em frente à Biblioteca Pública de Nova York, em março de 1934, essas mulheres singulares descobriram imediatamente uma conexão, apesar da timidez de Bishop e da diferença de idade de bem mais que vinte anos. Bishop não tardou a escrever à amiga Frani, dizendo que Moore "é simplesmente incrível. É pobre, doente e praticamente ninguém lê a sua obra, acho eu, mas se mostra completamente indiferente a isso e continua produzindo talvez um poema por ano e algumas resenhas que são perfeitos à sua maneira. Nunca vi ninguém que se *empenhe* tanto".[54] A poeta mais jovem logo teve a ideia de convidar a srta. Moore (o nome pelo qual Bishop se dirigiu por anos à colega mais velha) para o circo dos Irmãos Ringling. Acontece que o circo era a diversão predileta de Marianne Moore (como Bishop talvez tivesse adivinhado graças a seus muitos poemas dedicados aos animais exóticos), e ela conta que Moore chegou a levar escondida uma sacola cheia de pão integral dormido para dar aos elefantes ("era uma das coisas de que eles mais gostavam"), enquanto alardeavam seu prazer.[55] Depois de momentos tão vinculantes como esses, sua amizade, apesar das ocasionais rusgas artísticas, nunca esmoreceu ao longo dos muitos anos que elas ainda tinham pela frente.

Elizabeth Bishop teve pelo menos uma possibilidade de casamento durante o período do Vassar ou pouco depois. Conheceu Robert Seaver, que era quatro anos mais velho, quando visitou sua amiga Barbara Chesney em Pittsfield durante as férias escolares em 1931. Seaver era formado em química, mas estudara literatura na faculdade e se interessava muito por poesia moderna. Depois de um breve período no magistério, morava agora com os pais, trabalhava num banco local e sentia certa frustração com sua sina. Seaver tinha tido poliomielite na adolescência e usava muletas, mas sua irmã, Elizabeth Seaver Helfman, contou que "ele compensava isso se mostrando tão encantador que as garotas preferiam ficar sentadas com ele a dançar, por exemplo". Ela escreveu no seu diário de 1º de outubro de 1931: "Que pessoa constantemente incrível e interessante é Bish. É tão divertido quando ela está aqui: uma pessoa com ideias únicas e sem nenhum sentimentalismo insípido". Num feriado de Natal no período do Vassar, Bishop foi a Nantucket com Seaver, onde dividiram um quarto numa pousada. Como não eram casados, eles receavam ter problemas com a proprietária, mas, uma noite, ela os surpreendeu de um modo agradável ao lhes oferecer uma bandeja de grogue bem quente. Seaver visitava às vezes Bishop na faculdade, e os dois mantiveram contato durante os anos dela no Vassar. Bishop se sentia atraída pela inteligência de Seaver e valorizava seu interesse explícito. Ele deve ter intuído a orientação sexual de Bishop, tanto que uma vez se lamentou com ela: "Acho que você gostaria mais de mim se eu fosse mulher".[56]

* * *

Não muito tempo depois do emocionante primeiro encontro de Bishop com Marianne Moore, um acontecimento traumático a aguardava. Segundo o prontuário clínico do hospital de Dartmouth, a avaliação do estado de Gertrude, a mãe de Bishop, durante toda a década de 1920 e bem entrada a de 1930, continuou a apresentar as apressadas palavras "sem alteração" ou "escassa alteração desde a última notificação". Ao longo desses anos nos quais nada havia se passado entre mãe e filha, a não ser o eco persistente daquele "grito frágil, quase perdido", Elizabeth Bishop havia amadurecido e se transformado numa mulher inquisitiva de 23 anos, prestes a concluir a faculdade e a se lançar no mundo literário. Sua mãe, por outro lado, permanecia num estado de quase perpétua estase.

Ainda que tenha permanecido estável durante quase duas décadas, no dia 16 de maio de 1934, um mês antes da formatura da filha no Vassar College, Gertrude Bishop apresentou um rápido início de sintomas médicos perigosos, inclusive perda da consciência, "graves convulsões" no lado direito do corpo e paralisia no esquerdo. Naquela data, o hospital observou: "Seu estado é bastante precário e seus parentes foram notificados de que ela está muito doente e é possível que não se recupere". Em 17 de maio, Gertrude começou a apresentar febre muito alta. Os relatórios dos dias subsequentes não indicaram melhora. Na manhã de 29 de maio, o prontuário clínico afirma que os parentes de Gertrude "foram informados de que ela não viverá muito tempo". É provável que Bishop tenha sido informada da situação, ou diretamente pelo Hospital Nova Escócia ou pelos parentes de Massachusetts. Os registros do hospital daquele mesmo dia, 29 de maio, afirmam: "A paciente faleceu às 16 horas". Gertrude Bulmer Bishop, de 55 anos, estava morta. Havia passado os últimos dezoito anos num sanatório, vivendo sobretudo confinada num pavilhão solitário.

Gertrude Bulmer Bishop foi impedida de retornar aos Estados Unidos em vida, mas agora seu corpo seria "encaminhado a Worcester para ser sepultado". Seus restos mortais foram enterrados ao lado do marido cuja morte ela lamentou durante tanto tempo, sob a mesma lápide. As letras nessa laje de granito, no cemitério Hope de Worcester, dizem:

WILLIAM T. BISHOP
1872-1912
SUA ESPOSA
GERTRUDE BULMER
1879-1934

Não há indício de que Bishop tenha sido incentivada a ir ao enterro. Ela escreveu à amiga Frani Blough: "Acho que devo dizer que minha mãe morreu há uma semana. É claro que foi a melhor coisa que podia ter acontecido depois de dezoito anos".[57] Mas, como seus escritos subsequentes dão a entender, os sentimentos de Bishop pela mãe ficaram longe de chegar a uma solução.

Bishop relacionou à morte da mãe o início de seus problemas com a bebida. A lei seca havia sido revogada em dezembro de 1933 e, quando da morte de Gertrude, ela tinha mais de 21 anos, de modo que podia beber à vontade. No último ano da faculdade, Bishop e Margaret Miller dividiam quarto e tinham sido coeditoras do anuário da faculdade, o *Vassarion*, que fora publicado recentemente para aquecer os aplausos. Bishop falou a Foster sobre um momento que pode ter sido "pouco antes ou pouco depois da morte da minha mãe, mas, em todo caso, ela não saía da minha cabeça, quando Margaret não estava, quer dizer — e eu fiquei muito bêbada no centro da cidade com Louise Crane, que fez isso de propósito". Embora sua lembrança daquele momento traumático fosse fragmentária, Bishop se descreveu a Foster entrando no dormitório, sentando-se no chão, "e eu uivava por causa da minha mãe", enquanto minha amiga Margaret dava tapinhas na própria cabeça.[58]

Duas semanas depois de perder a mãe que ela não via desde os cinco anos de idade, Bishop enfrentou as mesmas perguntas com que quase todos os formandos se confrontavam: o que devo fazer? E onde eu vou morar? No caso dela, voltar "para casa", fosse qual fosse, estava fora de cogitação. E como o casamento aparentemente também estava fora de cogitação, Bishop se viu contemplando a carreira incerta que os outros determinaram para ela pelo menos desde seu ano de caloura no Vassar, se não antes: a de poeta. Bishop se formou no Vassar em 11 de junho de 1934 e, no dia 20 do mesmo mês, contou a Louise Bradley: "O triste é que eu decidi morar em Nova York". Bishop e Margaret Miller cogitaram por pouco tempo alugar uma casa em Manhattan, cujo aluguel seria dividido entre Margaret e sua mãe; Mary McCarthy e seu novo marido, Harald Johnsrud; Louise Crane e talvez alguns outros. Mas esse esquema comunitário revelou-se impraticável.[59] Miller e a mãe encontraram um apartamento perto da Ponte do Brooklyn, e a recém-casada McCarthy e o marido também preferiram procurar acomodações separadas. Todavia, mesmo morando em Nova York, Bishop teria várias amigas do Vassar por perto e poderia aprofundar sua amizade com Marianne Moore enquanto vivia no centro da indústria literária e editorial americana. Talvez também tivesse sido influenciada a preferir Nova York a Boston pela distância que a cidade oferecia de seus parentes de Massachusetts. Na metade de outubro de 1934, seu tio Jack morreu subitamente. No decorrer de alguns meses, Bishop tinha perdido a mãe, formara-se na faculdade, havia se estabelecido numa nova carreira e num lugar novo e perdera seu tutor legal de longa data. Sua única parente Bishop mais velha sobrevivente era a sempre problemática tia Florence, que recentemente havia passado uma temporada no sanatório Austen Riggs em Stockbridge, Massachusetts, devido ao que parece ter sido um transtorno bipolar, e que agora dirigia uma livraria em Stockbridge por recomendação médica. No lado materno, a irmã de sua mãe, Maud, ainda morava em Cliftondale com George, e Bishop raramente os visitava. Sua querida tia Grace estava muito longe em Great Village.

No dia 30 de junho, Bishop se hospedou no Hotel Brevoort em Greenwich Village. Não muito tempo depois, mudou-se para um apartamento pequeno na Charles Street, 16, a alguns quarteirões da Washington Square. Nos seus muitos retornos subsequentes à cidade de Nova York, ela residiria frequentemente dentro de um raio próximo desse famoso ponto de referência de Greenwich Village. Bishop estabeleceu tarefas domésticas em escala modesta no apartamento da Charles Street — no começo, sentia como se estivesse "acampada num apartamento desprovido de móveis, de gás, de gelo e de cabides nos quais pendurar a roupa".[60] Depois de cogitar por pouco tempo fazer doutorado em literatura e de rejeitar a ideia, ela se voltou seriamente para a carreira de escritora, mesmo quando disse a Frani Blough: "Todas as minhas coisas estão muito no ar".[61] Aos 23 anos, tinha pleno controle de uma renda independente modesta e já não dependia de nenhum parente Bishop ou Bulmer. Pelo contrário, podia empreender a vida e a carreira para a qual se havia preparado longamente durante seus muitos anos de leitura, escrita e extensa publicação nas revistas estudantis. Ia ser poeta, em breve ia ser viajante internacional e não ia ser mulher de homem nenhum.

Não muito depois da morte de seu tio Jack, Bishop concluiu "O mapa", uma notável realização poética que viria a ser o poema principal de seu primeiro livro, *Norte e sul*. Fruto de mais de uma década de esforço e preparo prévio como poeta, ele marcou um súbito avanço rumo ao seu estilo maduro. Bishop sempre disse que compôs esse poema de um só golpe quando estava sozinha na véspera do Ano-Novo, em 1934, contemplando um mapa coberto por um vidro. Mas essa alegada data de composição pode não ser inteiramente correta, pois Bishop enviou uma versão completa e muito bem datilografada do poema, inclusive com uma revisão adequada sugerida por Marianne Moore, numa carta a Louise Bradley datada de 23 de dezembro de 1934 — na qual chamou-o de o único poema que ela havia escrito nos últimos tempos em que tinha certa confiança.

"O mapa" começa com uma qualidade curiosamente provocadora, exploradora. Como "Marriage", de Marianne Moore, ele olha para um único objeto ou tema familiar a partir de uma variedade de ângulos imprevisíveis. Entretanto, tem uma serenidade que difere da abordagem mais insistente e assertiva de Moore. Ninguém confundiria "O mapa" de Bishop com um trabalho da poeta mais velha. Ele começa com uma série de afirmações que se modulam em indagações e quase nos conduzem até as margens do surrealismo. Porque, nesse mapa, temos "terra entre águas, sombreada de verde". Mas trata-se mesmo de sombras ou pode ser outra coisa a traçar o contorno da água ou do mapa, "uma linha de recifes, algas como adorno,/ riscando o azul singelo com seu verde"? Já nos quatro primeiros versos, Bishop fez mais perguntas do que deu respostas. Mistura o que vê na superfície bidimensional abstraída do mapa com suas lembranças do litoral atlântico, no qual passou tantos verões. Então, numa guinada brusca, uma parte do mapa sai de sua aparente letargia e se transforma, ou parece se transformar, numa cena de ação: "Ou a terra avança sobre o mar e o levanta/ e abraça, sem bulir suas águas lentas/ Ao longo das praias pardacentas/ será que a terra puxa o mar e o levanta?".

Bishop ficou conhecida pela precisão da sua observação, mas essa precisão sempre envolve um elemento de transformação imaginativa. Muitas das afirmações desse poema se convertem em perguntas ou apresentam proposições enganosas. No fim da vida, um dos livros preferidos de Bishop seria o clássico *Arte e ilusão*, de E. H. Gombrich, que afirma que o condicionamento cultural da mente plasma grande parte do que vemos ou compreendemos. Desde os poemas de juventude como "O mapa" em diante, Bishop se envolveria com o contínuo empreendimento produtivo de interação da arte com a realidade, com o propósito de incentivar a si e aos leitores a olhar para o mundo a partir de perspectivas novas.

"O mapa" flerta de um lado a outro com perguntas que ele não chega a fazer. Contudo, enquanto essas perguntas pairam no fundo, o mapa bidimensional parece ganhar vida, pois logo "os nomes dos portos se espraiam pelo mar" e "os nomes das cidades sobem as serras vizinhas", o que pode levar o espectador a postular as emoções do criador do mapa, quase como nós postulamos as emoções do autor de um poema. Acaso "aqui o impressor experimentou um sentimento semelhante/ ao da emoção ultrapassando demais a sua causa"? Por certo, mais do que alguns poemas de Bishop da meia década seguinte dramatizariam os personagens experimentando exatamente esse estado de exaltada emoção. Todos os atributos de seu mapa — a terra, a água, os nomes impressos, as serras vizinhas, a superfície amarela do Labrador, "untado de óleo", ou isso é o que nos dizem tão alegremente "o esquimó sonhador" e, ao que parece, até o entusiasmado cartógrafo — ficaram animados, revelando que todos eles, como ela diria em seu poema escrito pouco depois, "O monumento": "Tem vida, e tem vontade". Ao se acercar do fim, o poema faz uma pergunta inesperada: "É compulsório, ou os países escolhem as suas cores?". "O mapa" não tenta dar resposta a essa nem a nenhuma outra pergunta provocativa que faz ao longo do caminho. Pelo contrário, Bishop arremata com uma assertiva muito ambígua: "Mais sutis que as cores do historiador são as do cartógrafo". Do momento da composição desse poema em diante, sua vida e sua obra também passariam a flutuar livremente entre a viagem real e a vicária, bem como sua arte flutuaria, como o faz aqui, entre representação e abstração. Durante o ano que passou em Nova York, Bishop estudou arte e história em cursos da New School for Social Research. Começou a esboçar muitos dos poemas que agora definem o início do seu estilo maduro. Vários deles, inclusive "O mapa" e outros, foram publicados com uma introdução de Moore, intitulada "Archaically New" [Arcaicamente novo], em um volume de 1935 intitulado *Balancetes*. Moore tinha apenas um punhado dos poemas iniciais de Bishop com que trabalhar, mas viu e identificou mais do que um estilo característico dela. Usando a sua própria dicção distintiva, Moore observou que a "qualidade de reflexão racional na obra de Bishop é que lhe dá força — auxiliada pela ausência de verbosidade, pela intencionalidade não contorcida, pelo lampejo da insolência, pelo final natural não forçado".[62] Mais de trinta anos depois, John Berryman contaria a Bishop o quanto ele havia "admirado e adorado" sua obra desde que a encontrou pela primeira vez em *Balancetes*, quando ainda era estudante na Universidade Columbia.[63]

Quando ainda estava em Nova York, Bishop também rejeitou um pedido de casamento do seu admirador e pretendente Robert Seaver, dizendo-lhe, segundo a irmã dele, que "não queria casar com ninguém".[64] Em julho de 1935, foi à Europa de vapor com uma amiga do Vassar College, com planos de passar um breve período numa aldeia de pescadores na Normandia e, como se verificou, teve uma estada muito mais prolongada com Louise Crane em frente ao Jardim de Luxemburgo em Paris.

7. O estranho mundo da viagem

Treze meses depois de se formar no Vassar College, Elizabeth Bishop colocou a maior parte de seus bens terrenos em um depósito — não seria a última vez — e embarcou no vapor SS *Königstein* rumo a Antuérpia e à França. Empreendeu essa viagem transatlântica seguindo o rastro de gerações anteriores de artistas e escritores americanos. Longfellow, depois de se formar no Bowdoin College, passou três anos na Europa para dominar línguas modernas e, mais tarde, o romancista Henry James — que tinha sido criado principalmente no Velho Continente — faria carreira explorando os dilemas dos americanos na Europa e dos europeus nos Estados Unidos. Nas primeiras duas décadas do século XX, poetas como T.S. Eliot, Robert Frost, Ezra Pound e Hilda Doolittle (H. D.) construíram sua reputação com obras publicadas em Londres. Pouco depois, o centro de gravidade europeu para os americanos se deslocou para Paris, com Gertrude Stein e Alice B. Toklas exercendo uma atração magnética numa geração mais jovem de escritores e artistas. Sherwood Anderson, Ernest Hemingway e Scott e Zelda Fitzgerald conviviam no salão de Stein, na Rue

Fleurus, 27, com Picasso, Braque, James Joyce, Matisse, Juan Gris e Marie Laurencin. Com exceção dos Fitzgerald, Bishop um dia cruzaria com todos esses visitantes americanos em Paris e Londres, a começar pela entrevista de T.S. Eliot no Vassar em 1933. Um ano depois, quando Bishop e Louise Crane souberam que Gerturde Stein seria levada à sua primeira palestra americana na New School por Alec, o motorista da mãe de Crane, Louise fez graça, como Bishop contou a Frani Blough, descrevendo Stein para Alec como "uma jovem dama simplesmente extasiante, uma espécie de estrela do cinema". Bishop, cáustica, acrescentou: "Ele vai ficar bem decepcionado hoje à noite".[1]

A companheira de viagem de Bishop no vapor ss *Königstein*, sua amiga e colega escritora do Vassar Harriet (Hallie) Tompkins, mais tarde comentou que "Paris simplesmente parecia ser o lugar aonde todo mundo ia naquele tempo".[2] Mas, ao escolher a capital francesa, Bishop não estava bancando a maria vai com as outras. Seguiu um itinerário organizado anos antes por seu alter ego Penélope Gwin, a heroína pinguim semicômica daquele poema ilustrado com figurinhas da época da Walnut Hill. Como a irreverente e alegre Penélope, Bishop almejava viajar "muito no estrangeiro/ em busca de cultura e arte". Quando embarcou num vapor rumo à Europa, abandonando Worcester e Cliftondale, estava fugindo de suas próprias "tias perseguidoras" e confirmando a verdade de sua afirmação anterior: "Essa vida familiar não é para mim".[3]

A viagem de Bishop à Antuérpia com Hallie Tompkins não foi propriamente tranquila. A bonita Hallie se viu cercada por numerosos admiradores, inclusive "o modelo masculino dos cigarros Lucky Strike ('Eu nunca vou te decepcionar', 'Sou o seu melhor amigo')", como Bishop contou à amiga Frani Blough, também ex-aluna do Vassar.[4] Tanto Bishop quanto Tompkins ficaram chocadas ao descobrir que, inadvertidamente, tinham reservado passagem naquele que Tompkins chamava de "navio nazista".[5] Bishop contou a Bradley que o vapor levava hasteada "uma pequena suástica",[6] e, num cartão-postal escrito a bordo e enviado a Frani Blough em 3 de agosto de 1935, quando desembarcaram, Bishop lamentou que: "Os turistas alemães pisotearam tanto a minha pessoa e o meu intelecto que infelizmente não tenho muito a dizer. Só me escondo, gemo e navego a Antuérpia. Eles são simplesmente INTRATÁVEIS".[7] No entanto, Bishop comentou com Frani algumas semanas depois: "A verdade é que o intenso desconforto das viagens de trem ou de navio desaparece assim que a gente chega aonde queria chegar" — estado de espírito que lhe seria muito útil durante uma longa vida nômade.[8]

Tompkins estava concluindo o último semestre no Vassar e atuava como editora-chefe do *Miscellany News* quando lhe foi proposta a viagem à França, de modo que deixou todo o planejamento por conta de Bishop, que, na época, ela não conhecia bem. Ao que parece, Tompkins achava Bishop uma espécie de esteta "desligada", tanto que ficou surpresa quando descobriu que todos os planos de sua nova amiga eram "bem práticos [...]. Ela sabia exatamente o que fazer e o fazia de modo muito tranquilo e oportuno".[9] Até então, Bishop nunca tinha atravessado o Atlântico, mas já era uma viajante experiente, pois desde a adolescência administrara tranquilamente suas viagens à Nova Inglaterra, a Nova York, à Nova Escócia e até à Terra Nova.

Depois de uma breve estada em Bruxelas (onde a dupla foi a uma exposição que "parecia ser principalmente da escória da Exposição Mundial, inclusive Dillinger em efígie"),[10] Bishop e Tompkins passaram cinco dias em Paris. A seguir, foram de trem à extremidade oriental da Bretanha, chegando em meados de agosto de 1935 à aldeiazinha de pescadores de Douarnenez, uma localidade muito distante do padrão dos mapas turísticos recomendados por Frani Blough. Lá, Tompkins e Bishop se hospedaram no

Hôtel de L'Europe, pomposo no nome, mas na verdade barato e modesto. Hallie Tompkins gostou de Douarnenez e lá passou quinze dias antes de voltar a Paris. Bishop tinha planos de ficar mais tempo, aguardando a chegada de sua amiga e parceira romântica do Vassar Louise Crane, que estava percorrendo a Europa com a mãe, Josephine. Tompkins descreveu aquele cenário litorâneo como "parecido com a Nova Escócia. Era puramente um terreno de Bishop, um lugar que ela naturalmente adoraria".[11]

Bishop levara consigo uma pequena biblioteca de literatura francesa, inclusive a poesia de Rimbaud e dos surrealistas, e iniciou uma rotina diária de escrita, leitura e estudo. Ela perguntou a Frani: "Você lembra daquela lage de cimento atrás do hotel que eles às vezes chamam de 'terraço'? É delicioso de manhã, muito sol e vários gatos". Ali ela se instalava "todo dia com um tinteiro e um bico de pena desde o café da manhã até o almoço".[12] Bishop foi a vida toda uma escritora matinal, como atestam seus muitos poemas sobre o amanhecer ou a manhã e suas frequentes representações de sonhos. Visando estimular a produção literária de Blough e das companheiras conspiradoras da *Con Spirito*, Bishop instou Frani a pensar em publicar suas resenhas de música no veículo que ela mais gostava na época, *Life and Letters Today*, uma pequena revista vanguardista britânica que Marianne Moore lhe havia recomendado. Bishop acrescentou: "De agora em diante, nós todas temos de irromper, florescer, germinar e ser publicadas".[13]

As cartas de Bishop a Moore eram cheias de vida e tinham o tipo de imagética de que ela sabia que sua mentora gostava: "As redes (isto aqui é um centro de pesca de sardinhas) são verdes-mar para que o peixe não a veja quando ela afunda em água profunda". E acrescentou: "Um pequeno circo chegou à cidadezinha ontem à noite; os acrobatas e a mulher que adestra os pôneis ficaram aqui [...]. Todo mundo na cidade compareceu de traje bretão completo". Então, sabendo que Moore compartilharia seus sentimentos, exclamou: "Eu gostei particularmente quando uma das focas subiu uma escada, levando um lampião de seda vermelha aceso e uma franja de contas no focinho".[14] À velha amiga do Acampamento Chequesset Louise Bradley, Bishop transmitira certas atividades menos saudáveis que havia compartilhado com aquela comunidade bretã, explicando: "O vilarejo inteiro se embriaga toda noite — a gente pode comprar conhaque por apenas 3,50 cents a dose — e eles se agrupam nas docas e ficam cantando a plenos pulmões".[15]

Com a amiga Hallie agora em Paris, quando Crane ainda não tinha chegado, Bishop contou a Bradley: "No momento, estou sozinha em [Douarnenez] — pelo menos sou a única pessoa anglófona em quilômetros e quilômetros. (Com o meu francês, isso equivale a jogar uma pessoa de um avião sem guarda-chuva.)". Por ora, sua saúde estava se aguentando de maneira admirável — talvez auxiliada pelo ar marítimo — e ela anunciou: "Tenho uma quantidade regular de adrenalina comigo, mas agora estou ficando bem orgulhosa do meu sistema adaptável — bastam duas noites onde quer que eu vá".[16] Resulta que essa longa carta foi a última de Bishop a Bradley, à parte dois ou três bilhetes amistosos trocados muito depois.

Louise Crane chegou a Douarnenez sozinha, e as duas não tardaram a se mudar para Paris, onde o nível de vida de Bishop se tornou sem dúvida mais luxuoso. Crane e Bishop alugaram um apartamento na Rue Vaugirard, 58. Mesmo assim, Bishop escreveu a Frani Blough: "Apesar do fato de nós termos *sete* quartos, cinco lareiras e uma cozinheira, isso não vai me custar mais do que morar na Charles Street". Talvez fosse por esse motivo que tantos escritores e artistas americanos acabavam indo morar em Paris na década de 1930. Como Bishop explicou: "O prédio fica bem na esquina do Jardim de Luxemburgo, no qual nós passeamos e olhamos as fontes, as dálias e os bebês — e as violentas partidas de croqué entre taxistas e professores da Sorbonne, creio, a julgar pelas aparências". A seguir, Bishop refletiu sobre um fenômeno que viria a fazer parte de sua vida de escritora e viajante: "Acabei de me dar conta de que, sem dúvida, num país em que tudo tem de ser *observado* — só para ter certeza de que não é aquilo a que a gente está acostumada — é claro que isso cansa".[17]

A senhoria de Crane e Bishop era Clara Longworth de Chambrun, uma americana de uma proeminente família de Ohio que se casara com o conde francês Albert de Chambrun. A condessa de Chambrun, cuja residência ficava ali perto, havia se doutorado em literatura na Sorbonne e estabelecido a American Library em Paris. Como Crane explicou as instalações à mãe: "A condessa de Chambrun (que deve ser uma grande autoridade em Shakespeare, creio eu — uma mulher sem graça, com cara de cavalo, franca e direta, do tipo mandona, com toda sorte de condecorações na lapela) é a nossa senhoria, e acho que este apartamento é mobiliado com seus presentes de casamento — embora não seja tão ruim assim".[18] A condessa abriu para Bishop e Crane uma janela particular para a cultura anglo-francesa. Depois de uma visita à sua senhoria, Bishop declarou com firmeza: "Eu não sou, nunca, nunca, uma EXPATRIADA". E acrescentou à guisa de explicação: "Fomos ao chá na casa da condessa de Chambrun e conhecemos alguns homens — tão lânguidos, extravagantes, tão *cultos* — de juvenil meia-idade, e me lembraram de nada menos que um florescente e confuso *mofo* cinzento". Mas, se Bishop achou que alguns americanos transplantados não eram tão vigorosos assim, certos jovens cavalheiros franceses nas proximidades se inclinavam em demasia, talvez, para o outro lado. "Alguns do Exército francês moram neste prédio, e eu vivo me espremendo no elevador com uma coisinha jovem toda coberta de esporas, espadas, dragonas e uns penachos brancos vermelhos e azuis na cabeça, falando sério, uns 45 centímetros de altura".[19]

A mãe de Louise Crane não aprovava inteiramente o relacionamento da filha com Bishop. Como recordou Monroe Wheeler, destacada figura no Museu de Arte Moderna, no qual a mãe de Louise era um importante membro do conselho diretor, e também amiga íntima de grandes amigas de Bishop, a sra. Crane achava que "Louise tinha se deixado levar pelo seu primeiro caso com Elizabeth". Mas fingia não saber qual era a verdadeira natureza da relação da filha com Elizabeth Bishop. Como contou Wheeler, "a sra. Crane sempre falava nisso revirando os olhos para o teto e professando ignorância". Para ela, "a sra. Crane não podia senão desviar a vista das implicações românticas da relação".[20]

Quando morava na Europa, Bishop publicou "O homem-mariposa", o primeiro daquela que se revelaria uma série notável de poemas ambientados em Manhattan. Segundo Bishop, "O homem-mariposa" foi inspirado por um erro de impressão na palavra "Mammoth" [Mamute] no *New York Times*.[21] O poema começa imaginando uma criatura que é meio homem e meio mariposa e que divide a vida entre uma existência noturna de mariposa em meio aos arranha-céus "aqui no alto" e uma existência de casulo viajando de metrô lá embaixo. No início do poema, o homem-mariposa sai de seu mundo subterrâneo "de uma abertura junto ao meio-fio/ e põe-se a escalar, nervoso, as faces dos prédios". Representante da ansiedade humana em todas as suas formas, seu entendimento é guiado por temores neuróticos:

Pensa que a lua é um furo pequeno no céu,
Prova de que o céu não serve como proteção.
Embora trema, tem que subir para investigar.

Sim, esse homem-mariposa é incapaz de voar, de modo que se arrasta, "sobe as fachadas" dos edifícios altos, imaginando que, sabe-se lá como, alcançará a lua sem asas e para "meter a cabeça naquele furo bem reedondo/ e sair, como de um tubo, em dobras negras na luz". Sua existência acima do solo é conduzida por um único imperativo instintivo: "O homem-mariposa tem de fazer o que mais teme". Mas, no seu esforço para alcançar a lua, ele "fracassa, é claro: cai, assustado, mas ileso". O homem-mariposa parece replicar em forma de fábula uma versão da luta instintiva da própria Bishop com suas ansiedades e compulsões. A *poeta* tem de fazer aquilo que mais teme. A obra inicial de Bishop pressiona constantemente as limitações impostas por tais medos neuróticos.

Mediante sua apresentação semicômica, semisséria do homem-mariposa, Bishop encontra um modo de se autoexplorar. Após sua aventura corajosa, recorrente e inconclusiva no reino das alturas, não resta ao homem-mariposa senão voltar "aos túneis subterrâneos onde mora". Quando ele embarca num trem, as portas se fecham depressa às suas costas e "ele se senta sempre de frente para o lado errado", e esse trem da sua imaginação "sai a toda, com uma pressa terrível", de repente.

Súbito, na estrofe final do poema, o estado de ânimo se alivia, e seus termos mudam de maneira brusca, quando as palavras se endereçam diretamente ao leitor e lhe dão um papel surpreendente, quase o de amigo ou analista do homem-mariposa subterrâneo:

Se você o pegar,
aponte uma lanterna para o seu olho. É só pupila,
uma pequena noite, cujo horizonte estreito
se aperta quando ele olha, e fecha-se. Então uma só lágrima,
seu único pertence, como o ferrão da abelha, brota.[22]

"O homem-mariposa", curiosamente, recapitula e transforma o poema anterior de Bishop, "A balada do trem do metrô", que tinha sido publicado numa revista escolar uma década antes. Nos dois poemas, uma criatura ou criaturas míticas passam de uma vida na terra a uma vida de encerramento no metrô. O tom de ambos os poemas é tragicômico. Mas, se a antiga "Balada" de Bishop pode ser encarada como uma alegoria de condenação ou aprisionamento imerecido, que reflete de forma emblemática os aspectos mais dolorosos de sua vida de então, os pormenores alegóricos de "O homem-mariposa" são muito mais ambíguos e oferecem a perspectiva de uma inesperada recuperação, talvez de vulnerabilidade e pureza ou inocência interiores, mas só se for possível suscitar o tipo certo de revelação. Robert Lowell disse a respeito de "O homem-mariposa": "Todo um mundo novo se manifesta e a gente não sabe o que há de vir depois de cada verso. Isso é perceptivo e tão original quanto Kafka. Ela possui um mundo, não só um modo de escrever. Raramente escreve um poema que não tenha essa qualidade perceptiva; mas ele é muito firme [...], tudo está controlado".[23]

Um poema que acompanha "O homem-mariposa" é "O cavalheiro de Shalott", publicado na mesma primavera na *New Democracy*, de James Laughlin. Em "Soneto", um poema posterior publicado na *New Yorker* apenas três semanas depois da morte de Bishop, a figura central do poema é descrita como "um ser dividido". Essa autodivisão certamente é o estado do protagonista de "O cavalheiro de Shalott". Figura tragicômica — dominada, do seu modo característico, por temores neuróticos —, ele julga que, por causa de sua simetria bilateral, cabe-lhe ser só meio real e meio imagem de espelho. Imagina que "O vidro se prolonga/ por sua mediana,/ ou melhor, sua borda", mas ele não sabe ao certo qual lado seu é real — quer dizer, "o que está dentro ou fora/ da imagem refletida".

Os versos breves e espasmódicos de Bishop, com rimas nervosas e atravessadas, evocam comicamente o equilíbrio precário da existência do cavalheiro. Contudo, ele parece quase gostar de sua situação: "A sensação/ de incerteza o deixa feliz,/ ele diz./ Afirma também que gosta/ de estar sempre a se reajustar". Ele certamente dá a impressão de apreciar sua aparente celebridade, pois, "No momento, eis o que tem a declarar:/ 'Metade basta'".[24]

"O cavalheiro de Shalott" de Bishop cria seu próprio universo surreal, mas ela também encontrou surrealismo nos seus arredores mais próximos ao explorar o estranho mundo da viagem. Em "Paris, 7 da manhã", Bishop transforma o apartamento mobiliado com requinte de Paris, que ela e Louise Crane dividiam, num ambiente peculiar em que o próprio tempo parece ter se enfurecido. No nível literal, ela e Louise moravam num apartamento repleto de relógios ornamentados, dentre os quais pouquíssimos estavam avariados e continuavam marcando as horas com precisão. Bishop tranforma isso num complicado drama não diferente do vivido pelo cavalheiro de Shalott, descrevendo certa manhã: "Faço a ronda dos relógios do apartamento:/ uns ponteiros histriônicos apontam numa direção,/ e os outros noutra, e os mostradores nada veem". Mas que horas são, afinal? O poema parte numa viagem elaborada, especulativa. Então, finalmente somos trazidos de volta à terra quando olhamos pela janela para a cinzenta umidade de uma manhã de inverno em Paris, na qual "A meteorologia hibernal é uma escala curta/ de semitons, uma asa de pombo esticada". Ao que parece, para ela, o tempo em Paris estava começando a perder o significado e "O inverno vive sob uma asa de pombo, morto, de penas úmidas".[25] "Paris, 7 da manhã", com sua desorientada noção de tempo e a evocação de um clima opressivo, certamente se inspirou, pelo menos em parte, na doença grave que a acometeu durante o inverno de sua primeira visita a Paris.

Provavelmente em consequência de uma infecção no ouvido mal resolvida, Bishop começou a sofrer de uma mastoidite aguda, uma infecção bacteriana das células aéreas mastoides que cercam o ouvido médio e interno, levando a muito inchaço; numa época anterior aos antibióticos, esse mal geralmente requeria cirurgia.

Bishop se tornou uma grande frequentadora da livraria parisiense Shakespeare & Company, que não ficava longe de seu apartamento na Rue Vaugirard, 58. Hallie Tompkins lembrou que Sylvia Beach, a proprietária da Shakespeare & Company, ficou impressionada com "O homem-mariposa" quando foi publicado na *Life and Letters Today*, em 1936, e providenciou para que Bishop fosse convidada a uma festa em homenagem a André Gide. Bishop aceitou, mas, no fim, sentiu-se tão acanhada ou intimidada que desistiu de ir. Essa não seria a última vez que a possibilidade de conhecer um escritor ou um grupo de escritores que admirava a amedrontava, se bem que, neste caso, na opinião de Tompkins, Bishop ficou inibida sobretudo com a ideia de depender de seu francês limitado.[26]

Depois da morte súbita de seu tio Jack em outubro de 1934, Bishop soube que ia receber uma herança inesperada. E decidiu investir esse dinheiro na compra de um clavicórdio da oficina de Arnold Dolmetsch, o famoso construtor de réplicas de antigos instrumentos de música clássica. Dolmetsch tinha sido homenageado em ensaios e poemas de Ezra Pound, e, em mais de um aspecto, o clavicórdio era um instrumento de teclado ideal para Elizabeth Bishop. Johann Sebastian Bach gostava muito do clavicórdio porque, ao contrário da espineta, podia tocar alto e baixo. Mas o volume produzido por esse instrumento, mesmo o mais alto, era muito baixo, de modo que ele não era usado em apresentações públicas, e sim para estudo ou para a apreciação de alguns amigos a escutarem juntos numa sala sossegada. Ademais, o clavicórdio se destacou na obra dos mestres barrocos — estilo pelo qual Bishop se sentia muito atraída. O mais importante, talvez, era o fato de ele ser comparativamente pequeno e portátil. Com o planejamento adequado, uma viajante frequente podia transferi-lo de um lugar a outro. Quando o clavicórdio de Dolmetsch ficou pronto, Bishop mandou enviá-lo ao seu apartamento em Paris. Ela, Louise e sua empregada, Simone, tiveram de se submeter a muitas contorções enquanto lutavam para tirar o clavicórdio do estojo pela primeira vez. A sempre debochada Simone, que achava graça nas peculiaridades das patroas americanas, exclamou que "foi como tirar um defunto de dentro do caixão".[27] O instrumento era verde, e Bishop se alegrou porque, ao contrário de alguns clavicórdios de Dolmetsch, não era pintado com excessiva sofisticação. Nas suas viagens posteriores, o transporte do clavicórdio para as novas residências continuou sendo motivo de certa preocupação.

Enquanto esteve em Paris, Bishop continuou produzindo. Aproveitou não só sua experiência europeia, escrevendo principalmente no estilo surrealista, mas também as memórias da Nova Escócia, nas quais usou um estilo mais realista. Tinha esperança de tranformar as "Reminiscências de Great Village", que depois serviu de base para o conto "Na aldeia", num romance, mas isso não aconteceu. Por outro lado, ela produziu um conto, "O batismo", para a *Life and Letters Today*, que apresenta uma versão ficcional da crise mental de sua mãe. No conto, três irmãs solteiras, Lucy, Emma e Flora, tentam enfrentar juntas um rigoroso inverno da Nova Escócia numa pequena cabana. Nesse ambiente fechado, Lucy, a caçula, começa a sofrer mania religiosa, como aconteceu à mãe de Bishop, Gertrude, durante seus colapsos nervosos de 1916. Por fim, Lucy sente que nasceu de novo e faz questão de ser batizada no rio próximo, pouco depois que o gelo começou a derreter. Sua saúde é frágil e as irmãs temem pela sua vida. Depois do batismo na água gelada, um resfriado se instala no seu peito e ela descansa num sofá na cozinha. Como diz o conto, "um dia, à tarde, as irmãs acharam que ela estava com febre alta. Ao cair da tarde, Deus reapareceu na cozinha. Lucy se aproximou do fogão, gritando". Ela sofre graves queimaduras ao abraçar o fogão, e expira no dia seguinte, chamando as irmãs pelo nome enquanto morre. Ironicamente, "o dia do enterro foi o primeiro dia agradável de abril".[28] Se tivesse esperado alguns dias para ser batizada, é possível que ela sobrevivesse. Os paralelos entre a mania religiosa da Lucy fictícia e o da mãe de Bishop são inequívocos. E o fato de ela ter escrito esse conto três anos depois da morte repentina da mãe sugere que continuava ruminando o vínculo entre o colapso nervoso e a morte de Gertrude.

Mesmo quando Bishop estava trabalhando ativamente em textos publicados e inéditos em prosa e verso, suas viagens pela Europa continuaram. Ela enviou uma imagem de cartão-postal de Piccadilly Circus a Frani Blough em março de 1936, quando estava a bordo de um paquebote (navio que transportava correspondência) a caminho do Norte da África. Não tinha gostado muito de sua primeira visita à Inglaterra e observou no cartão-postal: "Desde a semana passada, a sua afeição pela Inglaterra me fez desconfiar um pouco de você". Em maio de 1936, escreveu a Moore num momento em que indícios do começo da Guerra Civil Espanhola pairavam sobre suas viagens. Um padre comentou com ela e Louise que as procissões da Semana Santa eram feitas para os turistas, "não para *Deus*".[29] Em julho de 1936, não muito depois que elas saíram da Espanha, ouviram-se os primeiros disparos da guerra civil. Em junho, Crane e Bishop estavam num transatlântico a caminho de Nova York.

* * *

Em Nova York, Bishop continuou cultivando a amizade com Marianne Moore. Morando em Lower Manhattan, estava a uma curta viagem de metrô do apartamento de Moore, na Cumberland Street, 260, o qual ela descreveu como um "prédio feio, de tijolos amarelos, com um alpendre na entrada, de granito claro", onde Moore levava uma vida rica, mas circunscrita.[30] Em *Esforços do afeto*, uma memória composta perto do fim da vida, Bishop descreve minuciosamente o mundo que Moore havia criado para si naquele apartamento, vigiada por sua mãe inteligente, mas antiquada com seu instinto protetor. Ela gostava da maneira peculiar como Marianne pronunciava seu nome, "dava uma ênfase enorme à segunda sílaba, E*liz*abeth. Eu achava graça nisso, principalmente quando ela usava meu nome como exclamação, fingindo estar chocada com alguma coisa que eu dissera".[31] Moore se orientava por um conjunto muito pessoal de princípios e obrigações morais, regras que impunha a si mesma, que os outros podiam não ver a menor necessidade. Uma dessas obrigações era a de reembolsar a seus visitantes a viagem de metrô até o Brooklyn, de modo que ela tinha um pote cheio de moedas de cinco centavos de dólar e esperava que todas as visitas se servissem quando fossem embora. Bishop lhe obedecia, e Moore anunciava aos outros visitantes que Elizabeth "é uma aristocrata; ela vai e pega o dinheiro". Os paralelos e diferenças entre Bishop e Moore eram consideráveis. Ambas se dedicavam muito à sua arte. Cada qual desenvolvera uma técnica própria e trabalhava de acordo com seus padrões particulares, e as duas eram observadoras interessadas dos animais e cronistas devotadas do mundo natural.

Ambas também eram moralistas originais. No entanto, as normas particulares de Moore eram ao mesmo tempo mais rigorosas e mais excêntricas que as de Bishop, tanto quando as aplicava a si própria como quando comparava pessoas, objetos e animais com base nelas. Moore era totalmente envolvida com a vida familiar — ligada para o bem e para o mal à sua relação com a mãe e o irmão. Como disse Bishop, Moore tinha pouco tempo para a "paixão terna", ao passo que o amor e suas complicações eram uma grande preocupação para Elizabeth Bishop. De fato, ela soube com tristeza que seu ex-pretendente Bob Seaver, à mercê de uma depressão profunda, morreu em 21 de novembro de 1936 — um aparente suicídio. Dias depois de sua morte, como Bishop contou a Barbara Chesney, ela recebeu pelo correio um cartão-postal de Seaver com as palavras: "Vá para o inferno, Elizabeth".[32]

Em janeiro de 1937, Bishop partiu para uma aventura na Flórida com Louise Crane, que adorava pescar. Escreveu à sua mentora, do Acampamento de Pesca Keewaydin, perto de Naples, Flórida: "Dentre os poucos estados que vi, eu escolheria imediatamente a Flórida como o meu preferido [...] é tão selvagem".[33] Lá conheceu recém-casados que viriam a ser seus amigos por toda a vida, Charles e Charlotte Russell (que Bishop chamava de Red e Sha-Sha), proprietários do Acampamento de Pesca Keewaydin e especialistas em velejo e pescaria. Bishop escreveu a respeito de uma excursão memorável que fez naquele acampamento: "O propósito da minha viagem a Fort Myers era ver Ross Allen lutar com um jacaré, ministrar uma conferência sobre serpentes e fazer uma exposição desses répteis". Lamentou que Moore não pudesse presenciar aquilo: "Tenho certeza de que você ia gostar. [Allen] possuía duas tremendas cascavéis de dorso diamantino; elas estouravam balões com as presas, e a gente via o veneno brotar — era num refletor". Então, numa frase que Moore podia ter escrito quase tão facilmente quanto a sua protegida, Bishop observou, "o barulho do chocalho era como o de uma máquina de costura".[34] E acrescentou, decifrando corretamente o seu público mais uma vez, "você sabia — eu só soube agora — que, quando a biúta se finge de morta e rola sobre as costas, um pouquinho de sangue realmente escorre de sua boca?".[35]

Enquanto explorava a fauna da Flórida com a ajuda de especialistas locais famosos pela sua teatralidade, Bishop também oferecia uma resposta ambivalente à poesia muito politizada daquele tempo. Tendo voltado recentemente da Espanha prestes a mergulhar na guerra civil, ofereceu-se para ajudar o poeta e tradutor Rolfe Humphries na tradução de poemas oriundos do lado republicano do conflito. Mas, depois de ler rapidamente alguns dos poemas em questão, percebeu que não podia continuar, porque os itens que lhe haviam dado não funcionavam muito bem como poemas. E disse, aliás, "eu sinto que um obituário seria mais comovente".[36] Ela se envolvia com frequência com questões políticas no seu trabalho, mas, como era sua peculiaridade, nelas embutia uma minuciosa rede de vívidas observações naturais ou culturais, e nunca escreveu um único poema que pudesse ser chamado de polêmico.

A poesia de Bishop em meados da década de 1930 não lidava tanto com o presente imediato quanto com os efeitos subterrâneos de seus traumas e perdas passados. E a poesia pela qual ela se sentia particularmente atraída quando refletia sobre essas experiências era a do grande poeta religioso do século XVII George Herbert, que foi um dos seus prediletos desde a adolescência. Ela não viajava sem levar consigo a coleção de versos de Herbert *The Temple*.

Quando o poeta e crítico Richard Howard, o editor do volume *Preferences*, lhe pediu, assim como a outros cinquenta poetas, que emparelhasse um poema seu com um do passado, Bishop escolheu seu "Na sala de espera" e "Amor desconhecido", de George Herbert. Este último envolve um narrador que passa por uma série de assombrosas provações religiosas e agora se queixa do seu padecimento a um amigo. Retiraram-lhe duas vezes o coração do corpo, uma para ser purificado numa fonte, outra para derreter num caldeirão ardente. Quando ele vai para a cama a fim de tentar se recuperar de tais tribulações, descobre que está repleta de espinhos. Então seu interlocutor interpreta o significado dessas provações — as quais lhe foram impostas por seu senhor (Deus) para ajudá-lo a alcançar a redenção espiritual. "Verdadeiramente, Amigo", responde o interlocutor, "Pois eu deveria ouvir teu Senhor mostrar-te/ Mais favor do que dizes." Esse favor toma a forma de sofrimento que leva à purgação moral e, enfim, à salvação, pois "a Fonte não fez senão renovar o que era velho" e "o Caldeirão amoleceu o que se havia endurecido em demasia". Do mesmo modo, "os Espinhos estimularam o que se tornara enfadonho". Essa interpretação é coerente com a visão calvinista segundo a qual Deus impõe as provações mais intensas como atos de graça àqueles que ele mais deseja salvar, e o poema de Herbert demonstra que todas as provações "se esforçaram para reparar o que tinhas estragado". E, assim, o poema conclui:

Portanto alegra-te e louva-o ao máximo
Todo dia, toda hora, em cada momento da semana,
Quem gostarias de ser, novo, tenro, vivo.[37]

A antiga afinidade de Bishop por Herbert é natural. Dividia com ele um senso do significado emblemático das coisas comuns. Embora ela não fosse nenhuma devota, motivos cristãos aparecem em toda a sua poesia. Bishop tinha natureza e educação religiosa, e as fundações da sua obra são reconhecivelmente cristãs. Seus textos enfatizam as virtudes da humildade, a paciência e a renúncia (e denunciam o fingimento dessas virtudes). Como "Amor desconhecido" de Herbert, "A erva" de Bishop se inspira no emblema do coração torturado. O emblema de Herbert se harmoniza com uma consagrada tradição que ilustra uma moral dolorosa, mas basicamente reconfortante: o valor, em termos cristãos, de purgar os pecados do coração mediante as chamas aprimoradoras do amor divino. Bishop gostava da ideia de que o sofrimento significava algo, mas estava longe de ter certeza de que esse significado pudesse ser descoberto. O enigma que o coração apresenta em "A erva" é coerente com o mistério amargo do amor *humano*. "Amor desconhecido" de Herbert termina com uma inequívoca moral cristã; Bishop adotou as três últimas palavras de "Amor desconhecido" como uma espécie de amuleto. Em 1964, escreveu a Anne Stevenson: "Minha visão é pessimista. A meu ver, continuamos sendo bárbaros, bárbaros que cometem centenas de indecências e crueldades a cada dia de nossas vidas, como talvez as pessoas do futuro consigam perceber. Mas acho que devemos ser alegres apesar disso, às vezes até mesmo impetuosos — para tornar a vida suportável e nos mantermos 'novos, tenros e vivos'".

Tal como Herbert, Bishop sugere que só um espírito vivaz e disciplinado pode enxergar da maneira correta. E reconfigurou a mensagem de Herbert em termos próprios no poema "A erva", escrito nos seus anos de viagens, e que ela revisou cuidadosamente com Marianne Moore antes de publicá-lo em fevereiro de 1937. O sofrimento tem valor, sugere o poema. Se há uma moral em "A erva", porém, é mais incerto. A erva de Bishop, que cresce num coração humano partido, parece triunfante.

Perguntei à erva: "Que fazes
neste coração partido?"
Ela ergueu a cabeça molhada
(com meus próprios pensamentos?)
e disse: "Cresço, para partir
teu coração outra vez."[38]

Dado o estado agonizante do narrador no início do poema, e a crescente e desconfortável consciência do progresso invasivo da erva, não é impossível entender sua presença como um chamado para que os que dormem despertem e aproveitem a chance de viver.

Quando Bishop e Crane zarparam no fim de maio de 1937 a bordo do *Britannic*, tinham combinado fazer uma viagem de volta a Paris via ilhas Britânicas. Pararam brevemente na Irlanda, desembarcando em Cork no dia 5 de junho e passando uma noite no porto Dingle, cenário que surgiria mais de uma década depois num poema publicado. Viajando então a Londres, Bishop e Crane se encontraram com Margaret Miller, que planejara se juntar a elas na Inglaterra e acompanhá-las à França. Juntas, as três atravessaram o canal da Mancha. Crane comprou um carro com o qual viajaram a Paris.[39]

Usando Paris como base, as três percorreram a França durante um verão tranquilo, com Crane ao volante. Tiveram o que Bishop descreveu para Frani Blough como "uma temporada extremamente agradável" — isto é, até um acidente ocorrido em 19 de julho, que mudaria a vida de Margaret Miller e também perseguiria Bishop durante muitos anos. Como ela descreveu para Blough, "íamos em alta velocidade, mas", quando elas entraram numa curva, "fomos ultrapassadas por um sedã enorme e pesado que nos jogou para fora da estrada estreita". O automóvel então derrapou num trecho de areia. Bishop explicou: "Louise realmente não pôde fazer nada — durante um segundo, foi como uma derrapagem comum, e ela disse: 'Segurem-se bem!', e então nós batemos numa valeta funda e coberta de mato". Ela contou que o carro capotou, jogando as três para fora, depois voltou a ficar de pé. Bishop e Louise não se feriram, mas ficaram horrorizadas ao descobrir que o braço direito de Margaret, que devia estar fora da janela do veículo, tinha sido decepado por completo entre o pulso e o cotovelo.

Bishop lamentou: "Foi absolutamente o acidente mais gratuito, cruel e aberrante de que já ouvi falar, e por que, em nome de Deus, teve de ser *Margaret*". Enquanto as duas tentavam se recuperar do choque, o outro carro se apressou a retornar de marcha a ré para socorrê-las, e dois homens que estavam trabalhando numa plantação também correram para acudir. Bishop sentiu que o mais jovem dos dois "sem dúvida salvou a vida de Margaret. Em meio minuto, fez um torniquete". A seguir, colocaram Margaret e Louise no outro automóvel e foram procurar um médico no vilarejo vizinho. Margaret foi hospitalizada, inicialmente lá mesmo, depois no hospital americano de Paris. Foi uma recuperação lenta e difícil. Bishop relembrou sua experiência depois que Margaret, Louise e os motoristas franceses partiram em busca do médico: "Passei cerca de uma hora sentada na beira da estrada, cercada pela multidão mórbida". Quando o pároco da cidadezinha chegou, "olhou para mim por cima do narigão de bêbado contumaz — e eu estava de fato coberta de sangue — e disse: 'Vocês eram todas mulheres?'. Eu respondi: "Oui", e ele disse: "Então está explicado — nenhum homem junto', e deu meia-volta e se foi".[40]

Margaret Miller pediu muito que não contassem toda a verdade à sua mãe. Portanto, coube a Bishop telegrafar para a sra. Miller dizendo apenas que Margaret tinha sofrido uma fratura no braço direito. Ela exigiu que Frani Blough guardasse rigoroso segredo sobre a perda do braço direito de Margaret, mas parece ter suspeitado que a verdade acabaria vazando. Quando Bishop se encontrou com a sra. Miller no porto de Le Havre no começo de agosto, "descobri só depois de quinze minutos de conversa [...] que ela ainda pensava que se tratava apenas de um braço quebrado". De modo que foi Bishop que teve de contar a verdade à mãe de Margaret. Ela observou para Blough: "Agora eu sei o que é se sentir como uma assassina. A pobre sra. Miller desmaiou, foi um trabalhão tentar fazê-la voltar a si (embora ela pense que durou só um segundo), mas, imediatamente depois, foi muito boa e corajosa, como tem procurado ser desde então, embora nós estejamos terrivelmente preocupadas com ela". Em sua carta a Blough, Bishop, ainda apaixonadíssima por Margaret apesar de seu caso com Crane, mostrou-se quase com ciúme da mãe de Margaret e possessiva com relação à amiga. "Tenho tanto medo de que a sra. Miller lhe faça mal — embora ela (a sra. M.) tente com muito empenho". No entanto, Bishop acrescentou, talvez implausivelmente: "Sua devoção e solicitude absolutas fazem a pobre Margaret se sentir pior, creio eu". Acaso Bishop estava demonstrando pensamento volitivo sobre sua mãe ausente, que não estava disponível para largar tudo e atravessar o Atlântico a fim de socorrer a filha em apuros quando escreveu "'Amor de mãe' — não é horrível"? Todavia, seu comentário seguinte para Frani decerto era parcialmente verdadeiro, na esteira de acontecimentos recentes: "Eu anseio por um clima ártico em que nenhum tipo de emoção possa crescer — sempre com exceção da 'amizade' desinteressada, é claro".[41]

Margaret Miller ficou com a mãe perto do rio Sena, em Paris, enquanto se recuperava, e, quando passeavam na cidade, ela e Bishop paravam com frequência no Quai d'Orléans, na Île Saint-Louis, que tem vista do Sena em direção à vizinha Catedral Notre-Dame de Paris. Mas, no poema "Quai d'Orléans", que mais tarde Bishop dedicou a Margaret Miller, ela se concentra não na catedral, e sim no padrão de imagens nas águas moventes do Sena quando o tráfego do rio lhe agita a superfície. Pode-se chamar o poema de reflexão sobre reflexos. Ele oferece uma série de afirmações que se opõem de um modo provocante aos fatos que, entretanto, captam a experiência de observar o tráfego aquático seguir em seu majestoso progresso Sena abaixo, em direção ao mar. "Cada barco no rio deixa onde passa/ um tremendo rastro,/ uma enorme folha cinzenta sobre um fundo/ de cinza mais pálido". Pode ser que a barcaça pareça deixar uma esteira, mas não é bem assim, e pode ser que as luzes tremeluzentes na água pareçam folhas de carvalho, mas não passam de meros reflexos. Contudo, logo depois dessas imagens refletidas, "folhas de verdade vêm flutuando, em direção ao mar". Algumas dessas folhas ou ondulações "seguem/ em direção ao cais, e morrem de encontro/ ao paredão". Bishop encerra seu poema com palavras crípticas: "mas nunca vamos nos livrar dos fósseis das folhas".

Bishop está sugerindo à amiga Margaret Miller que as duas nunca poderão esquecer todos os sentimentos inconfessos que passaram entre elas — permanecendo como fósseis na memória da própria Bishop, pelo menos, ainda que pareçam se fundir de modo tão silencioso. Harold Leeds, o amigo de Greenwich Village de Bishop, recordaria mais tarde que "nós fomos com Margaret passar o dia no Vassar. Margaret falava em coisas como o mármore no vaso sanitário, e Elizabeth e ela discordavam quanto ao que a figura no mármore parecia". O companheiro de Leeds, Wheaton Galentine, acrescentou que uma imagem que Bishop e Miller debatiam "era um fóssil que elas tinham fantasiado na parede do banheiro".[42] Os toaletes masculino e feminino que ficavam debaixo da escada a cada lado da entrada da biblioteca do Vassar College, onde hoje estão guardados os papéis de Bishop, ainda têm paredes de mármore com manchas pardas que parecem muito com folhas de carvalho. "Quai d'Orléans" representa mais do que uma cena em Paris; ela inclui as "enormes folhas cinzentas" na parede de um banheiro do Vassar College que Bishop e Miller haviam estudado e tentado interpretar num cenário menos respeitável, mas em circunstâncias mais felizes.

Durante a longa convalescença de Margaret Miller, o processo judicial ligado ao acidente se arrastava. Em 21 de agosto, Bishop escreveu a Blough: "Acho que vamos ficar em Paris para sempre". E acrescentou que teria de haver um julgamento "e a possibilidade de mandarem Louise para a cadeia!".[43] Os advogados de Crane acreditavam que seria fácil provar que o carro que jogou o de Crane fora da estrada era culpado. No entanto, Miller dependia da companhia de seguros de Crane para pagar suas consideráveis despesas médicas. Assim, como explicou Bishop, "Louise tem de ser condenada por negligência etc. e aceitar o que a Justiça francesa fizer com ela".[44] Depois de um julgamento bem administrado, o juiz gritou "culpada!". Mas Crane não foi presa. Só teve de pagar uma pequena multa. Depois desse drama judiciário, Margaret Miller, em sua lenta recuperação, parece ter passado a se inquietar na presença das amigas ansiosamente atenciosas, e, por insistência própria, ficou sob os cuidados da mãe enquanto Bishop e Crane faziam uma curta viagem a Arles, na Provença.[45]

Depois de voltar a Paris, Bishop escreveu a Blough do Hotel d'Anglaterre, em Roma: "Veja que nós finalmente conseguimos fugir para a Itália, deixando Margaret e a mãe no Hôtel de Seine, onde peço a Deus que as duas estejam bem".[46] Bishop, por sua vez, não estivera nada bem em Paris, sendo hospitalizada por causa da asma: "A asma piorou muito até que meus braços ficassem parecendo peneiras com as picadas de agulha". A adrenalina é uma forma de alívio de breve atuação que, ocasionalmente, precisa ser ministrada várias vezes por dia. O número de injeções de adrenalina (e depois de cortisona) que Bishop recebeu ou aplicou em si mesma durante toda a vida decerto era da ordem dos milhares. Entretanto, agora em Roma, de súbito ela ficou "perfeitamente bem".[47] Nunca podia prever com certeza quando ou por que a asma ia atacá-la, qual seria a gravidade do ataque ou quando ou por que a afecção desapareceria.

Bishop e Crane tinham planos de partir de Roma para Nova York no início de dezembro, mas Bishop ainda não suportava a ideia de abandonar Margaret. Sem dúvida, seus sentimentos envolviam uma mescla de possessividade, angústia pelo sofrimento da amiga, ansiedade e culpa de sobrevivente. Permanecendo em Gênova com Crane, ela não cessava de esperar que Margaret a chamasse de volta a Paris, mesmo que fosse no dia marcado para que o vapor americano ss *Exeter* levantasse âncoras. Uma vez a bordo do navio, seu senso de humor e de aventura retornou. No dia 10 de dezembro, ela escreveu a Blough: "Este barco é tão *bobo* [...]. É muito americano em tudo, e eles parecem manter tanta 'tradição' no tocante aos seus serviços exclusivos etc. que, em certos aspectos, é como visitar Mount Vernon". Quando o *Exeter* fez uma breve escala em Marselha, ela e Crane foram "informadas pelo comissário de bordo bem-apessoado, jovem e mascando chiclete (todo mundo é terrivelmente 'bem-apessoado') de que, se nós fôssemos a terra, deveríamos tomar um táxi imediatamente e não virar à direita, porque aquela é a pior parte de Marselha. Claro que nós mal pudemos esperar".[48] Quinze dias depois, ela estava em casa. Em 27 de setembro de 1937, escreveu ao poeta e crítico Horace Gregory no Murray Hill Hotel de Nova York: "Voltei à minha terra natal".[49]

8. O estado de nome mais bonito

No início de 1937, quando fizeram sua primeira viagem ao sul, a Key West, na Flórida continental, Bishop e Louise Crane, ambas grandes pescadoras, foram atraídas pelas histórias de pescarias espetaculares. Bishop se apressou a escrever a Frani Blough descrevendo Key West em termos reluzentes, acrescentando: "Espero que um dia [ela] venha a ser a minha residência permanente".[1] Como disse posteriormente a um entrevistador: "Eu gostava de morar lá. A luz e a intensidade das cores me davam uma ótima impressão, e eu adorava nadar". E observou: "A cidade estava absolutamente quebrada na época. Todo mundo vivia graças à WPA.* Parece que eu tinha gosto por lugares empobrecidos naquele tempo".[2] Além do aluguel barato, Key West, de clima quente e relativamente seco, oferecia um possível alívio à luta por respirar que ela enfrentava por causa da asma crônica.

* WPA (Works Progress Administration): a principal agência americana instituída no âmbito do New Deal, com a missão de dar emprego a milhões de desempregados (em geral sem qualificação), integrando-os a programas de obras públicas. (N. T.)

A ilha de Key West é a maior e a mais ao Sul de uma longa cadeia de pequenas ilhas alongadas (ou recifes) que formam um gracioso arco em direção ao Sul e ao Oeste, a 160 quilômetros da ponta inferior da Flórida e entrando no Golfo do México. Embora incorporada como cidade no início do século XIX, Key West, mesmo agora, conserva as características de uma aldeia distinta e individualista. É fácil ficar na dúvida quanto ao tipo de entidade cívica que Key West de fato é, pois, quando Franklin Roosevelt visitou a ilha em 1939, cometeu o que Bishop chamou ironicamente de "um erro medonho" ao elogiá-la como "este agradável vilarejo".[3] Bishop achou engraçado o fato de os *cidadãos* de Key West terem alterado, diplomaticamente, mas com firmeza, a referência de Roosevelt de modo que se lesse "esta agradável cidade". Quem estiver parado no centro dessa cidade ou vilarejo e caminhar depressa em qualquer direção durante quinze minutos estará de frente para o mar.

Longe da multidão enlouquecedora de Manhattan, Bishop encontrou um ambiente sereno em que podia se concentrar na produçao literária. Lá, também, caso raro nos Estados Unidos, estava em um lugar onde a escrita tendia a ser reconhecida como uma profissão genuína. Ernest Hemingway era e continua sendo o cidadão mais famoso de Key West. As horas em que um autor não estava escrevendo podiam ser preenchidas por atividades ao ar livre ou observações domésticas capazes de levar, pelo menos no caso de Bishop, a poemas notáveis. E os escritores como ela, que gostavam da vida noturna pouco convencional, não teriam dificuldade para descobri-la prontamente em Key West.

Lynn Mitsuko Kaufelt, autora de *Key West Writers and Their Houses* [Escritores de Key West e suas casas], observou que a ilha atrai escritores que têm saudade "de um mundo infantil ideal em que era possível usar calça curta, camisa polo e tênis o tempo todo e faltar à aula".[4] A ilha também oferecia atrações para uma escritora que preferia outras mulheres. Segundo o residente permanente Dave Gonzales, diretor-executivo da Casa e Museu Hemingway, na ilha há um velho ditado segundo o qual "em Key West, até as ruas de sentido único são de mão dupla".[5] Para Bishop, a vida em Key West oferecia uma compensação mais relaxada, ensolarada e tropical ao seu querido mundo da infância na Nova Escócia — uma Great Village mais quente e mais boêmia, sem o intimidante campanário da igreja presbiteriana do outro lado da aldeia, e quase livre, talvez, do persistente eco dos gritos de sua mãe.

Quando visitaram brevemente Key West pela primeira vez, Bishop e Louise Crane chegaram depois de navegar para o Sul partindo do Acampamento de Pesca Keewaydin em Naples, Flórida, no qual Bishop travara estreita amizade com os donos, Red e Charlotte Russell. Uma vez na ilha, ela e Crane contrataram o serviço do hoje lendário capitão Eddi "Bra" Saunders. Bishop o elogiou com franqueza para Frani Blough: "Por sorte, nós conseguimos ficar com o melhor capitão que existe para nos levar para pescar". E acrescentou: "Ele foi o de Ernest Hemingway, querida, durante anos e anos (agora Ernest mora aqui) e Dos Passos (o GRANDE CAPITAL foi *escrito* aqui)". E ainda acrescentou: "O capitão Bra* (que nome mais esquisito) nos contou uma história que logo reconhecemos, pois Ernest deve tê-la transcrito literalmente no seu último livro de contos". Key West tinha sido devastada pela Grande Depressão, e Julius Stone, o homem escolhido por Franklin Roosevelt para dirigir a Administração Federal de Socorro e Emergência na ilha, orquestrara um esforço muito bem-sucedido para reconstruir a titubeante economia local com base no aumento do turismo.

Robert Frost e Wallace Stevens haviam chegado de maneira independente à ilha no inverno de 1935 e se surpreenderam ao

* Em inglês, "bra" significa "sutiã". (N. T.)

descobrir que agora eram vizinhos. Essa famosa dupla de mestres modernistas passou muitas tardes em um toma lá dá cá com respeito a suas muito diferentes noções da teoria e da prática da poesia.[6] Stevens, ao contrário de Frost, logo encontraria meios de transformar a ilha em fonte de inspiração para poemas como "The Idea of Order at Key West" [A ideia de ordem em Key West], publicado cerca de um ano após sua chegada. Em 1936, durante seu segundo inverno lá, Stevens, de 57 anos, e Hemingway, de 37, ambos tendo exagerado na bebida, meteram-se numa agora lendária troca de socos que machucou temporariamente a dignidade dos dois escritores. Depois de uma sessão de pedidos de desculpas no dia seguinte, durante a qual juraram manter a briga em segredo, os dois foram, assim que tiveram oportunidade, se vangloriar do fato com os amigos surpresos. Dada a densidade de autores per capita, o que acontecia em Key West nem sempre ficava em Key West.

Em um ensaio contemporâneo, o escritor da revista *Harper's* Elmer Davis comparou Key West com Greenwich Village ou Montparnasse porque, em cadeiras adjacentes das boates mais frequentadas, podiam-se encontrar "um duque, um anarquista e uma dançarina burlesca".[7] Mas Bishop afirmava com firmeza que, do seu ponto de vista, "Key West era agradável, não por causa de toda essa palhaçada e desses literatos machões, mas simplesmente por ser tão bonita, tão barata e cheia dessas lindas casinhas antigas". Ela descreveu a água circundante como "a mais linda cor clara de pistache", acrescentando que "é tão bonito quando você realmente pescou um daqueles peixes monstros e o puxou até o lado — vê-lo todo cor de prata e iridescente naquela água azul". Bishop concluiu de maneira decisiva acerca de Key West, "NÃO é como Provincetown".[8]

Doze meses depois de sua primeira estada com Crane, Bishop retornou e se declarou pronta e disposta a fazer da ilha a sua residência. Depois de regressar da França a Nova York no fim de 1937, passou alguns dias em Manhattan e foi passar o Natal em Cliftondale com os tios Maud e George Shepherdson. Quando chegou a Key West em janeiro de 1938, ela iniciou um período de residência que, embora jamais durasse o ano todo, manteve-a retornando, temporada após temporada, durante a década seguinte. Crane, que adoecera e havia sido hospitalizada ao retornar da França a Nova York, tinha planos de voltar a Key West assim que melhorasse. Ao chegar, Bishop conseguiu um quarto numa pensão na Whitehead Street, 528, dirigida por certa sra. Pindar, que lhe custava, como ela se gabou para a amiga Frani, só quatro dólares por semana.

Um dos benefícios secundários de sua pensão, contou ela a Frani, era a vista divertida que tinha da varanda superior de sua senhoria idosa e das "plantas rosadas que ela pendura na árvore toda manhã". E acrescentou: "Não faço absolutamente nada a não ser trabalhar, quase não leio, e o resultado, pelo menos em quantidade, tem sido bastante satisfatório por ora". Bishop usou aqueles primeiros dias em Key West para concluir e preparar para publicação uma sequência de poemas e textos em prosa que havia esboçado durante as viagens na Europa. Para tanto, trabalhou de modo que 1938 se revelasse, juntamente com 1937, um ano excepcional para seu histórico de publicação. Ela foi precedida na ilha pelos tios Maud e George, que foram para lá por recomendação da sobrinha para aproveitar o sol e os preços baixos e, sem dúvida, porque eles já se sentiam à vontade com a companheira de Bishop, Louise Crane. Bishop acrescentou, na sua carta inicial a Blough, que toda noite jantava com os tios, e que eles gostaram muito da ilha. Não se sabe ao certo até que ponto chegou sua reconciliação com George, tendo em conta a inalterada intensidade do ressentimento que ela expressaria por ele em carta a Ruth Foster, alguns anos mais tarde.

Um resultado da grande quantidade de escritos nos seus primeiros meses na ilha foi "Noturno", o primeiro poema de Key West de Bishop, que foi publicado pela *Partisan Review*, junto com dois poemas de Paris, no outono de 1938. "Noturno" revela a poeta meditando sobre a natureza do amor numa varanda de Key West numa noite úmida de verão, ouvindo sons entremesclados de música que lhe chegavam em alto volume dos aparelhos sem fio pelas janelas das casas de seus vizinhos, como que "da manga escura de um mágico", de modo que os cantores nos rádios que a cercam "espalham canções de amor/ pela grama, sobre o orvalho noturno". Essas canções de amor dispersas aleatoriamente e entrelaçadas põem o dedo numa ferida, já que "preveem para o futuro,/ qual cartomantes, o que se quiser supor". O título "Noturno" pode se referir à umidade do céu noturno quente, pondo um verniz de umidade semierótico nos gramados vizinhos. A experiência de amor conhecido ou desconhecido, correspondido ou não, de Bishop incluía momentos que remontavam à sua infância — e também seu relacionamento romântico com Louise Bradley e sua nunca suficientemente correspondida paixão por Judy Flynn e Margaret Miller. A experiência ou a procura do amor se mostraram muitas vezes penetrantes em sua própria vida, como as canções de amor que saíam dos rádios quase pareciam adivinhar.

Mesmo naqueles anos de pré-guerra, os militares dos Estados Unidos mantinham uma presença significativa em Key West, onde o aeródromo naval era usado, entre outras coisas, como base de treinamento de pilotos. A Marinha posicionara fortes luzes de alerta em pontos-chave da ilha, oferecendo alertas noturnos a aviões em voo baixo. E o poema de Bishop, provavelmente escrito numa varanda que dava para uma instalação naval adjacente, declara: "Mas na antena do estaleiro distingo/ observadores mais dignos/ de apreciar o amor". Entre essas testemunhas estavam "cinco luzes vermelhas, remotas" que "se aninham; fênix silenciosas,/ ardendo onde nunca chega o orvalho".[9] Acreditava-se que a fênix fictícia da lenda grega, vestida de penas vermelhas, passava séculos aninhada num pico longínquo e elevado antes de se deixar arder num braseiro a fim de renascer. As cinco fênix eletrificadas desse poema, aninhadas no estaleiro da Marinha, parecem prometer um amor remoto e frio, ainda que apaixonado e duradouro — um amor mais elevado, puro e permanente do que qualquer um que Bishop tinha conhecido.

Bishop tentou convencer Marianne Moore a passar uma temporada com ela em Key West, falando da beleza natural da ilha, em seus pormenores peculiares e na sua frugalidade. Porém Moore, pouco disposta a se afastar muito dos limites do seu apartamento no Brooklyn, recusou. E, assim, Bishop seguiu escrevendo assiduamente e, pelo menos por ora, vivendo quase sozinha. Numa carta de 31 de janeiro a Moore, pediu desculpas por ter apresentado o conto "Na prisão" à *Partisan Review* sem o ter submetido ao escrutínio de sua mentora. Tinha recebido um pedido urgente da *Partisan* para que enviasse um conto a tempo de cumprir o prazo do prêmio que vencia no dia 1º de fevereiro, e enviou o único texto de que dispunha.[10] Moore retribuiu o pedido de desculpas de Bishop com uma resposta azeda: "Se ele for devolvido com um bilhete impresso [de rejeição], o motivo será esse".[11] Bishop se lamentou com Frani Blough da *Partisan Review*, que estava em vias de se estabelecer como lugar preferido, por tê-la "praticamente obrigado a entregar um conto [...], e agora eu o queria de volta". No entanto, longe de ser devolvido com um bilhete impresso, "Na prisão" de Bishop ganhou o prêmio de cem dólares da *Partisan* — o suficiente para financiar seis meses de residência na pensão da Whitehead Street. O narrador na primeira pessoa do kafkiano "Na prisão" de Bishop espera com ansiedade o dia do seu encarceramento autoimposto, dia em que "minha vida, minha verdadeira vida, começará".[12] Na época em que se publicou "Na prisão", a *Partisan* estava oferecendo em suas páginas algumas das primeiras traduções dos contos de Kafka para o inglês. O de Bishop foi publicado prontamente na edição de março de 1938. Entre a apresentação, o prêmio e a publicação decorreram apenas dois meses. Contudo, já tão tarde quanto maio de 1938, Bishop continuava pedindo desculpas a Moore por tê-lo apresentado sem a aprovação de sua mentora. Mesmo assim, e talvez em parte devido à sua admiração crescente pela maturidade de Bishop como escritora, Moore finalmente — quatro anos depois do seu primeiro encontro — convidou sua protegida a começar a tratá-la pelo prenome. Numa missiva escrita à mão em 12 de julho de 1938, Bishop respondeu com a saudação "QUERIDA MARIANNE", mostrando o primeiro nome de sua mentora em maiúsculas e cercado de estrelas, como iluminado pelas luzes de um letreiro de teatro.

Talvez Bishop tenha podido se concentrar tão intensamente no trabalho naqueles primeiros meses na ilha porque Louise Crane, que ela descrevia como "um magneto para todas as pessoas, os animais e os incidentes esquisitos",[13] ainda não tinha chegado. Quando Louise finalmente desembarcou na Flórida no início de março, Bishop foi se encontrar com ela em Miami. Como Crane pormenorizou em uma carta loquaz à sua mãe, as duas alugaram um carro e foram passar alguns dias em Keewaydin, onde pescaram tarpão à luz da lua cheia. Depois viajaram de balsa a Key West, e Crane passou a morar com Bishop na pensão da Whitehead Street, dividindo o que ela descreveu como "quartos grandes e bons numa casa grande e boa". Crane descreveu Key West como um lugar maravilhoso, exaltando suas "fileiras e fileiras das mais fascinantes casas antigas, a maioria muito dilapidada, e todas num estilo local muito particular". Também mencionou que a sra. Pindar, a primeira senhoria de Bishop, tinha ido embora, e agora a casa estava nas mãos de uma rotunda velhota surda como uma porta chamada dona Lula, que dependia muito de uma empregada negra chamada Coochie, "que mandava nela o tempo todo; é de morrer de rir".[14] Em 1941, Bishop transformaria a relação entre a srta. Lula e sua empregada no poema "Coochie". Na época, Coochie tinha morrido, e o poema de Bishop comenta com tristeza que a patroa surda não foi à cerimônia fúnebre da empregada, apesar de Coochie ter passado a vida "cuidando da srta. Lula". A ausência desta fica clara nos versos: "No enterro dela, o céu era bem alvo/ e os rostos feito breu". E com referência à surdez de Lula, que parece tanto física quanto moral, Bishop indaga: "Mas quem há de gritar pra que ela ouça?". A partir desses fatos cotidianos, e geralmente usando os nomes reais dos indivíduos envolvidos, Bishop teceu a história do mundo que encontrou na ilha de Key West.

Depois que Crane se juntou a Bishop na Whitehead Street, o casal começou a procurar uma casa para comprar juntas. Por fim escolheram um sobrado na White Street, 642, bem perto de Old Town, construída no típico estilo "sobrancelha", que, na visão de Lynn Kaufelt, "transmite caráter e charme". Bishop, que a vida toda fora hóspede na casa de outras pessoas, agora não cabia em si de orgulho por dividir um lar com sua parceira romântica. No início de julho, contou a Moore que se mudara com Crane para aquela moradia e que "a casa me parece perfeitamente bonita, por dentro e por fora". Sabendo da paixão de sua mentora pela fauna e pela flora, acrescentou: "No quintal, temos uma bananeira, dois abacateiros, uma mangueira, uma graviola, uma videira (um cacho de uvas com cara de azedas) e dois limoeiros magníficos".

E ainda tinham "todos os tipos de insetos e lagartos, é claro", e observou que estava lendo um "tratado aterrorizante" intitulado *The Truth about Termites* [A verdade sobre os cupins].[15]

Crane havia informado sua mãe que Bishop descobrira o pintor "mais maravilhosamente primitivo". Um dia após ter escrito a Moore sobre sua casa nova, Bishop mencionou para Frani Blough sua descoberta da obra do mesmo artista primitivo talentoso, um quadro que lhe chamara a atenção quando ela o viu por acaso na vitrine de uma tabacaria. Tratava-se de Gregorio Valdes, nascido em Cuba, descrito como "o nosso [Henri] Rousseau de Key West". Valdes era "muito baixo, magérrimo e doentio, de rosto infantil e olhos castanhos cansados — aliás, parecia-se um pouco com o *Autorretrato* de El Greco". Ela e Crane encomendaram a Valdes "uma pintura grande da casa" e ficaram satisfeitíssimas com o resultado, em parte porque a obra mesclava um excesso de detalhes reais com atraentes acréscimos que iam além do real. Essas elaborações incluíam, como foram descritas por Bishop, "um papagaio e um macaco, vários tipos de palmeiras estranhas e o céu 'todo róseo', como ele diz".[16] E explicou que, quando Valdes entregou a pintura acabada, ninguém estava em casa para recebê-la, de modo que ele a deixou no alpendre, voltada para fora, perto da porta da rua. Quando se aproximou de casa, Bishop sentiu que estava reconhecendo múltiplas imagens do imóvel, uma dentro da outra, retrocedendo talvez ao infinito, "como nos anúncios de Old Dutch Cleanser".[17]

Não muito depois de ter descoberto Valdes, Bishop providenciou para que o quadro da casa fosse exposto ao lado de outro menor no Museu de Arte Moderna como obras destacadas da mostra Pintores Desconhecidos.[18] Em parte, graças a tal reconhecimento, Valdes começou a ter um número crescente de encomendas e, consequentemente, trocou o pequeno cartaz na frente do seu ateliê que divulgava seus dons de "Pintor de cartazes" por um muito maior com os dizeres "Artista plástico". Infelizmente, Valdes adoeceu alguns meses depois de ter sido tardiamente descoberto e morreu de pneumonia bilateral em maio de 1939. Em uma nota publicada na *Partisan Review*, Bishop observou que Valdes ficava na sua melhor forma ao pintar coisas "que ele conhecia e de que gostava". Em tais pinturas, combinava um nível meticuloso de observação atenta com a capacidade de "fazer mudanças na perspectiva e na cor" para conferir à imagem "um frescor, um achatamento e um distanciamento que a tornava peculiar e cativante".[19] Essa era exatamente a direção em que a arte da própria Bishop avançava quando ela tentava traduzir em palavras as suas experiências da Flórida.

A estética de Bishop também coincidia com a de Valdes quando ela trabalhava com o pincel. Aquarelista amadora de genuíno talento desde a infância, costumava afirmar que preferia ser pintora a poeta. Depois de instalada na White Street, começou a produzir uma série própria de imagens de Key West. Cada aquarela é notável pelo ponto de vista particular. Bishop criou numerosas imagens do singular cemitério de Key West, que era seu vizinho, inclusive o coloridíssimo *Grave with Floral Wreaths* [Túmulo com coroas de flores] e o perturbador *Graveyard with Fenced Graves* [Cemitério com túmulos cercados]. Sua pintura de um barracão em que se vendia prosaicamente lápides apresenta uma árvore de flores vermelhas no primeiro plano e, no fundo, uma fileira de lápides, nas quais se leem as palavras "Vendem-se" pinceladas de maneira tosca de preto. Essa imagem ilustrou a capa de seu *Collected Poems*, publicado após sua morte, em 1984. Ela criou numerosas imagens de prédios do bairro, inclusive a enérgica *Harris School*, na qual a estrutura é realçada por uma bicicleta aparentemente abandonada na frente e duas pipas a pairar no alto. Sua *Arsenal, Key West* mostra um grande e impressionante prédio amarelo de estrutura de madeira que fica no mesmo quarteirão que o dela. No atual estado de restauração, o edifício se parece quase exatamente com a pintura de Bishop, a não ser pelo fato de que, em todos os prédios pintados por ela, as linhas estruturais nunca são propriamente retas. (Os prédios de Valdes são mais assimétricos ainda.) William Benton, editor do livro publicado postumamente *Exchanging Hats: Paintings* [Chapéus trocados: Pinturas], observa que em *Tribunal municipal*, aquarela, guache e nanquim de Bishop, criada quando uma tempestade causou certo grau de devastação, "os fios elétricos derrubados contribuem para a sensação de desordem. A cena é exatamente o contrário do que uma aquarelista de fim de semana escolheria". Bishop tinha um modo próprio de fazer as mudanças certas.

Enquanto juntas construíam o seu lar, Bishop e Crane também começaram a desenvolver um círculo social intrigante e diversificado. Um vizinho que se tornou um amigo íntimo foi o eminente filósofo John Dewey, uma importante liderança da escola pragmatista americana e um influente defensor da pedagogia progressista. Bishop ficou fascinada com a simplicidade e a gentileza de Dewey e com seu apreço e curiosidade pelo mundo circundante. Numa carta escrita pouco depois de conhecê-lo, ela o descreveu como "um velho tão maravilhoso e tão *fofo*". Mais tarde, contou a Ruth Foster que, até então, só se sentia verdadeiramente segura e à vontade na companhia de dois homens, seu bondoso avô Bulmer e John Dewey. Tal como Bishop, ele "adorava coisas pequenas, plantas, ervas e bichos".[20] Em uma entrevista de 1960, Bishop comentou que Dewey e Marianne Moore "são as únicas pessoas que eu conheço que falam com todo mundo, em todos os níveis sociais, sem a menor mudança no modo de falar".[21] Ela apreciava a maneira como Dewey tratava todos ao seu redor com o mesmo nível de respeito e aspirava também a ter esse comportamento. Quando chegou a Key West em 1941, Tennessee Williams descreveu a ilha a um amigo — depois de uma noite no Sloppy Joe's Bar — como "o lugar mais fantástico que eu já vi nos Estados Unidos", achando-a "ainda mais colorida que San Francisco, New Orleans ou Santa Fe". Williams não tardou a ser convidado a uma festa de Bishop-Crane na White Street, onde esse dramaturgo que era ocasionalmente antissocial passou boa parte do tempo virando a cara para os outros convidados. Mas também ficou impressionado com John Dewey. Quando apresentado a ele na praia, Williams o descreveu para um amigo como "82 anos de idade e vivo feito um macaco".[22] Bishop chegou a conhecer Williams, embora não intimamente, e também ficou amiga de Jane, a filha inteligente, ainda que um tanto cáustica, de Dewey, uma especialista em artilharia militar que, muito em breve, poria sua aptidão a serviço do Exército dos Estados Unidos na base militar Aberdeen Proving Grounds durante a Segunda Guerra Mundial.

Uma observadora próxima do meio social onde Bishop circulava em Key West era sua colega aquarelista Martha Watson Sauer, que morava na ilha com o marido Robert, um advogado. Sauer recordou Bishop como "bonita, de belos olhos e uma pele adorável". Sua amizade se tornou bastante íntima em parte porque cada qual "se interessava pela saúde da outra". As duas eram asmáticas e, na opinião de Sauer, pelo menos, foi a busca de toda a vida por um alívio para a asma que levou Bishop a Key West. Sauer relembrou: "Toda vez que Elizabeth, que tinha acesso a médicos muito mais avançados do que eu aqui, achava um medicamento novo, escrevia para mim e me contava". Sauer achava Bishop "encantadora, discreta, engraçada, espirituosa, não exuberante fisicamente, mas interessante".[23] A título de comparação, ela achava Crane mais extrovertida e "mais organizada". Achava-a "dinâmica [...], empresarial e franca", e ao mesmo tempo era divertido estar com ela.[24]

No centro do círculo social de Bishop em Key West estava Pauline Pfeiffer Hemingway, a segunda ex-esposa de Ernest. Este havia conhecido a jornalista Pauline, da equipe de redação da *Vanity Fair* e da *Vogue*, em Paris, em 1927. Depois de ter um caso com ela, divorciou-se da primeira esposa, Hadley, e se casou com Pauline. Então o casal decidiu voltar para os Estados Unidos a fim de ter filhos e criá-los. John dos Passos recomendou Key West, e, quando chegaram à ilha em 1928, eles gostaram e decidiram ficar. A família de Pauline era consideravelmente abastada, e foi ela que, com dinheiro da família Pfeiffer, comprou a casa grande e o terreno da Whitehead Street que hoje é a Casa e Museu Hemingway. Pauline teve dois filhos, Patrick e Gregory. As diferenças políticas vinham se tornando fonte de atrito no casamento de Ernest com Pauline. Ela, uma católica fervorosa, havia apoiado os nacionalistas de Franco na Guerra Civil Espanhola, ao passo que Ernest apoiara entusiasticamente os republicanos, como deixou claro em *Por quem os sinos dobram*. Nove anos depois de chegar à ilha, Ernest começou a ter um caso com Martha Gellhorn em 1937, quando estava cobrindo a guerra na Espanha. Abandonou Pauline em 1938, bem quando Bishop estava chegando à ilha, a fim de dar continuidade ao seu relacionamento com Gellhorn, que morava então em Cuba — a uma curta viagem no famoso barco de pesca de Hemingway, o *Pilar*.

Ernest se casou com Gellhorn em 1940, pouco depois de se divorciar de Pauline. Como parte do acordo, Pauline Hemingway manteve a propriedade do imóvel da Whitehead Street, no qual continuou morando com os dois filhos. Uma amiga recordou que, durante suas incursões a Nova York, "Bishop sempre comprava roupas para os meninos Hemingway no subsolo da Macy's para enviá-las a Pauline".[25] Como Sauer a relembrou, "Pauline era uma pessoa muito sociável e simpática. Esbelta e bem cuidada, parecia um pássaro de olhos claros e um olhar inquisitivo". Mais tarde,

Bishop a descreveu como "a pessoa mais espirituosa, homem ou mulher, que já conheci".[26] A jovial Pauline dava assíduas festas em sua casa, convidando um grupo de amigos oriundos em grande parte das crescentes comunidades literária e artística da ilha. Durante suas muitas visitas à casa dos Hemingway, Bishop estudava o que ela chamava de "essa maravilhosa *Fazenda* Miró [...], com tudo o que há lá, árvores, galinhas, cercas etc., e um cachorro latindo para as pegadas".[27]

Um frequentador regular e um dos favoritos nas festas de Pauline Hemingway era um rapaz chamado Tom Wanning, que seria um grande amigo de Bishop. Wanning era um individualista brilhante de boa família, que — embora fosse um leitor voraz desde a meninice — havia sido reprovado em Exeter, Andover e Yale por causa da escassa atenção que dava aos exigentes currículos acadêmicos formais dessas universidades. Wanning apareceu em Key West na metade da década de 1930, depois de ser expulso de Yale, e encontrou um lugar privilegiado no círculo social de Pauline. Conta-se que o jovem ficou encarregado de fazer o ponche de rum numa das festas de Pauline. Quando os convidados se deram conta de que não estavam sentindo nenhum efeito etílico, Pauline perguntou a Wanning qual garrafa de uma prateleira próxima ele usara para "batizar" o ponche. Ele apontou para uma garrafa e Pauline, católica devota que era, exclamou: "Tommy, o que você pôs era água benta!".[28]

Como tinha renda familiar suficiente para satisfazer suas modestas necessidades, Wanning preferia não trabalhar. Para se esquivar de perguntas incômodas sobre sua vida profissional, respondia impassivelmente que estava escrevendo "a biografia definitiva de Millard K. Fillmore". O velho amigo Milton Trexler lembrou que esse truque se revelava "uma ótima maneira de mudar de assunto". E acrescentou: "Tommy era um bom ouvinte, e os falantes gostavam da sua companhia. Na verdade, todo mundo que ele conhecia falava excessivamente. Pauline não devia ser uma exceção. Ele também me contou que, à mesa, Pauline falava, Ernest não, muito embora estivesse claro que era ele que sempre comandava".[29] Quando as sobrinhas e os sobrinhos de Wanning — que o achavam um personagem amável, ainda que enigmático — escreveram o obituário do tio Tom, tiveram muito trabalho para encontrar um termo que descrevesse sua profissão e, enfim, decidiram-se pela palavra "leitor".[30]

Bishop gostava da inteligência de Wanning, de sua atitude irreverente com as convenções sociais tradicionais, de suas tendências bíbulas e, sem dúvida, também de seu talento de ouvinte. No poema de Key West "Pequeno exercício", depois dedicado a Thomas Edwards Wanning, Bishop convida o leitor a fazer o exercício mental de imaginar uma branda tempestade "vagando no céu, inquieta" ao largo do litoral da Flórida, "como um cão procurando um lugar para dormir". A seguir, o leitor é induzido a ouvir "o rugido dela" e a pensar nas ilhotas do mangue recebendo a chuva quente, mansa, enquanto uma garça imperturbável arrufa as penas e uma avenida orlada de palmeiras se refresca com a chuva. O poema desliza delicadamente rumo à conclusão, com a tempestade, visível a uma grande distância sobre as planas extensões da costa de Key West, tendo feito muito para entreter e revitalizar as cercanias, e, no entanto, pouco para inquietar ou perturbar a cena prevalecente. "Pense em alguém dormindo no fundo de um barco a remo." Quando a branda tempestade sul passa sobre essa figura, somos convidados a pensar nela, em seu barquinho atado a "uma raiz de mangue ou uma ponte,/ [...] ileso, quase imperturbado".[31] Essa figura, desprendida das tempestades de sua vida e a salvo dentro delas, está em forte contraste com a figura título do poema "O incréu", um dos últimos de suas fábulas iniciais de clausura. O incréu de Bishop *não* dorme imperturbado no fundo de um barco a remo enquanto uma suave tempestade passa. Não, ele dorme "no alto de um mastro", como o incréu de um conto do autor puritano John Bunyan, e o sonho recorrente desse incréu se concentra num grito angustiado: "Não posso cair./ O mar cintilante quer me ver cair./ É duro como o diamante; ele nos quer destruir". Quando dedicou "Pequeno exercício" a Wanning, Bishop estava sugerindo que o via vivendo em paralelo à figura adormecida em seu barco a remo. A poeta gravemente ferida parece quase invejar a capacidade dessa figura parecida com Wanning de deixar as tempestades da vida passarem por cima dele e continuar em repouso e — pelo menos por ora — ileso e quase imperturbado.

Num breve texto memorial escrito pouco depois da morte de Bishop, James Merrill relembrou uma fotografia da poeta em Key West que não lhe saía da memória, na qual ela aparecia "de bicicleta, traje de banho preto, sorrindo diretamente para a câmera: uma boneca viva".

Depois de um dia dedicado à escrita, à pesca, à natação, ao ciclismo e à observação, Bishop — como muitos outros coabitantes de Key West — gostava de passar uma noite no centro da cidade. Em maio de 1938, aos 27 anos, ela agradeceu a Frani Blough o bonito lenço que ganhou de presente, declarando: "Vou dançar rumba com ele no Sloppy Joe's — com um vestido de noite branco de cetim — nos sábados, e, entre um dia e outro, vou guardá-lo pendurado na parede".[32] Explicou à amiga que aos sábados e às quartas-feiras havia noite de rumba no Sloppy Joe's, acrescentando que "uma das 'garotas Joe's' — elas são seis — é a campeã de Key West, uma mulher realmente maravilhosa, muito, muito latina, e gorda, mais parecida com uma [Gaston] Lachaise de carne e osso que qualquer outra que eu já vi". E acrescentou: "Na última vez em que a vi, ela estava com um vestido de cetim rosa bebê, bem colado no corpo, sem roupa de baixo e com um pequeno lenço cor de framboesa no pescoço".[33] Crane observou, em uma de suas cartas surpreendentemente francas à "Ma", que ela e Elizabeth tinham sido apresentadas àquelas impressionantes soirées de rumba por Hutchins Hapgood, um conhecido autor, jornalista e anarquista declarado de setenta anos que, agora aposentado, se dedicava a "investigar a escória de Key West" e que, segundo Crane, gostava de dar o rebolante passo do quadrado cubano com a enorme "Luisa, a rainha da rumba".[34] Foi certamente a partir dessas histórias que Merrill evocou sua imagem de Bishop como uma escritora que, numa noite, podia "anotar uma ou duas frases na caixa de fósforos da boate antes de voltar à pista de dança".[35] Quando não participava das noites de rumba no Sloppy Joe's, Bishop e os amigos frequentavam o Pena's Garden of Roses, outro bar popular de Key West preferido pelos escritores. Como observou a historiadora Maureen Ogle, os amigos lá se reuniam "diariamente por volta das cinco horas [...] para beber, conversar sobre o trabalho e fofocar".[36] Na ilha também havia muitos momentos em que as normas culturais em transformação colidiam para produzir incongruências impressionantes. A calça curta começava lentamente a ser aceita em Key West do fim da década de 1930, e Crane contou à mãe que a grande inauguração do Centro de Artes da cidade "foi de fato uma piada; metade das pessoas apareceu de traje a rigor; a outra metade, de shorts".[37]

Em conformidade com a propensão voyeurística de Crane ao "slumming", ela e Bishop comemoraram sua primeira véspera de Natal em Key West "de maneira um tanto bizarra", como Crane contou à mãe, "indo a uma reunião de Holy Roller"* numa igreja

* "Holy Roller": expressão criada no século XIX para designar certas seitas evangélicas, referindo-se à dança, às sacudidas do corpo e a outros movimentos agitados dos fiéis, que alegavam estar sob a influência do Espírito Santo. A ex-

próxima que as duas frequentavam e achavam "realmente fascinante — é minúscula, caindo aos pedaços, tem adeptos negros e brancos. Havia uma mulher negra velha que 'gritava' e 'demonstrava' com tanto vigor que o pastor lhe deu apoio e a mostrou como exemplo, diferente de nós; 'Aqui está esta senhora de 85 anos que realmente demonstra e ali há duas moças de uns 25 anos que nada fazem'".[38] Outra mulher no culto declarou que antes ela demonstrava bens de consumo na vitrine de uma loja de Miami, mas agora era muito mais feliz demonstrando a salvação naqueles encontros na igreja. Após serem repreendidas devido a sua compostura inadequada e ainda escutado os paroquianos falarem línguas, Bishop e Crane encerram sua véspera de Natal em Key West soltando fogos na praia.[39]

Durante os primeiros anos em Key West, o estilo poético de Bishop passou por uma transformação significativa e duradoura. Afastando-se de fábulas introspectivas como "O homem-mariposa", "A erva" e "Na prisão", ela começou a compor poemas mais realistas capazes de reagir ao exótico mundo natural que encontrou ao seu redor na ilha. Descobriu naquele cenário semitropical o "mais bem-sucedido surrealismo da vida cotidiana" que ela sempre procurava. Sua paleta poética anterior tinha se tornado quase monocromática. Por exemplo, os reflexos mesclados de seu "Quai d'Orléans" não são de modo algum iridescentes. Aquelas reflexões aquosas diferem apenas pelos variados tons sutis de cinza, com as manchas ocasionais de amarelo-claro das pequenas folhas que flutuam em direção ao mar. Embora o primeiro poema de Bishop em Key West, "Noturno", ofereça intensas notas de

---

pressão "Holy Roller" também é usada pejorativamente para designar fanáticos que rolam no chão de maneira descontrolada. (N. T.)

vermelho a iluminar o céu noturno, trata-se não de cores da natureza, e sim de uma representação do brilho artificial de lâmpadas incandescentes.

Pouco mais de um ano depois que esses dois poemas foram publicados juntos na edição de agosto da *Partisan*, Bishop publicou "Flórida" na mesma revista, um avanço poético que marcou uma mudança abrangente e permanente no seu estilo. "Flórida" nasceu diretamente da visita de Bishop ao acampamento de pesca Keewaydin em 1937 e irrompe com a exaltação de uma descoberta ao mesmo tempo geográfica e artística. No poema, "o estado de nome mais bonito" parece flutuar "em água salobra". Esse estado pelo menos *parece* ser "sustentado por raízes de mangue", que, vivas, parecem gerar "crostas de ostras" em sua superfície e, quando mortas, "espargem esqueletos em brejos brancos". O eco de Marianne Moore no primeiro verso é evidente — quase como se Bishop estivesse reconhecendo sua dívida com Moore ao lançar um estilo exclusivamente dela. Esse novo estilo apresenta ao leitor uma colagem florescente de cor e movimento naturais, enquanto se regozija com o mesmo tipo de jogo verbal e intelectual, inclusive essas rimas inclinadas justapostas de maneira inesperada ("crostas de ostras"), que Bishop começou a explorar na cozinha de sua avó Bulmer, em Great Village, aos oito anos.

As descrições em "Flórida" estão repletas de dicas jocosas sobre a maneira como os observadores humanos torcem sua noção de natureza nas direções que eles acham familiares. Os pássaros, por exemplo, podem parecer histéricos, constrangidos ou palhaços. O talento de Bishop para descrever objetos ou atos familiares de modos surpreendentes — modos que os ligam a objetos ou atos igualmente familiares, mas de outro campo de experiência — se exibem por todo o "Flórida" de uma maneira que viria a ser um atributo permanente de sua arte. Por exemplo, Bishop nos conta:

Mais de trinta urubus vêm descendo, descendo,
Atraídos por algo que viram no pântano.

Então ela sugere, com divertida precisão, que esse movimento se assemelha a nada mais que traçar "círculos como flocos de sedimento/ afundando na água". Na casca de uma árvore queimada, "o carvão é como veludo negro". "Mosquitos/ vão à caça ao som de seus *obbligati* ferozes." E, quando a noite cai sobre a cena, apagando as cores alegres que se revelaram tão envolventes, o litoral da Flórida se transforma no "mais pobre cartão-postal" preto e branco "de si próprio". "Flórida" termina com versos que parecem sair diretamente de uma carta a Moore de 4 de fevereiro de 1937, que Bishop escreveu no Acampamento de Pesca Keewaydin. Tinha ido a Fort Myers para ver "Ross Allen lutar com um jacaré" e ouvir sua palestra sobre serpentes. Descrevendo o edificante encontro de Ross Allen com o jacaré, Bishop observou que ele "entrou na água e continuou falando. Foi uma visão e tanto quando aquela cara de bebê solene pareceu flutuar sem corpo na superfície da água, enquanto de lá vieram suas imitações do grito do jacaré: o 'bramido', o chamado de amor, o de alerta e o chamado social". O poema de Bishop comprime esses detalhes numa série fria de declarações que dão vida ao "jacaré, que tem cinco gritos distintos". Ao reimaginar sua carta a Moore, Bishop interpreta com jovialidade esses gritos em termos decididamente humanos: "afabilidade, amor, acasalamento, guerra e um alerta". Embora de início seu "Flórida" de 1939 possa parecer um franco exemplo de descrição naturalista, um exame mais detido revela que ele é permeado de lance verbal, de jogo fictício e de uma contínua meditação sobre o caráter entrelaçado da vida e da morte. Publicado pouco depois que Bishop fixara residência em Key West, esse poema demonstrou que ela havia encontrado um estilo que lhe permitiria representar sua nova experiência do semitrópico — para revelar a mente em ação enquanto satisfazia o grito de sua própria mente pelo exótico.

Durante todos os anos que passou em Key West, Bishop seguiu sendo uma dedicada pescadora, mas nem todas as suas experiências de pescaria ocorriam a bordo de um barco fretado em companhia de Louise Crane ou sob o olhar vigilante do célebre capitão Bra. Em geral Bishop alugava uma pequena lancha e ia pescar sozinha. "O peixe", de 1940, poema que durante muitos anos foi considerado a sua obra-prima, até ser substituída por "Uma arte", nasceu justamente de uma dessas experiências. Seguindo o modo característico de seu novo estilo, "O peixe" começa com uma abertura economicamente descritiva, então enfeixa lentamente intensidade à medida que se aprofunda em direção a um entendimento do seu tema — no caso, um peixe "tremendo" e aparentemente incognoscível que a narradora pescou e agora segura junto ao seu "barquinho alugado" para examiná-lo mais de perto. Mais tarde, ela identificou sua presa para Robert Lowell como um mero, uma espécie que pode pesar até duzentos quilos, embora o pescado por Bishop não fosse tão grande. O mistério central do poema é por que uma pescadora solitária teve tanta facilidade para puxar aquele peixe tremendo para junto do barquinho: "Ele não se debateu,/ Nem tentou se safar". Ela oferece uma visão detalhada daquela garoupa imensa de mandíbulas poderosas, olhando primeiro para sua pele pardacenta, que "pendia em tiras/ feito papel de parede descascando". Essa pele está "coberta de cracas" e "infestada/ de pontos brancos de parasita". E ele se tornou, aparentemente, tão letárgico que "andrajos de algas verdes/ grudavam-se no seu ventre". O poema começa a percorrer o interior do grande mero, a partir das "guelras assustadoras,/ túmidas de sangue vivo,/ capazes de cortar fundo". Isso leva sua imaginação a penetrar ainda mais o interior do peixe, rumo a uma consideração sobre "tons vivos, preto e vermelho" das "vísceras reluzentes" e sua "bexiga natatória" rosada "como uma peônia". Então a observadora retrocede a fim de olhar diretamente para os olhos do peixe, que são "muito maiores que os meus/ mas rasos e amarelos". Esses olhos "mexeram-se um pouco, mas não/ para retribuir meu olhar".

O peixe parece deixar sua marca na poeta, mas outros pescadores deixaram nele suas marcas — na forma de uma série de anzóis e linhas de pesca quebradas, inclusive um "fino fio preto, torcido/ pela tensão antes do instante/ em que ele o quebrou e escapou". Até aqui, o ânimo da narradora era inquisitivo e relativamente calmo, mas agora se torna apaixonado, e os anzóis e as linhas começam a ser "como medalhas com fitas/ desfiadas, tremulantes" ou até como "barba austera, só cinco fios/ naquele queixo sofrido".

Só depois de ter confrontado a violência serial envolvida na pesca de um peixe é que o poema avança para os seus versos culminantes e extáticos. Pois ela olha e olha, "e a vitória ia enchendo/ o barquinho alugado/ desde a poça d'água no fundo/ com seu arco-íris de óleo". E, a partir daquela oleosa poça, o arco-íris parece se espalhar "contornando o motor ferrugento/ e o balde rubro de ferrugem", e os bancos, as forquetas e as bordaduras

— tudo era
arco-íris, de fora a fora!
e deixei o peixe ir embora.

Ao escrever "O peixe", Bishop pôs em ação um novo método de composição a que aludiu em cartas a Marianne Moore, mas que nunca explicou de todo. Esse novo estilo, mesclando seu estudo do método encontrado nos poemas e contos de Edgar Allan

Poe e no ensaio "Filosofia da composição" desse mesmo autor com suas ideias iniciais sobre Hopkins, os escritores barrocos e o timing na poesia, mostrava a mente a pensar enquanto lentamente dava forma a um clímax inesperado. Só nos últimos versos todo esse acúmulo de pormenores se junta de maneira súbita, em geral para ter um efeito singularmente poderoso. E a monocromia do estilo anterior de Bishop agora tinha sido sem dúvida substituída por "arco-íris, arco-íris, arco-íris".

Elizabeth Bishop comentou com Anne Stevenson que "a Pauline Hemingway [...] enviou meu primeiro livro a Ernest, em Cuba. Ele escreveu para ela que havia gostado e, referindo-se a 'O peixe', creio, que 'gostaria de entender tanto do assunto quanto ela'". Bishop acrescentou com orgulho que mesmo "dando o devido desconto pelo exagero para agradar sua ex-esposa — esse comentário, na verdade, para mim é muito mais importante que qualquer elogio nas revistas literárias".[40] Ademais, observou para Stevenson: "Eu sabia que no fundo o sr. H e eu somos de fato muito parecidos. Só gosto dos contos dele e dos dois primeiros romances — alguma coisa nele deu tragicamente errado depois disso —, mas ele tinha uma visão correta de muitas coisas".[41] A visão que Bishop e Hemingway compartilhavam mais estreitamente é que o conhecimento profundo de uma coisa — com base na observação atenta e concentrada — é a espinha dorsal da arte literária. Bishop torna essa figura literal em seu poema "O peixe", no qual descreve não só a superfície de sua "enorme" pesca em minúcias notáveis, mas também seu interior, inclusive sua estrutura esquelética. Mesmo no momento de composição, Bishop via uma conexão entre "O peixe" e a obra de Hemingway. Como ela escreveu a Moore com sua modéstia característica, "estou lhe enviando uma verdadeira 'ninharia'" — palavra que ela curiosamente põe entre aspas. "Lamento que seja péssima e, se não como Robert Frost, talvez como Ernest Hemingway. Deixei o último verso nela para que não faltasse, mas não sei."[42] O último verso é, naturalmente, "E deixei o peixe ir embora". A extraordinária "modéstia" de Bishop com sua vida e obra, tanto quanto a igual imodéstia de Hemingway, era o produto de uma insegurança arraigada e inerradicável, fazendo ainda outro ponto de conexão.

Bishop compartia a obsessão de Hemingway por apresentar experiências complexas com palavras simples, e também um senso do valor do que fica não dito. Aliás, o que Hemingway declara acerca da prosa em *Morte ao entardecer* se aplica exatamente ao verso de Bishop: "Se um escritor de prosa sabe o bastante sobre o que está escrevendo, pode omitir coisas que ele sabe, e o leitor, se o escritor for honesto o bastante ao escrever, terá uma percepção tão clara dessas coisas quanto se o escritor as tivesse afirmado. A dignidade do movimento de um iceberg se deve a que só um oitavo dele está acima da água. Um escritor que omite coisas porque não as conhece não faz senão lugares vazios na sua escrita".[43] As cartas magistrais de Bishop transmitem decididamente a profundidade do que ela sabia pela observação atenta — só uma pequena fração entrou na sua poesia —, e isso ajuda a explicar por que há tão poucos lugares vazios (se os há) na sua escrita.

Um dos escritores de prosa que muito provavelmente antecipou e influenciou o notoriamente "reticente" estilo de Bishop em verso foi Ernest Hemingway, já que articulou e pôs em prática, antes dela, uma teoria artística da omissão. Bishop contou numa entrevista em 1978: "O maior desafio, para mim, é tentar expressar pensamentos difíceis em linguagem simples. Eu aprecio a clareza e a simplicidade. Gosto de apresentar ideias complicadas ou misteriosas da maneira mais simples possível. Essa é uma disciplina que muitos poetas não acham tão importante quanto eu".[44] No entanto, Hemingway compartilhava claramente essa disciplina, e nesse nível, a autora de "O peixe" e o autor de "O grande rio de dois corações", esse "simples" conto sobre pescar e não pescar, são "realmente muito parecidos".

Junto com suas águas e paisagens marítimas, as casas de Key West continuaram tendo um fascínio particular sobre Elizabeth Bishop. Em janeiro de 1938, ela falou sobre uma "cabana minúscula dentro da qual eu conseguia ver", pertencente a um homem negro que fazia charutos cubanos. Como ela pôde observar prontamente, "a única mobília que a casinha contém, à parte uma cama e cadeiras, é uma enorme trompa pintada de prateado encostada num capacete colonial também pintado de prateado".[45] Bishop retornou muitas vezes àquela casa para estudá-la e também, muito provavelmente, para conhecer seu proprietário. Mais de três anos depois de sua observação inicial, publicou um poema sobre essa casinha intitulado (depois de uma série de alterações) "A casa de Jerónimo". O poema é apresentado como um monólogo dramático, falado pelo proprietário, Jerónimo, e apresenta, desde o começo, um retrato ambivalente de um lar que é, aos seus olhos, não só "minha casa", mas "meu palácio/ de fadas". Contudo, não há nenhum salão de mármore; ela é feita "de ripas/ perecíveis com/ três cômodos ao todo". Na verdade, o pobre narrador descreve sua casa como "meu pardo ninho de vespas/ de papel mascado/ colado com cuspe". Nesses versos, as frases líricas se misturam com um irritado staccato para ampliar a ambivalência desse domicílio. No entanto, ela é "o meu lar, o meu ninho de amor", e todos os seus detalhes parecem abertos para os olhos públicos. Como o próprio Jerónimo observa, esses transeuntes podem ver o peixe frito na mesa, pronto para o jantar, "borrifado de molho/ escarlate pelando", junto com a canjica e o buquê de rosas de papel rosado.

Numa carta antiga sobre sua casa, Bishop contou a Moore que a senhoria lhe tinha falado numa acentuada queda no barômetro, o que indicava a iminente chegada de um furacão — sempre um perigo naquela ilha próxima da Corrente do Golfo. É possível que Bishop tivesse se lembrado desse momento de risco ao encerrar "A casa de Jerónimo", pois faz com que ele diga, quase despreocupadamente, no seu perecível ninho de amor que, quando ele se muda, leva "essas coisas,/ não muito mais, do meu abrigo contra/ o furacão".[46] A casa de Jerónimo, suas janelas amplas por causa do espantoso calor da ilha, apresenta um livro aberto para qualquer transeunte ler sempre que quiser — ou para uma autora observadora transformá-lo em poema. Mas a vida pessoal e emocional da própria Bishop não podia ser exposta tão publicamente — nem mesmo em Key West, e decerto não nas páginas dos jornais em que publicava sua obra, especialmente quando essa obra lidava com os temas do lar e do amor.

O fascínio de Bishop pela geografia e pela topografia de Key West, pela flora e pela fauna, pela variedade cultural e pela variedade de atividades diurnas e noturnas levou-a a um novo estilo, combinando fato observado com exotismo, que lhe permitia projetar em verso aquilo que ela chamava de "o surrealismo da vida cotidiana, o qual sempre funciona melhor".[47] Até seu período em Key West, ela sempre foi uma hóspede ou uma inquilina, mas agora tinha comprado uma casa com sua parceira romântica. Também encontrara um círculo social simpático e uma cultura com diversas etnias e origens, desde charuteiros cubanos e pintores primitivistas até cristãos pentecostais, filósofos pragmáticos renomados e inclusive anarquistas septuagenários, frequentadores de bares e dançarinos de rumba. Em Key West, convivendo com tanta diversidade casualmente associada, ela podia desfrutar de um relacionamento com uma parceira do mesmo sexo causando pouca ou nenhuma indignação, pelo menos entre seus vizinhos imediatos. Mas as nuvens da guerra se acumulavam, e a localização estratégica de Key West como uma ilha capaz de projetar o poder militar defensivo a partir da extremidade sudeste dos Estados Unidos continentais não tardariam a redefinir inteiramente a sua condição.

9. Como estão mudando nossos beijos

Em carta escrita a uma amiga em dezembro de 1952, alguns anos depois de ter partido de Key West, Bishop saudou com entusiasmo a publicação da última obra-prima de Hemingway, *O velho e o mar*, observando que "gostou muitíssimo da maior parte do livro — salvo os seus seis lapsos que são de fato horríveis. Que senso de mar e espaço maravilhoso". Onze anos antes, Bishop demonstrara seu próprio senso de mar em "Paisagem marinha", um de seus maiores poemas de Key West:

> *Esta celestial paisagem marinha, com garças brancas alçadas*
> *[como anjos,*
> *a voarem tão alto quanto querem e para o lado tão longínquo*
> *[quanto querem*
> *em fileiras e fileiras de imaculados reflexos*

Bishop oferece uma cena em que cada objeto cintilante descobre e refrata cor nos demais, de modo que "toda a região, da mais elevada garça/ até a levíssima ilha de mangue", parece incandescente de sol e, entre as ilhas de mangue, descobrem-se "folhas verde-claras habilmente debruadas com cocô de passarinho/ como iluminuras de prata". Ela revela uma técnica característica, que serve para estabelecer sua antiga reputação de mestra em delicadeza e ao mesmo tempo disfarçar sua propensão a notas de indelicadeza, e oferece uma estrutura na qual insere um detalhe factualmente preciso, mas incongruentemente indelicado, que passa tão depressa que é fácil deixá-lo escapar: suas folhas verde-claras são *debruadas com cocô de passarinho*.[1]

Mais tarde, Bishop afirmou que a precisão, a espontaneidade e o mistério eram "as três qualidades que eu admiro na poesia de que mais gosto".[2] Uma fonte de mistério e surpresa em "Paisagem marinha" é o modo como suas representações vão e voltam entre coisas reais (garças ou peixes ou raízes de mangue) — tropos conhecidos do reino da arte — e noções teológicas opostas como céu ou inferno.

Em parte, Bishop vê sua cena em termos de uma paisagem marinha em larga escala pintada por Rafael, *A multiplicação dos peixes*, que mostra aves grandes pairando acima de são Pedro, que está de pé no barco de pesca carregado do miraculoso pescado até a borda das amuradas, como descreve o Evangelho de João. Veem-se reflexos na água abaixo do apóstolo e de seus colegas discípulos e, atrás deles, uma amplidão marítima verde reflete nuvens dispersas enquanto o próprio mar parece se fundir com o distante horizonte azul. O papa para o qual Rafael criou esse esboço em larga escala era Leão x, e a obra serviu de molde para uma tapeçaria da Capela Sistina, que agora só é exibida em ocasiões especiais. Os poemas feitos a partir de uma obra de arte são ditos ecfrásticos, e "Paisagem marinha" de Bishop cria um que se poderia chamar de surpresa ecfrástica, na qual o poema só descobre sua relação com um quadro famoso depois que a cena já foi plenamente revitalizada. Bishop, de um modo característico de seu estilo maduro, constrói uma paisagem marinha que ao mesmo tempo é celestial, naturalista e ecfrástica, enquanto dramatiza os dois lados do conflito interior que ela sempre levava em si.

Bishop personifica o outro lado naquilo que ela denomina "um farol esquelético". Certos faróis nos recifes da Flórida são projetados para ficar em água rasa, não em solo seco e sólido, e tampouco são feitos de alvenaria ou concreto. Pelo contrário, ficam diretamente na água, sobre uma estrutura de metal exposta, e em geral são pintados de preto e branco. Bishop personifica uma estrutura "lá parada/ de roupa clerical preta e branca,/ que vive preocupada e ansiosa". Essa figura puritana que tem, ao que parece, um modo único de olhar para o mundo e uma só coisa a dizer, "pensa que o inferno arde em furor sob seus pés de ferro,/ que é por isso que a água rasa é morna". Se esse farol personificado tem alguma certeza é a de "que o céu não é assim". Para ele, "o céu não é como voar ou nadar,/ mas tem algo a ver com escuridão e luz forte". Ele aguarda com paciência até a noite, porque só então pode se expressar voltando sua luz para dentro de "uma coisa/ fortemente enunciada para dizer sobre o tema".

Ainda que o farol seja apresentado como uma espécie de coadjuvante cômico, ele representava uma parte de Bishop, embora sua simpatia esteja claramente com a luz, a beleza e a liberdade de movimento que descobre no mar e no céu, atraída que é pela beleza celeste e pelo prazer da paisagem marinha natural, que revelam sua própria autoridade teológica e artística, posto que não calvinista, descoberta em seus paralelos com uma imagem de Rafael projetada para a Capela Sistina.

Pouco antes do parágrafo, na carta a Marianne Moore de 1940 na qual oferece sua "ninharia" poética, "O peixe", Bishop observa o que chama de história característica de Key West: "Outro dia, fui ao armário da louça pegar uma tigelinha para pôr umas flores e, quando a estava enxaguando, reparei numas manchinhas pretas. Eu disse à sra. Almyda [sua empregada]: 'Acho que há camundongos aqui', mas ela pegou a tigela, ergueu-a para a luz e, depois de algum tempo, disse: 'Não, esses aí são de lagarto'".[3] A imagem de Bishop como uma mestra singular e elegante perdurou, mas é difícil não pensar que Hemingway teria gostado dessa peça de escatologia doméstica até mais do que Marianne Moore.

Aliás, Bishop e Moore não tardaram a ter uma desavença por causa das referências escatológicas e de outros elementos que Moore achou deploráveis em "Galos". A discussão irrompeu quando Bishop apresentou uma cópia de seu poema para que Moore o revisasse e esta reagiu devolvendo-o completamente reescrito, intitulado de maneira ingênua como "O galo", que Moore e a mãe haviam escrito juntas. Bishop se recusou educadamente a aceitar aquele trabalho refeito e publicou "Galos", um de seus maiores poemas, tal como originalmente escrito. Elas continuaram sendo amigas íntimas e correspondentes frequentes, mas sua relação havia chegado a um ponto crítico. Bishop deixou de submeter seus poemas à aprovação de Moore, como fizera nos cinco anos anteriores. Tinha descoberto uma nova voz com a qual escrevera uma série de poemas magistrais. Agora estava sozinha como escritora.

Nem Bishop nem Louise Crane moravam em Key West em tempo integral, o que significava que elas muitas vezes passavam semanas e, às vezes, meses separadas. Bishop decidiu passar o outono de 1940 num chalé nas montanhas perto de Brevard, na Carolina do Norte, com seus amigos aventureiros Charlotte e Red Russell. Este relembrou que, "quando Lizzie não estava fazendo nada, sentava-se e se punha a escrever. Vivia anotando alguma coisa. Lizzie gostava da experiência do isolamento no campo, fugir dos carros e das pessoas".

Bishop também fazia incursões em Nova York, onde convivia com artistas e escritores como o casal Loren MacIver e Lloyd Frankenberg, para os quais achou um ateliê em 1941. Quando estava na cidade, ela impressionava por ser como era. O editor da *Partisan Review* Clement Greenberg explicou que Bishop era digna de nota porque não se enquadrava no padrão literário da época: "Lembro-me de Elizabeth porque ela chamava a atenção. Não era um tipo literário que tagarelava o tempo todo. Não era Delmore Schwartz". E acrescentou: "A gente sentia que a vida de Elizabeth vinha em primeiro lugar". Ela não tinha a preocupação de apresentar uma persona comercializável. Nas palavras de Greenberg, "Bishop não era um tipo de celebridade de que os jornalistas pudessem se apropriar. Sua poesia se encarregava disso". E acrescentou: "Ela não se adaptaria ao pessoal da *Partisan Review*". Mais importante talvez, segundo Greenberg: "Nunca senti que Elizabeth fizesse parte de nenhum grupo".[4]

Mas Crane passava mais tempo ainda em Nova York, onde ficou envolvidíssima com a arte e o jazz da cidade. E, com a sua riqueza, sua personalidade atraente e os contatos de sua mãe, ela causava uma impressão diferente. Crane também sentia muita atração pela arte afro-americana e, em determinado momento, teve uma relação com Billie Holiday. Entre 1935 e 1941, havia passado a maior parte do tempo viajando com Elizabeth Bishop e, agora, parecia pronta para abandonar Key West e se acomodar no seu novo papel de patronesse das artes em Nova York, patrocinando eventos musicais e artísticos. Bishop detectou essa dinâmica em seu verso leve "Carta para NY", publicado na *Harper's Bazaar* em 15 de setembro de 1940 e dedicado a Louise Crane. Como nenhuma das primeiras cartas de Bishop a Crane em prosa sobreviveu, essa carta em verso é a única que temos de sua correspondência inicial, mas é razoável supor que ela capte o caráter de sua correspondência, que devia ser carregada de gracejos. Em "Carta para NY", Bishop se refere a Crane fazendo loucuras na vida, e, para Crane, talvez fosse isso que sua relação com Bishop havia significado.

A carta em verso de Bishop a Crane contrasta muito com "O soldado e o caça-níqueis", poema rejeitado pela *New Yorker* que ficou inédito até a sua morte. Esse estudo da compulsão se ocupa do vício de jogar de um jovem soldado; ele jogava obsessivamente nos caça-níqueis de Key West, e está tentando desesperadamente parar. O soldado afirma que não "voltará a pedir dinheiro trocado", e que "o barman pode me ver morto" antes que eu volte a transformar notas em moedas para jogar nos caça-níqueis. O soldado se lembra das "centenas de vezes, milhares de vezes" que acrescentou seus níqueis num esforço de chegar a uma série de vitórias. Associa o caça-níqueis ao alcoolismo compulsivo, um problema que incomodava muito Bishop, dizendo: "O caça-níqueis é que está bêbado,/ E você também é um níquel sujo". Analisando o interior da máquina, ele deseja que ela seja jogada no mar, mas no fim do poema continua travando suas batalhas com a compulsão.

Beber era uma característica importante do tecido social de Key West nos anos de Bishop na ilha. Hemingway bebia muito, assim como sua mulher Pauline e, também, Tennessee Williams e Tom Wanning. Pelo menos nos seus primeiros anos lá, o alcoolismo da própria Bishop dificilmente há de ter chamado atenção na cultura etílica do lugar. Porém, cada vez mais, como o soldado diante do caça-níqueis, ela achava o seu desejo de beber difícil de controlar. Era vítima de abuso periódico do álcool ou, em linguagem comum, de consumo excessivo de bebidas. Seu amigo e protegido Frank Bidart recordaria que muito mais tarde, nos seus anos na Harvard, Bishop às vezes gostava de beber socialmente, sem excesso, e chegava até a manter longos intervalos de abstinência. E, entretanto, em outras ocasiões, bastava-lhe tomar um trago para não conseguir mais parar. Seus ataques de abuso periódico do álcool podiam começar a qualquer hora, porém ocorriam com mais frequência quando ela estava se sentindo abandonada ou deprimida. A hereditariedade também pode ter sido um fator. Há indícios de que seu pai, William Thomas, lutou contra o alcoolismo, e que seu tio Jack teve um problema grave, mas conseguiu abandonar sozinho a bebida. No lado materno, Bishop descreveria o tio Arthur Bulmer, levemente romanceado no afetuoso conto "Recordações do tio Neddy", como "namorado, marido, pai, avô, funileiro, beberrão [e] pescador famoso".[5] Bishop relembrou o "Juramento da Liga da Esperança da Idade do Ferro", que seu tio Arthur "era capaz de recitar de cor, muito embora já o tivesse violado Deus sabe quantas vezes".[6] Bishop explica que o alcoolismo de Arthur tinha a forma, como o dela, de "porres periódicos". Os membros da família diziam que a bebida ia matá-lo, mas Bishop observou que, quando ele morreu aos 76 anos, foi "de outra coisa muito diferente".[7]

No entanto, se os crescentes problemas de Bishop com o álcool se deviam em parte ao trauma da infância ou à hereditariedade, eles tinham consequências na vida real, uma das quais era o impacto de seus surtos de alcoolismo sobre os relacionamentos românticos. Na metade de 1941, a relação de Bishop com Louise Crane começou a desmoronar. Suas bebedeiras podem ter sido um fator na ruptura. Também é possível que Crane tenha sido cada vez mais pressionada pela mãe, Josephine, para pôr fim ao relacionamento lésbico com Bishop e voltar a uma vida mais convencional em Nova York. Um comentário de um professor do Williams College, que foi a um concerto patrocinado por Crane, permite extrair uma insinuação acerca do futuro da abastada Crane como deã cultural na região metropolitana. Ele lhe disse que ela era uma verdadeira Médici — e seria dificílimo desempenhar esse papel em Key West.[8]

Bishop decerto sabia que Crane se envolvia com outras mulheres durante suas viagens a Nova York, e há de ter se dado conta gradualmente de que a estava perdendo por completo. Sentia-se abandonada e, quando isso acontecia, ela entrava num prolongado estado de depressão extrema, que, como Crane contou a amigos, chegava a envolver ameaças de suicídio. A artista Mary Meigs, que posteriormente foi uma das amantes de Crane e também acabou sendo abandonada, manteve depois uma ligação com Bishop, já que ambas podiam se encarar como rejeitadas por Crane. Segundo Meigs, isso as colocava no papel de "conspiradoras amigáveis que podiam discutir livremente e rir do passado e do presente". Meigs observou acerca do tempo que passou com Bishop: "Eu fiquei imediatamente impressionada com a fragilidade e a delicadeza de sua mente e com a sensação de que ela recebia sinais que os ouvidos humanos não captavam". E acrescentou que "Louise era irresistível para as mulheres; tinha uns olhos azuis que pareciam cheios de um candor inocente e de amor pela vida. Ela adorava gente e festas; embora não fosse artista, era capaz de detectar um talento inusitado e de ajudar os artistas em sua carreira". A primeira descoberta de Crane talvez tenha sido a própria Bishop, cuja carreira ela encontrou meios de fomentar durante meia década. Mas agora aquele relacionamento havia acabado e Bishop teria de encontrar um meio de seguir adiante. Como Mary Meigs comentou em 1989, "Elizabeth e eu pertencíamos a uma geração de mulheres que ficava apavorada com a ideia de ser conhecida como lésbica, e, para Elizabeth como poeta, o rótulo de lésbica seria particularmente perigoso. Um dos efeitos colaterais do medo das lésbicas de serem conhecidas pelo mundo era o nosso medo de nos conhecermos reciprocamente, de modo que se exercia uma espécie de cuidado (Elizabeth por certo o exercia) que já não parece necessário hoje em dia". Entretanto, como aconteceria várias vezes nos anos posteriores, ela não tardou a ser capaz de identificar um novo amor com quem recomeçar.

Sem Crane, Bishop acabou sendo a única proprietária da casa da White Street, mas não tinha condições de mantê-la sozinha. Em breve, porém, conheceu uma mulher chamada Marjorie Stevens, que se havia separado do marido, um oficial da Marinha. Como Bishop, Stevens morava em Key West, pelo menos em parte, por causa de sua saúde delicada. Também gostava de beber, e as duas iniciaram um relacionamento quando Stevens a ajudou a se levantar da sarjeta em que caíra quando estava voltando de um bar. Bishop contou a Ruth Foster que Marjorie Stevens havia dito que ela ali deitada, com a luz dos postes a brincar no seu rosto, era "a coisa mais linda que ela já tinha visto". Talvez Stevens tenha sido atraída pela aparente vulnerabilidade de Bishop. Não muito depois disso, esta lhe contou a história da perda da mãe e outras lembranças do passado.

Bishop alugou a casa da rua White Street, 624, e se mudou para a de Marjorie Stevens, na Margaret Street, 623, em junho de 1941. Um poema decisivo na sua obra que pode ser situado na casa da Margaret Street é "É maravilhoso despertar juntas", um primoroso poema de amor descoberto por Lorrie Goldensohn no Brasil, em 1986, nas mãos de Linda Nemer, amiga de Bishop. É difícil saber se o poema descreve a vida de Bishop com Stevens ou com Crane. Brett Millier sugere a primeira, mas Alice Quinn aceita as duas possibilidades. A identificação com Stevens pode se apoiar no fato de Bishop ter dito a Foster que ela e Stevens eram em geral amantes matinais. O poema descreve a chegada de uma tempestade de raios a Key West e o prazer de saber que, embora haja a aparente ameaça, sua casa está protegida por para-raios, de modo que, mesmo que seja atingida inesperadamente, "imaginamos, sonhadoras/ Que a casa inteira, uma gaiola de energia elétrica,/ seria muito agradável e nada tétrica". Isso lhes permite imaginar outras possíveis transformações do "mesmo ponto de vista simplificado/ Da noite, e de estar deitadas".

O poema apresenta um dos seus finais mais bonitos. Nesse curioso meio mundo com seus súbitos relâmpagos e seus "fios elétricos negros", ela acha que:

Sem surpresa
O mundo poderia virar algo muito diferente
Tal como o ar muda ou o relâmpago cai sem piscarmos,
Como estão mudando nossos beijos sem pensarmos.[9]

Quando a exploração lírica do erotismo lésbico de Bishop foi publicada com introdução de Goldensohn na *American Poetry Review*, no verão de 1988,[10] causou sensação entre os leitores e uma espécie de revolução nos estudos sobre a autora.

Entrementes, foi ficando cada vez mais claro que a maré alta da guerra na Europa teria um impacto duradouro sobre Key West, e os preparativos começaram antes que os Estados Unidos passassem realmente a ser uma nação combatente. Segundo a historiadora Maureen Ogle, "em 7 de dezembro de 1941, a Marinha tinha alugado ou comprado diretamente mais de quarenta hectares de terrenos, a maior parte deles no centro da cidade de Key West ou nos seus arredores". Em junho de 1941, Bishop contou a Sha-Sha Russell: "Sinto-me tão deprimida", porque "a Marinha comprou toda a terra até a Whitehead Street". A Pena's Garden of Roses, uma das casas noturnas preferidas pela turma de Bishop, foi comprada e fechada, e ela informou que o proprietário "não para de chorar". Outra marca da mudança de atmosfera que mencionou para Sha-Sha foi a morte súbita de "Sloppy Joe [Russell] quando estava visitando Hemingway em Havana. Fecharam o bar durante alguns dias e penduraram umas palmas horrendas e fitas vermelhas nas portas. Agora quem o administra é o jovem Joe".[11]

Então, no dia 7 de dezembro, a guerra chegou uma vez mais a Key West. O impacto foi quase imediato. Dois dias depois, em 9 de dezembro, segundo Ogle, "75 caminhões transportando 1500 soldados passaram pelas ruas, dirigindo-se às instalações do Exército perto de Fort Taylor".[12] Pauline Hemingway começou a descrever Key West como "uma cidade em expansão", mas a ilha tranquila com suas paisagens marinhas celestiais, que Bishop havia procurado e achado, estava passando por mudanças que tornaram difícil para ela ficar. Outro poema escrito na ilha, "Lua cheia, Key West", que foi rejeitado pela *New Yorker* em setembro de 1943, transmite o desconforto de Bishop com a presença militar. "A ilha começa a cantarolar/ como música num sonho." O que causa esse som? É uma multidão de marinheiros que, ao luar, parecem "papel branco":

Bêbados,
Os marinheiros vêm
Cambaleando, brigando,
Resmungando ameaças
Com vozes infantis.[13]

Bishop e Stevens fizeram uma viagem ao México em 1942, chegando na metade de abril à cidade de Mérida, em Iucatã, onde conheceram o chileno Pablo Neruda, que ficou muito amigo delas. Neruda sempre afirmava, implausivelmente, que eles haviam se conhecido no alto da pirâmide de Chichen Itza. No dia 5 de maio, levou Bishop e Stevens à cidade do México, onde arranjou um apartamento para elas, e foi quando estava observando o pôr do sol que Bishop teve inspiração para o poema "Anáfora", que mais tarde dedicou a Stevens. Em agosto, ela e Stevens visitaram os Neruda em sua casa em Cuernavaca. No fim de setembro, partiram do México para Nova York, onde Bishop ficou, ao passo que Stevens retornou a Key West.

Na metade da década de 1940, Bishop passou a percorrer a

Costa Leste, bebendo mais, e seu relacionamento com Marjorie Stevens se tornou cada vez mais problemático. Suas cartas a Marjorie Stevens não sobreviveram, mas Bishop guardou as longas missivas de Stevens para ela, que revelam uma pessoa intensamente ansiosa e oferecem um retrato completo de Key West em tempo de guerra. As cartas são coloquiais e minuciosas, com muita ênfase nos esforços da vida cotidiana. Stevens era guarda-livros na estação naval e tinha de fazer auditorias mensais, coisa que sempre a deixava consideravelmente tensa. Em suas longas cartas, ela sempre expressa muita preocupação com a saúde e o bem-estar de Bishop, além de se mostrar insegura com seu próprio nível intelectual em relação ao da companheira e de seus amigos. As cartas também mencionam os controles de renda impostos para administrar as aglomerações em tempos de guerra, que restringiam os rendimentos que Bishop podia receber de suas aplicações.

Era difícil para as duas se comunicarem por telefone, já que as chamadas de longa distância foram restringidas durante a Segunda Guerra Mundial, e Bishop também parecia achar muito incômodo usar o telefone naquela época. Com base nas cartas de Stevens, tudo indica que seus telefonemas de longa distância raros, difíceis e caros não iam nada bem.

A partir de 1941, Bishop passou vários anos publicando relativamente pouco, embora sua obra inédita — em geral sobre a guerra ou a sexualidade — continuasse interessantíssima. Ela voltou a publicar ativamente no outono de 1944, quando suas quatro "Canções para uma cantora de cor" foram publicadas na *Partisan Review*. Um ano depois, divulgou "Anáfora", um poema iniciado no México e também publicado na *Partisan*, que Bishop mais tarde dedicaria a Stevens. O ano foi marcado por mais três poemas, "Pequeno exercício", "Chemin de Fer" e "Quadro grande ruim". Esses foram seus segundo, terceiro e quarto poemas publicados na *New Yorker* e marcaram o início de uma longa e fecunda relação entre Bishop e a revista, que se prolongou por mais de quarenta anos. Com essas novas publicações, ela tinha material para um livro de poemas e se inscreveu num concurso organizado pela Houghton Mifflin, que recebeu setecentos manuscritos. O prêmio incluía uma soma de mil dólares e a publicação do livro de poemas apresentado.

O manuscrito de Bishop, com recomendações do trio estelar formado por Marianne Moore, Edmund Wilson e John Dewey, ganhou o concurso, e seu primeiro livro, *Norte e sul*, foi publicado pela Houghton Mifflin em 1945. A primeira metade do volume — a maior parte da qual composta entre 1935 e 1938 na forma de sonhos oníricos surrealistas, paisagens urbanas conturbadas e fábulas de encerramento característicos de seu estilo inicial — constitui o polo norte de Bishop. Seu polo sul se concentra quase exclusivamente na Flórida e em Key West.

Em 1946, entraram na vida de Bishop duas médicas que influenciariam de maneira duradoura o seu desenvolvimento: a dra. Anny Baumann e a dra. Ruth Foster. A primeira desempenhou o papel de principal médica de Bishop até o fim da vida, mesmo quando a poeta estava morando em cidades distantes. Baumann, que nascera na Alemanha e depois seria clínica geral em Nova York, tinha o dom de trabalhar com personalidades criativas. Ao que parece, estava disposta a dedicar tempo e atenção ilimitados a Bishop e a muitos colegas escritores e artistas, inclusive a Robert Lowell, que se tornou paciente de Baumann por indicação de Bishop. Robert Christ, um admirador de Bishop que, a partir de 1956, foi paciente de Baumann durante muito tempo, lembra-se de ter descoberto volumes autografados de Bishop na sala de espera repleta de livros dessa médica. Isso lhe permitia se distrair nos tempos de espera que geralmente pareciam intermináveis. Christ também recordou que, uma vez convidado a entrar no santuário do consultório de Baumann, a consulta nunca demorava menos de uma hora. Ela também se dispunha a fazer consultas no apartamento de Christ em West Side, e fazia visitas domiciliares frequentes a Bishop. Sendo hábil em prover diagnósticos, em muitas ocasiões descobria a causa de uma doença que havia escapado a outros médicos. Ela se preocupava igualmente com a saúde emocional de Bishop. Christ lembrou que nos momentos de tais preocupações, a médica podia adotar um tom "severo, maternal", e que, certa vez, ouviu pela porta do consultório de Baumann claramente as palavras: "Sr. Lowell, para um homem inteligente, como o senhor pode ser tão burro?". Mas Christ acrescentou: "Você tinha de ouvir a compaixão nessa repreensão, a compreensão para com o que ela não compreendia. Na maior parte das vezes, aposto que Elizabeth Bishop ouvia tudo isso".[14] Em meados de 1946, Baumann ficou tão preocupada com a depressão e o alcoolismo compulsivo de Bishop que, com o apoio de Margaret Miller, persuadiu-a a começar a fazer psicanálise com a dra. Ruth Foster. O trabalho de Bishop com Foster pode não ter resolvido o problema com a bebida ou o sentimento de isolamento e depressão, mesmo cercada de amigos que a admiravam e a apoiavam. No entanto, o início desse período de psicanálise pode estar ligado ao começo de uma de suas fases mais criativas.[15]

Também associado ao início desse grande período criativo está a viagem que Bishop fez sozinha à Nova Escócia em agosto de 1946, onde explorou o passado com sua tia Grace e fez a malsucedida tentativa de ter acesso ao prontuário médico de sua mãe no Hospital Nova Escócia. Essa estada lá inaugurou uma fase durante a qual ela produziu vários de seus maiores poemas e contos. Foi chamada de volta aos Estados Unidos para assinar documentos para vender a casa da White Street, em Key West, e continuaria voltando à ilha durante vários anos, agora já não como residente, mas como visitante. Sua conflituosa relação a longa distância com Marjorie Stevens estava chegando ao fim, e Bishop andava bebendo em quantidades perigosas.

Norte e sul recebeu avaliações na maior parte muito favoráveis, ainda que algumas parecessem notavelmente desdenhosas. A mais entusiástica de todas foi escrita pelo crítico de poesia mais severo e exigente dos Estados Unidos da metade do século, Randall Jarrell. Suas resenhas podiam oscilar entre as mais espirituosas e eufóricas e outras extremamente rudes. Certa vez ele escreveu que o trabalho de determinado poeta parecia ser produzido "numa máquina de escrever por uma máquina de escrever". Mas, como Robert Lowell diria mais tarde, o elogio era a glória da crítica de Jarrell. Quando gostava da obra de um poeta, o geralmente irascível Jarrell fazia de tudo, e ele fez de tudo por Elizabeth Bishop. Achou "O peixe" e "Galos" obras "encantadoras" que eram "dois dos poemas mais serenamente belos, profundamente harmoniosos da época". Sentia que Bishop era "capaz da engenhosidade mais bizarra", mas também era, "ao mesmo tempo, grave, serena e delicada". Ele aplaudia sua recusa a transformar a poesia numa "abominável terapia ocupacional" e reconhecia o fato de seus poemas "quase nunca serem forçados". E acrescentou, só um ano depois do fim da Segunda Guerra Mundial, que "em vez de chorar, com justiça, 'este é um mundo em que ninguém pode se dar bem', os poemas da srta. Bishop mostram que é por pouco, mas é perfeitamente possível — quer dizer, tem sido para ela". Talvez, porém, o comentário mais perspicaz de Jarrell acerca de Bishop, mais como pessoa que como poeta, seja sua observação de que ela "entende tão bem que a perversidade e a confusão da nossa era podem explicar e atenuar a perversidade e a confusão das outras pessoas, mas não a sua própria em relação a você".[16]

Jarrell havia intuído através dos poemas a complexa consciência moral da própria Bishop. O destaque que ele deu à serenidade da sua obra pode ter enfatizado excessivamente esse lado em detrimento dos elementos às vezes frenéticos ou ansiosos que aparecem em poemas como "O homem-mariposa", "A erva" ou "O amor dorme". Mas, na maior parte de sua apreciação de uma década de escrita e dos anos de preparação que entraram na produção de *Norte e sul*, Jarrell foi extraordinariamente perceptivo.

10. O pródigo

Depois da viagem de ônibus de volta da Nova Escócia a Boston e em seguida a Nova York, onde assinou a documentação que encerrava a venda de sua tão querida casa de Key West, Elizabeth passou a residir permanentemente em seu apartamento minúsculo na King Street, 46, em Nova York. Agora livre da pressão para terminar seu primeiro livro, começou a trabalhar ativamente numa série de novos poemas. E continuou absorvendo as críticas na maioria favoráveis geradas por *Norte e sul*. No dia 14 de janeiro de 1947, o crítico Arthur Mizener, posteriormente autor de biografias notáveis de F. Scott Fitzgerald e Ford Madox Ford, compôs uma resenha laudatória de *Norte e sul* que compartilhou com Elizabeth, observando que acompanhava seu trabalho desde que ela estava no último ano do Vassar e revelando uma compreensão perspicaz de Bishop como escritora e como pessoa. Falou no quanto valeu a pena esperar pelo seu livro, elogiou "a perfeição com que os poemas equilibram devoção ao fato, à memória e ao desejo" e mencionou a "beleza com que combinam a solidez com a elegância de espírito".[1] Bishop ia precisar das duas coisas para se aguentar na meia década seguinte, que estaria entre os períodos mais dolorosos e incertos, mas também mais produtivos poeticamente.

"Varick Street", um dos primeiros poemas que produziu depois de retornar da Nova Escócia e da publicação de *Norte e sul*, nasceu diretamente da realidade de seu pequeno apartamento em Greenwich Village, que estava localizado bem próximo de um distrito industrial que funcionava 24 horas por dia e começava na vizinha Varick Street. Mais tarde, Bishop relembrou: "Havia gráficas do outro lado da rua que, às vezes, seguiam operando a noite toda, usando aquelas lâmpadas azul-claras".[2] Ainda acrescentou que uma fábrica de balas Schrafft's e uma indústria farmacêutica que fazia antiflogistina (uma pomada mentolada para o peito) ficavam em lados opostos da Varick Street, e quando os aromas se misturavam "criavam efeitos estranhíssimos".[3] Portanto, numa época anterior ao ar-condicionado, "nas noites de verão, com tudo a todo vapor e as janelas escancaradas, os odores e ruídos eram uma coisa e tanto".[4] No poema de Bishop, aquelas fábricas continuavam sua inquietante vida noturna. Os "prédios inquietos infelizes" do distrito, "com veias de canos", parecem tentar, com esforço quase asmático, respirar por "narinas alongadas/ com pelos de ferro" que tomam a forma de altas chaminés. No interior desse ambiente de pesadelo, ainda que muito real, um casal adormecido é cercado pelas forças que invadem seu quarto solitário. Alguns anos antes, ao contrário, em seu "É maravilhoso despertar juntas", os clarões dos relâmpagos que brincam no céu de Key West — e até caem na casa das duas figuras centrais do poema — transformam-se, graças à magia protetora do para-raios, não em uma ameaça, mas em um estímulo erótico. No entanto, num apartamento contíguo à Varick Street, os dois adormecidos — talvez até as mesmas duas pessoas, Bishop e Marjorie Stevens — veem-se reagindo de maneira muito diferente, pois:

Nossa cama
recua da fuligem
e os cheiros infaustos
nos estreitam.

Anos depois, Bishop contaria a Mary Swenson: "Eu sonhei esse poema, tudo, com exceção de dois ou três versos, e acordei uma noite dizendo o refrão a tempo de mandá-lo à gráfica".[5]

E eu vou te vender te vender
É claro, meu bem, e tu vais me vender também.[6]

Ela explicou a outros amigos que esse refrão, que aparece três vezes no poema e o encerra, "de certo modo parecia aplicável à atitude comercial e à minha visão da vida em Nova York e em geral na época".[7] Naquele apartamento, tudo, inclusive o amor, parecia estar à venda. Bishop acrescentou secamente a Swenson que, se o poema sofre de "alguma obscuridade", é "por culpa do meu procedimento onírico, creio. Mas eu gostaria de fazer isso com mais frequência — torna o ato de escrever muito mais fácil!".[8]

"Discussão", outro poema com atmosfera de sonho de 1947, exprime a relação cada vez mais conturbada de Bishop com Marjorie Stevens — relação essa que não podia existir de modo confortável em Key West nem no apartamento da King Street. Assim, trata-se de uma relação marcada principalmente pela separação, e uma discussão que circula ao redor de si mesma sem resolução, indo e voltando entre "Dias" e "Distância", pois a narradora enfrenta "Dias que não podem te aproximar/ ou não te aproximarão" e uma distância que "tenta parecer/ coisa mais que/ obstinada". A distância é parcialmente definida por "toda a terra/ embaixo do avião" que acompanha um litoral que a leva para longe de Key West, a principal residência de Stevens enquanto Bishop morava em Nova York. Os dias de separação parecem marcados num "calendário hediondo" como os impressos às dezenas de milhares numa fábrica 24 horas em frente ao seu apartamento. A dedicatória nesse calendário de brinde diz, com dolorosa ironia: "Saudações da Nunca & Eternamente Inc.". Talvez tais palavras nesse calendário sugiram que elas *nunca* ficariam juntas e lamentariam *eternamente* sua iminente perda da intimidade. Esses fatores "discutem discutem discutem" infinitamente na mente de Bishop, "sem revelar" sua companheira dos últimos cinco anos "nem menos desejada nem menos querida". Apesar dos fortes vínculos emocionais, esse par de amantes, talvez por causa de uma engrenagem imperfeita na personalidade de cada uma, não consegue achar um modo de viver junto nem separado. Bishop termina seu poema de autodiscussão sobre seu estado contínuo de ligação e separação com uma frase que encontra, com desafios sintáticos adequados: "Dias e Distância desarranjados novamente/ e ausentes/ tanto para o bem quanto no suave campo de batalha".[9] "Discussão" é característico de uma série de poemas irregulares de amor desse período. E seu desfecho, que sugere que elas podem ficar "ausentes para o bem e no suave campo de batalha", aponta aparentemente para um domínio no qual as futuras ex-amantes situam suas diferenças.

Ao mesmo tempo que compunha inquietantes versos pessoais como "Varick Street" e "Discussão", Bishop também estava criando uma série de versos sobre a natureza — geralmente sobre o litoral —, que reforçariam sua crescente reputação de poeta não de provocativa autoexploração, mas de reserva, serenidade, meticulosa exatidão e desapego humorístico — ou, como Marianne Moore formularia mais tarde, uma "modesta especialista". No dia 13 de fevereiro, Bishop apresentou um poema que resultaria num dos seus mais requintados, "No pesqueiro", à sua amiga e editora Katherine White na *New Yorker*. Bishop sugeriu, à sua habitual maneira autodepreciativa, que a revista talvez o achasse "imprestável", nas White afirmou que "longe de ser imprestável, ele nos deu muito prazer". De fato, White o aceitou prontamente, descrevendo "No pesqueiro" como "um poema lindo e que temos o prazer de poder comprar e usar quando o verão chegar".[10]

Junto com poemas inquietantes como "Varick Street" e "Discussão", Bishop debateu o poema nos mínimos detalhes com sua psicanalista, cogitando até dedicá-lo à dra. Ruth Foster. A meditação de Bishop sobre "No pesqueiro" está datada simplesmente como "fev. 1947", e domina a terceira das quatro cartas enviadas a Ruth Foster naquele mesmo mês. O poema começa calma e lindamente, porém a maior parte da discussão de Bishop com a dra. Foster se concentra no fim. Essa discussão é esclarecedora porque Bishop em geral parecia incentivar apenas as leituras mais literais e impessoais de seu poema, queixando-se, aliás, de que o problema dos críticos era terem "imaginação em excesso". Quando pressionada, ela costumava dizer que um poema era meramente descritivo ou afirmava que os fatos aconteceram de verdade e deixava por isso mesmo. Agora, explorando um de seus próprios poemas no espaço seguro proporcionado por sua analista, Bishop se envolve numa leitura profundamente imaginativa e psicológica, com um tom decididamente freudiano. Extrai a elaborada rede de conexões simbólicas que teceu no poema, sugerindo que talvez ela tivesse implicações simbólicas na mente para muitos de seus outros trabalhos. Do mesmo modo, ao defender a linguagem e a imagética de "Galos", de 1941, contra os cortes propostos por Marianne Moore, Bishop afirmou muito claramente que certos versos tinham de ficar por causa de sua almejada importância simbólica.

O final de "No pesqueiro" é uma de suas passagens mais famosas. O cenário é o litoral da Nova Escócia, terreno bem conhecido por Bishop, mas em intenso contraste com suas paisagens marinhas de Key West.

Fria e escura e funda e absolutamente límpida,
elemento propício a nenhum mortal,
peixes e focas...[11]

Uma foca lhe chama a atenção, uma que estuda Bishop noite após noite, enquanto, com interesse recíproco, Bishop a estuda. Obviamente sua presença desperta a "curiosidade" da foca. Esta também se interessa pela música e, deixando-se levar por um trocadilho que remonta a suas raízes batistas, Bishop nota que ela, "tal como eu, acreditava na imersão total", portanto, é claro, "e assim eu lhe cantava hinos batistas". Na sua análise do poema para a dra. Foster, Bishop compara a foca com a própria Foster. Comenta as implicações cristãs do termo em inglês,* no sentido de vínculo, e menciona o fato de que também pode ser um beijo. Portanto, está claro que sua referência a hinos batistas é mais que uma piada passageira. Parte da equação entre a foca e a dra. Foster é que ambas estudam Bishop tanto quanto Bishop as estuda. Então a linguagem do poema se desloca para uma contemplação da água, que a poeta volta a ler em termos simbólicos:

Fria e escura e funda e absolutamente límpida,
a água límpida e cinzenta e gélida...

Bishop vê a água como se estivesse ardendo com uma chama cinza-escura que parece miraculosa, quase sagrada. Contudo também é dolorosa, levando talvez a algo como o sofrimento transformador de seu poema de Herbert favorito, "Amor desconhecido". Os versos finais de "No pesqueiro", no qual ela caracteriza a água glacial que vem contemplando, alçam-se talvez à

* Em inglês, a palavra "seal" significa "foca", mas também "selo" ou "selar". (N. T.)

maior apoteose de toda a sua obra. Como um todo, eis o que parece essa água clara e impregnada de sal:

É assim que imaginamos a verdade:
escura, salgada, límpida, movente, totalmente livre,
colhida na boca fria e dura
do mundo, derivada dos peitos pétreos
para sempre, fluindo e colhida, e como
nosso saber é histórico, fluida e fugidia.[12]

Posteriormente, Bishop contaria a Frank Bidart que ela não sabia ao certo o que significavam esses versos finais quando os escreveu, mas sabia que estavam certos e, quando os colocou no papel, "sentiu-se com três metros de altura".[13] Os peitos pétreos foram associados à sua mãe, e, na análise que fez com Ruth Foster, Bishop se prestou a uma prolongada leitura deles.[14] É surpreendente que, quando apresentou "No pesqueiro" a Katherine White — um poema que ela considerava um dos seus melhores e um dos mais profundos, como mostrou sua análise contemporânea com Ruth Foster —, Bishop tenha receado que a editora da *New Yorker* o achasse "mais um poema imprestável".[15]

Elizabeth Bishop e Robert Lowell se conheceram num jantar oferecido por um amigo comum, o poeta e crítico Randall Jarrell, em Nova York, em janeiro de 1947, de modo que sua análise com Foster e sua incipiente amizade com Robert Lowell foram quase simultâneas. Jarrell era amigo de Lowell desde 1938, quando estudaram juntos no Kenyon College e dividiram o primeiro andar da casa de seu mentor, John Crowe Ransom. Bishop havia conhecido Jarrell fazia pouco tempo. Na sua primeira carta a Lowell, ela pediu desculpas por não ter ido com ele visitar os Jarrell devido a uma doença e parabenizou Lowell pelos três importantes prêmios que ele havia recebido em abril de 1947: uma Bolsa Guggenheim, um prêmio em dinheiro da Academia Americana de Artes e Letras e o prêmio Pulitzer pelo seu primeiro livro, *O castelo de lorde Weary* (1946). Como Bishop também tinha recebido recentemente o prêmio de Poesia Houghton Mifflin — que consistiu numa soma em dinheiro e na publicação de seu primeiro livro, *Norte e sul* (1946) — e, como Lowell, ganhara uma Guggenheim em abril de 1947 para escrever seu livro de poemas seguinte, os dois poetas tinham acabado de ser lançados com sucesso no mundo das letras.

Em 1974, Robert Lowell comentou numa carta a Bishop que, na época, era sua amiga íntima, correspondente e parceira poética havia quase três decênios: "Eu ainda nos vejo como quando nos conhecemos, os dois na casa de Randall [Jarrell], e então alguns anos depois. Vejo-a meio alta, de cabelo castanho comprido, tímida, mas cheia de des[crições] e casos como agora".[16] Mostrando a tendência à precisão e à bem-humorada autodepreciação que tanto a definiria, Bishop respondeu: "Querido Cal, talvez a sua memória *esteja* falhando! — Eu nunca, nunca fui 'alta' — como você escreveu que se lembra de mim. Sempre tive 1,62 metro — agora encolhi para 1,60 [...]. E também nunca tive 'cabelo castanho comprido!' — Ele começou a ficar grisalho quando eu tinha 23 ou 24 anos — e provavelmente já estava meio cinzento quando o conheci". E, como lhe era característico, acrescentou uma nota marginal: "Portanto, por favor, não me ponha num lindo poema alta e de longos cabelos castanhos!".[17] A imagem que Bishop tinha de si mesma se verifica numa famosa fotografia de 1962 dos dois poetas no terraço do apartamento com vista para a praia de Copacabana, no Rio de Janeiro, que, durante muitos anos, Bishop dividiu com sua companheira brasileira Lota de Macedo Soares. Ela entrelaça o braço esquerdo no direito de Lowell ao mesmo tempo que — de cabelo castanho curto e grisalho

— sorri afetuosamente para ele, que, facilmente trinta centímetros mais alto, com os indefectíveis óculos de aro preto, baixa os olhos para ela e sorri com ternura. O que mais importa nessa correspondência é sua recusa divertida, mas firme, a ser romantizada, a ser lançada — ainda que de maneira lisonjeira — como uma figura quase mítica na épica pessoal de outra pessoa. Em uma memória inacabada e inédita de seu primeiro encontro com Lowell, Bishop, mostrando o talento para a descrição e a anedota elogiado pelo amigo, relembrou secamente "seu amarrotado terno azul-marinho", "o lamentável estado de seus sapatos" e o fato de ele ser "bonito de um modo poético antiquado". Depois confessou: "Eu o amei à primeira vista".[18]

Em resposta à nostálgica carta de Lowell de 1974, Bishop disse:

> O que eu recordo daquele encontro é o seu desalinho, o seu adorável cabelo ondulado e que nós conversamos sobre uma exposição de Picasso então em Nova York [...] e quanto gostei de você, depois de ter ficado quase apavorada demais para ir [...]. Você também estava um tanto sujo, coisa de que também gostei.[19]

À sua maneira, Bishop transforma Lowell em um daqueles indivíduos ou objetos que costumam estar presentes na sua escrita: uma figura curiosamente atraente, ainda que meio esfarrapada, que faz questão de ser ela mesma de modo total e intransigente. E, apesar do fato de os relacionamentos duradouros de Bishop serem sempre com mulheres, Lowell aparece sutilmente erotizado. Lowell, aos 31 anos, seis anos a menos que Bishop, recebeu convites para testes em Hollywood quando sua imagem foi publicada na revista *Life* e, mais tarde, Bishop contou a amigos que, quando ela assistiu ao filme *A leste do Éden*, James Dean fez com que se lembrasse de Robert Lowell quando o conheceu em 1947. Talvez mais significativo do que qualquer um desses charmes lowellianos tenha sido sua descoberta de que ela e Lowell podiam falar com muita naturalidade sobre a produção de poesia e que tais discussões "eram estranhamente fáceis, 'como trocar receitas de bolo'".[20] Mais tarde, Lowell se referiria a Bishop, numa carta, como sua "poeta favorita e amiga favorita".[21] Bishop quase certamente diria a mesma coisa. E era evidente que ele se sentia atraído por ela. Mas, mesmo à parte a orientação sexual, Bishop temia a instabilidade nos dois lados. Ao longo dos anos, a relação, apesar de extremamente íntima, se manteria epistolar.

Lowell escreveu na sua primeira carta a Bishop que estava prestes a iniciar o primeiro de vários estágios na Yaddo, a famosa colônia de artistas em Saratoga Springs, em Nova York. Ele a estimulou a fazer um estágio na Yaddo, coisa que ela fez duas vezes, mas nunca quando Lowell estava presente.

Escrevendo em Briton Cove, Cape Breton, Nova Escócia, onde estava passando as férias com Marjorie Stevens naquela que foi a última viagem que fizeram juntas, Bishop reagiu, na segunda carta a Lowell, agradecendo sua resenha laudatória de *Norte e sul*. O texto de Lowell elogia os poemas de Bishop por serem "não retóricos, serenos e lindamente calculados", observando que "o esplendor e a concisão de suas descrições logo se tornam maravilhosos. Mais tarde, o leitor se dá conta de que seu grande, controlado e elaborado bom senso é sempre ou quase sempre absorvido pelo seu tema, e que ela é uma das melhores artesãs vivas". Ele destaca seu "maravilhoso comando dos tons mutáveis do discurso", no que ela "se parece com Robert Frost". Lowell também constata um "padrão simbólico" em "pelo menos nove décimos" dos poemas — uma luta entre "dois fatores opostos", sendo um deles "movimento cansado, mas persistente", e o outro "ponto-

-final: repouso, sono, satisfação ou morte". Quando "No pesqueiro" foi publicado na *New Yorker*, Lowell contou a Bishop, naquela que era apenas a segunda carta que lhe escrevia, que sentiu "muita inveja ao lê-lo". Explicou que, "eu mesmo sou pescador", reconhecendo com tristeza, "todo o meu peixe se transformou em símbolos, infelizmente!". Exaltou o "grande esplendor" da descrição, acrescentando que "a parte humana, o tom etc., estão certos".[22] Ele mal deve ter suspeitado, se é que chegou a tanto, das muitas camadas de leitura simbólica freudiana que a própria Bishop detectara em "No pesqueiro" na análise do poema que havia compartilhado com a psiquiatra Ruth Foster. Nessa segunda carta, Lowell também rastreou os muitos protótipos possíveis do seu peculiar apelido, Cal, coisa que Bishop invariavelmente continuaria fazendo. Nenhum deles, disse Lowell, era lisonjeiro: "Calvin, Calígula, Caliban, Calvin Coolidge, Caligrafia". Dentre esses protótipos potenciais, Calígula continua sendo o mais comumente aceito.

Essa segunda carta de Bishop a Lowell, escrita em Briton Cove, sugere que a imaginação de um se entrelaçou rapidamente com a do outro, pois contém frases e imagens que não tardariam a ser transpostas para o poema "Cape Breton", publicado pela *New Yorker* em 1949. Bishop observa que, quando olha para fora em Briton Cove, "ao largo há duas 'ilhas' com altos rochedos vermelhos. Amanhã vamos sair com um pescador para visitá-las — são santuários em que há alcas e os únicos papagaios-do-mar que restam no continente, pelo menos é o que dizem". E "Cape Breton" começa assim:

Nas "ilhas dos pássaros", altas, Ciboux e Hertford,
as alcas e os papagaios-do-mar com caras de bobos, todos dão

as costas para o continente
em filas solenes, irregulares, na beira do penhasco gramado [...][23]

Bishop acrescentou na carta que na praia também havia "corvos de verdade [...], coisa que nunca vi — enormes, com uma espécie de barba preta sob o bico".[24] De todas as aves mencionadas na carta, só os atraentes corvos não aparecem no poema "Cape Breton". Bishop continua incorporando os ouvidos, os olhos e uma consciência do tempo, acrescentando um toque de mistério no fim do poema:

Os pássaros ainda cantam, um bezerro berra, o ônibus parte.
A névoa fina segue
as alvas mutações de seu sonho;
um frio antigo faz tremer os riachos escuros.[25]

Em setembro de 1947, Lowell saiu da Yaddo e chegou a Washington para assumir a função de consultor de poesia da Biblioteca do Congresso (cargo atualmente chamado Poeta Laureado Consultor de Poesia — que depois ele transferiria à própria Elizabeth). Uma das tarefas do novo consultor era iniciar uma coleção de gravações de poetas visitantes notáveis lendo seu próprio trabalho. Bishop era uma das primeiras da lista. Ela visitou Lowell em Washington para gravar sua poesia. A seguir, viajou ao sul de trem rumo a Key West.

Antes de encontrar alojamento mais permanente, Bishop ficou temporariamente hospedada na casa da amiga Pauline Hemingway, no vasto terreno da Whitehead Street. Uma carta a Lowell continha um cartão-postal da "Casa de Ernest Hemingway, Key West, Flórida", com uma inscrição dela: "X marca o meu quarto". Também escreveu a Lowell sobre a piscina iluminada dos Hemingway, numa passagem que quase chega a ser um poema cômico em prosa:

> A piscina é maravilhosa — enorme, e a água trazida de baixo de um recife é bem salgada. Também fica iluminada à noite — acho que cada lâmpada submersa tem cinco vezes a voltagem da lâmpada do farol do outro lado da rua, de modo que a piscina deve ser visível de Marte — é delicioso nadar numa espécie de fogo verde, nossos amigos parecem sapos luminosos.[26]

Para a irritação de Ernest Hemingway, o imóvel que ele dividia com Pauline fora incluído num mapa de 1935 de Key West publicado pela Administração Federal de Socorro de Emergência de Franklin Roosevelt para incentivar o turismo, e Bishop foi obrigada a enxotar os fãs ansiosos do escritor de uma propriedade que, na realidade, sempre fora da sua esposa. Quanto à própria Bishop, pode-se dizer que viveu a maior parte de uma década em Key West na mais completa obscuridade. Apesar dos muitos poemas ambientados na ilha que publicou, sendo que vários em periódicos proeminentes como a *Partisan Review*, *New Republic* e *New Yorker*, o historiador local Tom Hambright constata que ela não recebeu a menor menção nos jornais da ilha durante sua longa permanência — e foi somente em 1993, 47 anos depois que Bishop vendeu sua querida casa da White Street, 624, que esta recebeu uma placa comemorativa em sua homenagem. No entanto, a relativa anonimidade de Bishop na ilha não deixou de ter vantagens. Ela não só desfrutou da paz e tranquilidade de que muitos escritores precisam como, tão privada como era, pôde ver a vida de Key West por uma perspectiva diferente, talvez mais íntima e decerto mais doméstica que a do publicíssimo e decididamente masculino Hemingway. Em todo caso, Bishop (assim como outros escritores de Key West) teve a extraordinária percepção de não viver tanto à sombra de Hemingway quanto de seguir a sua esteira.

Em 1947, Bishop escreveu ao também pescador Robert Lowell a respeito de suas experiências com o capitão de barco pesqueiro Eddie "Bra" Saunders:

> Ele tem "falhado" muito e, pouco antes de zarparmos, o barco começou a soltar fumaça, o motor ficou em brasa, estávamos em perigo de explodir etc. — em meio a isso tudo, o capitão Bra acendeu um cigarro e se mostrou muito inacessível. Finalmente chegamos em segurança, mas foi bem emocionante.

Bishop comentou a observação de um amigo: "Oh, atualmente, Bra não quer fazer nada melhor do que assumir uma grande festa bem paga, partir para o golfo e nunca mais voltar". A resposta mordaz que ela deu foi: "Mas eu não quero participar do seu funeral viking".[27] Como sempre, seu instinto de sobrevivência continuava forte.

Em dezembro, Bishop se mudou da casa de Pauline Hemingway para o apartamento que Jane Dewey lhe havia emprestado. Lá escreveu "A baía", que podia ser lido como uma homenagem de despedia a Key West. O poema descreve o ativo comércio da pesca e a vida portuária avançando da baía de Key West, a modesta marina que ficava a cinco minutos de caminhada de seu atual endereço na Dey Street, 630.[28] "A baía" começa num momento específico do ciclo cotidiano daquele pequeno porto, e palavras de uma carta a Lowell ("A água parece gás azul — o porto aqui é sempre uma bagunça") entram diretamente no poema, que começa: "Agora na vazante, a água é cristalina". Cada imagem tem uma ligeira alusão à incongruência e, imagem por imagem, um retrato da baía se acumula devagar. Eis um cenário em que "Frágeis costelas de alva marga brilham ao sol/ e os barcos e os pilares estão secos como fósforos". Seu estudo da baía de Key West revela um pequeno porto em funcionamento cheio de paradoxos, no qual as leis da natureza às vezes parecem operar ao contrário, porque, ou é o que nos dizem, "Mais absorvente que absorvida,/ a água da baía não molha nada", e num eco de sua carta a Lowell, a cor da água é a "cor de chama de gás aberta ao mínimo". Ela afirma que é possível sentir a água "transformar-se em gás", embora seja mais provável que o cheiro venha de um dos pequenos motores em funcionamento naquele prosaico cenário náutico. Claro está, "Baudelaire/ provavelmente a ouviria virar um solo de marimba". Bishop redefine imediatamente seu tempo citando a fonte real dessa música: uma "draga amarela operando na ponta do cais", que "já toca notas secas, perfeitamente sincopadas". Nesse reino peculiar, perfeitamente extravagante, os seres humanos e as criaturas da natureza lidam com seus negócios sem prestar muita atenção uns nos outros. Mas, se alguém olhar atentamente, descobre recompensas visuais inesperadas que os varejadores do sublime convencional podem não perceber, pois aqui "As aves são enormes", e

Os pelicanos chocam-se
contra esse gás estranho com uma força excessiva,
me parece, como se fossem picaretas,
e quase nunca emergem com algo nos bicos
e vão embora se acotovelando; é cômico.

No entanto, o lugar não é desprovido de lirismo, tampouco, porque gaivotas "levitam/ em correntezas impalpáveis" e é possível vê-las abrir "as caudas nas curvas qual tesouras".

Enquanto as aves colidem e voam no alto, as embarcações avançam à sua maneira despretensiosa:

Barquinhos desleixados vêm chegando
com um ar prestativo de cães de caça.

E, em breve, outra linha da carta de Bishop a Lowell entra suavemente no poema. Nessa carta, ela contou ao amigo que agora o porto estava repleto de "barquinhos imprestáveis, todos amontoados, alguns com esponjas penduradas e sempre uns meio afundados ou lascados pelo furacão mais recente. Isso lembra um pouco a minha escrivaninha".

Em forma de verso, fica assim:

Alguns barquinhos brancos ainda estão amontoados
um contra o outro, ou deitados de lado, esmagados,
aguardando conserto desde a última tormenta,
como envelopes abertos de cartas não respondidas.
A baía está coberta de correspondência antiga.

Aproximando-se da conclusão, Bishop leva os nossos olhos e ouvidos de volta àquela draga amarela que continuou regorjeando o tempo todo — mas agora a observa com mais atenção:

Taque. Taque. É a draga,
trazendo à tona uma bocada de marga a respingar.
A atividade confusa continua,
medonha, mas animada.[29]

Quando esse poema estava sendo preparado para publicação pela *New Yorker*, houve uma discussão acerca da pontuação não convencional no verso que terminava com "Taque. Taque. É a draga". Bishop esperava captar, com essa pontuação não convencional, o ritmo staccato característico da draga. O editor desse poema, William Maxwell, compreendeu Bishop com bom humor, sugerindo que desafiar a convenção gramatical — atitude contestada pelo seu editor de estilo — podia "abalar os alicerces da revista".[30] Sua carta terminou com um pedido referente às alterações dos copidesques: "Espero que vocês não se importem se deixarmos tudo como está", e, assim, Bishop achou melhor não interferir. As discussões sobre os pormenores da pontuação, com ela afrouxando os limites da convenção a fim de conseguir chegar ao som e ao sentido que estava procurando, e os gramáticos de plantão na *New Yorker* tentando refreá-la, com variados graus de sucesso, formariam um atributo fundamental do diálogo entre Bishop e o principal periódico de seus últimos anos, e resultaram no elegante volume de 2011 *Elizabeth Bishop and The New Yorker: Complete Correspondence* [Elizabeth Bishop e a *New Yorker*: Correspondência completa].

No outono de 1948, Bishop e Lowell participaram de uma conferência sobre poesia que se tornaria famosa, no Bard College, em Annandale-on-Hudson, em Nova York. O evento foi organizado por Theodore Weiss e apresentado por William Carlos Williams, Louise Bogan, Jean Garrigue, Lloyd Frankenberg, Richard Wilbur, Richard Eberhart, Kenneth Rexroth e Joseph Summers. Este, que ficou amigo íntimo de Elizabeth Bishop, e sua esposa, U. T. Summers, recordaram que "Lowell foi porque ouviu dizer que Elizabeth ia, e Elizabeth foi porque ouviu dizer que Lowell ia", se bem que Lloyd Frankenberg e sua esposa, Loren MacIver, também tenham servido de atrações. Joseph Summers lembra que Williams estava falando sobre como "nós teríamos de escrever o ritmo e o verso americanos", afirmando categoricamente que "ninguém podia escrever dísticos heroicos hoje em dia". Ao que Bishop respondeu: "Oh, dr. Williams, o senhor é tão antiquado! Cal escreveu recentemente dísticos heroicos maravilhosos". Quando Williams perguntou a Lowell se era verdade e ele disse: "Sim, eu tenho tentado", Williams se mostrou injuriado. Aos olhos de Summers, "foi um momento maravilhoso". Numa sessão final, cada poeta foi convidado a ler seus poemas e, como Bishop ficou muito inibida para cumprir a parte que lhe cabia, Lowell leu os dela. Joseph Summers achou que Bishop e Lowell "pareciam estar apaixonadíssimos" naquele fim de semana. Algum tempo depois, Bishop contou ao casal Summers "que gostava mais de Cal que de qualquer outra pessoa que ela conhecia, com exceção de Lota [de Macedo Soares, sua companheira no Brasil]". Entretanto, e ela temia isso por causa das tendências maníacas de Lowell, "ele era uma pessoa violenta e ela sabia que a destruiria". E acrescentou: "Ele quer casar comigo e eu simplesmente não posso".[31] Se o relato de Lowell for digno de crédito, numa carta a Bishop que ficaria famosa, escrita quase uma década depois, em 1957, ele nunca a pediu em casamento. Todavia, recordou que se sentiu tentado uma noite, durante a conferência do Bard, no dormitório da poeta: "Eu estava tao bêbado que minhas mãos ficaram frias e senti que estava à beira da morte e segurei a sua mão. E nenhum dos dois disse nada, e como um mergulhão que precisa de dezoito metros, creio, para decolar na água, eu queria tempo e espaço e continuei presumindo".[32] Nessa época, Lowell decerto sabia da preferência de Bishop por mulheres, já que acrescentou com pesar: "No entanto, passaram-se alguns meses. Acho que nós podíamos querer algo como Strachey e Virginia Woolf". Ele, por outro lado, reconheceu que "nossa amizade não era um flerte" e "não levou a nenhuma invasão. É assim". Mas também sentia, pensando em 1957, "que pedir você em casamento é *o que* poderia ter sido para mim a grande mudança, a outra vida que eu podia ter tido. Foi assim no transcurso desses nove anos, mais ou menos".[33] Bishop não comentou o relato de Lowell desses fatos de 1948, deixando-o sem confirmação, mas também sem contestação. Apesar de tais ambivalências e complicações emocionais, sua amizade se manteve contínua numa série de cartas evidentemente apreciadas por ambos.

Os participantes da conferência no Bard confirmam que houve algumas bebedeiras pesadas, e Lowell escreveu a Bishop pouco depois de retornar à Yaddo de trem, com referência ao consumo de tanto álcool:

> [No] dia seguinte, eu me senti ótimo no café da manhã; mas notei que estava segurando a xícara com as duas mãos, e quando voltei ao meu quarto com o primeiro esboço datilografado de uma estrofe tão feia e terrível como a vida que eu tinha pela frente, descobri depois de meia hora que estava olhando fixamente para aquilo, então li o terceiro livro do Dunciad, no qual os Asnos disputam campeonatos não mencionáveis e acabam tentando ver quem consegue ficar mais tempo acordado lendo os livros uns dos outros.[34]

Essa, assim como o equilíbrio da carta, não é propriamente a linguagem do galanteio. Contudo, a atração que sentia por Bishop e sua atitude atenciosa para com ela mantiveram-se fortes, e Bishop retribuía, embora geralmente procurasse manter certa medida de cautelosa distância.

Embora relutasse em aceitar Lowell como parceiro, Bishop não tinha certeza de que queria que outra mulher o tivesse. Elizabeth Hardwick também havia mostrado interesse por Lowell durante a conferência do Bard, e a primeira reação de Bishop ao saber que Hardwick estava a caminho de Yaddo durante uma estada de Lowell foi dizer no pós-escrito de uma carta de 1948: "Esqueci de comentar a chegada de Elizabeth Hardwick — tome cuidado". John Malcolm Brinnin lembrou que, em 1949, quando Bishop estava na Yaddo e ele lhe contou que Lowell ia se casar com Hardwick, "Elizabeth ficou abalada com a notícia".[35] Mas Bishop e Hardwick não tardaram a se esforçar para construir pontes. As duas Elizabeths trocavam cartas ocasionais, ainda que a correspondência Bishop-Lowell continuasse sendo central, e quando Lowell e Hardwick estavam planejando uma viagem à Europa em 1950, ela escreveu a Bishop: "Cal e eu vamos à Itália em setembro. Por que você não vem conosco? Nós tivemos a ideia maravilhosa da viagem na semana passada e hoje essa de você também vir, que nos ocorreu simultaneamente". Mas Bishop se despediu dos dois no porto de Nova York e, antes que eles regressassem, empreendeu sua viagem marítima ao Brasil, em 1951.

Ao mesmo tempo que encontrava e conhecia uma série de contemporâneos poéticos que continuariam sendo importantes para ela nos anos futuros, Bishop seguiu produzindo poemas que serviriam de pedras angulares de seu cânone literário. Meses antes da conferência no Bard, "Mais de 2000 ilustrações e uma concordância completa", uma de suas realizações mais ricas e complexas, foi publicado na *Partisan Review*. Nesse poema, ela cria um mosaico juntando recordações fragmentárias de viagens de outrora, remontando às suas primeiras incursões à Terra Nova, à Europa e ao Norte da África com Hallie Tompkins, Margaret Miller, Louise Crane e outras colegas de faculdade, assim como viagens posteriores com Marjorie Stevens. O poema alterna imagens de uma Bíblia familiar ilustrada, que parece "séria", mas também artificial e um pouco morta, com as viagens menos sérias ou "ilustráveis", mas talvez mais vitais, que Bishop relembra em vislumbres da sua mocidade. O poema pula da entrada do porto de São João, na Terra Nova, até São Pedro, em Roma, e depois ao México. Então vai a Volubilis, uma cidade berbere e romana parcialmente escavada no Marrocos, antes de passar pelo porto Dingle, na Irlanda, e seguir para os bordéis de Marrakech, lugar ao qual, sem dúvida, foi levada por Louise Crane numa de suas expedições em busca de cor local. Lá observaram "prostitutas de rosto bexiguento" que equilibravam bandejas de chá na cabeça enquanto executavam a dança do ventre, depois se lançavam "nuas, rindo, contra nossas pernas,/ pedindo cigarros".[36]

Ao estar frente a frente com o profano nessa célebre cidade marroquina, Bishop e sua companheira se viram diante de uma série de inquietantes versões do sagrado, na forma de "santos" sepulcros muçulmanos "de aspecto nada santo" devido às degradações a eles impostas pela areia, pelo vento e pelo tempo. Uma dessas imagens assustadoras era "uma vala aberta, de mármore, cheia de pedregulho/ coberta de relevos admonitórios". Devido às devastações do tempo, esses relevos eram amarelados como dentes de boi, e o próprio sepulcro aberto estava "cheio até a metade de pó, mas não o pó" do profeta outrora lá sepultado.

A busca de Bishop do sagrado, ou mesmo do sério, nas cidades santas de Roma e Marrakech parece, inicialmente, ter chegado a um beco sem saída na sua preocupante contemplação desse túmulo vazio e de aparência não particularmente santa, enquanto "elegante, de albornoz", seu guia "Khadour sorria, irônico". Será que não havia nenhuma conexão profunda entre o que Bishop viu nas suas viagens e "tudo ligado só por 'e' e 'e'"? Mas agora o poema volta à até então insatisfatória Bíblia familiar para mais um momento de contemplação. E aqui a poeta alcança um final extático que rivaliza com o de "No pesqueiro":

Abra o livro. (As bordas das páginas
soltam o dourado, polinizado dos dedos.)
Abra o livro pesado. Por que não fomos ver
esta velha Natividade, já que estávamos por lá?
— a treva entreaberta, as pedras explodindo em luz,
uma chama imóvel, imperturbável,
sem cor, sem chispas, devorando a palha,

e, lá dentro, acalentada, uma família com seus bichos,
— e olhar com olhar insaciável de criança.[37]

Aos 21 anos, quando leu esse poema pela primeira vez na *New Yorker*, James Merrill ficou "simplesmente impressionado". Conhecera Bishop na conferência do Bard e logo providenciou um almoço com ela. Segundo ele, "pensei ingenuamente que podia passar a maior parte do tempo contando que eu achava o poema maravilhoso. Isso durou alguns minutos e, o que quer que tenhamos dito depois, foi por nossa conta".[38] Merrill percebeu a resistência de Bishop a ouvir elogios à sua obra, e também compreendeu que não haveria mais nenhuma conversa sobre trabalho entre esses dois artesãos supremos. Em uma elegia escrita vários anos depois da morte dela, Merrill perguntou: "Que homenagem você podia suportar/ Sem desânimo?".[39]

Mesmo assim, Merrill acrescentou: "Acho que ela sabia o tanto que havia posto em seus poemas. Devia saber que eram maravilhosos". Talvez a reprovação constante que Bishop absorveu do lado paterno de sua família e o abuso do tio George a fizessem evitar reconhecer ou aceitar abertamente a aprovação que obtivera pela qualidade singular de sua obra. Bishop e Merrill continuariam sendo amigos que se admiravam durante mais de trinta anos. John Ashbery, um ano mais novo que Merrill, ficou igualmente impressionado com "Mais de 2 mil ilustrações". Em 1969, chamou-o de "possivelmente sua obra-prima" e observou que ela "vai e vem continuamente entre vinhetas gravadas em metal de um dicionário geográfico e os acontecimentos perturbadoramente inclassificáveis de uma viagem real". A publicação desse poema único, um dos seus mais vanguardistas, poria Merrill e Ashbery no caminho de se tornarem prosélitos entusiastas da obra de Bishop numa geração mais jovem de poetas americanos.

* * *

Apesar do apoio que contava na geração mais jovem de poetas, nas últimas três décadas de sua vida o recurso mais vital para estabelecer contatos literários pessoalmente úteis para Bishop foi seu amigo Lowell. Quando ela o conheceu, apesar da bem-sucedida publicação de seu livro *Norte e sul*, Bishop estava agitada devido ao fim de seu relacionamento com Louise Crane e com Marjorie Stevens e às voltas com a depressão e o alcoolismo. Lowell, por sua vez, ainda que saboreando o sucesso de *O castelo de lorde Weary*, também estava se recuperando de um grave episódio maníaco e do fim do seu primeiro casamento, com a romancista Jean Stafford. Desalojada na infância, Bishop tinha uma dificuldade persistente de encontrar um lugar ou um lar na maturidade, e Lowell começou a tentar ajudá-la a tirar mais vantagem profissionais de sua crescente reputação literária. Sua habilidade para estabelecer contatos era em todos os aspectos impressionante, e ele em geral os transformava em vantagem para os amigos e especialmente para Bishop. Graças à insistência e ao apoio dele, em 1949, aos 38 anos, ela iniciou um ano de serviço num cargo que o próprio Lowell já havia ocupado, o de consultora de poesia da Biblioteca do Congresso. Suas colegas de classe na Walnut Hill, no seu anuário, sugeriram que Bishop ainda seria a "poeta laureada da Nova Escócia". Mas, se ela tivesse assumido o cargo no Congresso com o título atual, trabalharia como a poeta laureada dos Estados Unidos (aliás, muitas fontes atuais lhe atribuem esse título). Entretanto, o acadêmico e biógrafo Joseph Frank, que conheceu Bishop em Washington, relembrou depois:

> Eu nem sabia se Elizabeth era americana ou não. Não tinha certeza porque ela falava muito na Nova Escócia. Minha impressão era de que não se sentia em casa neste país, que era meio estrangeira

desse ponto de vista porque [aqueles] primeiros anos assim haviam moldado a sua sensibilidade.

Na opinião de Frank, "não havia de modo algum nela esse tipo de naturalidade americana. Ela sabia disso". E acrescentou: "Ela era muito mais rigorosa em certo sentido moral e social profundo que o americano comum. Era muito formal em muitos aspectos".[40] O trabalho de Bishop como consultora de poesia era mais o de uma bibliotecária de referência glorificada, mas ela tinha, sim, uma função pública de um modo que não lhe era inteiramente familiar nem confortável. Um repórter do *Boston Post*, em 1950, naquela que seria a primeira de muitas entrevistas publicadas, descreveu-a como "uma moça atraente [...], serena [e] discreta", que foi descoberta pelo entrevistador à escrivaninha, "engalfinhada com a musa à sua maneira singular".[41] Bishop contou que lhe pediam constantemente, a ela e à sua secretária Phyllis Armstrong, "poemas sobre amor, cavalos, casamento, cães e morte".[42] Ela também colaborou para uma mente interessada na quintilha jocosa — uma forma em que Bishop demonstrara um domínio precoce no exemplo enviado a Louise Bradley. Morando e trabalhando em Washington, DC, ela podia ver mais de perto o governo americano e o exercício do poder nos primeiros dias da Guerra Fria. E continuava lutando com o problema do álcool.

Bishop achava a sua função pública na Biblioteca do Congresso difícil, mas, com sua proeminência crescente como poeta, agora lhe pediam para desempenhar papéis públicos com mais frequência. Como lhe era característico, sua reação foi fazer valer a autonomia do poeta individual e as exigências únicas de cada poema. Por exemplo, quando o antologista John Ciardi lhe pediu que respondesse a uma bateria de perguntas sobre sua teoria e prática estéticas para a antologia de 1950 *Mid-Century American Poets* [Poetas americanos da metade do século], Bishop respondeu assertivamente que "*tudo depende*. Tudo depende do poema particular que a gente está tentando escrever, e a gama de possibilidades é, confio eu, infinita".[43] Ela resistiu a um processo de apropriação crítica que, na metade do século XX, estava em vias de se tornar uma consequência quase inevitável da fama literária. Enquanto sua colega do Vassar Muriel Rukeyser, na mesma antologia de Ciardi, defendia uma psicologia universal da composição poética, Bishop manifestou sérias dúvidas quanto aos meios pelos quais a teoria podia realmente plasmar a prática: "Pouco importa qual teoria temos, duvido muito que elas estejam na nossa mente no momento de escrever um poema ou mesmo que haja uma possibilidade física de estarem. As teorias só podem se basear em interpretações dos poemas dos outros poetas, ou dos nossos próprios em retrospectiva, ou do pensamento desiderativo".[44] É claro que ela havia formulado uma teoria da forma poética sofisticada, bem como uma teoria parcial da psicologia criativa já em meados da década de 1930, quando ainda estava no Vassar. Usou a palavra "teoria" quando aludiu à sua abordagem numa carta a Moore — sem descrevê-la. Continuou a seguir silenciosamente a abordagem que havia elaborado em seus ensaios na *Con Spirito* e na *Vassar Review*, asseverando o valor de criar, nos seus poemas, o efeito de uma mente em ação. Para Bishop, o fato de essas articulações estarem isoladas e a salvo em revistas universitárias que poucos ou nenhum de seus contemporâneos teriam a possibilidade de descobrir dava-lhe mais liberdade de manobra do que se ela tivesse embrulhado esses princípios num manifesto estético e tentasse levar o mundo literário a seguir sua "teoria" totalmente contingente.

Conquanto Bishop talvez soubesse onde estava em relação a uma poética da contingência, na prática sua vida continuava no incômodo estado de contingência. O antigo apartamento da King Street tinha sido demolido em 1949, e quase todos os seus bens estavam num depósito. Graças à obstinada insistência de Robert Lowell, ela concordou em aceitar uma residência na Yaddo. Sua primeira visita, durante a qual sofreu em virtude do excesso de bebida e da ansiedade, não chegou a ser um sucesso. Mas a segunda, em 1950, marcou um capítulo importante na sua vida, porque nessa ocasião pôde formar um grupo de amigos e correspondentes íntimos que, junto com Lowell, ajudariam a ampará-la em suas três últimas décadas. Uma dessas pessoas era Pauline Hanson, a assistente de Elizabeth Ames, a diretora da Yaddo; outra, Beauford Delaney, um pintor afro-americano que posteriormente desenvolveria uma significativa carreira como cantor em Paris. Outra ainda era Pearl Kazin, uma escritora e editora, irmã do célebre crítico Alfred Kazin. Talvez mais importantes que qualquer um desses tenham sido a poeta May Swenson e o casal de artistas Kit Barker, um pintor inglês, e sua mulher, Ilse Barker, escritora de ficção nascida na Alemanha. Swenson, dois anos mais nova que Bishop, tornou-se uma entusiástica leitora e observadora de Bishop. Ela foi criada numa grande e convicta família mórmon de Utah. Expressava com franqueza as suas emoções e escrevia uma poesia de uma espontaneidade vibrante. Ficou fascinada e intrigada com a abordagem mais comedida das emoções e o estilo poético mais oblíquo e controlado de Bishop. As duas eram lésbicas, e cada qual ficava intrigada com a outra em termos de como escolhiam representar ou defletir a própria sexualidade na sua obra. Nos anos subsequentes, Bishop e Swenson trocariam muitas cartas discutindo temas como poesia, poética, amor, família e natureza. Entrementes, os Barker, e em especial Ilse, emergiriam como dois dos mais dedicados e leais patrocinadores de Bishop. Embora morassem em outro continente, eles figuravam entre os seus correspondentes mais diligentes. Durante quase trinta anos, receberam centenas de cartas dela, nas quais falava sobre quase todos os aspectos de sua vida e dava detalhes interessantes e às vezes emocionantes.

Um poema que Bishop concluiu durante sua segunda estada na Yaddo foi "O pródigo". Quando visitou a fazenda pertencente a sua tia Grace e o marido na Nova Escócia, no verão de 1946, ela ficou surpresa quando, uma manhã, um dos enteados de Grace lhe ofereceu um trago de rum quando estavam perto do chiqueiro. O fato se instalou profundamente na sua imaginação e, cinco anos depois, Bishop produziu "O pródigo". Esse poema evoca a história bíblica do filho pródigo, uma figura que ela associa claramente a si própria. Depois de malgastar sua herança e ficar na miséria, o filho pródigo trabalha como porcariço e constata que passa fome enquanto os porcos são alimentados. Quando ele finalmente engole o orgulho e volta para casa, seu pai mata um bezerro gordo e comemora o retorno do filho. Mas toda a jornada fora dolorosa, ainda que tivesse resultado em autoconhecimento. Durante os anos posteriores à sua visita à Nova Escócia, Bishop havia sofrido graves episódios de abuso de álcool e sentia que sua vida já não estava inteiramente sob controle. Ela sempre retornava a essa situação e por fim produziu um poema, "O pródigo", que representava toda a sua experiência. Trata-se de um soneto duplo, forma preferida por seu querido George Herbert e, portanto, por implicação e por causa do contexto do poema, representa um contexto cristão de julgamento, sofrimento e, enfim, perdão. Durante esses anos, Bishop estava cercada de amigos que se importavam com ela e a admiravam pessoal e profissionalmente. Mas, já aos catorze anos, Bishop havia escrito a Louise Bradley que às vezes se sentia como "um velho gato de rua espancado, de orelhas mastigadas, caminhando sem rumo na escuridão". E então perguntou a Bradley: "Você já pensou — por mais amigos que tenha — que nenhum deles pode realmente entender *você*?". Ela se sentia como uma pessoa em outro planeta, olhando para a Terra e se sentindo "tão *sozinha*".[45] Por motivos que remontavam às perdas e ao isolamento da primeira infância, Bishop continuava se sentindo, nos seus momentos mais sombrios — inclusive agora, naquele estado de depressão clínica — tão *sozinha*, tal como na adolescência, quando compôs o desolador poema "Certa vez numa colina encontrei um homem".

Em "O pródigo", conseguiu produzir um poema sobre o alcoolismo e a alienação da família que lhe permitiu se distanciar o suficiente de si mesma para alcançar certo nível de autoproteção e serenidade estética. Também conseguiu produzir um poema que a *New Yorker* achou aceitável, apesar de sua insistência ocasional em que os poemas não fossem excessivamente pessoais. Ela logra se distanciar de si ao colocar as lutas do pródigo com o alcoolismo no centro do poema e ao fazer da parábola bíblica do Filho Pródigo seu quadro de referência:

Mas de manhã, passada a bebedeira
(e escondidas as garrafas vazias),
quando o sol avermelhava o celeiro,
ele sentia-se bem mais tranquilo.
Pensava que talvez conseguiria
viver por mais um ano ali, no exílio.

Bishop já havia suportado (ou desfrutado de) um exílio parcial autoimposto de sua família, o qual já estava entrando na sua segunda década, mas, embora tivesse sido libertador em alguns aspectos, esse exílio também cobrou seu tributo psíquico, como o poema sugere. O fazendeiro para o qual o pródigo trabalha costuma fechar o chiqueiro em que o pródigo dorme. Então vai para casa, retira a lanterna e deixa o pródigo dormir no chiqueiro fechado e escuro.

Ele andava, hesitante,
com um balde, na lama escorregadia,
arrepiando-se ao roçar das asas
dos morcegos, ideias que fugiam
a seu controle.

O pródigo, ao menos conforme a história bíblica, podia voltar para casa para opulentas boas-vindas. Mas isso envolveria uma confissão de erro e um pedido de perdão. Para Bishop, seria um alto risco, e assim pôde ter empatia com o seu pródigo. Ela conclui:

E ainda levou bastante
tempo até resolver voltar pra casa.[46]

Bishop estava passando por uma das fases mais difíceis de sua vida. Mas, apesar dos desafios, havia realizado muitas coisas. Passara pelas sessões de terapia com Ruth Foster, tinha publicado uma quantidade significativa de poemas e entrado numa nova fase na sua escrita envolvendo uma grande intensidade psicológica, e o grupo de amigos havia crescido consideravelmente durante suas temporadas em Nova York e Washington e suas duas visitas à Yaddo. Essas amizades a amparariam durante a longa separação dos Estados Unidos que estava prestes a ocorrer. Agora ela tinha planos de viajar de navio cargueiro, circum-navegar a América do Sul em busca de uma fuga dos desafios de sua vida passada e de olho em novas descobertas.

May Swenson se encontrou com Bishop em seu hotel uma semana antes que ela partisse de Nova York rumo à América do Sul e escreveu sobre isso à amiga Polly Hanson, na Yaddo. Disse ter achado que Bishop estava "bem de saúde — a asma está sob controle (ela mesma diz que é forte como um cavalo — e eu acho que é verdade — talvez mais como um daqueles robustos poneizinhos neoescoceses)". Entretanto, Swenson acrescentou que "ela precisa de ajuda com o problema do alcoolismo, e admite isso".[47] Swenson ficou impressionada com "Uma primavera fria", poema escrito por Bishop quando foi visitar a casa de campo da amiga Jane Dewey em Maryland, não longe da base militar Aberdeen Proving Grounds, onde Dewey tinha ajudado a projetar armas durante a Segunda Guerra Mundial. O poema registra a primavera que se aproximava de seu frio e incerto começo, em que "uma violeta estragada no gramado" e as "árvores hesitaram" em mostrar suas folhas. Porém, de maneira lenta e segura, os passos incertos em direção à primavera continuam avançando. Um bezerro nasceu "numa explosão fria e branca de sol". A mãe, num lampejo da indelicadeza tão característica da obra de Bishop, "ficou um bom tempo comendo a placenta", mas, no tipo de reversão do indelicado também característico do seu estilo, o bezerro "logo pôs-se em pé/ e parecia inclinado a ser alegre". O dia seguinte é mais quente e em seguida vêm dois dos versos mais característicos de Bishop:

Cornisos verde-claros infiltraram o bosque,
cada pétala parecendo queimada por uma guimba de cigarro;

O jogo de sons vogais e consoantes no primeiro desses versos é extraordinário, e o segundo caracteriza exatamente a aparência de uma pétala de corniso da maneira mais surpreendente possível. Em breve, o efeito da primavera se torna inequívoco quando os morros se "suavizam" e tufos de capim alto marcam a localização de cada montinho de bosta de vaca. A natureza oferece sua parte de ritmo de jazz enquanto as "rãs-touros coaxam,/ cordas frouxas tangidas por polegares pesados".[48] E o poema termina com uma nota de celebração à medida que a fria primavera transita do seu início para o verão pleno em noites em que "os vaga-

-lumes/ começam a subir" do mato denso e "acendem-se quando ascendem", num momento que pressagia festejo, parecem pairar na mesma altitude "exatamente como bolhas de champanhe".[49] Mesmo naqueles anos difíceis, Elizabeth Bishop ainda achava na natureza momentos de prazer, paz e conforto. Descobriu, nas palavras de "A baía", alguma coisa com que se alegrar, apesar dos aspectos de sua vida que achava horrendos. E agora, na metade de novembro de 1951, estava prestes a empreender uma viagem que mudaria para sempre a trajetória da sua vida e da sua arte.

11. Um excesso de cascatas

Em 11 de novembro de 1951, Elizabeth Bishop embarcou no navio mercante *Bowplate* da linha Norwegian International Freighting Corporation, iniciando a primeira etapa de uma viagem ao redor do continente sul-americano. O ambicioso itinerário que ela organizou para si seria financiado pela primeira bolsa de estudos Lucy Martin Donnelly Traveling Fellowship, com que Bishop tinha sido premiada pelo Bryn Mawr College. Ela explicou à presidente do Bryn Mawr, Katharine McBride: "A passagem é uma espécie de investimento, e eu espero trabalhar muito na longa e demorada viagem".[1]

Se essa aventura náutica transcorresse conforme o planejado, Bishop deixaria os inquietantes desafios de sua vida recente nos Estados Unidos e se entregaria a um desejo de viajar que parecia levá-la sempre para o Sul. Seu plano envolvia uma série de longas visitas aos portos de escala sul-americanos da linha IFC. Quando estivesse pronta para seguir adiante, embarcaria no cargueiro seguinte da IFC e daria continuidade à circum-navegação. Ao longo do caminho, teria oportunidade de ampliar sua experiência geográfica e, ao mesmo tempo, absorver material fresco para os poemas e a prosa destinados à *New Yorker*.

A primeira parada de Bishop no Brasil era o porto de Santos, onde, como uma brochura da IFC prometia com entusiasmo, "você verá o café sendo carregado para ser transportado aos Estados Unidos [no] principal porto cafeeiro do mundo".[2] Bishop, uma amante do bom café, tinha planos de desembarcar em Santos, visitar rapidamente a vizinha São Paulo, a maior cidade do Brasil, e depois ir de trem ao Rio de Janeiro. Lá visitaria sua amiga da Yaddo Pearl Kazin, que se mudara recentemente para o Rio. Ela também planejava passar algum tempo com duas amigas que havia conhecido em Nova York alguns anos antes, a rica e talentosa intelectual brasileira Lota de Macedo Soares — que Bishop descreveu para a secretária da Yaddo Polly Hanson como "extremamente inteligente e terrivelmente gentil" — e a ex-amante e agora companheira e sócia de Lota, Mary Stearns Morse, "uma simpática bostoniana que está com ela e que eu também já conhecia".[3] Depois de uma visita a Macedo Soares e Morse, Bishop pretendia seguir para o Sul, rumo a Montevidéu, Buenos Aires e Terra do Fogo em outros cargueiros da IFC. Passaria pelo estreito de Magalhães, faria escala em Punta Arenas no Chile e rumaria para o Norte na costa do Pacífico em direção ao Peru e ao Equador, onde esperava permanecer em abril e maio.[4] Informaria o Bryn Mawr sobre os resultados da expedição no fim da primavera de 1952.

Mas, antes de chegar a Santos, Bishop e o *Bowplate* tinham de percorrer 9600 quilômetros do Atlântico. A uma velocidade de cruzeiro de quinze nós, a metade da de um transatlântico da Cunard, essa primeira etapa da viagem duraria muitos dias. De acordo com o divulgado pela brochura da IFC, Bishop tomaria suas refeições a bordo do seu "cruzeiro" como parte de sua taxa de passagem barata.[5] E teria muito tempo livre para levar seu aguçado poder de observação a se interessar pelo heterogêneo microcosmo marítimo que a cercava. No dia 12 de novembro, três dias depois de subir a bordo do *Bowplate*, Bishop iniciou uma carta a Hanson, confessando: "Não vou poder postar esta carta nas próximas duas semanas". Mas, acrescentou, "eu acho a melhor coisa numa longa e vagarosa viagem", porque "pouco importa em que ordem a gente trabalha nas coisas, esta resenha ou aquele poema ou uma carta que é preciso responder — com o resultado que eu me sinto tão livre que já fiz realmente muito em 48 horas".[6] A bordo de praticamente qualquer embarcação, do barco de pesca ao transatlântico, Bishop se sentia livre do fardo da ansiedade que sempre levava nas costas.

Enquanto seu cargueiro seguia para o Sul rumo a Santos, Bishop interrompeu a carta a Hanson para admirar uma de suas vistas prediletas, um arco-íris — neste caso, um "que vai e vem nas gotículas suspensas no ar como se estivesse sendo arrastado".[7] Transportando uma enorme carga de jipes e colheitadeiras,[8] o *Bowplate* ostentava uma tripulação norueguesa e uma lista de passageiros de nove almas, além da própria Bishop, "um jovem missionário pálido e magro (Assembleias de Deus, seja lá o que for isso), sua jovem e pálida esposa e os três pálidos filhos do casal de quatro, cinco e seis anos", assim como um cônsul uruguaio em Nova York, "que é simpático, mas acho que é meio maluco",[9] "uma senhora refinada, mas com enjoo",[10] e outra senhora, que Bishop achou "a única pessoa interessante a bordo". Essa mulher, à qual Bishop se referiu respeitosamente como srta. Breen, logo seria imortalizada num poema.

"Breen", escreveu ela, "foi chefe do *presídio feminino* de Detroit durante 26 anos. Exatamente o meu tipo."[11] Um dia antes que o *Bowplate* chegasse ao seu destino brasileiro, Bishop a descreveu mais detalhadamente para Robert Lowell: "Ela tem uns setenta anos; muito gentil e educada — conta como resolveu acidentalmente tal e tal homicídio, de maneira penitente, e confessou que figurou nas 'Histórias Verdadeiras de Detetive'".[12] Bishop escreveu no diário que manteve ao longo da viagem que Breen, com quem ela compartilhava um banheiro, tem quase 1,80 metro de altura [...], grandes olhos azuis e cabelo ondulado com rinçagem azulada. Tem algo muito atraente, embora eu não saiba definir o quê". E acrescentou que, durante suas longas conversas, "a maioria das histórias que ela conta, à sua maneira abafada e penitente, tem a ver com assassinato".[13]

A tenente reformada da polícia Mary E. Breen ingressou na Divisão Feminina da força policial de Detroit em 1921, na qual exerceu a função de chefe da Casa de Detenção Feminina. O *Detroit Free Press* a considerava uma notícia interessante e narrou, entre muitas façanhas, seu papel na captura de uma quadrilha de traficantes de droga em 1928, a "Gangue da Meia de Seda",[14] e, em 1936, o desbaratamento da Legião Negra, um perigoso grupo supremacista branco.[15] Breen recebeu menção honrosa departamental — coisa rara para uma mulher na época — pela prisão da assassina, de Chicago, da sra. Grace Scott",[16] e "a atitude solidária da sarg. Mary Breen [...] levou a coautora de outro homicídio a confessar".[17] Um perfil de Breen no *Free Press* descreveu-a como "educada e de voz suave", mas também como uma "disciplinadora duríssima".[18] Na carta escrita a bordo a Hanson, Bishop — pensando em como tinha sobrevivido aos seus anos angustiantes do final da década de 1940 — chegou a dizer que ela era "feita de ferro-gusa".[19] Talvez enxergasse em Mary Breen uma alma gêmea: uma mulher que, sob uma superfície de modéstia, delicadeza e boas maneiras, mantinha um olho aguçado para o detalhe, uma tenacidade de aço e uma firme determinação de triunfar numa profissão dominada pelos homens.

O diário de Bishop observou que Breen "fala muito na sua 'colega de quarto' de muitos anos, concluo eu — uma advogada chama Ida". Breen e Ida Lippman chegaram juntas a Detroit em 1921 dispostas, segundo o *Free Press*, "a impor um pouco de lei e ordem na Divisão Feminina da polícia local".[20] Em 1928, "desprezando reforços masculinos", elas comandaram "batidas de fim de semana em supostas casas de tolerância [prostíbulos], fazendo oito prisões".[21] Lippman não tardou a conseguir um diploma de direito e se tornou promotora pública, mas ela e Breen ainda moravam juntas, e sua intimidade recebeu mais de uma nota de aprovação no *Free Press*. Um artigo de 1939 descreveu Breen como "amiga do peito" de Lippman[22] e mencionou seus planos de viagem ao Caribe. Brett Millier sugeriu que Bishop tenha visto no relacionamento de Breen e Lippman um paralelo com a parceria da qual ela própria andava à procura inconscientemente.[23] Por certo, em Lota de Macedo Soares, Bishop encontraria em breve uma mulher formidável, engenhosa, determinada e inovadora — não muito diferente de Ida Lippman, a parceira de Breen — que mudaria definitivamente a sua vida.

Quando o cargueiro *Bowplate* entrou no porto de Santos, Bishop se viu numa encruzilhada. Tinha quarenta anos — em breve, completaria 41. Gozava de uma sólida reputação de poeta e tinha um invejável acordo de primeira leitura com a *New Yorker*. No entanto, vários poetas de sua geração, inclusive seu amigo Lowell, seis anos mais novo, eram muito mais famosos. Ela sofrera uma crise psicológica profunda nos últimos cinco anos, com surtos de alcoolismo, ansiedade e depressão, e havia se submetido a um período intensivo de psicanálise. Estava num lento processo de recuperação, mas ainda não se recobrara por completo. Durante seu período de crise, havia mantido sua ampla rede de amigos e correspondentes da vida inteira; entretanto, fazia meia década que seu último relacionamento estável terminara. Além disso, desde 1946, quando desistiu da casa na White Street, em Key West, ela precisava de uma residência permanente. Com muitos de seus livros e pertences guardados em um depósito, havia percorrido de um lado a outro o litoral do Atlântico, mais ou menos como o maçarico de um poema posterior, com breves paradas em Washington, Yaddo, Key West, Carolina do Norte, costa do Maine, Nova Escócia, Boston e Nova York. Tinha morado em pensões e hotéis ou se hospedado na casa de amigos — mais recentemente na casa de campo de Jane Dewey em Maryland, na qual havia escrito o poema "Uma primavera fria", prestes a ser publicado.

Seu poema seguinte, "Chegada em Santos", captou a situação em que Bishop se encontrava e seus níveis de complexidade. Inicia-se com uma voz coloquial, mas aparentemente impessoal. Apesar da suposta distância e da reticência de suas estrofes iniciais, as persistentes preocupações pessoais de Bishop — suas muitas perguntas sem resposta — se projetam na estranha cena:

Eis uma costa; eis um porto;
após uma dieta frugal de horizonte, uma paisagem:
morros de formas nada práticas, cheios — quem sabe? — de
[autocomiseração,
tristes e agrestes sob a frívola folhagem,

uma igrejinha no alto de um deles

Autocomiseração, incerteza, austeridade, impraticabilidade. Acaso tais atributos são inerentes a esse porto e aos prédios e promontórios que o cercam ou são características que a poeta receia ter em si?

A narradora, dirigindo-se a si própria na segunda pessoa, não alega ser uma viajante bárdica — como um poeta homem poderia fazer —, perguntando-se em vez disso: "Ah turista,/ então é isso que este país tão longe ao sul// tem a oferecer a quem procura nada menos/ que um mundo diferente, uma vida melhor, e o imediato/ e definitivo entendimento de ambos/ após dezoito dias de hiato?".[24] "Um mundo diferente", "uma vida melhor", "entendimento definitivo"? Exigências deveras imodestas — mas reivindicações que pressionam intensamente Bishop no momento de sua entrada. Porém, abruptamente, o tempo de meditação acabou e é chegado o momento do desembarque. "Termine o desjejum", a narradora ordena a si mesma. À medida que o poema passa da meditação para a ação, seus pronomes resvalam de uma distanciada segunda pessoa para uma primeira pessoa mais coloquial — começando pelo plural "nós" e depois o singular "eu". Então, "cautelosas, descemos de costas a escada, eu e uma outra passageira, Miss Breen". A seguir, quando ela e a colega passageira, que ganhou vida nas suas cartas, enfrentam um perigo transitório, o poder de observação de Bishop entra em estado de alerta total:

Cuidado, moço, com esse gancho! Ah!
não é que ele fisgou a saia de Miss Breen.

coitada!

Certas frases das cartas de Bishop parecem fluir por corrente contínua para frases em incisivo staccato quando — uma vez evitada uma breve crise — os olhos de Bishop se voltam para a própria Miss Breen, que agora está aposentada e mora no norte do estado de Nova York.

Miss Breen tem uns setenta anos,
um metro e oitenta, lindos olhos azuis, bem
simpática. É tenente de polícia aposentada.
Quando não está viajando, mora em Glens Fall

s, estado de Nova York.

Só dessa vez, Bishop se permite um toque de e. e. cummings, seu recente vizinho em Nova York: o *s* de "Glens Fall/s" cai visual e auditivamente de uma estrofe para a seguinte, enquanto a dupla que desembarca dá aquele último e arremetente passo para entrar no navio-tênder a sua espera. Então em duas sentenças rápidas: "Bom. Conseguimos".

No dia da chegada, Bishop e Mary Breen foram recebidas no porto de Santos pelos sr. e sra. Britto, amigos de Breen de Detroit, que as viram pela alfândega — na qual a poeta esperava que o fiscal não "implique com nosso estoque de bourbon e cigarros". O poema termina de maneira portentosa com os versos "Partimos de Santos imediatamente;/ vamos de carro para o interior". É curioso que o nome dessa nação nova, Brasil, não apareça no seu intrigante, preciso, mas elusivo poema da chegada. E, embora Bishop em geral enfatizasse a exatidão factual de seus poemas, os Britto a levaram com Mary Breen a São Paulo, a menos de oitenta quilômetros de distância. Suas explorações do interior ficariam para outra ocasião.

Depois de dois dias naquela metrópole que lhe pareceu "confusa", Bishop viajou 434 quilômetros a nordeste de São Paulo a outro destino litorâneo, a lendária cidade do Rio de Janeiro. Na manhã de 30 de novembro de 1951, foi recebida na estação carioca por Pearl Kazin e Mary Morse, a amiga de Lota de Macedo Soares. Kazin não era fã do Rio de Janeiro, queixava-se da corrupção e da ineficiência reinantes e confessou mais tarde: "Eu não podia me perder na beleza sedutora e esfarrapada da cidade como faziam certos amigos americanos".[25] Mas, para Bishop, a beleza esfarrapada sempre era o máximo da sedução e, embora suas expectativas setentrionais fossem frustradas pela cidade, ela ficou decididamente intrigada. Pearl ainda estava procurando emprego, e Bishop se perguntou como ela e o marido fotógrafo Victor Kraft — o outrora e futuro amante de Aaron Copland — podiam ganhar a vida com isso. Em compensação, a anfitriã de Bishop no Brasil, Lota de Macedo Soares, podia lhe oferecer uma janela para o Brasil muito diferente da que estava disponível para sua amiga Pearl. Lota herdara um patrimônio considerável, a maior parte em imóveis, e tinha um apartamento de cobertura com uma vista deslumbrante no bairro carioca do Leme.

No entanto, a propriedade mais importante de Lota ficava noventa minutos ao norte do Rio de Janeiro, um pouco depois de Petrópolis, antiga residência de verão do imperador do Brasil. Lá, no isolado topo de uma montanha, cercada por lotes que ela ia vendendo pouco a pouco, estava construindo uma casa ultramoderna. Como a maioria das brasileiras da época, Lota não tinha feito curso superior, mas, graças à sua personalidade enérgica e extrovertida, ao seu espírito inquisitivo e à sua vasta gama de interesses artísticos e culturais, desenvolvera uma ampla rede em toda a pequena, mas brilhante elite intelectual do Brasil, inclusive poetas, artistas, arquitetos, ficcionistas, músicos, jornalistas e políticos. Em 1942, quando visitou Nova York com Morse — ocasião em que conheceu Bishop —, Macedo Soares ficou muito admirada com a energia e determinação da cultura americana, bem como com a qualidade e a plenitude dos bens manufaturados do país. Estabeleceu vínculos com figuras importantes do Museu de Arte Moderna da cidade, no qual Bishop também tinha conexões importantes. Também fez estreita amizade com músicos como o famoso dueto pianista formado por Robert Fizdale e Arthur Gold, e com notáveis artistas contemporâneos, dentre os quais o escultor Alexander Calder. Lota ficou muito impressionada com a poesia de Bishop, que acabava de ser publicada no seu primeiro livro, *Norte e sul*, e — como recordaram Fizdale e Gold — com o contato de Bishop com as principais figuras do universo poético americano, o que, em geral, parecia despertar nela mais desconfiança que orgulho.

Posteriormente, numa carta a May Swenson, Bishop relembrou seu primeiro encontro com Macedo Soares no Rio de Janeiro: "Lota tem cabelo preto liso. — Fazia uns seis anos que eu não a via e, quando cheguei e nos olhamos, ela ficou horrorizada ao ver como eu estava grisalha, e eu com as duas mechas prateadas que ela tinha, uma de cada lado, bem largas. Quando me acostumei, passei a gostar delas — Lota parece exatamente um chapim... e é muito chique".[26] Bishop contou ao irmão de Pearl, Alfred Kazin, numa carta datada de "10, 11 ou 12 de dezembro", que Lota e Mary tinham sido extremamente hospitaleiras — elas me entregaram seu apartamento no Rio, com empregada e tudo, e eu me vi cercada de obras de Calder, de cariocas, de café etc. — e, é claro, de um remédio para disenteria, cujo nome também começa com C". Do terraço de Lota no Leme, Bishop tinha vista da encantadora posição geográfica do Rio de Janeiro: a larga faixa de areia dourada da praia de Copacabana, o resplandecente oceano mais adiante e os afloramentos rochosos e as altas montanhas que emolduram a praia e circundam e dão destaque à cidade. Bishop disse a Alfred Kazin que pretendia sair do Brasil no cargueiro seguinte, partindo mais ou menos em "26 de janeiro", e acrescentou: "É tudo muito luxuoso, e eu nunca tinha me sentido como Rilke".[27]

Para Bishop, porém, o verdadeiro acontecimento foi seu primeiro encontro com a fazenda de Lota, cujo nome era Samambaia. Ela a viu pela primeira vez dois dias depois de um passeio turístico pelo Rio de Janeiro conduzido por Lota. A viagem de carro durava noventa minutos e subia as montanhas da Serra dos Órgãos, ao norte da cidade. Depois de passar pela histórica e imperial Petrópolis, a Land Rover de Lota saiu da rodovia principal e iniciou a tortuosa subida por uma estrada íngreme e rústica. O que Bishop viu ao chegar à Samambaia, como ela contou a Polly Hanson, foi que Lota "possui muita terra" nas imediações e estava "construindo para si uma bonita casa espaçosa e moderna junto a um sólido morro de granito — o cenário todo é tão incrível e *impraticável* para uma setentrional — e, contudo", acrescentou ela numa nota de qualificação característica, "para início de conversa, acho que a própria Nova Inglaterra era mais impraticável".[28]

O imóvel que Lota estava construindo, a partir de plantas desenhadas em colaboração com o jovem e eminente arquiteto modernista Sérgio Bernardes, atualmente é considerado um tesouro arquitetônico. Lota atuava como sua própria empreiteira, supervisionando cada etapa do processo de construção e trabalhando para transformar a planta de um arquiteto qualificado numa realidade concreta. Esse era exatamente o papel desempenhado, décadas antes, pelo pai e pelo avô de Bishop. No entanto, como o projeto de Lota estava sendo implementado num local remoto e desafiador, e como ela era uma amadora talentosa e exigente, não uma profissional acostumada a administrar empregados e fornecedores a longo prazo, o processo de construção era bem mais desordenado do que os procedimentos metódicos, organizados e rigorosamente orçamentados da J. W. Bishop & Co. de Worcester, Nova York, Providence e Boston. Em meio à topografia extraordinária de Samambaia e à inevitável mixórdia da vida num canteiro de obras, Bishop se viu, estranhamente, como que voltando para casa. Ali, não tardaria a descobrir aspectos tão saudosos do mundo da família de sua mãe, os Bulmer de Great Village, Nova Escócia.

No dia de Natal,[29] Bishop teve uma reação alérgica aguda a "duas azedíssimas mordidas"[30] num caju — uma fruta que não viaja bem e, portanto, é desconhecida na América do Norte. Ela relatou numa carta à dra. Anny Baumann: "No dia seguinte eu comecei a inchar — a inchar e a inchar; não sabia que a gente podia inchar tanto".[31] Esse inchaço, que ocorreu acima do pescoço, obstruiu-lhe a visão e fez com que sua cabeça ficasse do tamanho de uma abóbora.[32] Baumann diagnosticou tais sintomas como o perigoso edema de Quincke. Se o inchaço lhe tivesse atingido a traqueia, provavelmente lhe paralisaria a respiração e seria fatal. Essa perigosa inflamação não tardou a ser reforçada pelos companheiros crônicos de Bishop, a asma e o eczema. Ela passou vários dias num hospital de Petrópolis, cercada por Macedo Soares e um atencioso enxame de amigos brasileiros de Lota. Bishop, que se sentira tantas vezes privada de cuidado e carinho na sua infância calvinista repleta de perdas, ficou estranhamente encantada com tanta e tão ostensiva cortesia. E comentou em carta a Marianne Moore: "Eu parecia extraordinária e isso mostra como os brasileiros podem ser simpáticos a ponto de dar a impressão de que era eu quem era benquista por eles, e não o inverso".[33] À amiga pintora Loren MacIver, ela observou que "Lota e Mary foram tão boas para mim" durante a doença, que "quase chegou a ser um prazer".[34]

As emoções de Bishop podem ter se recuperado rapidamente, mas sua energia e força física exigiram um mês inteiro e a impediram de embarcar no cargueiro no dia 26 de janeiro e cumprir o plano de seguir viagem rumo à Terra do Fogo. Depois de ter alta no hospital, ela continuou se recuperando em Samambaia, bem quando sua primeira estação chuvosa estava começando. Em meados de janeiro, Bishop descreveu essa experiência para Polly Hanson:

> As montanhas ficam pretas, as partes que aparecem, e depois das chuvas, estão cobertas de listras de água, e as nuvens baixam muito — estou dentro de uma neste instante — e flutuam por aí, e as cachoeiras e as orquídeas são exatamente como nos livros.

Tais experiências deixaram nela uma impressão profunda, tanto que frases e imagens dessa carta acabaram migrando para mais de um de seus poemas posteriores.[35]

Enfim, em 7 de fevereiro de 1952 — um dia antes do seu 41º aniversário —, Bishop resolveu refletir, em uma carta aos amigos ingleses Kit e Ilse Barker, sobre os dois meses agitados que havia passado no Brasil, país que devia ser apenas uma escala em sua viagem à América do Sul. Todavia, com a aproximação de seu aniversário em 8 de fevereiro, começou a se sentir em condições de retomar seu fatigante itinerário. Mais tarde, ela revelou a entrevistadores que a reação alérgica ao caju foi o fator decisivo para que permanecesse no Brasil, mas comentou com os Barker que, embora "eu tenha gostado tanto daqui, onde fiquei e fui ficando inteiramente graças aos meus amigos", agora estava "planejando embarcar na minha vaga linha de cargueirinhos lá pelo dia 1º de março".[36] A carta que estava escrevendo foi interrompida pela comemoração do seu aniversário, no qual ela recebeu um presente surpreendente de uma fonte improvável, fato que defletiu — definitivamente, como se veria — seus planos de continuar a viagem de cargueiro.

Quando Bishop retomou, animada, a carta para os Barker no dia 9 de fevereiro, foi para anunciar: "Céus — ontem foi meu aniversário e eu gosto dos brasileiros mais do que nunca". E acrescentou: "Um vizinho que eu mal conheço — porque, para começar, não temos uma língua comum — veio e me trouxe o sonho da minha vida — um TUCANO".[37] Os Tomska eram refugiados poloneses que "administravam o zoológico de Varsóvia, creio eu. Ele faz grandes negócios com animais no mundo todo". Esses emigrados haviam comprado de Lota, recentemente, uma propriedade vizinha, e Bishop os visitava com frequência "para admirar seus pássaros e animais, mas nunca imaginei que me dariam um tucano — eles são bem caros". Ao que parece, não lhe ocorreu que Lota, que tinha condições de conhecer o grande desejo da sua atraente hóspede, podia ter orquestrado, ou pelo menos estimulado, a realização desse sonho.

Bishop ficou verdadeiramente deslumbrada. Sua carta aos Barker mostra que, em um só dia, já tinha batizado o novo companheiro Tio Sam (Sammy, para os íntimos) e estudado tão detidamente seu presente que pôde entreter os amigos com um vivo relato dos singulares encantos físicos de Sammy. "Ele tem olhos azuis elétricos, pernas e pés azul-acinzentados. A maior parte dele é preta, salvo a base do bico enorme, que é verde e amarela, e tem o peito dourado e uma plumagem vermelha na barriga e sob a cauda."[38] E também ficou feliz em falar dos singulares hábitos digestivos de Sammy: "Come seis bananas por dia. Devo dizer que elas parecem atravessá-lo de ponta a ponta e saem praticamente intactas — carne, uvas —, vê-lo engolir uvas é quase como jogar fliperama".[39] Não seria nada fácil viajar dividindo a cabine de um pequeno cargueiro e atravessar resolutamente o cabo Horn com um companheiro tão travesso e exigente.

Com a chegada de Sammy, toda menção à partida de Bishop no cargueiro seguinte desapareceu em sua correspondência com os amigos americanos e britânicos. No dia 14 de fevereiro, ela escreveu a Marianne Moore sobre uma visita ao Rio de Janeiro "para tratar da extensão do meu visto brasileiro".[40] Como seu amigo Frank Bidart recordaria depois, "uma manhã, Elizabeth estava na cama e Lota entrou no quarto e lhe pediu que ficasse com ela no Brasil. Elizabeth disse sim. Ficou surpresa e disse que sim. Gostava de Lota, mas não estava apaixonada por ela. Nos anos subsequentes, apaixonou-se realmente por Lota".[41] Talvez a primeira coisa pela qual Bishop tenha se apaixonado profundamente tenha sido o mundo intrigante que Lota podia lhe oferecer na sua montanha.

Nem toda norte-americana teria achado o mundo de Samambaia igualmente atraente, em especial enquanto a casa principal ainda estava em construção. Como Bishop contou aos Barker: "Nós estamos meio acampadas em um terço dela".[42] Mas ela sabia que sua amiga Moore compreenderia, lá havia uma espécie de combinação onírica de vida vegetal e animal [...]. Não só havia em toda parte as pouco práticas montanhas, com nuvens a entrar e sair flutuando no quarto da gente, mas cachoeiras, orquídeas, todas as flores de Key West que conheço como também maçãs e peras setentrionais".[43] De novo, várias imagens dessa carta apareceriam mais tarde num poema seu que foi publicado. A Moore, Bishop informou que "agora as borboletas chegaram para o verão — algumas enormes, azul-claras iridescentes, aos pares [...]. E eu nunca vi tais mariposas". Entretanto, junto com essa fauna extraordinária vinham dias e noites vividos em condições relativamente primitivas e o fluxo de hóspedes que a maioria dos amigos setentrionais de Bishop teria achado inconveniente. Como a casa estava inacabada e iluminada por lampiões a querosene, "é claro que recebíamos milhares [de borboletas], ratos e caranguejos grandes, pretos, como couro envernizado, e os maiores bichos-pau que já vi". Mas Bishop sentia que Moore entenderia que "tudo isso é maravilhoso para mim e minhas ideias de 'viajar' retrocedem agradavelmente todo dia".[44]

Segundo James Merrill, Bishop contou que Lota havia garantido que "podia perfeitamente acrescentar uma pequena quitinete para Elizabeth à casa que estava construindo". Esse presente proporcionaria a Bishop dois cômodos só seus nos quais poderia escrever em paz e a sós, com intervalos para curtir o intrigante mundo natural e a solícita rede social e cultural que Lota tinha condições de propiciar. Como lembrou Merrill, "foi realmente isso que me tirou lágrimas. Elizabeth disse: 'Nunca na vida eu tive alguém que fizesse esse tipo de gesto por mim e isso simplesmente significava tudo'".[45]

No entanto, nem todos os amigos americanos de Bishop aprovaram sua decisão de ficar. Pearl Kazin, que então tinha planos de dar adeus ao Rio de Janeiro, sentia uma grande "insatisfação" pelo Brasil e mal podia esperar sair do país — coisa que fez pouco depois que Bishop resolveu ficar. Para Kazin, não foi só a sua aversão pela vida brasileira que "fez com que a decisão de Elizabeth de viver lá parecesse arriscada";[46] para ela, Bishop tinha compleição "frágil", e, mais tarde, Kazin observaria que ela "dificilmente sabia alguma coisa daquele país imenso, mas, aos quarenta anos, estava se comprometendo com uma estranheza mais complexa do que qualquer outra que ela havia conhecido na vida, por mais que tivesse viajado". Kazin tinha muitas dúvidas que a preocupavam: "Bishop conseguiria encontrar o remédio para asma sem o qual não podia viver? Aprender português, uma língua que me confundia? E a modesta renda que havia herdado da família do pai não seria assustadoramente inadequada diante de uma taxa de inflação que todo dia fugia loucamente ao controle?".[47]

Não obstante, Bishop encarava sua permanência como um passo em direção à salvação e à realização potencial. Lowell, que então residia em Amsterdam, indagou, sem apoiá-la de todo: "Por que o Brasil? É o que todo mundo nos pergunta".[48] Bishop não resistiu a proclamar: "Eu tenho um TUCANO — chamado Tio Sam num acesso de chauvinismo. Ele é maravilhoso, engole joias ou finge fazê-lo, sabe jogar bola com uvas e tem olhos azuis brilhantes como luzes de neônio".[49] E acrescentou com ar de satisfação: "Parece que eu virei brasileira e agora adoro viajar de jipe à aldeia vizinha para comprar querosene, como fiz em novembro ao pensar na minha viagem pelo cabo Horn".[50] O que Bishop não podia contar a Lowell com tantas palavras era que estava se apaixonando por Lota, e que isso explicava, pelo menos em parte, aquele sentimento de satisfação que era novo para ela.

Quando o 42º aniversário de Lota se aproximou — cinco semanas depois da comemoração do 41º de Bishop, em 8 de fevereiro, e cinco dias antes de sua exuberante missiva a Lowell —, Elizabeth se sentiu pronta para dar expressão artística ao seu apego cada vez mais profundo por Lota e pelo mundo de Lota. Comemorou sua decisão de ficar na forma de um presente de aniversário único. Apelando para sua habilidade de aquarelista, fez uma natureza-morta que realçava um dos lampiões a querosene que iluminavam a casa. Na aquarela, inscreveu com tinta preta o primeiro, mais breve, mais simples e mais direto da série de poemas de amor que dedicaria à sua recém-encontrada nova parceira e protetora.

Para Lota:

Mais longamente que o de Aladim arde,
Amor & muitos retornos felizes
16 de março de 1952
Elizabeth.[51]

O presente em verso extraordinariamente direto de Elizabeth Bishop celebra as condições em comparação primitivas, mas reconfortantes, em que estavam vivendo e insinua a brilhante perspectiva de sua futura união. Também alude ironicamente à predileção de Lota por bens manufaturados americanos — aqui uma importante marca de lampiões a querosene cujo nome era o da popular figura das *Mil e uma noites*. Pela brevidade e discreta inteligência, seu dístico conversa com a luminosa promessa de um amor apaixonado e duradouro.

Em 14 de março de 1952, dois dias antes de oferecer seu presente em forma de verso à sua anfitriã e novo amor, Bishop enviou a Katherine White, editora de poesia da *New Yorker*, seu primeiro poema brasileiro, "Chegada em Santos". Depois de algumas picuinhas sem importância sobre a pontuação, o poema foi publicado no número do dia 21 de junho de 1952. Dada a comedida velocidade de produção poética de Bishop e os pomposos métodos editoriais da *New Yorker*, essa foi quase uma corrida jornalística. O poema — e particularmente o último verso, "vamos de carro para o interior" — podia ser interpretado como um anúncio oblíquo aos amigos e colegas de sua decisão de morar e explorar o país chamado Brasil.

No começo de "Chegada em Santos", Bishop se refere aos morros que circundam o porto de Santos como "de formas nada práticas, cheios — quem sabe? — de autocomiseração". Talvez ela estivesse pensando mais nas suas montanhas de Samambaia, já que usava esse "nada práticos" nas cartas para os amigos norte-americanos. No seu segundo poema brasileiro, "A montanha", ela dramatiza de maneira cômica a vida emocional interior de um morro pouco prático e até cheio de autocomiseração, decerto pensando em particular no penhasco de granito exposto junto ao qual agora morava no seu lar inacabado. Essa montanha manifesta seus pensamentos num monólogo dramático singular, expressa uma crise geológica de identidade parcialmente cômica, enfatizada pelos alternados refrões do poema: "Não sei a minha idade" e "Diga que idade tenho". A montanha personificada de Bishop parece perplexa com coisas que deviam ser conhecidas, como a aparição noturna da lua: "Ao anoitecer uma coisa atrás de mim". Então vem a diurna, e mesmo assim inquietante, reaparição do sol: "De manhã é diferente. Um livro aberto me confronta,/ perto demais para o ler com conforto". Os vapores anuais da estação chuvosa — novos para Bishop, mas conhecidos pela montanha — não são menos desconcertantes: "E depois os vales enfiam/ névoas impenetráveis/ como algodão nas minhas orelhas./ Não sei a minha idade". Inicialmente, a voz da montanha parece a de um adolescente frustrado, mas no fim ela se acomoda nos padrões de uma relação de idosos queixosos: "Não quero reclamar./ Dizem que a culpa é minha./ Ninguém me conta nada./ Diga que idade tenho". Finalmente, depois de procurar palavras para o seu anseio frustrado por compreensão e conexão, a montanha opta por um resignado reconhecimento do isolamento e da incerteza:

Estou ficando surda. O canto dos pássaros
definha. As cachoeiras se vão deslavadas.
Qual é a minha idade?
Diga que idade tenho.[52]

Bishop desdenhou "A montanha" mesmo depois de ter sido elogiado por amigos como Marianne Moore. Praticamente implorou à *New Yorker* que não o publicasse, pedindo, pelo contrário, que o liberasse e o encaminhasse à *Poetry*, na qual foi publicado em um número especial de aniversário como mera "contribuição" da poeta. Ela incluiu o poema no seu segundo livro, mas o excluiu de coletâneas posteriores — e ele mal recebeu os comentários dos críticos. Contudo, inserido no seu contexto vivo, "A montanha" entra em um foco mais nítido como uma improvável joia cômica surrealista, para a qual Bishop transfere com humor a profunda e lamentosa ansiedade de poemas do fim da década de 1940, como "Conversa", "Discussão" e "Enquanto alguém dá um telefonema", a um objeto que ela dotou de vida sensível. Assim, encontra um modo de exprimir e, ao mesmo tempo, de se distanciar de suas incertezas sobre as características reconfortantes e embaraçosas de seu mundo recém-adquirido.

O poema brasileiro seguinte de Bishop, "O banho de xampu", agora pode ser lido como um tributo velado, mas pungente, à sua nova amada brasileira. Adrienne Rich, numa apreciação publicada cinco anos depois da morte de Bishop, viu-o como a celebração de "um sério e delicado rito prático entre duas mulheres".[53] Bishop apresentou o poema à *New Yorker* no dia 18 de junho de 1953 e, duas semanas depois, recebeu a relutante carta de rejeição de Katherine White. "É absolutamente horrendo ter de devolver um poema seu", escreveu White, "especialmente quando estamos tão ansiosos por ter um para publicar. Mas, embora os votos em 'O banho de xampu' tenham sido variados, o 'não' acabou vencendo". Para a *New Yorker*, o ponto de atrito surgiu nas duas últimas estrofes, que dão voz a uma ávida, ainda que velada, expressão de intimidade sensual. Na versão considerada pela revista, Lota, que não é nomeada no poema, é descrita como uma "amiga" precipitada "e eis no que dá. Porque o Tempo é,/ mais que tudo, contemporizador". Depois dessa insinuação de crítica, o poema se volta delicadamente para o romântico, ou até o erótico, com os versos provocantes: "No teu cabelo negro brilham estrelas/ cadentes, arredias./ Para onde irão elas/ tão cedo, resolutas?". E o poema termina com um convite direto e surpreendente, pelo menos para o leitor: "— Vem, deixa eu lavá-lo, aqui nesta bacia/ amassada e brilhante como a lua".[54]

Explicando a rejeição do poema pela *New Yorker*, Katherine White prosseguiu: "Para nós, um motivo contra ele é que se trata de um poema pessoal em que você dá a impressão de não ter descrito inteiramente a ocasião envolvida. Pelo menos, parece-nos que não transmitiu tudo; por exemplo, em que a tal amiga tanto se precipitou?".[55] Obviamente, Bishop não teria como descrever a ocasião de maneira mais direta sem denunciar o subtexto homoerótico do relacionamento dela com a "amiga" — subtexto esse que a revista pode perfeitamente ter receado que já estivesse demasiado visível. Efetivamente, White não deu à autora oportunidade de revisar o poema para esclarecer a ocasião. Quando seu principal veículo rejeitava seus escritos, Bishop às vezes perdia a fé neles, mas continuou acreditando nesse. Enviou uma cópia a Pearl Kazin, agora copidesque da *New Yorker*, com o ríspido comentário: "Eis o poeminha que sra. White não conseguiu entender. Mas troquei três palavras depois que ela o devolveu".[56] A alteração de Bishop substituíra as palavras "exigente e muito volúvel" — qualquer um que conhecesse a muito franca Lota a reconheceria prontamente nessa descrição — pelas mais aliterantes "que se precipitou".

Depois que "O banho de xampu" foi rejeitado também pela *Poetry*, outro veículo simpático a Bishop, apesar de sua nova revisão, ela o enviou a May Swenson, que respondeu com uma longa meditação anunciando de início "parece-me certo, mas seria difícil como o diabo dizer por quê", e acrescentou rapidamente: "Tenho certeza de que é um bom poema". Usando quase a mesma linguagem que White, Swenson concedeu que "parece que está faltando alguma coisa". Entretanto, apressou-se a adicionar: "Mas isso o torna melhor de certo modo... algo enigmático, embora a expressão seja perfeitamente descomplicada". Tentando de uma maneira desajeitada obter mais pormenores, Swenson matutou que "é uma espécie de homenagem a alguém — e também uma queixa da velhice".[57]

Ao responder, Bishop explicou livremente à sua colega poeta lésbica os detalhes que não podia revelar de modo direto a um editor ou leitor. Começando pela observação anteriormente citada sobre o "cabelo preto liso" de Lota, com "as duas mechas prateadas que ela tinha, uma de cada lado, bem largas", Bishop acrescentou: "Bacias de estanho brilhante, de todos os tamanhos, são muito características da vida brasileira [...]. [Nós] usávamos uma enorme [para o nosso xampu] antes de termos água corrente mais ou menos quente no banheiro". Também forneceu um contexto para o início do poema: "Os liquens — silenciosas explosões/ nas pedras — crescem e engordam,/ concêntricas, cinzentas concussões". E explicou a Swenson: "Eu estou cercada por rochas e liquens". O poema prossegue extravagante e paradoxalmente, dizendo que esses liquens "têm encontro marcado/ com os halos ao redor da lua, embora/ até o momento nada tenha se alterado".[58] Bishop esclareceu que esses liquens da fazenda Samambaia "têm exatamente uma coloração sinistra de halos ao redor da lua, às vezes — parecem estar tratando de se espalhar até a infinidade, como também os da lua".[59] O que ela não acrescentou foi que aquelas explosões silenciosas nas rochas ecoavam as explosões dentro dela, relação que estava dando início com Macedo Soares, e que também ecoavam suas incertezas em relação à passagem do tempo e da permanência do amor. Mas Swenson deve ter intuído parte disso, pois, quando leu o poema como uma "queixa da velhice", também viu nele "o desejo de que uma pessoa possa mudar ou envelhecer lentamente como um rochedo — ou que tal pessoa *tenha* esse tipo de perpetuidade —, ou que, ao lhe lavar o cabelo na bacia da lua, você a pudesse conferir a ela".[60]

A estudiosa da literatura Ashley Brown, que chegou ao Brasil pelo Programa Fullbright em agosto de 1964 e se tornou uma das amigas íntimas de Bishop, assegura que a cerimônia do xampu de Bishop e Lota continuou até muito depois da chegada da água encanada à Samambaia: "Elizabeth e Lota se davam muito bem, uma tinha grande facilidade com a outra. Lembro-me bem do modo como Elizabeth costumava lavar o cabelo de Lota [...]. Elizabeth dava muita importância a isso. Era um ritual que ela transformou num poema".[61]

Em seu tributo de 1984 a Bishop, Adrienne Rich admitiu que, nas primeiras leituras de seus poemas, "eu não conectava os temas da marginalidade e da condição de outsider na sua obra, assim como suas codificações e obscuridades, com uma identidade lésbica. Estava à procura de uma clara tradição feminina; a tradição que comecei a descobrir era difusa, esquiva, muitas vezes críptica". Contudo, Rich decerto estava pensando em poemas como "O banho de xampu" quando acrescentou que, depois de outras leituras dessa poeta mais velha no contexto do "tempo e dos costumes das décadas de 1940 e 1950, a obra de Bishop agora me parece notavelmente sincera e corajosa".[62]

Elizabeth Bishop enfim publicou "O banho de xampu" numa edição de 1955 da *New Republic* — dois anos depois de havê-lo apresentado à *New Yorker*. Alguns meses mais tarde, ele foi publicado como o item final de seu segundo livro de poesia, *Uma primavera fria*. Ela continuaria vivendo no Brasil por muitos anos, observando sua esfarrapada beleza com olhos de outsider, mas também com a perspectiva de brasileira que sua convivência com Lota lhe permitia. Desse ponto de vista único, em um mundo que ela não podia ter previsto, Bishop encontrou tempo e inspiração para tecer o conjunto de sua poesia, prosa e correspondência.

12. Samambaia

Você não gostaria de morar numa ilha dos mares do Sul — e esquecer calendários, igreja, metrô, médicos e logaritmos?
Elizabeth Bishop, carta de 1927 a Louise Bradley

Em 1952, apenas quatro meses depois de ter se comprometido a ficar no Brasil com Lota, Bishop fez uma viagem a Key West e a Nova York acompanhada da "anfitriã", para encerrar seus negócios nos Estados Unidos e providenciar para que seus livros, papéis e outros pertences fossem enviados ao Brasil. Na metade de agosto, estava de volta à Samambaia, acomodada no cantinho já pronto da casa ultramoderna, cuja construção ainda em curso Macedo Soares continuava a supervisionar. Bishop, por sua vez, começou a estabelecer uma rotina que descreveu a vários amigos nos Estados Unidos, explicando que, por ora, a vida social "onde eu moro é muito limitada — uns poucos amigos sobem até aqui nos fins de semana e chegam com os radiadores fervendo", mas, no resto da semana, "nos deitamos para ler às 21h30, cercadas de lampiões, cachorros, mariposas, camundongos, morcegos-vampiros etc.". Mas, prosseguiu ela: "Gosto tanto daqui que a toda hora penso que morri e fui para o céu, um prêmio totalmente imerecido".[1]

Quando não se ocupava de um poema ou de um conto, Bishop costumava datilografar uma carta para um dos seus amigos epistolares na América do Norte. Como observou Pearl Kazin, uma de suas frequentes correspondentes, "ela escrevia cartas maravilhosas, as palavras fluíam de seus dedos com uma espontaneidade desinibida tão diferente da reticência e do comedimento de seus poemas e contos". Kazin comentou com precisão que, embora estivesse "longe de ser prolífica na sua obra publicada, Bishop passava os dias escrevendo milhares de cartas com incansável vitalidade e facilidade".[2] Robert Lowell foi mais longe ainda ao afirmar que, "quando as cartas de Elizabeth Bishop forem publicadas (e hão de ser), ela será reconhecida não como uma das melhores, mas também como uma das mais prolíficas escritoras do nosso século".[3] Bishop era uma correspondente divertida, fluente e confiante desde a adolescência, mas, nos anos que passou no Brasil, alçou seu desempenho epistolar a um novo nível.

Muitos desses amigos epistolares reconheciam que o recebimento de uma carta de Bishop era visto por eles como uma ocasião especial. Kazin descreveu suas primeiras cartas do Brasil que chegavam em frágeis envelopes de correio aéreo e ofereciam um verdadeiro "pot-pourri de associação livre de pormenores domésticos, fofocas e juízos literários, política, paisagem, lamentação, clima e alegria — a alegria que sentia por já não estar sozinha, de morar numa casa repleta de barulho e do socorro da normalidade".[4] Ao mesmo tempo que mantinha essa abundante correspondência, Bishop absorvia cada página de uma gama assustadora de revistas literárias americanas e britânicas. Ela (e Lota) as lia avidamente desde o momento em que chegavam, levando o mundo das letras em toda sua diversidade para seu retiro montanhês fora de Petrópolis. E Lota — que Bishop descreveu como uma inveterada "bisbilhoteira de cartas"[5] — com frequência aproveitava uma oportunidade para devorar as missivas que Bishop recebia de Marianne Moore, May Swenson e Robert Lowell. Bishop também lia com atenção cada número da *Time*, que ela descreveu para Robert Lowell como "essa revista horrorosa que a gente tem de ler aqui porque pelo menos traz as notícias primeiro".[6] Mas por ora, em todo caso, o mundo encapsulado da revista *Time* parecia bem longe de Samambaia. Como já tinha vivido na sua querida Great Village, Bishop estava redescobrindo, na metade do século, um mundo sem eletricidade nem água encanada, um mundo em que os cavalos e os lampiões a querosene continuavam em pleno uso. Ela reconheceu para os Barker que era "realmente engraçado ver a *Partisan Review* chegar às vezes a cavalo". E acrescentou: "É curioso vir ao Brasil para viver uma recordação total da Nova Escócia — a geografia deve ser mais misteriosa do que a gente percebe, mesmo [...]. Mas é maravilhoso poder trabalhar, não é — eu realmente não pude durante tantos anos".[7]

Em outubro, após ter regressado à Samambaia em julho de 1952, Bishop pôde contar aos "queridos Barker" que seu "clavicórdio — e minha 'biblioteca'" estão "na doca do Rio de Janeiro agora e devem chegar aqui na semana que vem". A casa em que esses tesouros seriam acolhidos estava apenas "cerca de um terço pronta",[8] mas já era comentada nas revistas arquitetônicas, e Bishop tinha certeza de que acabaria sendo uma maravilha. A atual ausência de água encanada não a incomodava porque podia lavar o cabelo na cachoeira e nadar na piscina natural próxima. Mais tarde, ela escreveria a Swenson que "Lota e eu queríamos que você estivesse aqui hoje de manhã para ir nadar agora mesmo e escorregar na cachoeira conosco e almoçar figos maduros e *prosciutto*".[9]

1. Elizabeth Bishop com a mãe, Gertrude, Worcester, fev. 1912.

2. Fotografia do obituário de William Thomas Bishop, pai de Elizabeth, Worcester, out. 1911.

3. Elizabeth Bishop com os avós, William e Elizabeth Bulmer, Great Village, 1911.

4. Elizabeth Bishop, Worcester, set. 1915.

5. Elizabeth Bishop no Acampamento Chequesset, *c.* 1925.

6. Elizabeth Bishop e Margaret Miller, fotografia da equipe do *Vassarion*, 1930.

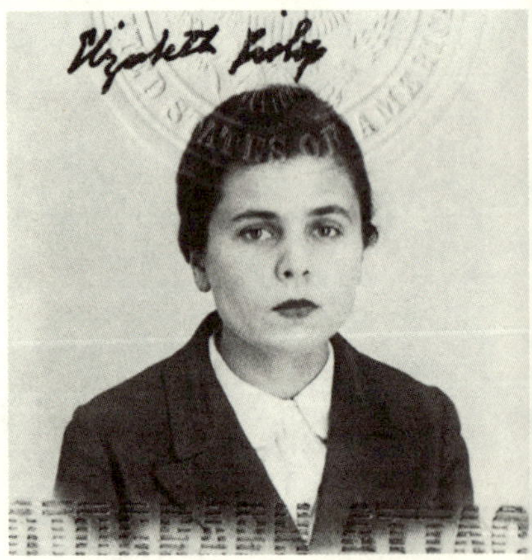

7. Elizabeth Bishop, fotografia do passaporte, 1935.

8. Elizabeth Bishop e Louise Crane, Key West, *c.* 1940.

9. Elizabeth Bishop, Key West, década de 1940.

10. Louise Crane e Elizabeth Bishop em Nova York, *c.* 1940.

11. Pintura de Gregorio Valdes da casa que Bishop e Crane dividiam em Key West.

12. Fotografia do passaporte de Marjorie Stevens, Key West, 1941.

13. Elizabeth Bishop do telhado de seu apartamento "sótão" na King Street, 46, Manhattan, 1943.

14. Elizabeth Bishop na Yaddo com May Swenson e Beauford Delaney, outono de 1950.

15. Lota de Macedo Soares e Mary Morse explorando a fazenda Samambaia, década de 1950.

16. Lota de Macedo Soares na fazenda Samambaia, década de 1950.

17. Elizabeth Bishop descansando em Samambaia com seu gato Tobias.

18. Elizabeth Bishop em Samambaia.

19. Elizabeth Bishop nadando em uma piscina natural em Samambaia. Ela observou: “Não sei de quem são essas pernas”.

20. A casa de Lota em Samambaia e o topo de granito de "A montanha" a pairar sobre ela.

21. Elizabeth Bishop na entrada de seu estúdio em Samambaia, década de 1950.

22. Elizabeth Bishop e Robert Lowell no terraço do apartamento de cobertura de Lota com vista para Copacabana.

23. Vista da varanda dos fundos da Casa Mariana de Elizabeth Bishop, em Ouro Preto.

24. Frank Bidart e Elizabeth Bishop na balsa a caminho de North Haven, década de 1970.

25. Elizabeth Bishop na "Driftwood", a casa à beira-mar de Louise Crane, Woods Hole, década de 1970.

A principal inconveniência causada pela falta de eletricidade era não poder ligar o toca-discos, e "música é o tipo da coisa que faz falta aqui".[10] Quando, depois de vários meses, seus pertences finalmente foram liberados pela alfândega do Rio de Janeiro (sempre uma coisa incerta), Bishop pôde anunciar a Polly Hanson: "Agora eu tenho meu clavicórdio outra vez [...] e é tão bom, uma novidade e um ativo social [...], além de ser terrivelmente gostoso nas noites aqui".[11] Ela também estava redescobrindo suas habilidades havia muito tempo negligenciadas no gravador.

Pela primeira vez em séculos, Bishop tinha à mão toda a sua coleção de livros — ou, como ela disse a Polly Hanson, "o que sobrou dela depois de ter passado dez anos de mão em mão" —, bem como todos os seus papéis, esboços e fragmentos de projetos literários promissores, mesmo que ainda incompletos. Também tinha acesso à vasta coleção de livros de Lota. Agora podia relaxar com tempo para escrever, ler e pensar. E acrescentou, quanto a ter seus livros no Brasil: "A gente precisa mesmo, já que não há muitas bibliotecas por aqui". Depois disse: "Mas eu consigo livros o tempo todo no British Council [...]. Estou trabalhando no seu setor de viagem, e Lota exauriu todas as obras sobre *compostagem*". Nesse meio-tempo, Macedo Soares se convenceu de que "a cachoeira tinha força suficiente para acionar uma turbina". Isso significava que, um dia, "haverá eletricidade, uma vitrola etc., esperamos".[12] À sua curiosa maneira, naquele lugar inesperado e imprevisto, Bishop estava realizando um sonho havia tanto tempo acariciado e talvez quase esquecido.

Quando tinha dezesseis anos, Elizabeth Bishop falou nesse sonho em carta a Louise Bradley:

> Mas um dia — isso é verdade —, vou morar no Taiti ou numa daquelas ilhas com um piano e pilhas de livros — e o mar e o sol — e as estrelas. E aí você tem de ir comigo e levar a harpa irlande-

sa e nós vamos tocar juntas — não só música. Você não gostaria de morar numa ilha dos mares do Sul — e esquecer calendários, igreja, metrô, médicos e logaritmos? Diga que sim, ou melhor, escreva isso para mim.[13]

Louise Bradley nunca disse nem escreveu a palavra "sim" para a proposta da amiga. Agora, porém, à sua maneira surpreendente, o sonho da juventude de Bishop estava se realizando, ainda que no cume de uma montanha de granito no Brasil, não numa ilha dos mares do Sul. Lá não lhe faltavam sol nem estrelas. Ela estava na presença constante de água corrente e tinha acesso a um apartamento no Rio de Janeiro com vista para o mar. Podia não ter se unido a Louise Bradley num lugar distante de olhos curiosos, mas compartia uma vida íntima, num refúgio montanhês, com uma parceira talentosa, afetuosa e dedicada. Tendo sofrido com asma a vida toda, Bishop não tinha a menor esperança de esquecer os médicos. E, sendo escritora, vivia uma relação íntima e, às vezes, ansiosa com calendários. Mas, entre uma coisa e outra, agora dividia com Lota uma ampla biblioteca pessoal. Havia abandonado e esquecido a igreja, os metrôs e os logaritmos. E começava a suspeitar que, afinal de contas, podia haver um lugar para ela no mundo.

Entrementes, o complexo projeto de paisagismo e de construção dirigido por Macedo Soares prosseguia às pressas, e não sem momentos de agitada controvérsia entre a enérgica Lota e sua constantemente mutável equipe de operários da construção. Certa manhã do seu primeiro outubro em Samambaia, Bishop contou à prima Kay Orr Sargent que havia uma "furiosa briga latino-americana por causa de encanamento" no cômodo contíguo, e o barulho a impossibilitava de trabalhar num projeto literário, só mesmo na breve carta que estava escrevendo. Mas reconheceu que, embora "aquelas brigas parecessem horríveis para os neoingleses", na verdade, não eram "brigas [...] e em geral terminam com todo mundo se abraçando e tomando xicrinhas de café"[14] — os tais *cafezinhos* que são uma característica essencial da vida brasileira. Bishop escreveria presunçosamente aos amigos britânicos, os Barker, sobre a excelência do café e, ao mesmo tempo, reclamando da enorme escassez de um chá que prestasse.

Embora o esforço para terminar a construção da casa e o paisagismo estivesse fadado a se prolongar por mais meia década, um projeto que Lota concluiu em relativamente pouco tempo foi o estúdio de escritora que prometera a Bishop, e isso exerceu uma atração irresistível. Esse estúdio ficou pronto para ser ocupado um ano depois que Bishop se comprometeu a ficar com Lota. Ficava (e fica) empoleirado junto à parte de baixo do cume da montanha de granito de Lota, ao qual se pode chegar depois de uma breve subida um pouco adiante da casa principal. Como Bishop escreveu a Polly Hanson no fim de março de 1953, "estou instalada no estúdio há um mês — pelo menos todos os livros estão aqui, os móveis etc. [...] Juro que tenho um choque de alegria toda manhã quando abro a porta". Ela achou esse novo refúgio "muito retirado e silencioso — a não ser pelo barulho da cachoeira, ao qual a gente logo se acostuma, como a respirar".[15] Lota havia projetado o estúdio tendo em mente as necessidades práticas de uma escritora. Ali Bishop tinha solidão para pensar, assim como espaço para expandir seus numerosos projetos em verso, tradução e prosa, juntamente com um quadro em que pendurar seus vários esboços.

O estúdio tinha dois cômodos pequenos, mas confortáveis. A porta que Bishop abria toda manhã dava para uma sala de leitura arejada, que então se comunicava com um escritório, "uma comprida mesa de trabalho — de uns quatro metros — sob uma longa janela". Bishop explicou que, por aquela abertura alta e estreita — inicialmente sua única fonte de luz salvo os lampiões —, podia "olhar para fora e contemplar um enorme e longo painel de montanhas e árvores", que mostrava uma vegetação delicada e "colinas estranhamente pontudas" com "nuvens a pairar entre elas".[16] Depois de colocar uma máquina de escrever manual na mesa comprida do estúdio e de se cercar de seus muitos projetos de escrita, ela se sentiu instalada como autora de um modo que mal chegara a sentir antes.

A cachoeira que Bishop ouvia como um "sonho acústico", quando fluía diante da janela do estúdio, era crucial para a existência doméstica em mais de uma maneira. Aquela cachoeira não só acionaria uma turbina elétrica como também fornecia água potável e alimentava uma piscina natural que mantinha Bishop, Lota, seus amigos e empregados refrescados no verão. Bishop explicou: "Eu lavo o cabelo e depois o enxáguo na cachoeira — muito estimulante".[17] Quando elas voltaram de Nova York, Lota acrescentou outro recurso para o cuidado do cabelo àqueles compartilhados em "O banho de xampu": comprou uma boa tesoura e, com ela, desenvolveu a arte de cortar o cabelo de Bishop. Esta — preocupada com seus cachos rebeldes desde o tempo do Acampamento Chequesset — passou a ter uma cabeleireira pessoal. Ela exclamou para Hanson: "É um alívio e tanto", acrescentando que agora seu cabelo "está mais bonito que nunca", e afirmando que, embora pareça improvável, muitos observadores concordaram que "eu parei de ficar grisalha e estou muito *menos* grisalha do que estava há um ano!".[18]

Estivesse o cabelo de Bishop realmente adquirindo uma cor mais juvenil ou não, o fato é que ela sem dúvida estava se sentindo renovada. E desfrutando de todos os aspectos de sua surpreendente nova vida. Essa vida, porém, propunha desafios próprios. Por exemplo, como ela explicou aos Barker: "Meu anglo-saxonismo fica *realmente* chocado com o correio — ninguém sonharia escrever uma carta dentro do país, e não é exagero. Eu tentei — as cartas de Petrópolis ao Rio de Janeiro simplesmente não chegam".[19] Como Bishop era não só uma dedicada e prolífica correspondente, mas também uma autora profissional que enviava continuamente esboços e provas para lá e para cá entre o estúdio e seus editores em Nova York ou em outros lugares, a troca de correspondência era uma questão de consequências nada insignificantes. Quando May Swenson manifestou incerteza quanto à função dos vários endereços de sua amiga distante, Bishop explicou que o endereço da fazenda de Lota "*nunca devia ser usado*", pois as cartas enviadas à Samambaia não chegavam. Em vez disso, ela e Lota dependiam de um "serviço" de correio pessoal mantido pela amiga Mary Morse, a ex-amante e atual sócia de Lota. Morse ia ao Rio de Janeiro quase toda semana e tinha um pequeno apartamento perto da cobertura de Lota, na rua Antônio Vieira, 5. Lota havia alugado seu apartamento no Rio de Janeiro em 1954 para o "homem do *New York Times*", a fim de gerar renda. No entanto, "o zelador do prédio guardava toda a sua correspondência e Morse a levava à Samambaia uma vez por semana".[20] Ao longo dos anos, não poucas cartas de Bishop foram interrompidas porque Morse estava prestes a ir ao Rio de Janeiro e aquela missiva em andamento tinha de ser concluída para fazer a viagem com ela.

O endereço rural de Lota que nunca devia ser usado era, como ela explicou a Swenson, "Sítio Alcobacinha, Fazenda Samambaia, Petrópolis". Como Bishop analisou os pormenores para a colega poeta, "'Petrópolis' é uma cidade turística a uns oitenta quilômetros do Rio de Janeiro". Ficava nas montanhas, "muito mais altas e mais frescas que a capital". Lá, "todo mundo (que dispõe de um pouco de dinheiro) tem uma casa de verão e de fim de semana, e algumas pessoas audaciosas, como nós, agora moram lá quase o ano inteiro". Bishop acrescentou que "nós estamos a onze ou doze quilômetros de Petrópolis, onde vamos ao mercado etc.". E explicou que Lota tinha herdado da mãe o grande trecho de propriedade montanhosa e que "'Fazenda' é 'hacienda' — 'Samambaia' — uma planta ornamental — e gigantesca — uns 45 centímetros de altura".[21]

Quanto à Lota, Bishop contou aos Barker: "Ela é encantadora — engraçadíssima, enérgica e, como seus amigos vivem dizendo, 'a mulher mais inteligente do Brasil' — e, pelo que tenho visto deles, certamente é verdade". Bishop achava que a inteligência, a independência e o espírito empresarial de Lota a colocavam "numa situação extremamente difícil", já que, no Brasil daquela época, "as mulheres não podem nem assinar documentos como testemunha etc. — isso transformaria qualquer uma numa espécie de feminista num piscar de olhos".[22] Bishop descreveu Morse, uma americana que vivia de renda, como uma pessoa "alguns anos mais nova que eu, que mora no Brasil há dez ou doze anos e é uma velha amiga de Lota, originária de Boston, muito simpática, alta e ossuda".[23] Se a chegada de Bishop à Samambaia lhe causou ressentimento, Morse preferiu guardá-lo para si, pelo menos por ora. Em breve ela começaria a construir uma casa própria no terreno de Samambaia. Bishop mencionou para os Barker que, no fim de uma de suas coletas de correspondência, Morse subiu à casa principal para almoçar com "outra carta de vocês todos", além de "latas e latas do cimento necessário para fazer o piso".[24] Lota não era a única a transportar esse tipo de material pela íngreme e tortuosa estrada da montanha. Quando contou aos Barker que Lota pretendia vender seu Land Rover assim que o projeto de construção chegasse ao fim, Bishop acrescentou que Lota não teria construído a casa sem o veículo. Aliás, quando um amigo tentou localizar Bishop e Lota num café de Petrópolis, o garçom disse: "Ah, sim, eu conheço a dona Lotinha — ela vive transportando cimento".[25]

Em geral, Lota se encarregava de construir com madeira, concreto, vidro e aço, ao passo que Bishop, encerrada no seu estúdio, construía silenciosamente com palavras. Mas em julho de 1953, ela descreveu com orgulho a Polly Hanson o seu papel pessoal num aparato de ferro fundido. Esta tomou a forma de uma estufa a lenha na sala principal de Samambaia. Bishop explicou, numa carta com um desenho do objeto em questão: "Aqui é inverno, e estou escrevendo ao lado da estufa nova". E acrescentou: "Nós mandamos o ferreiro copiar uma fotografia de revista — e minhas lembranças e, embora não passe de um fogãozinho ordinário, é uma inovação e tanto aqui e nós estamos muito contentes".[26] O minucioso estudo de Bishop do fogão Little Marvel na cozinha dos Bulmer em Great Village, assim como o do Magee Ideal na cozinha da tia Maud em Revere, agora mostraria seu mérito, pois ela pôde explicar em detalhes ao operário como as partes do fogão funcionariam em conjunto. O homem declarou de maneira enfática que "isso não vai dar certo", mas "Lota lhe explicou que eu era do Canadá e, naturalmente, sabia tudo de estufas". Apesar dos gritos e das caretas dos ferreiros, o desenho de Bishop funcionou como ela garantiu que funcionaria. Em breve, "a fumaça saiu pela chaminé e a sala ficou cada vez mais aquecida".[27] Bishop comemorou essa obra de ferro fundido ao lado de um móbile de Calder numa aquarela e guache dedicado à amiga Rosinha Leão.[28]

O nome completo de Lota era Maria Carlota Costallat de Macedo Soares e sua residência ultramoderna granjearia uma longa lista de prêmios arquitetônicos. Ela era filha de um rico jornalista e editor que havia passado alguns anos exilado na Europa. Na França, estudou num colégio de freiras, as quais descobriram que ela gostava de brincadeiras turbulentas e ruidosas e acharam meio difícil discipliná-la. Foi lá que a jovem Lota começou a desenvolver os gostos artísticos avançados que viriam a ser um ponto central da sua vida adulta. Quando voltou ao Brasil, essa educação europeia, combinada com sua inteligência, o senso estético inato e a riqueza e a influência de sua família serviram para projetá-la na firmemente entrelaçada elite intelectual do Rio de Janeiro. Entre os amigos íntimos de Lota nos Estados Unidos figurava o escultor Alexander Calder, e ela possuía mais de uma obra do mestre modernista. Também era amiga de Monroe Wheeler, diretor do Museu de Arte Moderna de Nova York. E fez amizade com muitas figuras importantes da arte brasileira, como o pintor Cândido Portinari, o poeta Manuel Bandeira, a escritora Clarice Lispector, o paisagista Roberto Burle Marx e o arquiteto Sérgio Bernardes. Lota também era amiga íntima de Carlos Lacerda, que comprou e construiu uma casa em um dos lotes de Lota perto da fazenda Samambaia. Lacerda, editor da *Tribuna da Imprensa*, era um jornalista talentoso e ambicioso, um astro político conservador em ascensão que construíra sua reputação com a crítica franca endereçada ao então presidente eleito (e ex-ditador) do Brasil, Getúlio Vargas. Também era um bom prosador com um entusiástico interesse pelas artes, que mostrava um genuíno apreço pelo talento peculiar tanto de Lota quanto de Bishop. Lacerda apareceria com destaque e, nos últimos anos, nem sempre positivo, na vida futura das duas mulheres.

Extrovertida, intuitiva, divertida, prática, carismática, erudita, afetuosa e bruscamente dominadora, Lota de Macedo Soares sabia obter o que queria e como viver uma vida centrada, quase forçada, ao mesmo tempo que mantinha um vasto círculo de amizades. Bishop sentiu que aquela casa arquitetonicamente deslumbrante na Samambaia refletia mais a visão de Lota que a de Sérgio Bernardes, o jovem arquiteto profissional com um futuro brilhante que Lota incumbiu de desenhar a planta original. Como Bishop contou aos Baker, Bernardes era "muito amigo nosso, mas, na verdade, esta é a única casa dele que eu acho realmente boa e é boa por causa do gosto de Lota e de sua luta em cada centímetro do caminho".[29] Lota era rápida em detectar e fomentar o talento dos outros e — desde que elas se conheceram durante a visita da brasileira a Nova York em 1942 — estava convencida da genialidade poética de Bishop. Quando esta chegou ao Rio de Janeiro em 1951, Lota viu com clareza que aquela poeta talentosa, mas emocionalmente perturbada, se beneficiaria da vida que ela podia lhe proporcionar. Também viu que a espirituosidade, o talento e a companhia íntima de Bishop podiam melhorar sua vida em Samambaia. Assim, tratou de tomar medidas para mantê-la perto de si. Podia lhe mostrar amor, estímulo e segurança em um cenário que a poeta achava fascinante, talvez também pudesse exercer um pouco de autoridade ou controle. Lota ofereceu a Bishop um passaporte para adentrar a cultura brasileira que, combinado com o talento único da americana para a observação, seria um grande benefício para ela como poeta. Entretanto, a história familiar no geral dolorosa da própria Lota e, em especial, suas contínuas diferenças com o poderoso pai e a silenciosa distância que dele mantinha, além dos conflitos frequentes com a irmã mais nova ciumenta e hostil, haviam deixado nela vulnerabilidades latentes que teriam um impacto imprevisível no futuro das duas.

No passado, Bishop viajara sozinha ou em companhia de uma amiga ou parceira íntima. Lota, pelo contrário, funcionava como o centro de um entourage. Esse entourage compreendia não só as lideranças culturais já mencionadas como também, durante a fase de construção de Samambaia, uma equipe de operários cujo trabalho, desde dinamitar formações rochosas até revestir de pedras os pisos sobre uma fundação de cimento, era vigorosamente supervisionado por Lota, que se referia aos pedreiros, no seu inglês fluente e confiante, mas nem sempre correto, como seus "homens".[30]

Em carta aos amigos ingleses, os Barker, Bishop descreveu os Estados Unidos como "quase sem criados". Macedo Soares, em compensação, dependia de um agrupamento cambiante de domésticos, ao mesmo tempo que também juntava ao seu redor um variado leque de adotados e agregados que quase chegavam a formar uma segunda família. O mais oficial deles era um rapaz chamado Kylso, que Lota adotara formalmente alguns anos antes da chegada de Bishop. Quando Kylso enfim se casou, ele e a mulher começaram a fazer filhos num ritmo prolífico, começando por, como disse Bishop, de "três em três anos (apesar das muitas conversas francas e científicas de Lota com o casal)". Kylso, a esposa e sua crescente ninhada de filhos visitavam a fazenda Samambaia com frequência e, segundo Bishop, Lota causou "um pequeno escândalo" em Petrópolis quando começou a dizer que os filhos de Kylso eram seus netos. Bishop contou aos Barker que ia ficar atenta para o momento em que os ouvintes de Lota começassem a "se perguntar quando Lota teve um filho — acaso quando estava no colégio de freiras na França?". Bishop acrescentou com divertida satisfação: "Eles me chamam de 'titia'".[31] Tendo em conta o isolamento desolador nos primeiros anos passados em Revere, Bishop tinha um prazer evidente na viva e idiossincrática roda familiar de que desfrutava na fazenda Samambaia.

Lota de Macedo Soares e o pai, o conhecido jornalista, estavam brigados, entre outras coisas, por causa da sexualidade dela, de modo que, como explicou Bishop, "infelizmente, ela não fala com ele há anos". E acrescentou acerca do mundo intensamente estratificado no qual agora circulava, com sua curiosa mistura de criados, agregados e aristocratas: "Mas é estranhíssimo para mim morar num país em que a classe dominante e a classe intelectual são tão pequenas que todos se conhecem e muitas vezes são aparentados. Isso por certo também prejudica as 'artes' — é muito fácil obter uma reputação e não fazer mais nada e nunca ter de competir. Ora, tudo isso se deve à inexistência de uma CLASSE MÉDIA".[32]

A paixão de Lota pode ter sido a arquitetura, a literatura, a música e as artes visuais, mas seu negócio eram os imóveis. Estava loteando parte das terras que herdara da mãe para vender a compradores abastados que desejavam desfrutar do clima mais fresco das montanhas a oeste do Rio de Janeiro. Como Bishop explicou a Swenson: "O desenvolvimento imobiliário está cerca de um quilômetro e meio abaixo de nós, perto da rodovia — L conservou um trecho grande da Alcobacinha para nos livrar de vizinhos por todos os lados".[33] Outra forma de proteção era o fato de uma das laterais do terreno ser uma montanha completamente rochosa. Bishop incluiu nas suas explicações um folheto publicitário da fazenda Samambaia, cujo cabeçalho em português por ela reproduzido com evidente jocosidade dizia: "O refúgio ideal [...] em que você pode construir sua casa de campo: o empreendimento imobiliário *aristocrático* (!)". Bishop também sublinhou um ponto importante que alardeava um projetado Samambaia Country Club, mas acrescentou à margem: "Socorro!".[34]

Para Lowell, ela descreveu seu mundo social como uma "estranha mixórdia trilíngue ou quadrilíngue de que gosto muito", acrescentando: "Depois de algumas semanas de chuva (que, por uma ilusão racial, creio, são chamadas de 'verão'), a cozinheira foi embora, e eu me encarreguei da cozinha durante mais ou menos um mês. Gosto de cozinhar etc., mas não estou acostumada e enfrentar matéria-prima com casca, sem escaldar, com pele ou ainda viva. Pois bem, agora sei fazer cabrito — com molho de vinho".[35] Logo empregaram uma cozinheira nova chamada Maria, que ficaria mais de uma década com elas, apesar de uma série de demissões, pedidos de demissão e recontratações. Todavia, Bishop continuou passando muito tempo na cozinha, fato que surpreendeu Lota, já que, no Brasil, as mulheres de status aristocrático como o dela raramente sabiam o que fazer diante de um fogão ou de um forno. Bishop diria aos Barker que estava adquirindo uma "firme reputação de ótima cozinheira porque faço as coisas quando temos companhia".[36] Por exemplo, falou com orgulho de um bolo de aniversário que havia preparado para Mary Morse: "Meus queridos, foi um triunfo — quatro camadas, chocolate, cheio de creme de chocolate, com cobertura de menta rosada e o nome dela escrito em drágeas prateadas". E acrescentou, com uma nota de triunfo competitivo: "Então Maria, a cozinheira, resolveu fazer uma surpresa e produziu outro bolo de três camadas, ligeiramente torto, mais ou menos como uma falsa ruína romântica". Pior (ou melhor) ainda, o bolo da cozinheira ficou "*pesado* — a gente quase chegava a ouvir o baque dele no estômago — e, durante dias, dávamos pedaços aos cachorros às escondidas".[37] De fato, o forte de Bishop do reino culinário acabaria sendo os assados e os doces. Ela não tardou a oferecer brownies (os quais afirmava que havia "introduzido no Brasil"[38]) aos convidados de Lota, assim como as conservas caseiras, e sua tia Grace às vezes mandava um galão de *maple syrup* da Nova Escócia. Lota não tardou a apelidá-la carinhosamente de "Biscoito".

Robert Lowell e sua nova esposa, Elizabeth Hardwick, tinham viajado muito pela Europa enquanto Bishop se adaptava à sua nova vida. Essa situação em trânsito reduzira o ritmo de sua correspondência. Mas, em 1953, quando recebeu uma carta de Lowell da Universidade de Iowa, explicando que ele estava dando aula na famosa Oficina de Escritores da Iowa, ela declarou com satisfação que "agora eu tenho um endereço e você têm um endereço, e acho que vou apenas mergulhar de cabeça". Com isso, sua correspondência permanente foi retomada com aquele conhecido "fluxo para lá e para cá" que, segundo Lowell, "sempre me liberta e desinibe e me traz cor e paz".[39] Nas suas primeiras cartas no Brasil, Bishop se esforçou para que Lowell compreendesse que ela estava acompanhando o mundo das letras enumerando as revistas que assinava: "Eu recebo a *PR*, a *Hudson* e a *Kenion*, a *Botteghe Oscure*, a *Poetry* — bem, um monte de coisas, inclusive a *Farmer's Digest*, e Lota recebe as artes plásticas e até a *Ellery Queen's Monthly* —, mas, às vezes, sinto falta das revistas 'pequenas', provavelmente". Bishop continuou: "Não me sinto 'desligada' nem 'expatriada' ou coisa assim, não sofro falta de vida intelectual etc. Sempre fui excessivamente tímida para ter muita 'intercomunicação' em Nova York, enfim, e ficava miseravelmente sozinha a maior parte do tempo". Agora, no seu retiro montanhês, tinha vivido uma mudança drástica — realizando, de maneira inesperada, o sonho de sua vida. Ela confessou: "Sou felicíssima aqui, pela primeira vez na vida. Moro num lugar espetacularmente lindo; nós duas juntas temos cerca de 3 mil livros; já conheço, por intermédio de Lota, a maioria dos intelectuais brasileiros". Tendo vivido entre os puritanos taciturnos das famílias Bishop e Bulmer, Elizabeth achava os vizinhos brasileiros "francos, espantosamente francos, até a gente se acostumar com o vocabulário português". E acrescentou que eles também eram "extremamente afetuosos, uma atmosfera que eu aprovo — não, acho que quero dizer, em que fico relaxada — depois daquele ano lúgubre em Washington e daquele inverno sombrio na Yaddo, quando pensei que meus dias estavam contados e não havia nada que eu pudesse fazer".[40] O que ela só compreendeu plenamente muito tempo depois foi que boa parte dos amigos mais íntimos de Macedo Soares ficou com muito ciúme da sua presença. Aquela americana tímida, lerda demais para aprender a falar a língua deles, se metera de maneira sigilosa entre eles e roubava quase toda a atenção da brilhante Lota. Mas, pelo menos por ora, aqueles amigos invejosos e ressentidos de sua anfitriã preferiam guardar para si as suas apreensões. Afinal, era evidente que Bishop fazia Lota muito feliz, e nem ela nem Carlos Lacerda, entre outros, ocultavam sua forte convicção de que a estrangeira era uma poeta muito dotada.

Bishop escreveu a Lowell: "Você ficaria fascinado com as histórias da família. A sociedade do Rio de Janeiro é inacreditável. Proust nos trópicos com um samba em vez da frasezinha de Vinteuil".[41] Bishop se deliciava com o uso de sua nova língua, o português, explicando que lá a conheciam como dona Elizabetchy. Ela havia esperado anos para que sua mentora, a srta. Moore, a autorizasse a tratá-la pelo prenome, mas no Brasil sempre se usava o prenome. "Você seria o 'seu Roberto'. Não, acho que, tendo diploma, seria o 'dr. Roberto'." Depois, referindo-se ao apelido de Lowell, Cal, e a seu inquietante progenitor, Bishop acrescentou: "'Calígula' não surpreenderia ninguém aqui —, eu conheço um Tácito, um Aristides, um Teófilo, um Praxíteles". E acrescentou que "os apelidos são maravilhosos — Magu é o mais fofo, uma amiga chamada Maria Augusta".[42] Em resposta, Lowell refletiu: "Eu penso em você continuamente — em você e no seu estúdio, no seu mundo brasileiro. Tenho certeza de que está tão feliz quanto parece". Então adicionou, com mais do que um toque de autoironia: "Mas não aprovo nada disso. Como uma velha tia reumática, eu gostaria muito de acabar com toda essa sua alegria só para tê-la de volta".[43] No decorrer dos anos, Lowell mantinha Bishop atualizada com o divertido fluxo de fofocas literárias locais, dedicando uma atenção especial ao trio desigual formado por Marianne Moore, Randall Jarrell e Mary McCarthy. Ele contou o que Moore disse a respeito de sua protegida numa reunião literária: "Pobre Elizabeth, ela faz o que pode para aguentar e se alegrar". E acrescentou que, naquele evento, Moore soltou muitas das suas piadas breves obliquamente incisivas ao mesmo tempo que se mostrava "sempre pequena, graciosa, expressiva e bonita. Eu sou apaixonadíssimo por ela".[44]

Em novembro de 1953, Bishop deu com uma notícia curta e enigmática na *Time* registrando a morte, em Manhattan, de Dylan Thomas, que bebia demais. Revelou-se que a causa da morte foi uma hemorragia cerebral provocada pelo abuso do álcool combinado com um caso não tratado de pneumonia. Bishop se apressou a escrever a Pearl Kazin, ex-amante de Thomas, para manifestar sua tristeza pela morte do poeta galês aos 39 anos. Bishop o conhecera en passant quando ele fez uma famosa série de gravações para ela na Biblioteca do Congresso, em 1950, mas contou a Kazin que o achou "muito simpático", acrescentando também que "ficou com medo por ele", porque parecia estar numa trajetória extremamente autodestrutiva. Como poetas, os dois eram muito distintos. Lowell havia reconhecido numa resenha de 1947 de um livro de cada autor que "nada podia ser mais diferente" da poesia de Thomas do que "os poemas não retóricos, serenos e lindamente calculados de Elizabeth Bishop".[45] Após a morte do poeta galês, ela disse a Lowell que "logo depois de um almoço com Thomas, a gente sabia perfeitamente que não lhe restavam mais que dois ou três anos".[46] A poesia de Bishop se parece com a obra de uma sobrevivente ameaçada, mas determinada e autoprotetora. Ela via na poesia de Thomas "uma atitude desesperada de 'ganhar ou perder tudo'", mas isso não a impediu de perguntar a Pearl Kazin: "Por quê, oh, por que ele teve de partir e morrer agora?". E, ao terminar a carta, pediu a ela que lhe contasse tudo que pudesse sobre a morte de Thomas, acrescentando: "Eu conheci pouca gente na vida por quem senti uma simpatia e uma compaixão tão instantâneas". Bishop acrescentou com veemência: "Dylan fez a maioria dos nossos contemporâneos parecer pequena, odiosamente egoísta, cautelosa, hipócrita e fria". Talvez ela reconhecesse em Dylan Thomas um tópos invertido da sua própria personalidade. Decerto sentiu que "à minha humilde maneira, eu sei o bastante sobre bebida e destruição".[47] Nos anos subsequentes, Bishop viveria muitos outros choques de perda à medida que, um a um, uma longa fila de poetas da sua geração e da seguinte enfrentava uma morte precoce. Ela sobreviveu para escrever a elegia a Robert Lowell e para lamentar em silêncio o falecimento de não poucos membros de sua geração poética.

Bishop continuava lutando com a asma no seu novo cenário, e já em setembro de 1952, quando escrevia com tanto gosto aos amigos sobre sua aventura brasileira, começou a achar tão difícil respirar que não teve saída a não ser experimentar um novo e poderoso anti-inflamatório: a cortisona. Começou tomando o remédio injetável e por via oral e, inicialmente, achou o resultado extraordinário. De súbito, conseguiu respirar com facilidade, e enviou uma carta exultante a sua amiga de Key West Martha Sauer, também asmática, descrevendo o resultado miraculoso e exclamando: "Finalmente eu posso ter um gato!".[48] Mas logo descobriu que a cortisona, embora a ajudasse a respirar, provocava fortes efeitos colaterais, nem todos bem-vindos. Ela descreveu a experiência para Robert Lowell ao entrar na sua "terceira viagem" com a cortisona em 1953: "No começo, tudo é absolutamente maravilhoso. A gente pode passar a noite inteira datilografando e se sente ótima no dia seguinte. Eu escrevi dois contos em uma semana. A decepção não é tão ruim se você fizer todas as coisas corretas, mas, uma vez, eu não as fiz e dei comigo chorando o dia todo sem motivo algum".[49] Em outubro, Bishop contou aos Barker que tinha passado a maior parte do mês anterior na cama com asma. E acrescentou: "Por fim, desesperada há mais ou menos quinze dias, comecei a tomar cortisona outra vez, muito a contragosto".[50] Ela sentiu alívio quase imediato dos sintomas da asma — podia respirar de novo! —, mas isso não tardou a se vincular a outro episódio de melhora imposta pela cortisona, que meses depois levou a uma queda que a deixou incapaz de fazer qualquer coisa além de dormir. Bishop chamou esse medicamento poderoso, mas difícil de administrar, de "um troço pavoroso e maravilhoso", e esperava um dia conseguir "aprender a usá-lo". Acrescentou que "a abstinência de cortisona faz a gente ficar muito triste [...] por mais que eu diga a mim mesma que isso não passa de um remédio e não é absolutamente real".[51] Dois outros efeitos colaterais da cortisona que eram decididamente reais foram quinze quilos a mais e o inchaço no rosto. Uma olhadela nas fotografias de Bishop tiradas durante sua estada no Brasil em geral basta para mostrar se estava tomando cortisona naquele momento. Numa carta de 1956, ela pediu à famosa fotógrafa Rollie McKenna que não publicasse fotografias suas tiradas dois anos antes em Samambaia. Achava que aquelas fotos, ainda que "bastante boas" em muitos aspectos, a entristeciam porque mostravam seu rosto "inchado de cortisona".[52] Quando finalmente foram publicadas, várias dessas fotografias revelaram uma Bishop relaxada e sorridente, embora com o rosto um tanto inchado, vestindo calça jeans e camisa branca de homem e instalada de maneira confortável numa cadeira de jardim — e, em breve, passaram a figurar entre as imagens mais reconhecíveis e populares da poeta.

Sem dúvida, os problemas de Bishop com a asma e sua sequência de viagens na montanha-russa da cortisona contribuíram para uma recorrência do abuso do álcool em meados de 1954. Em junho daquele ano, depois de um surto de bebedeiras e por exortação de Lota, ela concordou em se internar no Hospital de Estrangeiros do Rio de Janeiro para um descanso restaurador. Lá iniciou um programa de terapia de aversão ao álcool baseado no Antabuse (nome genérico: dissulfiram), uma droga forte, recente no mercado da época. O Antabuse funciona tirando do organismo do paciente enzimas que o corpo exige para metabolizar o álcool. O álcool não metabolizado causa efeitos desagradáveis e tóxicos, parecidos com a ressaca, assim que é consumido. O objetivo é tornar o ato de beber tão detestável que o paciente se torna avesso ao consumo de bebida alcoólica. Por muitos anos depois do início da terapia de Antabuse, Bishop conseguiu, com lapsos apenas ocasionais, evitar o padrão de alcoolismo destrutivo que a havia perseguido durante tanto tempo. Quando ficava em Samambaia com Lota — e antes de começar a morar principalmente no Rio de Janeiro, no começo da década de 1960, e a passar longos períodos sozinha —, ela lograva beber de forma moderada ou se abster totalmente de álcool.

Os dois contos que esboçou durante a sua primeira e eufórica experiência com a cortisona, em outubro de 1952, eram as narrativas que sondavam sua infância neoescocesa: "Gwendolyn" e "Na aldeia". "Gwendolyn", o primeiro a ser concluído, conta a história da morte por choque de insulina de sua amiga da infância Gwendolyn Patriquin (no conto, Gwendolyn Appletree). Na verdade, essa amiga morreu no dia 1º de setembro de 1922, quando Bishop tinha onze anos, durante uma de suas visitas de verão aos avós Bulmer e, na maior parte, a história corresponde aos fatos históricos conhecidos, se bem que com algumas pequenas variações nos detalhes.

"Gwendolyn" começa com o que Bishop chama de uma "preliminar". Esse preâmbulo se concentra numa boneca especial que pertence à sua tia mais nova, Mary, de dezoito anos, que então estava, tal como suas irmãs antes, preparando-se para ser enfermeira em Boston. Bishop era fascinada pela boneca especial da tia Mary, que ficava cuidadosamente escondida por segurança e com a qual só a deixaram brincar porque estava com uma bronquite grave. A boneca, cujo nome sua avó não lembrava, tinha uma coleção de roupas "maravilhosas, muito bem costuradas". Essa criatura especial fazia "a família de bonecos com que eu costumava brincar" parecer "grosseira e infantil".[53]

O conto de Bishop apresenta Gwendolyn como se ela também fosse quase uma boneca. As duas eram amigas e "para mim ela parecia representar tudo aquilo que significava a palavra 'menininha' — uma palavra um pouco repugnante, porém fascinante". Além da beleza de seu nome ("um trissílabo dactílico que era pura música para meus ouvidos"), havia o fato de ela ser loura e de ter "a pele rosada e branca, igualzinha a uma macieira em flor". E, acrescentou Bishop, "era 'frágil', coisa que eu, apesar da bronquite, não era".[54] Parte do que tornava Gwendolyn delicada era ela ter diabetes. "Era o que me haviam dito; eu tinha também uma vaga ideia de que a doença era causada por excesso de açúcar, e isso bastava para torná-la ainda mais atraente, como se quem a mordesse constatasse que ela era toda de açúcar." Bishop recordou que seus avós criticavam a quantidade de açúcar que a família de Gwendolyn lhe permitia comer, e se refere à opinião deles sobre o fato de "os pais dela não darem ouvidos aos conselhos do médico e deixarem que ela comesse tudo que desejava". Porém muito depois da morte de Gwendolyn, um de seus irmãos sobreviventes, que havia lido o conto de Bishop, fez questão de dizer que seus pais não tinham ideia de que o açúcar era um perigo para quem tinha diabetes. Isso é muito provável, pois os riscos do açúcar para os diabéticos só ficaram conhecidos no início da década de 1920, e a pesquisa pioneira sobre tais riscos foi feita no Massachusetts General Hospital, onde a mãe e as tias de Bishop fizeram curso de enfermagem. Parece muito plausível que Bishop tenha ouvido comentários preocupados e críticos de suas tias e seus avós, que eram reticentes em impor suas opiniões aos demais, ainda que os pais de Gwendolyn não soubessem do risco que sua filha estava correndo.

Certa vez, Gwendolyn dormiu na casa dos Bishop, dividindo o pequeno quarto de Elizabeth, e, naquela noite, segundo o conto, ela lhe disse, sem demonstrar nenhuma emoção: "Eu vou morrer". E, de fato, "dois dias depois dessa visita, Gwendolyn morreu". Seu velório foi na igreja presbiteriana do outro lado do campo aberto em frente à casa dos Bulmer, mas, como Bishop conta a história, ela não foi autorizada a ir. Por algum motivo, escreveu: "Quanto a mim, não queriam sequer que eu soubesse o que estava se passando", posto que ela tivesse visto os enlutados se aglomerando visivelmente em frente à igreja, a pouca distância. Sua avó ficou em casa com ela, acompanhando tudo pela janela da cozinha. Bishop viu que "ela estava chorando sem parar, enquanto espiava as pessoas chegando à igreja". "Estava com um lenço já encharcado, e balançava a cadeira devagar." Bishop descreveu a si mesma indo sorrateiramente até a sala para ter uma vista privilegiada do acontecimento e dramatizou seu choque quando notou que dois homens de preto deixaram o caixão branco de Gwendolyn sozinho do lado de fora da igreja e voltaram a entrar. O que a impressionou ao olhar pelas cortinas de renda da sala foi saber que Gwendolyn estava "encerrada para sempre, ali, completamente só, no gramado junto à porta da igreja". Esse choque a fez sair "correndo pela porta dos fundos, assustando as galinhas brancas, e minha avó, ainda chorando, veio atrás de mim".[55]

O conto termina com uma cena em que Elizabeth está brincando sozinha com seu primo Billy, filho do tio Arthur (e, portanto, irmão do menino cuja morte, que o deixou "branco para sempre", é relembrada no poema "Primeira morte em Nova Escócia", que ficaria pronto três anos depois). Como nem Elizabeth nem Billy tinham sido autorizados a participar do enterro, sua experiência de luto ficou incompleta. Elizabeth não tardou a se lembrar da boneca especial de Mary, com a qual estava proibida de voltar a brincar, e ela e o primo improvisaram um velório próprio. Então, segundo Bishop, "não sei se fui eu ou se foi Billy o primeiro a dizê-lo, mas um de nós disse, com uma felicidade intensa, que aquele era o enterro de Gwendolyn, que o nome verdadeiro da boneca, esse tempo todo, sempre fora Gwendolyn". Essa alegria feroz decerto proveio do alívio emocional ligado ao fato de eles finalmente poderem completar o processo de luto interrompido que fora provocado pela exclusão das duas crianças do ritual de luto da aldeia.

"Porém nesse momento", prossegue a história, "meus avós chegaram ao quintal e nos encontraram, e minha avó ficou uma fera de ver que eu havia ousado mexer na boneca da tia Mary. Bill foi mandado direto para casa, e já não sei mais qual foi o castigo terrível que levei."[56]

Não muito tempo depois que "Gwendolyn" foi apresentado à *New Yorker*, que o aceitou prontamente, seguiu-se "Na aldeia", que, segundo a afirmação de Bishop, ela concluíra às pressas durante seu primeiro encontro com a cortisona, embora lhe tivesse dado um tratamento inicial já em 1936 em "Reminiscences of Great Village". Esse texto envolveu uma negociação muito mais demorada com a *New Yorker*, cujos editores achavam que a abordagem oblíqua do tempo e do ponto de vista do conto podia dificultar o acompanhamento do leitor. Bishop costumava desconfiar das críticas de seus editores, mas nesse caso estava convencida dos méritos e da importância do conto. Quando ela ameaçou enviá-lo a outro periódico, a *New Yorker* finalmente concordou em publicá-lo sem alterações significativas. Como examinamos no capítulo 2, o relato de Bishop do grave colapso mental que sua mãe sofreu quando a poeta tinha cinco anos de idade começa com o eco do grito de Gertrude. A história termina com um som completamente diferente, o barulho do martelo do ferreiro Nate, em versos dispostos na página como poesia: "Plém./ *Plém.*/ Nate está fazendo uma ferradura". A martelada do ferreiro evoca uma reação instantânea, quase extática: "Ah, que som mais lindo e puro!/ Ele reduz tudo o mais ao silêncio". O martelo bate de novo: "*Plém.*/ E tudo, exceto o rio, prende a respiração". Acaso o poder do martelo de Nate pode curar a sua perda? Pelo menos durante algum tempo, o ruído parece silenciar o eco persistente do brado da mãe, porque "agora não se ouve o grito. Antes soou um grito que foi descendo lentamente para o chão numa tarde quente de verão; ou será que foi subindo, em direção àquele céu azul-escuro, escuro demais? Mas sem dúvida ela foi-se embora, para sempre". O poder do martelo de Nate parece se alinhar ao poder da arte. Ele não pode efetivamente fazê-la (ou a nós, leitores) esquecer o grito — pelo menos, não para sempre. Mas a batida do martelo pode falar com voz própria e, através dessa fala, faz suas próprias reivindicações inalienáveis. "*Plém.*/ O som é como o de uma boia de sino no mar./ É a fala dos elementos: terra, ar, fogo, água". Amarrado, embora possa ser para as coisas mais fundamentais da terra, o barulho do martelo do ferreiro não consegue apagar a perda de "todas essas outras coisas — roupas, cartões-postais amassados, louça quebrada; coisas danificadas e perdidas, adoecidas ou destruídas", e não pode apagar o som do "grito frágil, quase perdido". Mas o poder da arte do ferreiro oferece suas compensações, e a história termina com o grito:

> *Nate!*
> *Ah, som lindo, volte a soar!*[57]

Quando leu "Na aldeia" na *New Yorker*, Robert Lowell ficou impressionadíssimo. Lembrando-se de sua recente temporada na Holanda, descreveu a história como tendo "a sensação de fragilidade de uma excelente e ruminante paisagem holandesa" e acrescentou, pensando em Nelly, a grande companheira bovina que, aos cinco anos, Elizabeth levava a sua distante pastagem, "sou capaz de chorar pela vaca". Falando desse conto e do "Gwendolyn", Lowell observou: "Sinto que eles fazem parte de um romance sobre ser criada na Nova Escócia — embora seja evidente que são contos muito bem desenvolvidos". Bishop continuaria encarando esse texto como uma de suas maiores realizações. Lia-o para os amigos em Harvard, as lágrimas escorrendo pelo rosto, quando queria que entendessem a base de suas primeiras experiências. E a história certamente deve sua existência à vida em Samambaia.

O fascínio de Bishop pela infância rural continuou com sua descoberta de *Minha vida de menina*, livro que vários amigos lhe recomendaram quando chegou ao Brasil. Ela o descreveu como "um diário, o diário realmente mantido por uma garota entre os treze e os quinze anos de idade na longínqua cidade de Diamantina, em 1893-5". O livro foi publicado com uma tiragem pequena em 1942, sob o pseudônimo Helena Morley, "em especial com a ideia de divertir a família e os amigos da autora". Teve um sucesso surpreendente, encontrando um grande público no Brasil e alcançando o status de um pequeno clássico. Bishop se sentiu instantaneamente atraída pelo modesto volume, repleto de incidentes que ela achou "esquisitos, remotos e antigos, no entanto frescos, engraçados e eternamente verdadeiros". A cidadezinha provinciana lembrava a sua própria Great Village, mas com uma diferença, pois, quanto mais tempo ela passava no Brasil, "mais brasileiro o livro parecia".[58] Quando se interessou por traduzir *Minha vida de menina*, Bishop soube que a autora agora morava luxuosamente com o marido no Rio de Janeiro. Essa escritora, dona Alice Brant, que era de origem humilde, casou-se com um primo que se alçara a uma figura importante no sistema financeiro brasileiro. O sr. Augusto Mário Caldeira Brant tinha setenta e tantos anos e era pela segunda vez presidente do Banco do Brasil. Bishop conheceu dona Alice por intermédio de Manuel Bandeira e foi incentivada a prosseguir com a tradução, que a ajudaria a aperfeiçoar seu português e a mergulhar mais profundamente no tecido da história cultural e política do Brasil. Bishop começou a trabalhar na tradução em 1953, consultando Lota à medida que avançava, com sucesso constante. Em agosto de 1954, contou aos

Barker: "Estou com a tradução praticamente pronta para ser enviada ao editor — ou cinquenta páginas como amostra; e mandei reproduzir fotografias para remeter com o texto —, primeiro vou tentar a Houghton Mifflin, pelo menos. Tenho certeza de que é um achado, mas não sei se conseguirei convencer um editor".[59] Entretanto, embora estivesse se tornando uma excelente tradutora de poesia e prosa brasileiras, Bishop continuava insegura, mesmo depois de muitos anos no Brasil, para falar o idioma, ainda que sua compreensão do português falado fosse quase perfeita. Muitos anglófonos nativos, mesmo os que dominam o espanhol ou o francês, acham o português difícil de pronunciar e, no caso de Bishop, esse senso de dificuldade era intensificado pela forte ansiedade de desempenho que havia dado um fim precoce aos sonhos que ela outrora nutrira de uma carreira de concertista.

Bishop logo encontraria o ouro cômico ao explorar esse tema no poema leve "Para Manuel Bandeira, com um presente", que enfatiza a ironia que, embora um fosse "tradutor do idioma do outro", ambos eram muito tímidos para pronunciar a língua do outro: "Como posso esquecer que nós dois/ quase não nos falamos até agora?". Assim, como Bishop o expressou com grandiloquência pseudo-heroica, eles enfrentaram o enigma de "dois robustos poetas atrapalhados,/ incapazes de trocar uma palavra,/ para citar [o senador Joe] McCarthy, 'Essa é a coisa/ mais insólita que já ouvi'". Bishop se viu reduzida a oferecer conservas para mostrar o seu apreço, embora tenha suplicado a Bandeira que "por favor acredite que nunca pensei que/ 'Seu livro é bom, gostei muito'/ se expressa melhor com damascos", ou que "Você deixa todos os rivais na sombra/ é bem subentendido com uma marmelada". Portanto, ela esperava, se lhe for permitida a expressão, que "esta geleia silenciosa fale docemente à sua barriga de poeta".[60] Bandeira retribuiu na mesma moeda com sua única declaração em verso que se conhece em língua inglesa: "*I wish I had two bellies/ because of your good jellies*" ["Ter duas barrigas era o que eu queria/ para apreciar sua geleia, verdadeira iguaria"].

Bishop se empenhou em traduzir *Minha vida de menina* a fim de compartilhar com os leitores de língua inglesa os prazeres da descoberta daquele clássico singular, mas também esperava ganhar uma soma de dinheiro significativa com sua publicação, já que sempre achava mais fácil ser bem-sucedida trabalhando em prosa do que em verso. Afinal, em pouco tempo, as finanças de Bishop e as de Lota tinham se entrelaçado cada vez mais. Em geral, a americana cuidava de suas despesas diárias, ao passo que a brasileira provia o salubre cenário de Samambaia. Mas suas despesas eram consideráveis. Ela dependia de uma vasta equipe de domésticos. Tinha numerosos filhos adotivos e agregados. Gostava de carros europeus esportivos bons e bens domésticos americanos bem-acabados. E, quando ficava possuída por uma visão artística — como agora pela construção da casa —, Lota estava determinada a levar aquela visão até o fim, sem compromisso e a qualquer preço. Também era uma ávida colecionadora de arte contemporânea. Mesmo na base da amizade, Calders e Portinaris nunca saíam baratos. Além do mais, quando as duas viajavam juntas, Lota fazia questão de ir na primeira classe. Tudo isso custava dinheiro, e ela com frequência vivia no limite de sua renda considerável. Depois da primeira de uma longa série de inflações graves que Bishop presenciou no Brasil, em 1954, o valor do cruzeiro caiu vertiginosamente nos mercados mundiais, e os preços para Lota na Europa dobraram efetivamente da noite para o dia, levando o casal a cancelar uma viagem planejada a Paris. O efeito sobre as pessoas comuns no Brasil foi muito pior, naturalmente, sendo que Lota observou que, no país, "os preços dos alimentos são inacreditáveis e eu simplesmente não sei como os pobres estão se mantendo vivos".[61] A renda de Lota absorvia grande parte de seu valor efetivo no Brasil, assim como a de Bishop, mas, para viagens ao exterior, elas passaram a depender cada vez mais da renda em dólares americanos que Bishop podia receber com seus textos ou rendimentos. Ela passou a sentir uma forte pressão, tanto dentro de si como da parte de Lota, para terminar este poema ou apresentar aquele conto ou aquela tradução para que as duas pudessem levar a cabo um plano de viagem ao exterior.

Enquanto trabalhava na tradução do livro que viria a ser *The Diary of "Helena Morley"*, tradução de *Minha vida de menina*, Bishop também estava procurando publicar seu segundo livro de poemas e se sentia frustrada com a longa série de atrasos da Houghton Mifflin. O editor estava preocupado com a relativa brevidade do volume e, portanto, esperava que Bishop lhe desse poemas adicionais. Ela tinha alguns em andamento, mas nenhum se consolidara em forma acabada. Enfim se chegou a uma solução. A Houghton Mifflin propôs publicar o segundo livro de Bishop, *Uma primavera fria*, no mesmo volume do seu primeiro, *Norte e sul*, que agora estava esgotado. Isso resultaria, efetivamente, nos seus *Poemas escolhidos*. Ela resistiu de início, mas logo se convenceu a aceitar aquela ideia extremamente sensata. Bishop sugeriu o título genérico *Poemas*. A obra foi publicada em 1955 com o título completo *Poemas: Norte e sul — Uma primavera fria*. O Brasil está relativamente ausente neste livro, sinal de que ela não havia digerido sua experiência brasileira a ponto de traduzi-la em poesia. Apenas "Chegada em Santos", "O banho de xampu" e "A montanha", todos escritos pouco depois de sua chegada ao país e ainda expressando o choque das primeiras impressões, figuram perto do fim de *Uma primavera fria*.

Poemas é dedicado à dra. Anny Baumann, o reconhecimento de Bishop da importância da médica para ela naquele que tinha sido o período mais difícil da sua vida adulta até então. Robert Lowell acrescentou uma sinopse brilhante que começa com um comentário sobre sua amiga como pessoa: "A srta. Bishop tem um bom coração e um bom olho". A seguir, delineia "três virtudes, cada qual suficiente por si só para fazer um poeta. (1) Conhece sua língua. Seu tom pode ser de um deslumbre veneziano ou de uma simplicidade de quáquer; ela nunca cai no jargão ou na avareza". A isso, Lowell acrescentou: "(2) Sua abundância de descrição nos lembra, não os poetas, pobres criaturas simbólicas, abstratas — mas os romancistas russos". Enfim, levantou a questão do ofício de Bishop. Lowell — ele mesmo um consumado artesão — tinha condições de apreciar o fato de que "em todas as questões de forma: métrica, ritmo, dicção, timing, configuração etc., ela é uma mestra".

No entanto, quem escreveu a crítica mais convincente de *Poemas* foi Randall Jarrell. Numa resenha de 1955 de "O ano na poesia" para a *Harper's*, ele compôs um comentário sobre o último livro de Elizabeth Bishop que se revelaria profético em mais de um aspecto. Começou assim: "Às vezes, quando não consigo dormir à noite, eu penso na família do futuro. Vestindo um conjunto de short e camisa de três tons de seda de papel descartável, todos estão sentados diante da TV do apartamento, só seus olhos se mexem". Salvo a seda de papel, a previsão de Jarrell foi precisa até aqui. Ele prosseguiu: "Depois, passei algum tempo olhando para o que sempre vejo — do contrário eu morreria —, uma alma teimosa lá no canto com um livro; só os olhos se mexem, mas seu olhar é diferente. Em geral, o que ele tem nas mãos é Homero — esta semana, é Elizabeth Bishop". Jarrell, que era célebre pela sua presciência como crítico, declarou acerca da nova coletânea de Bishop: "Seu *Poemas* me parece um dos melhores livros que um poeta americano já escreveu: as pessoas do futuro (as que ficam no canto) vão lê-la exatamente como lerão Dickinson, Whitman ou Steens, ou os outros poetas clássicos americanos ainda vivos entre nós". Reconhecendo que "não sei de nemhum poeta com uma proporção de bons poemas tão elevada", ele enumerou 31 títulos do volume como seus preferidos.

E admitiu: "Essa lista é ridiculamente longa, mas, se reexaminasse o livro, eu a faria ainda maior". Refletindo sobre se podia encontrar algum defeito no volume, Jarrell reconheceu que "alguns dos poemas mais recentes são excessivamente descritivos — e o livro tem 54 poemas, não várias centenas". Mas, para Jarrell, o que importava era os poemas de Bishop serem "francos, modestos, minuciosamente observadores, magistrais; mesmo seus efeitos mais complicados, problemáticos ou imaginativos sempre parecem pessoais, naturais e tão inconfundíveis quanto as primeiras notas de uma música de Mahler, os primeiros fragmentos de um interior de Vuillard. (Os poemas são como Vuillard ou, por vezes, até como Vermeer.)".[62]

Bishop ficou comovida com a recensão de Jarrell, principalmente com a equiparação de sua obra, em todo seu esplendor, com a do grande pintor flamengo Johannes Vermeer. Em carta de agradecimento a Jarrell, ela exclamou: "No começo, eu não consegui acreditar, sinceramente — tive a fantasia ridícula de achar que só podia ser um erro de impressão [...]. Ainda acho, no fundo do coração, que NÃO mereço isso", mas reconheceu: "Um dos meus sonhos sempre foi um dia alguém pensar em Vermeer sem que eu o dissesse primeiro". E acrescentou garbosamente: "Então agora eu acho que posso morrer num estado de espírito bem pacífico em qualquer momento, tendo afetado assim o melhor dos críticos".[63] As apresentações de poesia de Bishop à *New Yorker* iam carregadas de ressalvas modestas ou até autodepreciativas. Ela ofereceu uma obra-prima como "No pesqueiro" a Katherine White acompanhada das seguintes palavras: "Receio estar apresentando mais um poema inutilizável".[64] E enviou "Cape Breton" com as desalentadoras palavras: "Não sei se você vai se interessar ou não por mais uma das minhas descrições simples".[65] White desconsiderou essas dúvidas com uma pronta aceitação, descrevendo "No pesqueiro" como "bonito e mágico".[66] Contudo, o sonho de Bishop de que alguém um dia comparasse a sua obra com o luminoso Vermeer e seu fascinado prazer quando o crítico mais perspicaz da época realmente fez essa comparação sugerem que, por baixo daquela protetora armadura de modéstia, Elizabeth Bishop sabia perfeitamente, o tempo todo, que era uma excelente poeta.

13. "O prêmio Pulitzer!"

Em abril de 1956, as pesquisas para a tradução de *Minha vida de menina* levaram Elizabeth Bishop a fazer uma viagem a Diamantina, a cidadezinha da infância de Alice Brant. Outrora famosa pela produção de diamantes, Diamantina fica no centro de Minas Gerais, 657 quilômetros ao norte de Samambaia e 295 quilômetros ao norte da capital mineira, Belo Horizonte.

Lota de Macedo Soares se recusava a viajar no Brasil, de modo que Bishop empreendeu aquela que seria a primeira de muitas incursões pelo interior do país sem a sua parceira. Devido à ausência de estradas, Bishop foi de avião à cidadezinha de 1300 metros de altitude em companhia de uma amiga que logo teve de voltar ao Rio de Janeiro. Bishop podia ter se sentido isolada durante sua estada, mas logo se tornou um objeto de grande curiosidade e solicitude locais. Como ela contou aos Barker, a "cidadezinha ficou tão interessada pelo que eu fazia" que os comerciantes saíam das lojas para acompanhá-la aonde quer que fosse, e ela era gentilmente convidada à casa de muitos moradores.[1]

Os almoços solitários no arejado e espaçoso restaurante do

ultramoderno Hotel de Turismo, projetado por Oscar Niemeyer[2] — ela geralmente era a única hóspede —, transformavam-se em acontecimentos públicos quando as meninas a caminho do colégio de freiras se enfileiravam para examiná-la a cada refeição, todas com o nariz pressionado nas vidraças do restaurante, que iam do chão ao teto.[3] Muitos cidadãos de Diamantina, em resposta às minuciosas perguntas de Bishop, explicavam e repetiam os nomes dos objetos significativos do lugar. Certa manhã, o proprietário americano de uma mina de diamante e sua esposa a convidaram inesperadamente para ver a operação de sua mineração hidráulica a 64 quilômetros de distância, pois ela oferecia ao casal uma oportunidade de falar um pouco de inglês. Bishop achou a mineração hidráulica "interessante, mas horrível". E confessou a Swenson: "Cheguei até a tripular o canhão hidráulico ou seja lá o que for e derrubei, eu mesma, algumas toneladas de paisagem" — uma prática mineradora, acrescentou com alívio, que é "proibida em quase todos os outros países".[4]

Bishop achou a cultura da cidadezinha totalmente digna da atenção. "É um lugarejo, a cidade mais alta do país", cheia de um "cenário rochoso selvagem, maravilhoso, mares de pedras" e "cachoeiras ermas e surpreendentes". Também ficou fascinada com as obsessões paralelas do lugar: "A religião e o tentar a sorte". Achou crucifixos elaborados em cada pico, assim como dezesseis igrejas coroadas por uma "feia catedral que transmite o terço diariamente ao entardecer, de modo que toda a cidadezinha vibra com as ave-marias". Quanto ao arriscar a sorte, ela viu homens "garimpando em busca de ouro e diamantes em todos os cursos de água".[5] Enquanto Bishop absorvia as particularidades daquela cidadezinha singular, muitas das quais em breve figurariam na pormenorizada introdução a *The Diary of "Helena Morley"*, um fato que teria um impacto significativo na sua vida nas semanas e anos subsequentes acontecia a um hemisfério de distância. Bishop tinha recebido o prêmio Pulitzer pelo *Poemas: Norte e sul — Uma primavera fria*. Mas só soube da premiação desse livro, publicado com tão evidente reserva, quando voltou à Samambaia no começo de maio.

As cartas pós-Pulitzer de Bishop aos amigos têm como característica tardar vários parágrafos a fazer referência ao prêmio, depois dos quais ela fala nele muito minuciosamente com sua conhecida mescla de pedido de desculpas, observação atenta e espanto. Escrevendo a Lowell sobre "essa história do Pulitzer", Bishop admitiu: "Aqui foi muito engraçado — um repórter de *O Globo* gritando comigo pelo telefone, e eu fiz questão de responder com a típica fleuma neoinglesa, 'muito obrigada', e ele tornou a gritar, 'mas dona Elizabetchy, a senhora não entende? O prêmio Pulitzer!'".[6] E acrescentou numa carta a Swenson que, quando recebeu o telefonema d'*O Globo*, estava sozinha com Maria, a cozinheira, em Samambaia, e "acho que ela não ficou muito impressionada".[7] Mas não tardou para que o prêmio se tornasse um acontecimento muito público e até motivo de brincadeira, embora ele tenha "tumultuado completamente a nossa vida e o nosso trabalho durante umas três semanas". A fazenda foi invadida por uma multidão de "jornalistas, radialistas, equipes de televisão, Deus sabe o que mais", que se puseram a "sujar de barro o nosso piso de pedra branca, com Lota tentando proteger, traduzir e agradar a todos ao mesmo tempo".[8] Bishop vinculou com precisão o fascínio jornalístico pelo Pulitzer ao fato de ele ser "de fato uma coisa de jornal", e explicou a James Merrill que um motivo para a atenção era "o Poeta e a Literatura ainda serem muito mais notícia, e elevada, do que são nos Estados Unidos".[9] O prêmio em dinheiro de quinhentos dólares lhe pareceu surpreendentemente pequeno em comparação com a comoção, em especial à luz do fato de Lota ter acabado de encomendar 27 mil tijolos para a varanda da casa. Bishop recebera recentemente uma bolsa da *Parti-*

san Review cujo valor era mais de cinco vezes o do Pulitzer, ainda que o prêmio dado de maneira tão discreta não tivesse alvoroçado nenhuma fanfarra.

Em pouco tempo, Bishop, Lota e até o gato Tobias, "um grande borrão", apareceram nos noticiários "competindo com Grace Kelly".[10] Bishop acrescentou secamente para Pearl Kazin que a notícia da sua recém-adquirida notoriedade chegara até a sua Worcester natal, onde a tia Florence Bishop deu uma entrevista aos jornais locais. Na ocasião, ostentou o que Bishop chamou de "autêntica ambivalência familiar" ao observar que sua sobrinha seria uma pianista melhor do que poeta. E acrescentou, por via das dúvidas, que "muita gente não gosta da poesia dela, é claro".[11]

Os jornalistas informaram que Bishop e Lota levavam "uma vida austera, sem um rádio sequer", e Bishop admitiu para Lowell que tinha planos de realizar um antigo sonho empregando boa parte do dinheiro do Pulitzer numa "vitrola alta-fidelidade".[12] No entanto, isso dependia da possibilidade de adaptar o toca-discos à "nossa corrente elétrica um tanto errática".[13] *O Globo* entrevistou Bishop e observou que, apesar do cabelo grisalho, aquela poeta de 45 anos tinha um rosto juvenil. Descreveu-a como uma "solteirona inveterada", que talvez tivesse preferido não se casar por "não poder dedicar seu imenso potencial afetivo a apenas um homem". Todavia, o artigo também descrevia, com aprovação, a "afinidade emocional" de Bishop com a mulher com a qual dividia um lar, "a comunicativa e inteligente 'dona Lotinha'", cuja presença, os leitores foram informados, fornecia "o argumento definitivo" na decisão de Bishop de permanecer na "encantadora montanha da fazenda Samambaia, lugar em que a poeta vivia cercada de gatos, flores e até de um impressionante tucano". Talvez os assinantes mais astutos d'*O Globo* tenham conseguido ler as entrelinhas e deduzido a verdadeira natureza do vínculo entre a jovem dona Elizabetchy e a comunicativa dona Lotinha.

A matéria d'*O Globo* termina com Bishop se despedindo do entrevistador e subindo a trilha rumo ao seu tranquilo estúdio. Naqueles cômodos silenciosos, pensou o entrevistador, ela se veria cercada pela flora semitropical de Samambaia e poderia voltar a respirar na atmosfera "que encerra a serenidade, a profundidade e a doçura que são as características do que ela tem exprimido, até hoje, nos seus versos".[14] O floreado relato d'*O Globo* da vida delas há de ter divertido muito dona Lotinha e dona Elizabetchy. Mas, como Bishop explicou a Anny Baumann, embora achasse a honra do Pulizer "imerecida", o prêmio foi especialmente proveitoso no Brasil, porque "agora Lota não tem de provar pessoalmente para os amigos que eu escrevo poesia".[15] Aliás, até o vendedor do mercado local ficou impressionado. Quando Lota confirmou que dona Elizabetchy era de fato a moça da fotografia que ele tinha visto nos jornais, esse fornecedor de legumes e verduras proclamou em alto e bom som a sorte extraordinária das suas freguesas. Ora, na semana passada, outra cliente frequente comprou um bilhete de loteria e acabou ganhando uma bicicleta![16]

Algo do caráter onírico mencionado na reportagem d'*O Globo* está presente nos versos iniciais de "Questões de viagem" de Bishop, um poema publicado pela *New Yorker* em janeiro de 1956, que se baseia na vista elevada de seu estúdio em Samambaia. Como ela escreveu a Lowell na época da composição do poema, "eu me levanto nos amanheceres gelados daqui e começo com toda a confiança do mundo. As montanhas então parecem flutuar exatamente em *vin rosé*, com uma tigela de leite branco abaixo de nós".[17] No início, "Questões de viagem" enfatiza o panorama da serrania, realçando um fenômeno que raramente incomoda, se é que incomoda, um neoinglês ou um neoescocês, e que seria absolutamente impossível em Key West; pois ela acha que "aqui há um excesso de cascatas". Essas cascatas, antes objetos isolados de admiração para Bishop nas suas terras nativas, agora pareciam, no

Brasil, entre os cumes e valados da Serra dos Órgãos durante a estação chuvosa, ser acabrunhadoras em sua plenitude. Formando "quilométricos rastros de lágrimas", ela observava os rios correrem "depressa demais em direção ao mar". Tais cataratas multitudinárias e as correntes repletas que as aceleravam parecem obrigadas a existir, no poema, pelas "tantas nuvens a pressionar os cumes das montanhas", fazendo-as transbordarem "encosta abaixo, em câmara lenta", de modo que, por meio de uma metamorfose mágica, elas parecem estar "virando cachoeiras diante dos nossos olhos". Bishop tinha ido além da fase turística de observação frisada por "Chegada em Santos" e agora escrevia do ponto de vista da longa familiaridade de uma observadora treinada, mas ainda não perdera (e nunca perderia) a capacidade de ser espontânea nem a capacidade de expressar pormenores pelos olhos do outsider, como uma pessoa que está dentro, mas não inteiramente, do lugar sobre o qual escreve com tanta atenção e autoridade.

Bishop então se aparta desse lirismo intenso, onírico, para se voltar para a série de questões de viagem prometidas no título, questões que enfim totalizam treze. A primeira delas surge diretamente de suas viagens recentes: "Devíamos ter ficado em casa pensando nas terras daqui?" — e, assim sendo, "onde estaríamos hoje?". Onde, deveras, estaria Bishop se não tivesse escolhido viajar ao Brasil e depois ficar lá com a comunicativa dona Lotinha? A seguir, ela volta o pensamento para o ético e levanta a questão que com frequência lhe ocorria no momento de observação: "Seria direito ver estranhos encenarem uma peça/ neste teatro estranhíssimo?". Então, também, é a mera "infantilidade" que faz a gente querer estar num outro hemisfério do globo para ver "o sol nascendo do outo lado?". Enfim o poema toma o rumo da sua questão central: "Ah, por que insistimos em sonhar os nossos sonhos/ e vivê-los também?". Certamente era isso que Bishop estava empenhada em alcançar em Samambaia. Acaso ainda podia sonhar os sonhos da romântica fuga a terras longínquas que dividia com Louise Bradley muitos anos antes — e acaso também podia ter esses sonhos em meio às nuvens, às quedas-d'água e aos beija-flores de Samambaia?

Após articular suas questões centrais, Bishop se volta para afirmações favoráveis à sua opção por viajar, pois "certamente seria uma pena não ter visto as árvores à beira dessa estrada/ de uma beleza realmente exagerada,/ não tê-las visto gesticular/ como nobres mímicos de vestes róseas". Não seria uma pena não ter ouvido "a melancólica melodia de madeira com duas notas só/ de um par de tamancos descasados/ pisando sonoros, descuidados/ um chão todo sujo de graxa"? Não seria uma pena não ter ouvido a música de um "gordo pássaro pardo" a cantar numa gaiola de bambu com forma de igreja "de um barroco jesuítico" — apenas tal gaiola e tal pássaro, como Bishop os encontrou pendurados acima de uma bomba de gasolina quebrada? Essa beleza esfarrapada sempre seria irresistível para Elizabeth Bishop. Entretanto, com realce itálico, sua meditação sobre viagem enfrenta uma questão levantada em todo o grande lirismo romântico da natureza: "*Será falta de imaginação que nos faz procurar/ lugares imaginados tão longe do lar?*". Ela passou a vida toda correndo o risco de viajar a lugares imaginados e transformou em poesia suas experiências reais desses lugares. Agora, nos últimos cinco anos, ainda estava encarando novos "*continente, cidade, país*", e isso a impeliu a uma derradeira questão de viagem. Suas escolhas podem nunca ter sido amplas nem livres, mas, apesar dos momentos de incerteza ou indecisão, Bishop havia se atrevido a fazê-las. Quando o poema foi publicado na *New Yorker*, ela estava iniciando seu quinto ano no Brasil, e viriam outros mais. Na vida, a gente precisa estar "*aqui*" ou "*ali*", e, por isso, sentiu-se forçada a indagar: *Não. Teria sido melhor ficar em casa,/ onde quer que isso seja?*".

"Questões de viagem", seu primeiro poema importante sobre o Brasil desde "O banho de xampu", foi publicado no número de 21 de janeiro de 1956 da *New Yorker*. Carlos Lacerda, que então estava temporariamente exilado em Nova York, viu o poema na sala de espera de um consultório odontológico. Bishop contou aos Barker que o jornalista se apressou a traduzir para o português os versos do poema e a enviá-lo com alguns comentários ao seu jornal no Rio de Janeiro. Ela ficou surpresa ao ler a tradução de Lacerda, muito antes que seu exemplar da *New Yorker* chegasse a Samambaia.[18] Com tais idas e vindas imprevistas em seus muitos continentes, cidades, países e sociedades, seu senso de "em casa" devia parecer especialmente fluido naquele momento. Ela com certeza havia entrado num espaço doméstico singular, o qual nunca teria imaginado no início de sua vida em Worcester, Great Village ou Revere.

A domesticidade escolhida por Bishop significava que mesmo um prêmio Pulizter podia ter de competir para ser a surpresa do ano. Numa carta a May Swenson, ela descreveu um almoço com amigos que foi interrompido por um grito quando alguém viu uma serpente de um metro e meio arrastando um joão-de--barro bebê para fora de seu ninho de barro "em forma de forno". As patinhas do passarinho ainda se agitavam fragilmente fora da boca do réptil que descia rapidamente da árvore. Lota correu para pegar sua carabina 22 e "*disse* que acertou a cobra com o primeiro tiro — o que é bem provável, ela é muito boa".[19] Infelizmente, o filhote de joão-de-barro estava morto, mas os outros no ninho ficaram intactos. Depois desse incidente, o grupo voltou à mesa de almoço e seguiu conversando de maneira animada.

Livre da pressão para providenciar material novo para seu segundo livro, *Uma primavera fria*, Bishop começou a publicar um fluxo constante de poemas na *New Yorker* e em outros veículos, inclusive "Maneiras" e "Sextina", baseados em Great Village, e outros centrados no Brasil, como "Posto de gasolina" e "Filhos de posseiros". Quatro meses depois que Lacerda leu "Questões de viagem" na sala de espera de um dentista de Manhattan, "Manuelzinho", de Bishop, apareceu nas páginas da *New Yorker* numa edição de maio. Esse poema, supostamente falado por "uma amiga da escritora" (isto é, Lota), oferece, na verdade, as vozes bastante distinguíveis e alternadas da poeta e de sua amiga. O poema dá vida, com seu nome real, ao personagem de um dos mais antigos jardineiros de Lota, um indivíduo que Bishop via e com quem interagia quase diariamente. Os versos de abertura caracterizam de maneira sucinta sua situação de "rendeiro que veio com a terra/ (mas nunca paga aluguel)", Manuelzinho é "branco, trintão, meu suposto fornecedor de legumes". Então a inflexão de Lota surge decididamente com as palavras "só que não quer, ou não sabe,/ fornecer nada para mim —/ o pior hortelão desde Caim". O poema então se desloca para a voz lírica de Bishop com a ruminação: "Sua horta, lá no alto, torta/ é uma festa pros olhos. Nas beiras/ dos canteiros de repolho você planta cravos, e alface/ misturada com escudinha". Então as saúvas e uma semana de chuva destroem esses canteiros artisticamente arrumados, e o tom de exasperação de Lota retorna. Por meio dessa contínua alternância de pontos de vista, quase como uma conversa animada, mas sotto voce, de Bishop com Lota, o poema leva, com empatia e humor, a um complexo entendimento desse homem pobre, orgulhoso e individualista. Bishop também faz uma crítica de certas características da alta burguesia brasileira — sobretudo seu paternalismo e sua arrogante perplexidade ante os comportamentos curiosos do seu rendeiro. Mas Bishop deixa claro que compreende sua cumplicidade na situação. Pode sentir condolência quando vê Manuelzinho correndo ágil na terra de Lota sob a garoa constante da estação chuvosa, a cabeça e as costas cobertas apenas por "um saco de aniagem encharcado" — mas então ela volta a se acomodar junto à estufa e prossegue "na leitura de algum livro". A voz de Lota entra a seguir, suas notas de afeto coloridas pela raiva quando afirma que seu rendeiro-jardineiro lhe rouba os fios telefônicos, junto com outras ofensas sério-cômicas. Quando ele pinta seu chapéu de verde, a patroa o chama de "Kid Klorofila", para divertir seus ilustres visitantes. Mas Bishop se recusa a colocar Manuelzinho num molde de gesso de falsa dignidade. Nós o vemos com todas as suas imperfeições se agarrando aos pedaços de individualidade e orgulho que ele pode mostrar.

Bishop encerra o poema se dirigindo diretamente a Manuelzinho:

Seu tonto, seu incapaz,
gosto de você demais,
eu acho. Mas isso é gostar?

Então oferece um gesto pessoal:

Tiro o chapéu — metafórico
e sem tinta — pra você.
De novo, prometo tentar.

Subjacente a "Manuelzinho" está a lembrança de Bishop do imperativo radical do cristianismo "amai o próximo" — que o poema contraponteia com o fato de que, embora seja possível tentar amar o próximo, nem sempre é fácil. A *New Yorker* pagou com entusiasmo os 150 versos do poema, e ela admitiria posteriormente para os Barker: "Ganhei tanto dinheiro à custa do pobre homem que agora me sinto culpada toda vez que ele entra na cozinha com um maço de rabanetes gigantes".[20]

Bishop estava se aproximando dos 45 anos quando disse aos Barker: "Caramba. Todo mundo, e agora vocês, parece me escrever sobre a idade atualmente [...]. Uma amiga me mandou várias páginas datilografadas assustadas porque o oftalmologista dela recomendou bifocais!". Sua reação foi dizer: "Não sei por quê, mas eu não dou a mínima. Acho que realmente pareço mais jovem do que quando vocês me viram".[21] De fato, na metade de 1956, ela estava em excelente forma tanto emocional quanto física. Ganhara o Pulitzer recentemente, tinha concluído e publicado uma série de poemas fortes e havia outros a caminho. Estava quase terminando a tradução de *Minha vida de menina*. E vinha gozando de um período de ótima saúde. Ela explicou que havia encontrado um bom médico de asma no Rio de Janeiro, que até se recusava a lhe cobrar o serviço prestado, e que fazia vários meses que estava praticamente sem a doença. Livre das algemas da cortisona, pôde escrever à tia Grace, em julho de 1956, que conseguira chegar ao peso silfídico de 54 quilos, acrescentando que tinha mandado fazer um tailleur e dois vestidos porque "há quatro anos que não compro roupa nova! De modo que tenho de ficar nos 54 quilos. Se eu engordar trinta gramas, não vou caber neles".[22] E tornou a dizer aos Barker: "Meu cabelo parou de embranquecer, de verdade (nenhuma gota de álcool, provavelmente), e L e eu esperamos chegar aos 52 quilos".[23]

As paredes externas da Samambaia têm grandes vidraças, com telhado de alumínio ondulado. O plano inicial de Lota era cobrir o alumínio com uma camada de sapê,[24] mas essa ideia teve de ser descartada devido ao perigo dos balões com mecha de parafina e breu que eram soltos para voar no céu. Bishop era fascinada por eles desde o tempo da Walnut Hill, como mostra seu conto "Um voo de fantasia". Sua experiência em Samambaia teceu-se na trama de seu poema "O tatu", que começa descrevendo com singular delicadeza uma cena brasileira presenciada do alto da serra em que ficava a fazenda. Lá observa os "frágeis, ígneos, clandestinos./ Vão subindo no céu". São clandestinos por causa do perigo que representam para a floresta e as casas lá embaixo em consequência da mecha flamejante que os faz se elevarem, mas encantam devido à sua beleza quando "sobem ligeiros/ rumo às varetas cruzadas da pipa estelar do Cruzeiro// do Sul, e deixam este mundo pra trás, solenes, altivos". Essa beleza e delicadeza persistem, ou então "uma correnteza os puxa/ pra baixo", e se tornam um perigo ao cair forçosamente sobre a colina de granito que domina a casa. Esse balão errante, cuja mecha ardente muito se assemelha ao napalm, quebra "como um ovo de fogo" atrás da casa, "na encosta de pedra nua" . Quando "as chamas desceram", a parafina gelificante gruda nas árvores e provoca uma conflagração maciça na floresta abaixo. Duas corujas fogem do ninho "guinchando até sumirem de vista".[25] Na penúltima estrofe do poema, Bishop passa com notável destreza, mesmo dentro de um único verso, de um tom de extraordinária delicadeza a um de chocado horror e quase fúria quando, repentinamente, um animalzinho de orelhas curtas salta da floresta em chamas:

por estranho que pareça, um coelho.
Tão macio! — pura cinza intangível
com olhos fixos, dois pontos vermelhos.

Acaso as orelhas do coelho são curtas porque se queimaram? E ele parece "pura cinza intangível" por causa do pelo, ou seu corpo inteiro está se transformando em cinza depois de consumido pelas chamas? Seus "olhos fixos, dois pontos vermelhos" — estes, pelo menos, ainda estão intactos —, parecem estar em chamas ao refletir (como os de um cervo iluminado por faróis) o fogo feito pelo homem que oblitera seu mundo. O poema termina com uma nota de protesto direto, inusual na obra de Bishop, quando acusa diretamente os balões e, por extensão, as pessoas que os soltaram, da descuidada destruição que causam:

Ah, mimetismo frágil, onírico!
Fogo caindo, um escarcéu
e um punho cerrado, ignorante
e débil, voltado contra o céu![26]

Esse desfecho foi sutil e efetivamente preparado à medida que o poema passa gradualmente da delicadeza para a violência surpreendente.

Robert Lowell ficou profundamente impressionado quando leu "O tatu" datilografado e o descreveu para Bishop, em carta de 10 de junho de 1957, como "certamente um dos seus três ou quatro melhores".[27] Três anos depois, confessou: "Levo 'O tatu' na minha carteira e, de vez em quando, supreendo as pessoas com ele".[28] Ficou tão fascinado pelo poema que Bishop o dedicou ao amigo quando foi incluído no seu livro de 1965, *Questões de viagem*. O estilo inicial de Lowell é famoso por sua constante — e às vezes quase esmagadora — violência de tom, que Bishop chamou, em sua sinopse na quarta capa de *Life Studies* [Estudos da vida], de "notas de trompete agora conhecidas".[29] Lowell encontrou um modo mais sutil e modulado de incorporar elementos de violência à sua obra em "O tatu" de Bishop, que ele admitiu ser o modelo de seu poema mais popular, "Hora do gambá", a ela dedicado. "O tatu" revelou a Lowell uma técnica de matização, um meio de mudar de marcha com uma alternância quase ininterrupta entre um discreto lirismo ou uniformidade prosaica e, às vezes, mais violento, súbito e agressivo. No seu importante novo estudo de Lowell, Kay Jaminson caracteriza o poeta como *Botar fogo no rio*. Mas foi "O tatu" de Bishop que se somou à coleção de truques de Lowell quando ele a observou *botar fogo na floresta* literalmente.

Como contou aos Barker em janeiro de 1957, Bishop ganhou uma bolsa Amy Lowell Poetry Travelling de 2 mil dólares.[30] E isso significou, como ela escreveu a May Swenson semanas depois, que "nós vamos mesmo a Nova York. Por volta de 1º de abril e provavelmente para ficar uns seis meses". Mencionou que ia deixar seu tucano hospedado na casa do vizinho comerciante de animais, de quem o havia ganhado de presente, "marcando sua perna com faixas para receber o mesmíssimo e querido Sammy quando eu voltar".[31] Acrescentou que a Farrar Straus ficou com sua tradução de *The Diary of "Helena Morley"*. Robert Giroux, que seria seu editor e admirador até o fim da vida dela, admitiu mais tarde que, embora o *Diary* fosse "um livro bom e encantador", sua editora só o aceitou porque eles queriam ser os editores de seu próximo livro de poemas. E acrescentou: "Tivemos de esperar oito anos os novos poemas de Elizabeth, *Questões de viagem*, mas valeu a pena".[32] Bishop escreveu a Howard Moss, em janeiro, sobre seu plano de ir a Nova York com Lota no início de abril.[33] Essa seria sua primeira excursão aos Estados Unidos depois que as duas voltaram a Key West e Nova York para pegar os pertences e providenciar seu envio ao Brasil.

Bishop e Lota chegaram a Nova York no dia 31 de março, com planos de ficar meio ano. Sublocaram um apartamento na East Sixty-Seven Street, 115, no East Side de Manhattan, entre as avenidas Park e Lexington. Esse era um endereço muito mais elegante que o mantido por Bishop na King Street na década de 1940, bem na beira de um distrito industrial em Lower Manhattan. A viagem de Bishop e Lota aos Estados Unidos era uma expedição com múltiplos objetivos. A primeira tinha planos de acertar os termos da publicação de *The Diary of "Helena Morley"* com a Farrar, Straus & Giroux e de estabelecer uma relação com um agente literário novo. A segunda queria adquirir caixas e caixas de produtos manufaturados americanos e enviá-los a Samambaia. Um dos motivos pelo qual elas planejavam passar seis meses nos Estados Unidos era que isso lhes daria a possibilidade de comprar um carro americano e enviá-lo ao Brasil sem pagar tarifa alfandegária.

Então poderiam vendê-lo com um lucro considerável no país, onde o preço dos automóveis (e outros bens) americanos em geral custavam o dobro do preço dos Estados Unidos. A venda desse veículo ajudaria a compensar grande parte do custo da viagem.

As duas se instalaram no pequeno apartamento de East Side em abril de 1957, e desde o começo sua vida social foi extremamente ativa. Muitos amigos que conheciam Bishop da época de muita bebedeira em Yaddo e em Nova York, inclusive Pauline Hanson e May Swenson, ficaram satisfeitos e aliviados ao ver o quanto ela havia melhorado de saúde, estado de espírito e aparência durante sua estada no Brasil. Em uma festa em que outros estavam se embriagando, as pessoas repararam que Bishop não bebia, e ela observou que agora simplesmente não tinha nenhum interesse pelo álcool.

Pedindo desculpas aos Barker por só lhes ter escrito três meses depois de chegar à cidade, Bishop disse: "Temos nos divertido no geral maravilhosamente. É prazeroso voltar e, cinco anos, eu constatei, é o tempo quase certo — tudo é perdoado, toda paixão, esgotada, e por enquanto ninguém envelheceu demais etc. — e todos parecem muito melhores. (Ou sou só eu? — isso é o que me preocupa de vez em quando)". Elas também apreciavam "os fins de semana em Connecticut em casas modernas com Calders na sala de estar, estragão na sala de jantar e neuroses nos quartos. Bishop retomou sua carta aos Barker três dias depois:

> Lota chegou com uma ex-colega do colégio de freiras, brasileira, e depois apareceram seis cavalheiros brasileiros — tinham desembarcado duas horas antes, deixaram as esposas no Waldorf Astoria e trataram de visitar Lota o mais depressa possível — sem o conselho dela em matéria de gosto, arte, restaurantes etc. eles não conseguem existir![34]

No entanto, embora o negócio de Bishop em Nova York fosse tratar com seu editor da tradução de *The Diary of "Helena Morley"*, os motivos de Lota para estar na cidade não eram de modo algum meramente sociais, já que estava lá para adquirir as ferramentas e os acessórios que considerava necessários para a conclusão de Samambaia. Bishop se queixou a Lowell de um passeio na Terceira Avenida com Lota: "Lá há lojas de ferragens demais para a gente fazer muito progresso".[35]

Bishop não só era uma observadora da grande Nova York do fim de 1957; ela e Lota formavam, à sua maneira, um par singular e, por sua vez, eram observadas pelos amigos americanos e especialmente pela atentíssima romancista e comentarista social Mary McCarthy, que se lembrou de ter falado com frequência com Bishop em 1957. A personagem "Lakey" de McCarthy, Elinor Eastlake, de seu best-seller *The Group* [O grupo], de 1963, é certamente uma composição, como a maioria dos personagens fictícios extraídos da vida. Mas Eastlake, cujo apelido ecoa o antigo apelido de Bishop, "Bishie", é quase com certeza modelado, em muitas de suas características mais importantes, em Elizabeth Bishop, assim como a sua amante lésbica, "a Baronesa", decerto é modelada na mundana e aristocrática Lota de Macedo Soares. Essa visita de 1957 a Nova York deu a McCarthy a oportunidade de avaliar Bishop e Lota como indivíduos da vida real e de usá-las como modelos para as personagens notáveis do seu estrondoso sucesso de vendas. Na versão cinematográfica de *The Group*, de 1966, Lakey foi interpretada por Candice Bergen, em seu primeiro papel importante. Essa caracterização ficcional de Lakey pode ter sido o primeiro aparecimento de Bishop como figura significativa, real ou imaginária, na ficção, no cinema ou no teatro — mas por certo não seria a última.

Bishop e Lota chegaram a Bangor, Maine, de avião no dia 2 de agosto para iniciar o que esperavam que fosse uma longa temporada com Robert Lowell, a esposa Elizabeth Hardwick e a filhinha Harriet, ainda bebê, em sua casa em Castine. Entretanto, a chegada delas coincidiu com as primeiras fases de um episódio maníaco de Lowell. Ele, que andava bebendo, começou a fazer investidas amorosas em direção a Bishop e também a sugerir que podia ir visitá-la no Brasil sem levar a família. Bishop informou Elizabeth Hardwick das afirmações de Lowell e, junto com Lota, partiu de Castine muito antes do planejado. Em 9 de agosto, Lowell escreveu-lhe uma carta pedindo desculpas em que dizia "obrigado por falar com Lizzie sobre as suas apreensões". Pediu desculpas pela "miopia abismal" de que sofria e disse que ele às vezes tinha um "coração acéfalo". Bishop lhe escreveu de Nova York no dia 11 de agosto, numa carta que cruzou com a dele. Começou com uma alegre nota informativa, como se nada tivesse acontecido. Depois dos parágrafos iniciais, citou a tradução de George Herbert de um tratado italiano "Sobre a temperança e sobriedade" e, ecoando a linguagem do tratado de Herbert, encerrou, pedindo: "Querido Cal, por favor, cuide-se e seja um ornamento para o mundo (coisa que você já é) e um conforto para seus amigos". Sem dúvida, ela destinava esse conselho parcialmente a si própria, assim como os comentários que se seguiram: "*Há* muitas coisas promissoras também, você sabe. Sobriedade, alegria, paciência e resistência dão conta do serviço. Ou assim espero para mim e espero e também rezo para você".[36]

Lowell agradeceu a carta, dizendo que junto com sua "alegre harmonização do espírito", ela também "trouxe um grande alívio. Temi ficar para sempre no exílio". Na sua carta sobre o incidente, Lowell passou numerosas páginas datilografadas descrevendo, em termos cômicos, uma longa expedição de veleiro no litoral do Maine com Richard Eberhart, tudo isso para ganhar coragem para falar das suas recentes investidas em Bishop. Encerrou com uma passagem retrospectiva acerca do passado dos dois que ficou famosa. Confessou que "pedir você em casamento é *o que* poderia ter sido para mim a grande mudança, a outra vida que eu poderia ter tido". Acrescentou que, para ele, havia sido "daquele jeito por esses nove anos mais ou menos que se passaram. Estava profundamente enterrado, e nessa primavera e verão (realmente antes da sua chegada) a coisa subiu fervendo à superfície. Agora não voltará a acontecer, se bem, é claro, que eu sempre sinta uma grande alegria e bem-estar com você. Não vai acontecer, eu estou verdadeiramente *apaixonadíssimo* por minha Elizabeth, e para mim é um grande consolo você estar com Lota, e tenho certeza de que é a vontade do céu tudo ser como é".

Lowell conseguiu evitar o pior no seu episódio de mania, pelo menos temporariamente, e depois disso escreveu os poemas que formariam o núcleo de seu livro inovador *Life Studies*. Delineou aquele que viria a ser o seu poema mais famoso, "Hora do gambá", com base no profundamente brasileiro "O tatu", de Bishop, que ele tinha lido datilografado. Ambos os poemas são sobre uma localidade que envolve o que ele denominou "descrição à deriva", à medida que avançam rumo a um poderoso final dramático. Bishop escreveu um tributo extraordinário à realização poética de Lowell em "Hora do gambá" e *Life Studies*, primeiro numa carta, depois na sinopse da quarta capa.

Bishop visitou Marjorie Stevens em Key West e contou aos Barker: "Fiz uma viagem de avião a Key West para passar uma semana com uma velha amiga, também — quente como o inferno, mas muito bonita e praticamente abandonada nesta estação, de modo que fiquei contente em ir — ela tirou alguns dias de folga (trabalha para a Marinha lá) e nós passeamos de bicicleta. Swam telefonou algumas vezes e conversou, principalmente". Essa foi a última vez que Bishop esteve com Stevens, que faleceu não muito tempo depois.

Uma semana antes de partir, Bishop e Lota deram "uma FESTA — UMA FESTA ENORME".[37] Como ela contou a Lowell em 29 de setembro, "essa é a nossa despedida e eu quero que você esteja aqui".[38] Como o apartamento delas era muito pequeno, seus amigos Fizdale e Gold, o famoso dueto de piano, emprestaram-lhes seu espaçoso apartamento em Central Park West. Bishop escreveu:

> Foi a melhor festa que já dei — graças em especial aos "rapazes" —, um deles preparou um bolo de carne, fez um jantar maravilhoso etc. Cada vez que eu telefonava e acrescentava gente a nossa lista, ele encomendava mais meio quilo de carne — acabou usando quatro quilos. Havia uns quarenta convidados e vinte ficaram para jantar, e eu percebi, quando finalmente voltamos para casa, que tinha ficado de pé das 17h30 à 1h30 da madrugada. Ninguém ficou bêbado, salvo Alexy Hiaff e um velho amigo meu, mas até que eles foram legais — Tom [Wanning], meu amigo, deu de abraçar, e Alexy, de beijar mão, só isso. Outros que vocês conhecem são Eleanor Clark (os garotos a conhecem) e o marido, Rob. Penn Warren, de quem eu sempre gostei muito, embora não o conheça absolutamente; Marianne Moore, Louise Bogan, Dwight MacDonald, Monroe Wheeler e Glenway Westcott, mulher de Cummings (c. está no hospital), Loren, é claro, e o marido, meu editor Giroux (vocês o conhecem?), Zabel, que acabava de chegar de Yaddo e se divertiu mais do que qualquer um, acho — minha querida médica alemã, que chegou lá pelas 22h toda emperiquitada — e convidei Katherine Anne, mas ela não pôde vir a Nova York — bem, muito mais, e parece que deu tudo certo e todo mundo estava muito bonito! Eu queria muito que vocês estivessem aqui.[39]

O cargueiro de Bishop e Lota partiu de Nova York no dia 11 de outubro, depois de uma permanência de quase sete meses na cidade. Fizeram no vapor SS *Mormacstar* o que Lota chamou de

"A longa viagem para casa", uma jornada de mais de quinze dias. Enquanto o cargueiro navegou ao longo da costa atlântica, Bishop enviou cartões-postais espirituosos a Lowell dos portos de escala americanos, começando por Charleston, na Carolina do Sul, depois Savannah, na Geórgia, o último assinado "Recessivamente —/ E. B.", acompanhado de um pós-escrito "— próxima parada Curaçao —". A carta seguinte de Lowell, escrita em Boston, se endereçava à "minha querida retrocedente Elizabeth". Ao chegar ao Rio de Janeiro, Lota e Elizabeth arrancaram *lentamente* da alfândega brasileira, em questão de semanas, as montanhas de produtos manufaturados que Lota havia comprado nos Estados Unidos. Nos dois anos subsequentes Bishop e Lota entraram naquele que talvez tenha sido um dos períodos mais estáveis da vida de Bishop. Agora a casa estava praticamente pronta. Ela ia mais ou menos bem de saúde. O clima político no Brasil se achava relativamente estável. Seus grandes projetos em prosa eram coisa do passado. E ela estava entrando num de seus períodos mais satisfatórios de produtividade poética.

O quentíssimo verão de 1958 trouxe muitas visitas. A explosão emocional em Castine também era, por ora, coisa do passado, e ela e Lowell entraram numa relação mais calma e estável, pelo menos durante a maior parte da década. O fato de Bishop adorar *Life Studies*, livro cuja forma e estilo ela havia inspirado em parte, sem dúvida contribuiu para isso. Bishop empreendeu, sem Lota, uma viagem a Brasília e ao interior do Brasil em companhia de Aldous Huxley e sua segunda esposa, Laura Archera Huxley. Visitaram uma tribo indígena na floresta tropical brasileira, que Bishop descreveu a Lowell como "uma ocasião maravilhosa e alegre", embora reconhecesse que era "deprimente pensar no futuro deles". Assim descreveu seus anfitriões índios: "Estão bem nus, só algumas contas; bonitos, rechonchudos, comportam-se como crianças amáveis um pouco mimadas. Tiveram muita curiosidade por

Huxley e um deles, que falava um pouco de português, disse que ele era 'simpático... simpático'". Mas Bishop deve ter dado uma impressão mais favorável, pois um viúvo da tribo "pediu-me que ficasse e me casasse com ele — esse foi um elogio ligeiramente dúbio. No entanto, as outras damas ficaram com ciúmes".[40] Algum tempo depois, elas receberam a visita do sempre alegre Alexander Calder e a esposa, Louisa (sobrinha de Henry James). Bishop escreveu a Howard Moss que "Calder se pôs a sambar na varanda, com uma camisa laranja clara, que nem uma calêndula balançando na brisa".[41]

14. O apartamento no Leme

Depois de oito anos no Brasil, Elizabeth Bishop conhecia vários aspectos da cultura brasileira no âmbito pessoal, embora tivesse plena consciência de que sempre enxergaria essas características como uma outsider. Na metade de outubro de 1959, apresentou dois novos poemas à *New Yorker*, o mais importante dos quais, "Brasil, 1º de janeiro de 1502", captava um momento anterior e historicamente mais importante da entrada de estrangeiros no Brasil pelo mar do que o que ela compartilhou com Mary Breen em novembro de 1951. Em 1502, aqueles intrusos de outro mundo não toparam com nenhum fiscal da alfândega que lhes pudesse confiscar bourbon e cigarros. Ainda não existiam selos postais que não grudavam direito nas suas cartas para casa. Porque esse foi o momento em que os invasores encouraçados chegaram de Portugal e deram com uma terra que lhes pareceu espantosamente diferente e, mesmo assim, "de certo modo familiar". E, como o poema os descreve, esses cristãos de "armaduras a ranger", que eram "duros e pequenos/ como pregos de ferro, e reluzentes",[1] encontraram um vasto subcontinente e se lançaram de imediato no projeto de controlar a ele e às mulheres nativas, se pudessem tomá-las de seus desprevenidos povos indígenas. E iniciaram essa agenda "logo depois da missa/ talvez cantarolando/ *L'Homme armé* ou outro tema assim", entregaram-se sem pausa à tarefa de rasgar "a tapeçaria" da paisagem, "e cada um foi atrás de uma índia" para si,[2] sem ver nenhuma contradição entre, por um lado, seus ritos e valores religiosos, seu elevado conceito de amor cortês, seu apreço pela boa música e, por outro, uma nova oportunidade de exploração sexual e econômica.

Quando encontrou "Brasil, 1º de janeiro de 1502" de Bishop na *New Yorker*, Robert Lowell lhe escreveu no mesmo instante, dizendo, em carta de 4 de janeiro de 1960: "Acho que esse é um dos seus poemas mais bonitos — descrição maravilhosa, a selva a se transformar numa imagem, depois em história e em selva de novo, com um tom prático, absurdo, triste, divertido e assustado para os cristãos".[3] Ele tinha reconhecido imediatamente a sutileza com que Bishop combinara observação da natureza, cultura, arte e política em uma narrativa única e primorosamente entrelaçada.

Através da conexão com Lota, Bishop não tardaria a ver sua existência cada vez mais entrelaçada com as exigências da política brasileira. Agora o cenário de sua vida mudaria definitivamente do ambiente natural de Samambaia para as dependências mais limitantes do apartamento de Lota no bairro do Leme, no Rio de Janeiro. Jânio Quadros, eleito presidente da República em outubro de 1960, disputou o cargo independentemente e com uma plataforma que prometia varrer a corrupção política (o símbolo de sua campanha era uma vassoura). Quadros contava com o apoio do maior partido conservador, a União Democrática Nacional (UDN), mas também conseguiu se apresentar como candidato das pessoas comuns, opondo-se à corrupção, considerada endêmica na ainda poderosa organização de Vargas. Pela Constituição brasileira, presidente e vice-presidente podiam ser de partidos diferentes, e João Goulart, um homem de ideias esquerdistas ligado ao falecido "ditador moderado" Getúlio Vargas — e inimigo político de Quadros —, elegeu-se vice-presidente. Assim, os dois mais elevados cargos do Executivo no Brasil estavam nas mãos de partidos rivais. Ao mesmo tempo, o amigo íntimo de Lota, Carlos Lacerda, foi eleito governador da Guanabara (um novo estado formado pela cidade do Rio de Janeiro e seus arredores quando a capital do Brasil foi transferida para Brasília). Essas contracorrentes políticas teriam consequências significativas para Bishop e Lota nos anos seguintes.

Lacerda logo convidou Macedo Soares para trabalhar no seu governo. Ela decidiu se concentrar na tarefa de transformar um recém-criado aterro de quase cinco quilômetros de comprimento, na baía da Guanabara, num grande parque urbano, o parque do Flamengo. Seu objetivo era fazer daquele trecho de terra e entulho o equivalente carioca do Central Park de Nova York. Bishop, naturalmente, ficou contente. Lota teria enfim uma tarefa digna de seu entusiasmo e talento. Quando estava em construção [e até hoje] o parque costumava ser chamado de Aterro, por causa do fundamento sobre o qual se erguia. Como Bishop explicou a James Merrill: "Lota é a coordenadora-chefe de um novo projeto de parque, autoestrada, playgrounds, iate, lagoas, restaurantes etc. etc. à beira-mar, e até agora muito bom, creio eu". Mas, posto que se tratasse de uma tarefa importante e necessária, não faltavam complicações. "Isso significa", contou ela a Merrill, "uma vida um tanto alvoroçada — ir e voltar do Rio de Janeiro toda semana, abandonando o lugar em que nós de fato gostamos de morar, no alto da serra. Estamos reorganizando a vida aos poucos para ter dois conjuntos de tudo que precisamos, e sempre levamos livros, carne, água potável e ovos em baldes de gelo para o Rio de Janeiro

— e roupa suja de volta para lavar em casa."[4] Em breve, Bishop descobriu, sem nenhuma alegria, que passava a maior parte do tempo no Rio de Janeiro, sendo que uma rabugenta carta endereçada a Lowell em março de 1962 foi escrita em "Samambaia, para variar".[5]

Lota não tardou a descobrir que muitos dos que trabalhavam com ela tinham dúvidas quanto a suas qualificações ou autoridade para desempenhar o papel para o qual fora designada. Ela podia ter uma visão clara do parque do Flamengo, mas carecia de diploma ou de certificação profissional em paisagismo ou arquitetura. Era uma mulher em um mundo de homens. E era uma nomeada política cuja autoridade dependia de um governador que não ficaria no poder para sempre. Assim, costumava ter dificuldade para garantir a plena cooperação dos profissionais homens e dos burocratas vitalícios que ela fora chamada a comandar e em colaboração com os quais devia trabalhar. Era obrigada a contar com sua personalidade forte e com o estreito vínculo que tinha com Carlos Lacerda, com o qual nem sempre concordava nos pormenores, para que o parque progredisse permanentemente. Logo ficou claro que os longos dias de trabalho que a aguardavam se revelariam em geral angustiantes.

Em contraste com o estresse do trabalho de Lota, eis que surgiu uma nova fonte de felicidade doméstica. Mary Morse, contornando várias leis que proibiam a adoção de crianças brasileiras por cidadãos estrangeiros, conseguiu, no inverno de 1961, adotar a primeira de uma série de filhos, uma menina de três meses chamada Mônica. Bishop descreveu essa garota amável como "uma bebê tão boa, alegre, sadia — e a sua disposição nos envergonha a todas",[6] e suas cartas se enchem de relatos do caráter e do comportamento encantadores de Mônica. A própria Mônica Morse agora afirma que foi criada por três mães fortes, Mary Morse, Lota de Macedo Soares e Elizabeth Bishop, e se lembra de muitas horas felizes, especialmente durante uma longa viagem que fez aos Estados Unidos, passadas brincando no chão do estúdio enquanto a poeta, à escrivaninha, trabalhava no seu texto.

No dia 25 de agosto de 1961, Jânio Quadros, o presidente recém-eleito do Brasil, renunciou abruptamente ao cargo depois de apenas sete meses no poder, alegando que "forças terríveis" haviam se levantado contra ele. Isso provocou uma crise política, pois o vice-presidente do país, João Goulart, era do partido de oposição e muitos líderes militares e políticos conservadores o achavam excessivamente radical para assumir a presidência da República. Na ocasião, Goulart estava fora do país em viagem à China e, por ora, o futuro político do país continuou incerto. Os partidários de Quadros, a conservadora UDN, relutavam em permitir que seu adversário político tomasse as rédeas do governo brasileiro. Depois de um tenso período de incerteza, um acordo desajeitado que envolvia a adoção temporária do sistema de governo parlamentarista chefiado por um primeiro-ministro acabou permitindo que Goulart assumisse a presidência, apenas como chefe de Estado, à espera de um plebiscito nacional. Mas a situação política no Rio de Janeiro e no Brasil continuou instável.

Enquanto esses desenvolvimentos políticos se desdobravam, Bishop estava trabalhando muito no livro *Brazil* para a editora Life World Library. Em dezembro de 1961, viajou a Nova York com Lota para finalizar o texto de *Brazil* com seus editores, e não ficou nada satisfeita com o resultado, que, na sua opinião, alterava fundamentalmente o enfoque do livro. Apesar do intenso trabalho editorial, ela conseguiu ir a um jantar no apartamento dos Lowell, ao qual foram convidados T.S. Eliot e a esposa, Valerie. Bishop também conversou com Lowell e Elizabeth Hardwick, que estavam começando a planejar uma viagem ao Brasil patrocinada pelo Congress for Cultural Freedom.

Conduzidos por Keith Botsford, agente do Congress for Cultural Freedom, Lowell chegou ao Rio de Janeiro com a mulher e a filha no dia 25 de junho de 1962. A família se instalou num apartamento na cidade, e Lowell, quando não estava ministrando palestras ou fazendo leituras, passava boa parte do seu tempo livre com Bishop. Inicialmente, a viagem devia durar um mês e meio, mas a visita foi tão agradável que ele e a família acrescentaram mais quinze dias à sua permanência.

Lowell ficou especialmente impressionado com o estúdio de Bishop em Samambaia, onde viu muitos poemas em andamento, alguns havia anos no processo de criação, pregados num painel acima de sua longa escrivaninha. Mais de uma década depois, em seu livro *History*, Lowell dedicou um poema a Bishop, no qual perguntava: "Você/ ainda pendura suas palavras no ar, dez anos/ inacabadas...?". Essas palavras pareciam suspensas tanto no tempo quanto no espaço, "grudadas no seu painel de anotações com lacunas/ ou vazios para a frase inimaginável". Era esse método de trabalho, essa disposição a esperar as palavras com uma paciência que poucos poetas parecem ter tido, que lhe permitiram ser para Lowell a "musa inerrante que torna o fortuito perfeito".[7]

Infelizmente, nas últimas semanas que passou no Rio de Janeiro, Lowell começou a beber demais e a dar sinais de estar a caminho de mais um episódio maníaco. Mais tarde, Bishop reconstruiu essa série de acontecimentos num diário datilografado no qual criou uma cronologia de suas observações do comportamento cada vez mais alarmante de Lowell, com anotações que remontavam a 20 de agosto. No dia 1º de setembro, Elizabeth Hardwick e Harriet embarcaram para Nova York como planejado. Dois dias depois, por insistência de Lowell e apesar das objeções de Bishop, Lowell e Botsford foram de avião do Rio de Janeiro a Buenos Aires, onde Lowell tinha mais conferências e leituras agendadas. Na capital argentina, continuou a beber excessivamente e passou a apresentar sinais de estar em pleno surto maníaco. Exausto, confuso e convencido de que o comportamento de Lowell era apenas o resultado do consumo exagerado de álcool, Botsford voltou ao Rio de Janeiro em 8 de setembro. Não informou o estado de Lowell a Bishop, que só soube da situação casualmente dois dias depois. Agora Lowell estava sozinho em Buenos Aires e potencialmente em grave perigo por causa do comportamento errático e das declarações políticas desastradas que fazia num país governado por uma ditadura militar. Bishop temeu que ele fosse espancado ou preso. Ao anoitecer do dia 11 de setembro, recebeu um telegrama alarmante de Lowell de Buenos Aires:

> QUERIDÍSSIMA ELIZABETH VENHA FICAR COMIGO NESTE PARAÍSO!
> COM TODO AMOR
> CAL[8]

Preocupadíssima, Bishop localizou Botsford e o convenceu, com confirmação telefônica do médico de Lowell em Nova York, que o comportamento do seu cliente não era apenas bebedeira, e sim mania. Ele concordou com Bishop que Lowell precisava ser localizado em Buenos Aires e levado de volta a Nova York o mais depressa possível. Em 11 de setembro, o dia em que Bishop recebeu o telegrama de Lowell, Botsford viajou a Buenos Aires para buscá-lo. No dia seguinte, informou que Lowell já estava internado num hospital da capital argentina, a Clínica Bethlehem, e "muito mais calmo". Bishop apontou no seu diário reconstruído que mandou um telegrama ao hospital de Lowell no dia 13 de setembro, com o texto: "Estamos pensando em você. Melhore logo. Sempre com amor. Elizabeth".[9] Quatro dias depois, soube que, antes de regressar a Nova York, Lowell tinha de ficar mais duas semanas hospitalizado em Buenos Aires. Por fim, Blair Clark, um amigo dele, chegou a Buenos Aires e o levou de volta a Nova York, onde foi recebido por Elizabeth Hardwick e transferido para o Institute for Living, em Hartford, Connecticut, para iniciar a recuperação. Bishop escreveu depois do retorno de Lowell aos Estados Unidos: "Espero que você esteja bem, Cal, e lembrando só as melhores coisas que nós fizemos e vimos aqui".[10]

Enquanto isso, continuava se intensificando o conflito entre as forças de viés esquerdista, que apoiavam o presidente Goulart, e os políticos conservadores, como o governador Lacerda, que acusavam Goulart de ter tendências pró-comunistas e afirmavam que se opunham a ele para defender as instituições democráticas. Macedo Soares ficou do lado de Lacerda, seu patrão, e, pelo menos por ora, Bishop também viu a situação do ponto de vista de Lota. Em janeiro de 1963, Goulart obteve uma sólida vitória no plebiscito que restaurou sua autoridade presidencial, e dessa vez Bishop começou a duvidar de Lacerda como líder político. Disse a Lowell que estava ficando "exasperadíssima com o Brasil público, o Brasil político". No entanto, a política americana também estava passando por uma fase muito preocupante, tanto que às vezes inspirava a simpatia brasileira. Depois do assassinato do presidente John F. Kennedy, em 22 de novembro de 1963, Bishop escreveu a James Merrill em dezembro do mesmo ano: "O Brasil ficou comovido com a morte de Kennedy. — Ainda recebo discursos formais de 'condolências' de taxistas e de qualquer um que perceba que sou americana — coisa ainda fácil depois de dez anos aqui".[11] Estava preocupada tanto com a retórica esquerdista geralmente violenta do presidente Goulart quanto com a retórica anticomunista de Lacerda, para ela muito parecida com a do "macarthismo".[12] Contudo, mesmo estando farta de política, Bishop declarou que "gostava cada vez mais" daquilo que ela chamava de "o outro lado de baixo" do Brasil, como o humor do povo e sua cultura autóctone.[13] Enquanto Lota trabalhava sem parar no parque do Flamengo com seu nível de cansaço aumentando continuamente, Bishop voltou a atenção para outras atividades e se pôs a escrever no apartamento do Leme uma carta atrás da outra aos amigos nos Estados Unidos. Além disso, estava cada vez mais interessada no sobrinho de Lota, Flávio Soares Regis, que vinha mostrando muito interesse e talento para a poesia e outras artes.

A situação política no Brasil passou por uma crise na primavera de 1964. As causas e implicações demoraram a ficar claras. A inflação estava desenfreada, a moeda tinha apenas um décimo do valor de dois anos antes e a retórica tanto da esquerda quanto da direita se intensificava rapidamente. No dia 13 de março, o presidente Goulart discursou num grande comício no Rio de Janeiro, ocasião em que prometeu implementar medidas abrangentes, inclusive o confisco de terras e a nacionalização de empresas privadas. Sugeriu que tais medidas seriam levadas a cabo mesmo que o Congresso Nacional se opusesse a elas. Por sua vez, seus adversários o acusaram de tendências pró-comunistas e de tentar derrubar a Constituição e se estabelecer como um ditador populista. Primeiro, as forças populistas pareceram estar em ascensão, mas foram subitamente derrubadas pela resistência do Exército regular, agindo — ou assim ele afirmava — em defesa da Constituição. Quando os fuzileiros navais brasileiros se rebelaram contra seus oficiais, ameaçando a disciplina e a autoridade militares, Goulart os apoiou. Nesse meio-tempo, a alta liderança militar concluiu, em sigilo, que era preciso depô-lo mediante um golpe, e o Rio de Janeiro foi o cenário dessa operação militar cuidadosamente orquestrada em 31 de março e 1º de abril de 1964.

De início, tanto Lota quanto Bishop tomaram o partido da intervenção militar. Como muitos outros membros da alta classe média, Lota ficou alarmada com a retórica exaltada de Goulart.

E, para muitos brasileiros, o golpe de Estado pareceu ser uma revolta espontânea dos militares para proteger as estruturas administrativas locais e defender a Constituição brasileira. As lideranças militares, sob o comando do chefe do estado-maior, o general Humberto Castelo Branco, apresentaram-se como guardiãs temporárias das instituições democráticas que renunciariam ao poder e manteriam as eleições nacionais programadas assim que a ordem fosse restaurada. Carlos Lacerda apoiou energicamente a tomada do poder pelos militares. Tinha planos de se candidatar a presidente da República em 1965, quando o mandato de Goulart expirasse e, presumivelmente, se convocassem novas eleições. Ele supunha que, sendo um forte adversário de Goulart e o político conservador mais proeminente do Brasil, teria o apoio dos generais quando houvesse eleições. Mas tudo isso dependia da disposição do governo militar "provisório" a, de fato, renunciar ao poder.

Depois dessa insurreição política, Bishop conseguiu convencer Lota a tirar férias com ela na Inglaterra, coisa que as afastaria, pelo menos temporariamente, do tumulto, da ansiedade e da agitação da vida que levavam no Rio de Janeiro. O plano era chegar a Milão na metade de maio de 1964 e passar um mês fazendo "um tour triangular pelo norte da Itália",[14] com estadas na Toscana e em Veneza, e depois uma viagem de volta a Milão. Bishop então iria sozinha à Inglaterra, onde visitaria os amigos Kit e Ilse Barker, ao passo que Lota voltaria ao Rio de Janeiro. Bishop planejava regressar ao Brasil de navio, partindo da Inglaterra em julho. Quando o dia da viagem à Europa estava se aproximando, ela escreveu aos Barker: "Puxa — não pode ser verdade. Lota pôs um disco de samba no gramofone e começou a *sambar* às 6h30 da manhã — justo ela que, normalmente, é antimusical até a hora do chá — pelo jeito, também está feliz porque vai viajar".[15] A dupla chegou a Milão no dia 14 de maio de 1964 e, no fim da temporada com Lota na Itália, Bishop escreveu a Lowell de Milão: "Nós tivemos quatro semanas maravilhosas, e elas, muito gentilmente, pareceram muito mais longas que isso".[16]

Quando Lota embarcou para o Rio de Janeiro como planejado, Bishop empregou seu tempo na Inglaterra para percorrer Londres e visitar os amigos Barker na sua casa encantadora: The Old Cottage, em Petworth, Sussex. Àquela altura, ela lhes havia escrito mais de cem cartas do Brasil, mas não tinha visto nenhum dos amigos queridos em catorze anos. Ilse Barker recordou a estada de Bishop com eles em Sussex como "uma ocasião muito feliz. Ela estava em ótima forma. Não bebeu. Ela estava realmente no fundo do poço em Yaddo entre 1950 e 1951". Mas, nessa visita, estava "relaxada e se divertindo". Barker até deu a impressão de endossar a afirmação de Bishop segundo a qual "ela rejuvenescera no Brasil", pois observou que "parecia mais jovem do que quando nos conhecemos em Yaddo e estava muito falante". Barker também reparou no seu interesse pelo filho do casal, Thomas, que ainda não completara dois anos. Ela afirmou que Bishop tinha "aquela maravilhosa sensibilidade por bebês e crianças pequenas. Tudo que lhes dizia respeito a fascinava, e ela era ótima com eles".[17]

Bishop partiu de Lisboa para o Rio de Janeiro no vapor *Bra zil Star* no fim de julho, e chegou ao Brasil no início de agosto felicíssima com sua excursão. Mas quando Lowell quis saber da situação política no Brasil, ela confessou: "Prefiro não pensar nisso".[18] Em 22 de julho de 1964, quando o navio de Bishop ainda estava a caminho de Lisboa, o governo militar liderado por Castelo Branco anunciou a decisão de adiar as eleições presidenciais para dali a três anos, notícia que a levou a confessar a Lowell: "Quase não tenho vontade de voltar".[19] Uma consequência específica do adiamento das eleições foi Lacerda ter de postergar seu plano de se candidatar a presidente da República. O que nem ele, nem Lota nem Bishop previam é que, subsequentemente, os generais reescreveriam a Constituição do Brasil para garantir que apenas o candidato militar designado tivesse chance de ganhar as futuras eleições. As medidas repressivas se tornaram mais severas após a morte de Castelo Branco em 1967, e o governo militar manteve seu domínio repressivo sobre o país até 1985.

Descontente com a situação política e com o longo tempo que passava sozinha no apartamento do Rio de Janeiro, Bishop voltou a atenção para a linda cidade barroca de Ouro Preto. Os Lowell a acompanharam a Ouro Preto em 1962, e ela passeara pela cidade com Anny Baumann, quando esta finalmente a visitou em 1964. Uma pequena cidade colonial de Minas Gerais, Ouro Preto foi central na corrida do ouro no século XVIII. Abandonada quando o ouro se esgotou, a cidade permaneceu substancialmente inalterada até bem entrado o século XX. Sua característica mais notável é uma sequência de esplêndidas igrejas barrocas construídas com a riqueza do ciclo do ouro, que ficam no alto de cada um dos morros íngremes da cidade, culminando com a extraordinária igreja de são Francisco de Assis. Bishop sempre havia sentido uma profunda afinidade pelo barroco, assim como pela arquitetura. E lá havia uma concentração de arte e arquitetura barrocas impossível de achar igual no Novo Mundo, ou mesmo difícil de achar melhor no Velho Continente. Com Lota cada vez mais preocupada com o trabalho no parque do Flamengo, Ouro Preto — com sua paisagem montanhosa e raízes no passado colonial do Brasil — tornou-se um importante lugar de refúgio para Bishop.

Lá, ficou muito amiga de Lili Correia de Araújo, a proprietária de uma simpática hospedaria chamada Pouso do Chico Rei, em homenagem à figura lendária da história e da mitologia do Brasil, que soube encontrar meios de combater o tráfico negreiro.

Primeiro comprou sua própria alforria e, a seguir, a dos membros de sua família. Por fim, adquiriu uma das minas de ouro de Ouro Preto e usou o lucro para comprar a liberdade de outros escravos. Numa visita ao estabelecimento de Lili Correia de Araújo, Bishop deixou no livro de hóspedes um breve poema de homenagem: "Shakespeare e Milton/ Que fiquem no Hilton/ Eu ficarei/ no Chico Rei".[20] Embora o tamanho do Pouso do Chico Rei fosse modesto, Bishop disse aos Barker que Ashley Brown o havia descrito como "*um* dos poucos grandes hotéis que restam no mundo". Com o tempo, a amizade de Bishop com Lili se transformou num caso fogoso, ainda que breve. Depois da morte do marido, Lili decidira só ter relações sexuais com mulheres, em honra à memória do falecido. Como tributo a Lili, Bishop compôs, com ilustrações em duas versões distintas, um poema que começa assim: "Caramba, minha bússola/ continua apontando para o norte/ para casas de madeira e olhos azuis,// contos de fadas em que/ caçulos de cabeça loira/ trazem o ganso pra casa,// amam no palheiro,/ Protestantes e/ beberrões". Num lugar assim, os "cisnes podem nadar/ na água gelada,/ tão quente o sangue/ daqueles pés palmados".[21]

No outono de 1965, depois de muitas visitas a Ouro Preto, Bishop decidiu comprar uma linda casa na cidade. Como ela escreveu aos Barker, "juro que não preciso de outra casa... mas não pude resistir". Também contou aos amigos que, quando Lota viu a casa, "ficou igualmente apaixonada".[22] Essa casa, construída, como disse Bishop, entre 1720 e 1740, fica à beira da estrada que leva a Mariana, a cidadezinha vizinha. As janelas dos fundos e a varanda oferecem uma vista espetacular das colinas e das igrejas da cidade. O imóvel, que Bishop batizou Casa Mariana em homenagem a Marianne Moore e à cidadezinha vizinha, exigia uma grande reforma. Assumir esse esforço a colocaria numa função exercida anteriormente por seu avô, seu pai e, mais recentemente, pela própria Lota: a de uma empreiteira a supervisionar um importante projeto de construção. Infelizmente, ela se revelou bem menos apta para essa tarefa do que os seus predecessores.

Um poema do Rio de Janeiro que Bishop iniciou no começo da década de 1960, mas só conseguiu concluir já perto do fim da vida, é "Cadela rosada" (1979), que funde a intensidade e a complexidade de sua reação à cidade no início dos anos 1960. Para refletir a chocante pobreza urbana do Rio, ela explora o "horrendo" de maneira sagaz. E, contudo, o poema contém uma dose de "alegria" revigorante. As rimas triplas do poema — bastante exata nas três primeiras estrofes — oferecem um desconcertante eco de seu "Galos" de Key West. O perfeitamente rimado "não/ são/ estão" é por certo um terceto que nunca apareceu na história da linguagem; o desconforto que ele causa é essencial para seu efeito. Bishop joga tanto com as simpatias quanto com os melindres do leitor. Sabe que pode levá-lo a aceitar um poema no qual ela fala diretamente com uma cadela sofrida e abandonada com mais facilidade do que um dirigido a um ser humano tão carente quanto. Ela sugere, é claro, que o animal doente e sem dono não pode deixar de parecer indelicado e leva gradualmente os leitores, através do choque inicial, a algo parecido com a empatia. Trata-se de uma fêmea "(Tetas cheias de leite)", e muitas frases insinuam um subtexto humano, no qual uma domesticidade violada é examinada com um humor sinistro. À medida que o poema traz esse subtexto humano à superfície, as rimas relaxam às vezes, entrando no inexato; paradoxalmente, isso torna o poema mais confortável ao ouvido, assim como a dimensão humana se torna sumamente perturbadora.

Você não sabia? Deu no jornal:
para resolver o problema social,
estão jogando os mendigos num canal.[23]

Essa era a nova prática de um grupo de justiceiros de direita, e muitos dos críticos mais ferrenhos de Lacerda afirmavam que ele os apoiava, embora o governador negasse categoricamente. Em todo caso, a decisão de Bishop de escrever um poema sobre esse tema, uma cena em que "idiotas, aleijados, vagabundos" aparecem "lançados/ no rio da Guarda", pode ser visto como um sinal de sua atitude cada vez mais crítica para com Lacerda. O orador de Bishop continua se dirigindo à cadela rosada sem dono, aconselhando-a compassivamente:

Se fazem isso com gente, os estúpidos,
com os pernetas ou bípedes, sem escrúpulos,
o que não fariam com um quadrúpede?

Ecoando a batida do samba que saboreava nas músicas de protesto político que circulavam no Rio de Janeiro, Bishop coloca suas próprias ironias mordazes contra um verso de ritmo leve que, no contexto, se torna curiosamente enervante. A dura borda satírica do poema, sua comédia de olhos claros, angustiada, lembra o Aristófanes de *Lisístrata*:

A piada mais contada hoje em dia
é que os mendigos, em vez de comida,
andam comprando boias salva-vidas.

É uma piada sinistra, sem dúvida. A mais dolorosa ironia surge no conselho conclusivo do narrador de que a cadela esconda sua nudez com uma fantasia que os pobres do Rio de Janeiro usam no Carnaval: "Agora, um cão pelado é mesmo um horror.../ Vamos, se fantasie! A-lá-lá-ô...!".[24] Aqui a alegria do Carnaval surge como uma estratégia de adiamento desesperada, uma tentativa de negar, postergar ou arredar com a dança os problemas mais inquietantes da vida. Entretanto, a gente sente que é realmente isso que Bishop quer dizer quando afirma no verso anterior: "O Carnaval está cada vez melhor!". A existência simultânea e paralela da amabilidade e da sordidez, da alegria e da tragédia, da aceitação e da ironia, é uma coisa que seu poema não tenta justificar nem negar.

No dia 29 de outubro de 1964, houve uma forma diferente de celebração quando Elizabeht Bishop foi agraciada com um prêmio importante da Academia de Poetas Americanos, numa cerimônia celebrada no Museu Guggenheim de Nova York. Como Bishop, no longínquo Brasil, não podia comparecer, Lowell e Randall Jarrell a representaram, sendo que Lowell apresentou Jarrell, que leu uma seleção de poemas de Bishop. Lowell iniciou dizendo que "esta é uma noite muito especial para mim", e acrescentou: "Elizabeth Bishop é a poeta contemporânea que Randall Jarrell e eu mais admiramos". Antes de entregar a tribuna a Jarrell, fez uma pausa para observar acerca de Bishop que "seus poemas vêm devagar. A gente sente que ela nunca escreveu um poema apenas para encher uma página. Se o poema parar de chegar, Elizabeth costuma deixá-lo de lado durante vários anos — ou para sempre, se for o caso. Acho que ela nunca escreveu um poema que não fosse um poema real". Também elogiou a "bela completude formal de toda a poesia de Elizabeth". E concluiu seus breves comentários observando: "Não creio que alguma pessoa viva tenha olhos melhores que os dela, olhos que enxergam as coisas, e a mente por trás deles, que recorda". Acrescentou que "a pessoa que recorda seria muito difícil de caracterizar, mas se trata de uma pessoa com muita tolerância e humor. De fato, não consigo resumir a personalidade, mas isso é muito mais importante que a descrição, até".[25]

Em 1964, Bishop fez amizade com Ashley Brown, um professor de literatura da Universidade da Carolina do Sul e muito amigo de Flannery O'Connor. Quando ele chegou ao Rio de Janeiro pelo Programa Fullbright, Bishop e Brown ficaram muito amigos e passavam horas juntos conversando sobre literatura, política e a vida. Ela contou a Swenson que "a gente fica batendo papo como duas velhotas numa varanda no Sul [...] e é estranho dizer que ele consegue conduzir a sua doce conversa fiada sulista sem nunca ser mau".[26] Também fizeram frequentes excursões a Ouro Preto. Brown foi com Bishop e Lota assistir a uma edição espetacular do Carnaval de 1965, comemorando o quadringentésimo aniversário do Rio de Janeiro. Brown notou que Lota "estava envolvidíssima com o parque durante o tempo que passei lá", e também que, à medida que o trabalho amadurecia, o parque foi se tornando "uma coisa incrivelmente popular [...]. Ela era uma perfeccionista". Brown soube, por Lota e por outras pessoas, dos problemas de Bishop com a bebida, mas notou que, quando visitou o apartamento de Lota, "havia bourbon para mim", mas, "a maior parte do tempo, Elizabeth não bebeu absolutamente nada". Ele relembrou uma ocasião em que tinha sido convidado a jantar e achou que "Elizabeth estava muito bem". Lota lhe disse que não haveria jantar, e ele concluiu que "Elizabeth tinha exagerado na bebida naquele dia".[27]

Bishop continuava encontrando poesia no seu entorno imediato, posto que agora retornara a ambientes urbanos em vez das paisagens e dos retratos íntimos que dominaram a sua obra nos anos de Samambaia. Um poema que não passou de um esboço até a sua morte é "Apartamento no Leme", no qual, como em "Cadela rosada", articula uma reflexão explicitamente política sobre sua longa permanência no Brasil. O apartamento que ela dividia com Lota ficava no fim do bairro carioca do Leme. E, quando amanhece em "Apartamento no Leme", a poeta acha que

Está ficando mais claro. Na praia dois homens
se levantam de sepulturas rasas forradas com jornal.
Um terceiro continua dormindo. Sua colcha

é papel amassado, uma caixa achatada.
Um cão a correr, dois banhistas madrugadores, param
subitamente; meia-volta.[28]

Se em "Cadela rosada" uma cachorra "depilada" e sarnosa simboliza a alteridade do pobre urbano, aqui os dois banhistas humanos e um "cão a correr" tratam de mudar de rumo para evitar a figura de um sem-teto dormindo. Mas "Apartamento no Leme" também celebra o poder do mar como uma presença feminina que limita e define o contorno geográfico e a atmosfera emocional de Copacabana: "Porque nós vivemos na sua boca aberta, oh Mar,/ com teu hálito frio a soprar calor, teu hálito quente a soprar frio".[29] Conquanto o poema, que existe em mais de trinta páginas de esboços, estivesse inacabado quando do falecimento da poeta, alguns versos são luminosos, e é difícil evitar a sensação de estar na presença de um grande poema em andamento. Deveras, o fato de Bishop cogitar dedicá-lo ao amigo Robert Lowell, como indica uma carta de 2 de agosto de 1965, mostra que ela acreditava muito nas suas possibilidades. Também indica o fato de Bishop considerá-lo potencialmente "um pouco melhor que 'O tatu'",[30] o poema brasileiro dedicado a Lowell, que o tinha em altíssima estima.

* * *

Outro poema sobre seu bairro brasileiro, que Bishop concluiu muito mais rapidamente, é a extraordinária balada "O ladrão da Babilônia", que incluiu uma narrativa convincente de um fato ocorrido diante de seus olhos. Foi a amplamente noticiada caçada humana de um presidiário foragido conhecido como Micuçu, criado na favela da Babilônia, no Leme. Micuçu foi perseguido por soldados e helicópteros do Exército nos morros em torno do apartamento de Lota, de cujo terraço era possível acompanhar a caçada de binóculo. A perseguição resultou na morte do foragido. Marianne Moore disse a Lowell que considerava "O ladrão da Babilônia" o melhor poema de Bishop. Ele, por sua vez, acrescentou que se tratava "certamente de uma das maiores baladas da língua inglesa", e que ela "estranhamente mostra mais o Brasil do que todo o seu livro para a *Life*". E adicionou, cáustico: "Eu me pergunto o que Carlos [Lacerda] acharia dele".[31] Um entrevistador brasileiro qualificou de "majestoso" o poema de Bishop, e achou nele "uma melancolia indescritível". "O ladrão da Babilônia" começa observando de modo soturno que "Nos morros verdes do rio/ Há uma mancha a se espalhar:/ São os pobres que vêm pro Rio/ e não têm como voltar". Esses migrantes da pobreza rural agora são prisioneiros da pobreza urbana. Como a confusa migração de milhões de "aves de arribação", eles "constroem ninhos frágeis/ De madeira e papelão", em barracos construídos com caixas ou outro material descartado.

Quando fixa a atenção no foragido Micuçu, o poema o vê intensamente humano. Ele se recusa a continuar vivendo sua fadada existência no cárcere. "Eu peguei noventa anos", conta à tia que o criou como um filho. "Nem quero viver tudo isso!/ Só quero noventa minutos/ Uma cerveja e um chouriço."[32] A maior parte do que resta do poema é relatada do ponto de vista de Micuçu: o que vê, o que ouve, como se sente. Depois de longos dias de correria, a polícia fecha o cerco inexoravelmente, ele passa uma noite nervosa trepado numa árvore, e acorda "com frio e com fome".

Do alto do morro, Micuçu olha para a familiar vastidão da praia de Copacabana. Vê as habituais "barracas e toalhas" dos banhistas na areia. Para ele, as cabeças dos que nadavam "eram cocos que boiavam". Ouve a matraca do "homem do amendoim" subir lá da praia e quase chega a ouvir a conversa das mulheres com cestas de compras. Mas sua vida agora está inexoravelmente isolada daqueles sons e daquela vista. Em breve, um soldado se aproxima e, quando Micuçu tenta se embrenhar no mato, o militar dispara sua arma e Micuçu leva "uma bala no ouvido". Então, num momento extraordinário, nós entramos na sua mente e presenciamos seus últimos pensamentos: "Ouviu um bebê chorando/ E sua vista escureceu./ Um vira-lata latiu./ Então Micuçu morreu".[33] O poema termina como começa, com a encantatória menção dos morros do Querosene, do Esqueleto, do Pasmado e da Babilônia. Bishop contou ao amigo Ashley Brown que a maior parte do poema "foi escrita em um dia. Ele se apresentou naturalmente como uma balada". O relato perturbador de Bishop sugere que, enquanto as favelas estiverem na sua forma presente, o ciclo de pobreza, crime e morte prosseguirá para sempre. Mas, ainda que tenha sido escrito rapidamente, o poema vem carregado de toda a substância de sua experiência no Brasil, acumulada desde a chegada a Santos muitos anos antes.

Mesmo quando Bishop estava escrevendo narrativas poderosas como "O ladrão da Babilônia", sua relação com Lota dava cada vez mais sinais de tensão. A preocupação perene desta com o parque do Flamengo havia erodido a camaradagem fácil e mutuamente solidária dos anos anteriores. Frustrada com as dificuldades de uma função especialmente difícil em virtude do seu status de mulher, e sendo uma amadora talentosa, mas sem diploma, ela foi ficando cada vez mais irritadiça, desatenta e fatigada, ainda que o parque estivesse quase pronto e já começasse a dar sinais de sucesso, como observou Brown. Bishop, que preferia ficar na casa em Samambaia, estava farta da vida no apartamento de Lota no Rio de Janeiro — enfrentando escassez e racionamento, agitação política, e com Lota sempre ausente, sempre no trabalho, e exausta e crítica quando estava em casa. Eternamente sujeita ao risco do alcoolismo, ela começou a se voltar pouco a pouco para a bebida.

Bishop fez apenas uma alusão indireta a essa situação cada vez mais insustentável quando disse a Lowell, em dezembro de 1964: "Aceitei com hesitação ir dar aula no antigo emprego de Roethke na Universidade de Washington, em Seattle, mas não antes de janeiro de 1966". Ela cogitava experimentar "um ou dois trimestres. Quero ver essa parte do mundo e só espero conseguir convencer Lota a ir também e ficar comigo durante uma parte da minha estada".[34] Numa carta de março de 1965 a Lowell, ela se mostrou ainda hesitante em aceitar o emprego em Seattle, porque, para começar, "Lota é contra".[35] Ainda tinha esperança de que Lota ficasse com ela pelo menos uma parte da duração da sua atividade em Seattle. Enquanto isso, Lota lhe dizia a todo momento que ela nunca tinha dado aula na vida e não servia para ser professora. Bishop adiou a decisão de aceitar ou não o emprego em Seattle até o último momento possível, mas por fim aceitou, ávida por uma saída e convencida de que não tinha alternativa.

O parque foi inaugurado oficialmente no dia 3 de abril de 1965, e Lota passou a receber muitos sinais de estima e prestígio públicos pelo seu papel na transformação em um parque moderno e magnificamente projetado daquele que, poucos anos antes, não passava de um gigantesco aterro de terra e entulho. Mas ela não tinha cargo oficial na burocracia da Guanabara e dependera do governador Carlos Lacerda para ter apoio. Agora sua relação com este havia se desgastado e estava à beira da ruptura; fosse como fosse, o mandato de cinco anos de Lacerda estava chegando ao fim. Porém, mesmo com a autoridade da companheira a se esvair, Bishop contou a Swenson que Lota "trabalha cerca de dezoito horas por dia, perdeu a voz, tem sido atacada violentamente por alguns políticos e, hoje, amanheceu com dor de dente e abscessos na gengiva, coitada".[36] Entre esses ataques, figurava o do seu ex-amigo íntimo e colega, o eminente paisagista Roberto Burle Marx, que depois lamentou que, no calor do momento, havia escrito um "um artigo fortíssimo" contra Lota, que na época tinha ficado um "pouco autoritária" e passado a impor decisões que ele considerava irrefletidas.[37] Bishop afirmou que só via Lota nos dez minutos em que sua parceira estava jantando, e esse era um dos motivos pelos quais passava cada vez mais tempo em Ouro Preto. Depois de uma temporada especialmente demorada, Lota fez uma viagem de nove horas em péssimas estradas e "finalmente veio *me* buscar".[38]

Talvez fosse hora de Lota se retirar com dignidade, já que o parque havia sido inaugurado oficialmente e sua "coordenadora", devidamente laureada. Depois disso, ela poderia ter voltado com Bishop para a quietude de Samambaia e lá recuperado a saúde e o bom humor. Mas retirar-se com dignidade seria deixar o controle do *seu* parque nas mãos do estado da Guanabara. Bishop decerto ficaria contente com tal desfecho, mas renunciar a um controle dessa ordem não fazia parte da natureza de Lota, mesmo com seu padrinho político fora do poder e seu partido em maus lençóis. E, assim, sua peleja pelo controle do parque prosseguiria nos anos subsequentes, por mais que a possibilidade de manter esse controle despencasse continuamente rumo a zero.

* * *

Enquanto isso, a carreira de Bishop seguia avançando. Em outubro de 1965, a Farrar, Straus & Giroux publicou seu terceiro livro de poemas, *Questões de viagem*, que trazia uma dedicatória em português para Lota, para a qual Bishop escolheu os últimos dois versos de um soneto do célebre poeta do século XVI Luís de Camões, cujos versos finais dizem:

Porque é tamanha bem-aventurança
O dar-vos quanto tenho e quanto posso,
Que, quanto mais vos pago, mais vos devo.

O que o narrador dá é nada menos que a alma, a vida, a esperança, pois "tudo quanto tenho, tudo é vosso". Entretanto, para a amada ardente de Camões, "e o proveito disso eu só o levo". Depois dessa dedicatória apaixonada — convenientemente indecifrável para o leitor de língua inglesa que não fala português —, o livro começa com uma seção intitulada "Brasil". Seus doze poemas são dispostos numa sequência estabelecida depois de consultar Ashley Brown, começando com um poema de seu livro anterior, "Chegada em Santos". A seguir, um poema de chegada muito diferente, "Brasil, 1º de janeiro de 1502", e depois o poema título, "Questões de viagem". A sequência então se volta para Samambaia, com poemas como "Filhos de posseiros", "Manuelzinho", "Tempestade elétrica", "Canção do tempo das chuvas" e "O tatu". A seção sobre o Brasil termina vigorosamente com seus poemas sobre a Amazônia, "O ribeirinho", Cabo Frio, "Décima segunda manhã", e Rio de Janeiro, "O ladrão da Babilônia".[39] A segunda seção do volume, intitulada "Em outro lugar", começa com o conto autobiográfico "Na aldeia". A seguir, vêm os poemas neoescoceses cruciais "Maneiras", "Sextina" e "Primeira morte na Nova

Escócia", acompanhados de muitos outros bons poemas, inclusive "Posto de gasolina", "Domingo, quatro da madrugada", "Maçarico" e "Visitas a St. Elizabeths". Na sinopse da quarta capa, Lowell afirmou que "o que bate tão fundo" na obra de Bishop é "cada poema ser inspirado pelo próprio tom dela, um tom de grande e grave ternura e afligida diversão". Lowell observou o que ele denominou seu "gênio humorístico dominante para apanhar o despercebido, ora fazendo algo vivo e correto, ora um grande monumento". Acrescentou que antes seus poemas, "todos brilhantes, eram pouquíssimos. Agora são muitos".[40] Em carta a Bishop, mencionou quase todos os poemas do livro, um a um, como favoritos individuais, citando as qualidades especiais de cada um, referindo-se a "Posto de gasolina", por exemplo, como "um dos seus melhores poemas 'horríveis, mas alegres'", e achando que "O ribeirinho" era "um poderosíssimo poema de iniciação, que ecoa a sua entrada em Santos".[41]

No dia 27 de outubro, o líder militar Castelo Branco — representando o governo militar que havia deposto Goulart e tomado o poder no Brasil em abril de 1964 — divulgou uma proclamação extinguindo todos os partidos políticos e impondo diretrizes jurídicas para os partidos novos. De fato, só poderia existir um partido de oposição aprovado pelo governo militar. Em carta a Lowell de 18 de novembro de 1965, Bishop, por lealdade ao ponto de vista de Lota, ainda tentou argumentar tortuosamente "isto aqui NÃO é uma 'ditadura'".[42] Lowell respondeu num tom de moderada reprimenda: "Você é muito sutil no que tange a ditaduras".[43]

No entanto, Bishop deixou claro que estava completamente desiludida com o governo militar em ascensão. Em novembro de 1965, ela se viu num verdadeiro dilema quanto a sua vida no Brasil. Ainda amava Lota, mas a convivência com ela vinha se tornando cada vez mais difícil, e, com a publicação de *Questões de viagem*, sua reputação nos Estados Unidos seguia crescendo. Morando no Brasil, ela continuou a ganhar bolsas e prêmios, mas, à parte isso, recebera, no país, pouco benefício direto pelo seu sucesso artístico e ainda era vista por certos amigos de Lota como um apêndice incômodo. Estava muito difícil resistir às ofertas para lecionar que chegavam dos Estados Unidos. Em 10 de novembro, Bishop explicou a Swenson que continuava indecisa quanto a ir a Seattle e estava inclinada a desistir. Mas, enfim, a compra da casa em Ouro Preto a ajudou a tomar uma decisão. Ela precisava da renda substancial que a Universidade de Washington, em Seattle, lhe oferecia para pagar o trabalho de restauração. Por fim, em carta de 19 de novembro a Lowell, anunciou que estava decidida a aceitar o emprego e, poucos dias antes do Natal, embarcou num avião a Seattle para iniciar uma nova carreira de professora visitante de literatura e criação literária.

15. Café nenhum te acorda

Seis meses depois de chegar à Universidade de Washington em Seattle, em janeiro de 1966, para inaugurar sua carreira como professora universitária aos 54 anos, Elizabeth Bishop foi entrevistada pelo jovem Tom Robbins, que, cinco anos depois, publicaria seu primeiro e muito bem-sucedido romance, *Another Roadside Attraction* [Outra atração de beira de estrada]. Robbins declarou na edição de abril de 1966 da revista *Seattle* que "a coisa mais emocionante que aconteceu na poesia em Seattle este ano foi a chegada de uma poeta que é [...] mulher, de meia-idade, tímida, de voz doce, e pálida como uma lua de inverno. Seu nome é Elizabeth Bishop".[1] Robbins lhe atribuiu um comportamento que "mais parece o de uma bibliotecária que o de uma conjuradora de imagens exóticas". Mas discerniu que aquela mulher pálida de voz doce era mais do que aparentava. E citou como prova "um jovem boêmio comedor de peiote" encontrado num canto do bairro universitário "lendo avidamente o último livro de versos da srta. Bishop e dizendo: 'Cara, aqui tem umas viagens estupendas'".[2] Robbins acrescentou que o recém-publicado *Questões de viagem*, cujos poemas baseados no Brasil lhe pareciam comparáveis com os quadros de Gauguin, "está vendendo muito nas livrarias de Seattle".[3] Ele mesmo considerava os poemas de Bishop "repletos de uma atmosfera de calma atemporal e impregnados de uma visão mágica da realidade".[4]

Robbins comentou que, ao chegar, Bishop não só "abandonou os caleidoscópicos encantos do vasto Brasil" como interrompeu "um boicote impressionantemente longo à academia" por parte de semelhante "luminar na sua profissão". Ela concordou que talvez fosse a única poeta americana da sua geração que não tinha ganhado a vida como professora, adicionando: "Esta é a primeira vez que dou aula e, de certo modo, lamento ter sabotado a tradição".[5] Uma geração anterior de poetas fizera carreiras mais variadas, e Robbins especulou que a ausência de Bishop "no campus, na *clique* e no circuito de coquetéis" talvez fosse "parcialmente responsável pelo frescor e pela originalidade de sua obra".[6] O currículo de criação literária havia crescido continuamente durante a permanência de Bishop no Brasil e, agora, o ensino universitário funcionava como uma das fontes de financiamento mais consistentes do país para poetas e escritores, artistas e compositores. Bishop havia recusado convites anteriores para lecionar em importantes departamentos de inglês, como observou Robert Heilman, o presidente do departamento de inglês de Seattle, e ele não sabia ao certo se conseguiria garantir Bishop no inverno e na primavera de 1966,[7] mas tinha chegado a hora de ela se aventurar no magistério. Bishop contou a Robbins que aceitava o emprego porque precisava de dinheiro para pôr um telhado novo na casa de Ouro Preto. Mas também precisava se distanciar temporariamente de sua parceira, Lota de Macedo Soares, que estava cada vez mais problemática e crítica. Apesar da ansiedade que lhe dava a ideia de enfrentar um mar de rostos de estudantes depois de décadas fora da academia, aquela temporada no papel de professora lhe permitiria granjear a recompensa de renda e reconhecimento profissional que havia obtido durante anos de notáveis realizações artísticas.

Quando entrou pela primeira vez na sala de aula como docente, Bishop estava assumindo a mesma função exercida durante muito tempo pelo famoso poeta-professor Theodore Roethke, que morrera subitamente de ataque cardíaco em 1963. Anos antes, como Bishop contou a Lowell, Roethke a tinha descrito como uma "garota rápida e travessa", quando Bishop o visitou em seu desordenado quarto de hotel e o ajudou a fazer rapidamente as malas para alcançar o trem que partia da Grand Central Terminal de Nova York.[8] Em vez de contratar um substituto para Roethke, o departamento de inglês havia decidido empregar uma série de professores-poetas, que lecionariam em determinado ano letivo por dois períodos trimestrais regulares. Bishop era a segunda poeta a ocupar o cargo, sendo o primeiro Henry Reed, um espirituoso poeta inglês mais conhecido por seu divertido "The Naming of Parts" [O nome das peças] e por "Chard Whitlow",* sua certeira paródia de *Quatro quartetos* de T.S. Eliot. Divertido e beberrão, ele seria um dos colegas prediletos de Bishop após voltar à universidade como professor regular.

Depois de um mês fervorosamente dedicado a preparar suas primeiras aulas na universidade, Bishop enfim começou a compor no dia de seu 55º aniversário, em 8 de fevereiro de 1966, uma carta de reflexão aos seus dois correspondentes preferidos, Kit e Ilse Barker. Catorze anos antes, em 8 de fevereiro de 1952, ela interrompera seu aniversário em Samambaia para escrever uma carta aos Barker anunciando de maneira triunfal o tucano Sammy,

* "Chard Whitlow" significa, literalmente, "Acelga panarício": acredita-se que seja uma referência aos nomes de aldeias inglesas que figuram nos poemas que Eliot estava escrevendo na época em que Henry Reed os parodiou. (N. T.)

presente de aniversário de olhos azuis e peito dourado que influenciou sua decisão de ficar no Brasil. Agora, sozinha naquela noite em um apartamento em Seattle, na Brooklyn Avenue, voltou a escrever aos Barker, começando por se desculpar pelo longo atraso desde sua última carta: "Não escrevi a ninguém, com exceção de uma série de cartas cheias de saudade a Lota depois que cheguei aqui — quer dizer, antes que o trabalho comece de verdade". A seguir, reconhecendo que havia tido um choque cultural muito mais desconcertante que o que vivera ao chegar a Santos em novembro de 1951, acrescentou: "Acho, no que me diz respeito, que me parece totalmente estrangeiro". Essa experiência de forasteira no país em que havia nascido tinha várias camadas: "Primeiro, é assim que os Estados Unidos me impressionam agora — os intervalos de três anos não são suficientes para que me habitue ao nosso progresso rumo à morte e à danação — eu nunca tinha estado no Oeste e, acima de tudo, nunca *dei aula* nem vi uma universidade gigantesca". Mas, com o passar das semanas, Bishop começou a se adaptar a um ambiente que no início lhe parecera totalmente perturbador, levando-a a dizer aos Baker: "Se eu não tivesse de TRABALHAR, acho que estaria me divertindo muito!".[9] Acrescentou para Anny Baumann que "todo mundo me trata bem e com tanta *educação*, em comparação com a minha querida Lota, não consigo me acostumar com isso". Também temia que Lota estivesse ficando cada vez mais parecida com Carlos Lacerda: "Essa é a queixa universal com relação aos dois — não só minha — *ninguém consegue conversar com eles*".[10]

Seu trabalho na universidade consistia em dar uma oficina de escrita para vinte alunos e aula de literatura para uma classe com dezoito alunos. Como inúmeros professores universitários principiantes antes e depois, Bishop ficou surpresa com o despreparo dos estudantes. Uma colega do Vassar afirmou que Bishop era "a caloura mais erudita desde John Stuart Mill", nos anos posteriores sua roda de amigos incluiu membros da elite intelectual e artística de três continentes. Portanto, suas expectativas não podiam ser de todo realistas. Mesmo assim, ela confessou: "Eu gosto deles, de quase todos eles — só não suporto o jovem junguiano".

O primeiro lugar onde Bishop morou foi um quarto num hotelzinho barulhento. Lamentavelmente, havia recusado uma oferta de alojamento na casa da viúva de Roethke, Beatrice, porque ficava longe do campus (ela ainda não sabia dirigir) e porque Beatrice tinha muitos cães, aos quais ela era alérgica. Depois de uma breve hospedagem no hotel insatisfatório, Bishop se mudou para um motel que resultou tão impróprio quanto. Então, como ela contou aos Barker com espanto, seus alunos se encarregaram de transferi-la com seus poucos pertences — de uma vez por todas — para o seu atual e mais confortável apartamento da Brooklyn Avenue. Também providenciaram diversos móveis doados. Ela contou aos Barker: "Estou escrevendo esta carta na pia da cozinha, de pé, já que por enquanto tenho uma cadeira de balanço, uma cama grande de latão e uma estante de livros — e um sofá —, mas dois quartos pelo menos". O mais notável: "Os alunos *fizeram* tudo — encontraram o apartamento, conseguiram os móveis e me *mudaram* para cá — enquanto eu passava o dia no 'centro da cidade'". Bishop ficou surpresa ao encontrar "todos os sutiãs e a escova de dentes no devido lugar quando voltei. A mulher do motel — minha última moradia — disse que 'aqueles rapazes e também uma moça se divertiram muito fazendo a sua mudança'".[11] Entre os co-organizadores, estavam dois jovens admiradores que teriam um papel significativo na sua vida, Wesley Wehr, que era ouvinte na classe de poesia, e a "tal moça", Roxanne Cumming.

Além desses fãs eficazes, Bishop logo descobriu outra presença prestativa que se tornaria uma amiga de toda a vida, Dorothee Bowie, que, durante vinte anos, seria a inteligente e capaz assistente da presidência do departamento de inglês da Universidade de Washington. Bowie compreendia as muitas regras não escritas, os tabus e as rivalidades que permeavam a academia. Como explicou Bishop, ela "já salvou minha vida muitas vezes". O então presidente do departamento, Robert Heilman, um acadêmico prolífico e amigo dos poetas, também facilitou a vida nova de Bishop, mas sua amiga recente Dorothee compartilhava o gosto de Bishop por conversa fiada e seu senso de humor cáustico. Bowie não tardou a detectar nela uma pessoa carente com sérios problemas de alcoolismo, mas também declarou: "Achei que ela merecia toda e qualquer ajuda que eu pudesse dar". Percebeu que aquelas dificuldades emocionais conflitavam com a força de Bishop. Tais desafios "nada tinham a ver com aquele ser humano maravilhoso que eu conhecia. Nos seus bons momentos, ela era de fato uma das pessoas mais espirituosas, engraçadas, mais maravilhosas que já conheci".[12]

Bishop mencionou na carta de aniversário aos Barker que, no seu primeiro acesso de pânico por enfrentar sozinha uma sala de aula na faculdade, ela confidenciou a Bowie: "Se eu quiser mesmo ir embora, achei que podia me levantar e gritar EU DETESTO ROETHKE, e isso resolveria tudo". No entanto, Bowie observou secamente: "Não ia dar certo, querida. Muita gente concordaria com você".[13] O brilhante poeta Roethke, três anos mais velho que Bishop, era em muitos aspectos o oposto dela. Ambos eram excepcionalmente interessados pela natureza e a observavam com exatidão, e ambos eram alcoólatras. Mas a forma preferida de Roethke, em especial nos últimos anos, era a sequência poética longa e abrangente. Seu dom de observação natural estava ligado a um estilo mais romântico de emoção escancarada. O primeiro livro de Roethke, publicado em 1941, intitulava-se *Open House*

[Casa aberta] — dificilmente um título que a autora de *Uma primavera fria* teria escolhido. Bishop admitiu para Robert Lowell que, no fundo, não detestava Roethke, mas "a gente odeia se sentir como seu fantasma — e acho que parte da sua influência foi péssima", como ela reconheceu com equilíbrio característico, "ao mesmo tempo, acho que ele atraiu para cá muitos bons poetas potenciais — e eu ainda estou recebendo alguns deles".[14] Antes, Lowell havia estimulado Bishop a aceitar o emprego em Seattle, observando que, depois de ter visitado a universidade para a Leitura Memorial de Roethke de 1965, "todo mundo está muito entusiasmado e ansioso com a sua chegada. Nos lugares em que é conhecida — agora eles são muitos —, você tem fãs mais convictos e autênticos do que qualquer um que escreve".[15]

Wesley Wehr, que havia estudado com Roethke e agora era ouvinte na oficina de poesia de Bishop, se destacava na opinião dela em vários aspectos em relação aos colegas. Era um pintor talentoso que, nas palavras de Bishop, podia criar, de um modo não diferente do dela, "tanto espaço, tanto ar, tantas distâncias e solidão", e as pequenas obras de arte de cores vivas que ele espalhava diante de si "como cartas de um baralho mágico".[16] Wehr também era um colecionador obsessivo de objetos curiosos e um paleobotânico amador, porém talentoso. Muitos anos depois, Roxanne Cumming lembrou uma ocasião em que ele, sendo passageiro, pediu que parassem um carro porque tinha avistado um fragmento de osso de porco fossilizado numa vala à beira da autoestrada. Quando o automóvel cantou pneu com a súbita freada, Wehr correu até a vala e colheu a antiga amostra porcina para a sua coleção paleontológica. Aos 37 anos, Wehr estava muito mais próximo da idade de Bishop do que a maioria dos alunos da oficina. Os dois passavam muito tempo juntos nos períodos entre as aulas, e Wehr anotava tudo que ouvia da boca de sua mentora, tanto dentro quanto fora da sala de aula. Dois anos após a morte da poeta, ele publicou o conciso livro de memórias boswelliano* *Elizabeth Bishop: Conversations and Class Notes* [Elizabeth Bishop: Conversas e anotações de aula].

As anotações de Wehr dão a entender que, apesar de no começo lhe faltar experiência em sala de aula, a grande qualidade de Bishop como professora era a sua determinação em orientar seus alunos para que olhassem o mundo e pensassem com originalidade. Trechos dessas anotações de aula citam Bishop instando os aspirantes a autores a "usar mais objetos nos seus poemas — essas coisas que vocês veem todo dia". Para incentivar os alunos a escrever sobre "as coisas ao seu redor", mandava-os escrever um poema de trinta versos sobre Seattle, oferecendo uma lista de objetos locais que eles podiam incluir. Valendo-se de seu domínio precoce das formas tradicionais, Bishop tratou de instruí-los sobre rima, forma e métrica, acrescentando que, como poetas em gestação, "vocês precisam estar com a cabeça cheia de poemas o tempo todo, até que eles quase obstruam o seu caminho". E, caso quisessem ser escritores, instigava-os assim: "Sugiro que vocês leiam um poeta — todos os seus poemas e cartas, a sua biografia, tudo, *menos* as críticas a ele".[17] Quando ainda era uma jovem poeta, ela própria havia devorado Shelley, Herbert, Hopkins, Moore e muitos outros parecidos, com o acréscimo de um toque diferente no caso de Moore: o de ser a destinatária das cartas de sua mentora e uma observadora direta da sua vida.

Wehr recordou em vívidos pormenores um momento mais privado. Quando Bishop estava preparando o almoço para os dois no seu novo apartamento, ele disse: "Elizabeth, preciso lhe pedir um conselho amoroso". Ela se postou no vão da porta da

* Boswelliano, referência ao estilo de James Boswell (1740-95), advogado e escritor escocês, autor da biografia de Samuel Johnson, na qual manifesta grande admiração pelo biografado e o descreve com excesso de minúcias. (N. T.)

cozinha e indagou: "Quer me fazer uma pergunta sobre o q-u-ê? Sobre *amor*? De onde você tirou a ideia de que *justo* eu, *dentre todas* as criaturas, hei de saber *o que quer que seja* a respeito de uma coisa como *essa*?". E prosseguiu dizendo que, se ele soubesse "algo da minha vida pessoal, certamente não pediria *para mim* um conselho inteligente sobre uma coisa como o amor". Acrescentou, com tristeza: "Sempre fui tão confusa com isso quanto todo mundo que eu conheço". Indicou-lhe a obra de W. H. Auden: "Se *ele* não souber nada sobre o amor, não tenho ideia de quem saiba". Mas depois, naquela mesma tarde, pediu desculpas pela sua explosão e arriscou um conselho: "Já que você me pediu... eis o que vou dizer: se porventura um dia a felicidade aparecer no seu caminho: AGARRE-A!".[18]

Naquela época, a vida amorosa de Bishop havia chegado sem dúvidas a um nível alto de confusão. Lota, com quem sua vida se tornara tão difícil, estava no Rio de Janeiro. Bishop também tinha vivido recentemente um breve e ardente romance com Lili Correia em Ouro Preto. E mesmo naquele instante, ela estava no processo de iniciar um novo affair com Roxanne Cumming. Mais de cinquenta anos depois, Cumming recordou numa entrevista que Wehr havia proposto: "Vamos ouvir Elizabeth Bishop" (fazer uma leitura de sua poesia).[19] Roxanne Cumming (conhecida em relatos biográficos anteriores pelo pseudônimo Suzanne Bowen) tinha então 24 anos. Passara quatro anos casada com o pintor William Cumming, uma destacada figura da Escola Noroeste de pintura. Bill Cumming era 25 anos mais velho que ela, a quinta de suas sete esposas, que estava grávida pela primeira vez. Mais tarde, Bill Cumming classificaria o relacionamento deles de tempestuoso.[20]

Pouco depois, Roxanne e o marido foram a um jantar em homenagem a Bishop num restaurante japonês, no qual se sentaram em volta de uma mesa baixa com a poeta Carolyn Kizer, os pintores da Escola Noroeste Leo Kenny e Richard Gilkey e o escritor Tom Robbins. No dia seguinte, Bishop convidou Roxanne Cumming a visitá-la no seu insatisfatório motel, e foi nessa ocasião que Cumming decidiu que aquelas acomodações não serviam. Com o apoio de Wehr no recrutamento de alguns colegas de classe, escolheram um apartamento novo para Bishop e coordenaram a mudança de seus pertences e a aquisição de mobília. Como Cumming depois relembrou, ela que havia fornecido a cama grande de latão mencionada por Bishop na carta aos Barker, uma peça já usada (de um tipo muito cobiçado na década de 1960) que ela trocara recentemente com Wesley Wehr por dois jantares de carne assada feitos em casa. Cumming observou que, nas interações com os outros, Bishop observava calmamente seus interlocutores ao mesmo tempo que se perguntava "essa pessoa é digna de confiança?", e, a seguir, "essa pessoa pode me ajudar?".[21] Um mês depois de sua chegada a Seattle, ela certamente havia encontrado tais auxiliares em Bowie, Wehr e Cumming. E nesta última, Bishop também encontrara uma amante. Cumming recordou que foi atraída pelo "humor sarcástico e pelo capricho" que encontrou em Bishop, características que contribuíram para "o vínculo profundo e estranho"[22] que as uniu.

A despeito da sua relutância em ir a Seattle, e mesmo tendo quase cedido ao pânico e fugido quando seu segundo trimestre estava chegando ao fim, Bishop começou a dar sinais de uma séria resistência a voltar ao Brasil, em parte devido à ansiedade pela situação política brasileira, mas também pela situação física e emocional em que talvez encontrasse Lota ao chegar. Durante algum tempo, cogitou fazer a longa viagem passando pelo canal do Panamá, de modo a poder organizar os pensamentos e voltar a trabalhar na sua própria poesia depois de um prolongado hiato. Apesar de suas incertezas quanto ao magistério e a seus métodos por vezes não ortodoxos, seu empenho na sala de aula podia servir como uma credencial útil para um futuro emprego. Aqueles seis meses nos Estados Unidos demonstraram que ela podia construir uma vida própria no país se quisesse. Agora ela ia voltar ao Brasil e à sua vida anterior com Lota, sem saber ao certo o que a aguardava quando chegasse.

Ao retornar, descobriu, como Bishop disse a Moore em 23 de junho, que "Lota está em péssimo estado devido ao excesso de trabalho no parque dela". E como a Guanabara tinha um novo governador, de um partido político rival, Lota estava perdendo todo o controle que tivera sobre o projeto que a havia consumido durante tanto tempo. Como govenador em fim de mandato, Carlos Lacerda havia tentado proteger a autoridade de Lota criando para o parque uma fundação presidida por ela, mas a Justiça não aceitou a autoridade da fundação. Outros podiam ter reconhecido que, sob sua orientação, o parque do Flamengo havia se convertido numa parte essencial do tecido carioca, e com o seu protetor fora do poder e o parque praticamente pronto, tinha chegado a hora de ir embora. Mas Lota era absolutamente incapaz de abrir mão da propriedade das coisas que mais valorizava.

No dia 31 de julho, Cumming enviou a Bishop um telegrama anunciando o nascimento de um menino chamado Hugh. Na metade de agosto, ela contou a Bowie: "Basta dizer que Lota está muito doente mesmo, quase teve um ataque do coração e, enfim, foi obrigada a parar de trabalhar durante algum tempo — nós todos passamos cinco anos tentando convencê-la a fazer isso, mas não adiantou".[23] E admitiu para a dra. Baumann que "*Eu a traí*", mas também expressou frustração com o que descreveu como a reiterada acusação de Lota de que ela "passou seis meses bebendo nos Estados Unidos".[24] Estava também frustrada com a raiva sem trégua de Lota por ela ter aceitado a docência em Seattle e por sua recusa a mencionar a universidade ou a falar no seu trabalho lá. Bishop deixou claro para os amigos que tinha recebido outras ofertas de emprego e que a alternativa de ficar nos Estados Unidos e trabalhar em troca de um bom salário estava aberta para ela. Tinham lhe oferecido a surpreendente soma de 12 mil dólares por uma turnê de leitura de seis semanas. Bishop também encontrara uma amante bem mais jovem em Roxanne Cumming. Renunciara a tudo isso por desejar voltar ao Brasil e reconstruir sua relação com Lota.

Embora admitisse para Baumann que ela mesma havia causado muitos dos problemas que tinha com Lota — em especial o do alcoolismo —, Bishop contou que, depois de seu regresso, Lota se recusou a reconhecer que "talvez eu tenha amadurecido muito (! — já era hora) nos últimos quinze anos, e posso de fato me virar muito bem sozinha".[25] Grande parte desse amadurecimento, principalmente na década de 1950, ela sem dúvida devia ao ambiente libertador e solidário criado por Lota. Mas grande parte de sua evolução nos anos subsequentes Bishop havia alcançado por si só, durante o tempo em que foi obrigada a trabalhar pela sua independência. Nos últimos anos, havia se demonstrado capaz de ganhar dinheiro e conquistar uma reputação literária nos Estados Unidos sozinha, coisas que alcançara por esforço próprio como escritora profissional. Lota havia estimulado essa evolução com entusiasmo, mas agora a achava ameaçadora. De volta ao Brasil, Bishop ficou consternada por ser repreendida e infantilizada constantemente por uma companheira outrora tão solícita que fora aprisionada por duas obsessões gêmeas: manter o controle do seu parque e o da própria Bishop.

Talvez a solução para ela e para Lota fosse tirar longas férias na Europa, onde poderiam ficar juntas longe das pressões competitivas do Rio de Janeiro. Partindo no fim do outono de 1966, as duas foram à Inglaterra e aos Países Baixos. Mas, depois do começo promissor da viagem, Lota ficou impaciente para regressar e retomar suas lutas no Rio de Janeiro. Quando chegou, teve de ser internada com urgência.

Lota também se sentia ameaçada por uma possível infidelidade por parte de Elizabeth. Muitos anos antes, Bishop a havia chamado jocosamente de "bisbilhoteira de cartas". Agora, Lota tinha acabado de descobrir as cartas que Cumming havia escrito à companheira. Compreensivelmente, sentiu-se traída, e isso causou uma grave ruptura entre as duas. Lota estava com arteriosclerose e hipertensão, e o estresse do trabalho no parque tinha gerado outros danos nela, e também em Bishop. Em janeiro de 1967, Elizabeth escreveu aos Barker e a Dorothee Bowie da Casa de Repouso São Vicente, onde estava se recuperando do estresse e do abuso de álcool. Mais tarde, passou duas semanas na Clínica Botafogo por causa da asma e do alcoolismo. Explicou aos amigos que, enquanto ela estava internada nessas instituições, Lota começara a fazer psicanálise com Décio Soares de Souza. Bishop ainda professava sentir um forte vínculo e um compromisso para com Lota, mas conviver com ela estava ficando cada vez mais difícil. Em julho de 1967, o terapeuta de Lota recomendou a separação. Sugeriu que Bishop e Lota ficassem vários meses afastadas, receando que um reencontro antes disso fosse perigoso para a saúde de sua paciente.

Exigiu-se uma separação temporária até dezembro de 1967, quando se acreditava que Lota estaria melhor de saúde. Cumprindo as ordens de Souza, Bishop partiu para Nova York no dia 3 de julho e se hospedou no apartamento desocupado da Perry Street, 61, de propriedade de Loren MacIver e Lloyd Frankenberg, que estavam na Europa. No Brasil, Lota escreveu uma série de longas cartas a Bishop em Nova York. O principal objetivo dessas correspondências era procurar a reconciliação e a continuidade do seu relacionamento. No curso dessa prolífica correspondência, o tom de Lota alternava entre carinho e acusação. Bishop respondia a essas cartas de um modo que em geral suscitava expressões de gratidão em Lota. Infelizmente, as missivas de Bishop a Lota foram destruídas por Mary Morse, segundo sua filha Mônica.[26] Em todas as suas cartas a Bishop, Lota expressava o equivalente a uma obsessão pela mútua revelação do testamento de ambas. Bishop se recusou a mostrar o conteúdo do dela, e tudo indica que Lota desconfiou que Cumming fosse uma das herdeiras de Bishop, suspeita essa que mais tarde resultou fundamentada.

Em 27 de agosto, Bishop contou a suas amigas brasileiras, as irmãs Rosinha e Magu Leão, que "Lota tem sido absolutamente maravilhosa em escrever cartas, mas eu estou preocupadíssima com ela — me contem como Lota está. Décio agora acha que ela não deve tentar vir para cá antes de dezembro, parece uma eternidade, mas acho que consigo aguentar".[27] Mas Lota não aguentou esperar tanto para ver Bishop, e suas cartas começaram a afirmar categoricamente que ela precisava ir a Nova York muito em breve. Mônica Morse se lembra que, anos depois, sua mãe lhe contou que Lota tentou fazer uma viagem não autorizada a Nova York em setembro. Sua empregada, Joanna dos Santos da Costa, avisou Mary Morse da intenção de Lota de viajar, e Morse a seguiu até o aeroporto e a tirou do avião. Esse relato parece coerente com um apressado telegrama que Lota enviou a Bishop no dia 7 de setembro de 1967: "POR FAVOR NÃO SE PREOCUPE CONFIE MIM TERRIVELMENTE FELIZ DE TE VER EM BREVE".[28] Porém, uma vez malograda sua tentativa de viajar a Nova York bem antes da data aprovada pelo analista, Lota passou a tentar persuadir o dr. Souza e Mary Morse, e finalmente obteve seu muito relutante consentimento. Mais tarde, Décio de Souza escreveu a Bishop que Lota afirmou mais de uma vez: "Eu sei que não devia, mas tenho de ir". Ele acrescentou que sabia que o "tenho de ir" de Lota significava "Ananque", um termo da tragédia grega que, como Décio explicou, significava que "o homem é apresentado como um escravo inconsciente das manobras ocultas do Destino".[29]

No dia 16 de setembro, o telegrama de Lota anunciou que ela ia "CHEGAR DOMINGO 17".[30] Mais tarde, Bishop contou à amiga Rosinha Leão que, quando se encontrou com Lota no aeroporto, "assim que eu a vi percebi que ela estava de fato muito doente e que Décio só podia ser um idiota para deixá-la vir".[31] Acrescentou que Lota "me abraçou como se eu fosse a sua última esperança no mundo". Como o dia estava bonito, atravessaram Greenwich Village a pé, depois saíram para jantar e voltaram ao apartamento da Perry Street às 20h. Como ela contou a Rosinha, cada uma tomou "um copo pequeno de cerveja holandesa" e "*um* Nembutal" para induzir o sono. Lota protestou porque 21h30 era muito cedo para dormir na sua primeira noite em Nova York, logo depois pegou no sono em meio a uma frase. Bishop também fechou os olhos, acrescentando depois: "Como eu me odeio por ter adormecido". Na manhã seguinte, ela acordou cedo com um barulho na cozinha do primeiro andar e, correndo para lá, deu com Lota "cambaleante, descendo a escada com um frasco de Nembutal na mão". Quando Bishop lhe perguntou repetidamente quantos comprimidos tinha tomado, Lota respondeu "dez ou doze". Bishop acrescentou com tristeza que "essas foram as últimas palavras que a ouvi dizer". Depois de um telefonema para a dra. Anny Baumann, ela foi buscar seus amigos Harold Leeds e Wheaton Galentine, que moravam do outro lado da Perry Street. Juntos puseram Lota num táxi e a levaram ao St. Vincent Hospital, a dois quarteirões de distância, e ela foi levada de imediato à unidade de terapia intensiva, onde ficou em coma, como Bishop escreveu na carta de 23 de setembro a Rosinha. Bishop garantiu à amiga que "nós *não brigamos*", acrescentando que achava que Lota estava apenas passando por uma depressão profunda. Também disse, esperançosa, que os médicos "têm *muita* certeza de que ela vai sobreviver… tudo depende do seu coração". Mas, infelizmente, Lota faleceu dois dias depois, no dia 25 de setembro. Não recuperou a consciência durante os oito dias que passou no St. Vincent Hospital. Como a dra. Baumann proibira visitas, Bishop não voltou a ver viva sua companheira de quinze anos depois que foi internada, muito embora, como ela disse a Rosinha, "eu teria passado cada minuto lá, se me deixassem".[32] Agora Bishop foi compelida a enviar a Rosinha um telegrama desolado anunciando que Lota "MORREU HOJE TENTANDO TELEFONAR PARA VOCÊ = ELIZABETH".[33]

Bishop sofreu intensamente de tristeza e culpa nesse período e nos meses subsequentes. Escreveu uma longa série de cartas a amigos em comum no Brasil, descrevendo a morte de Lota e sua própria experiência. Anny Baumann respondeu pacientemente às repetidas perguntas de Bishop sobre as circunstâncias médicas do falecimento de Lota. Ao responder os insistentes questionamentos de Bishop, a dra. Baumann enfatizou que a única droga encontrada na corrente sanguínea da falecida foi Valium.

A morte de Lota de Macedo Soares suscita muito mais perguntas que respostas, perguntas com as quais Bishop passaria muitos anos pelejando. Por que Lota viajou a Nova York com a saúde tão gravemente debilitada em 17 de setembro, contra a vontade tanto do médico, o dr. Décio de Souza, quanto da sua parceira, Elizabeth Bishop? Por que telegrafou "POR FAVOR NÃO SE PREOCUPE CONFIE MIM"[34] a Bishop vários dias antes de ir a Nova York, depois que esta manifestou ansiedade da conveniência de fazer a viagem? Por que trouxe consigo — como Bishop observou para os Barker após a morte dela — seis quilos de café, assim como "tantos presentes, toda a sua melhor roupa e listas de coisas que fazer para outras pessoas"?.[35] Por que tomou uma dose exagerada de Valium na noite em que chegou, depois de algumas horas que Bishop descreveu como muito afetuosas? Lota sabia que mesmo doses maciças de Valium raramente são fatais e que o medicamento poucas vezes se presta a suicidas? Se soubesse disso e esperasse sobreviver depois de causar um poderoso choque em

Bishop, Lota considerou que a saúde fragilizada combinada com os efeitos de um voo intercontinental numa pessoa com pressão extremamente alta podiam levar a um coma inesperado ou até à morte?

Por que, como Bishop se perguntou durante muito tempo, Lota inseriu no seu testamento, entre páginas e páginas de "juridiquês", a frase francesa "*Si le bon Dieux existe il me pardonnera, c'est son métier*" [se o bom Deus existe, ele me perdoará; é o seu ofício]? Bishop especulou com os Barker: "Isso parece um pouco premeditação, receio eu — e é claro que houve uma fase suicida horrenda há alguns meses".[36] Dada a preocupação obsessiva de Lota com seu testamento, por que causou sua própria morte de um modo que daria a sua irmã, Marieta Nascimento, um pretexto para contestar esse documento alegando insanidade da testadora? Acaso Lota previra as batalhas judiciárias que imporia a suas co-herdeiras, Bishop e Mary Morse? A maior parte do dinheiro de Morse estava aplicada nas terras da fazenda Samambaia, motivo pelo qual Lota deixou a propriedade para ela. Segundo Mônica Morse, Mary e seus muitos filhos adotivos ficaram quase na miséria até que a mãe, com a ajuda do irmão, finalmente superou os questionamentos de Marieta ao testamento.[37]

No centro de todas essas perguntas fica uma última série de incertezas. Lota chegou a Nova York com a intenção definitiva de acabar com a própria vida? Se tivesse essa intenção, viajar milhares de quilômetros para se matar sob o teto que dividia com Bishop poderia ser encarado como um ato de vingança ou agressão. Mais tarde, Bishop contou a amigos: "Eu nunca vou saber se foi deliberado ou um erro ou o quê".[38] Estava fadada a conviver com essa incerteza até a morte, e acrescentou, no choque imediato de sua perda: "Eu não tenho ideia do que fazer da minha vida".[39] Anos depois, refletindo sobre a grande quantidade de café que Lota levara consigo, ela iniciou o esboço de seu inacabado

"Aubade e Elegia" com um único verso sem pontuação: "Café nenhum te acorda café nenhum te acorda café nenhum".[40]

Bishop recebeu numerosas cartas de condolências dos amigos brasileiros, muitos deles dizendo efetivamente "não se culpe", mas ela achava isso difícil. O médico de Lota, Décio de Souza, lhe escreveu no dia 18 de outubro, dizendo que entendia que Bishop o culpasse de tê-la deixado ir a Nova York em um estado de saúde tão péssimo. Mas ele era obrigado a admitir que, diante da insistência de uma personalidade como a dela, "eu não sou onipotente". Acrescentou, numa declaração que parece se aplicar em vários aspectos à situação, que tanto ele quanto Bishop batalharam ardentemente para que tivesse um desfecho diferente: "Nós não somos deuses".[41]

Bishop providenciou o transporte do corpo de Lota para o Brasil, onde recebeu exéquias oficiais. Sua morte teve cobertura da imprensa e se tornou objeto de lamentação pública. A dra. Baumann dissuadiu Bishop de comparecer, explicando que ela não tinha condições de voltar ao Brasil enquanto não tivesse se recuperado emocionalmente. Então Bishop sofreu uma queda, fraturou o ombro e o braço e passou algumas semanas convalescendo no apartamento vago dos Lowell em Manhattan. Até a véspera de sua viagem ao Brasil, escreveu todas as suas cartas em caixa-alta, pois, com o braço engessado, não conseguia acionar a tecla "shift" da máquina de escrever.[42]

Quando finalmente chegou ao Rio de Janeiro, no dia 15 de novembro, sete semanas depois do falecimento de Lota, descobriu que, com poucas exceções, inclusive Magu Leão e Stella Pereira, quase todos os amigos de Lota se voltaram contra ela, inclusive Mary Morse, que, como Bishop contou e Mônica Morse confirmou posteriormente,[43] queimou suas cartas a Lota. Segundo as disposições do testamento de Macedo Soares, Morse herdaria a Samambaia e Bishop ficaria com o apartamento do Rio de Janeiro e vários escritórios de aluguel na cidade, esperando que conseguisse vendê-los prontamente e transformá-los em dinheiro vivo. Com Marieta, a irmã de Lota, contestando o testamento, tanto Morse quanto Bishop enfrentariam disputas judiciais contínuas até que finalmente houvesse uma decisão favorável às duas. Bishop esperava que ela e Morse trabalhassem juntas para derrotar a contestação do testamento pela irmã de Lota, mas, com a inesperada ruptura entre elas, cada qual foi obrigada a enfrentar sozinha a disputa com a irmã de Lota. Flávio, filho de Marieta, continuou sendo um amigo leal de Bishop, e, numa carta toda datilografada em maiúsculas por causa do braço e do ombro quebrados, pouco antes de sua viagem ao Rio de Janeiro, ela disse que Flávio estava "TERRIVELMENTE CONSTRANGIDO COM O COMPORTAMENTO DA MÃE".[44]

Em janeiro de 1968, Bishop escreveu uma longa carta a Maria ("Maya") Osser, uma amiga brasileira, expressando sua frustração com a situação que viveu no Rio de Janeiro e em Samambaia. Descreveu as seis semanas passadas no Brasil como "o pior período que me lembro de ter passado". Observou que, nos Estados Unidos, tinha recebido cartas amáveis de muitos amigos brasileiros, mas, quando chegou ao Rio de Janeiro, encontrou "uma tendência subjacente à hostilidade na maioria das pessoas que eu julgava serem meus melhores amigos lá". Falando das suas dificuldades em Samambaia, muitos móveis que ela considerava dela, por tê-los comprado ou ganhado de presente, tinham sido deixados para outras pessoas no testamento de Lota. Esses itens foram levados de Samambaia durante a ausência de Bishop. Ela perguntou a Maya Osser: "Você pode imaginar chegar ao único lar (perdoe-me o sentimentalismo, mas é verdade) que de fato tive no mundo e encontrá-lo não só não meu — eu já tinha concordado com isso — como também quase totalmente despojado?". Segundo as disposições do testamento, embora Morse herdasse a Samambaia, os pertences pessoais de Bishop continuariam, naturalmente, sendo dela. Entretanto, como Bishop contou a Osser, depois da morte de Lota, uns "amigos chegaram do Rio de Janeiro — quanto tempo depois do enterro eu não sei — e levaram tudo. Mary deixou a minha roupa de cama, duas toalhas, dois pratos, garfos, facas etc. Aquele era o meu lar, Maya. As pessoas acham que eu não tenho sentimento?".[45] Bishop contou a Lowell que sentia que estava sendo "usada como uma espécie de bode expiatório" porque "a morte de Lota deixou todo mundo se sentindo um tanto culpado, e então eu apareci e fui usada assim".[46]

Mônica Morse conta que, quando Bishop voltou ao Rio de Janeiro depois da morte de Lota, sua mãe adotiva a proibiu de se encontrar com ela. Contudo, acrescentou que "Elizabeth nunca me esqueceu". Enquanto viveu, continuou enviando cartões de aniversário e presentes à sua predileta dentre os filhos adotivos de Morse. Mônica também recorda que, como o governo militar não tardou a proibir qualquer reconhecimento histórico de Lota pelo seu trabalho no parque do Flamengo, e como Mary tinha pouco a dizer a respeito de Bishop, ela só soube que as outras duas das suas "três mães fortes" eram figuras famosas e historicamente importantes quando foi estudar na Inglaterra no início da década de 1980. Mônica acrescentou que, nos anos 1970, quando ela quis estudar nos Estados Unidos, Mary a proibiu, provavelmente, aos seus olhos, porque ela podia localizar Bishop nos Estados Unidos e talvez nunca mais voltasse ao Brasil.[47]

Bishop escreveu a Osser de San Francisco, porque ela e Roxanne Cumming haviam combinado de se reencontrar a pedido de Anny Baumann, que temia que do contrário Bishop se sentisse desamparada. Depois de avaliar opções como Nova York e Porto Rico, elas decidiram residir em San Francisco, em parte para que

Bill Cumming, em Seattle, estivesse perto o bastante para visitar Hugh, seu filho de dois anos. Bishop escreveu num hotel pouco antes de mudar para o apartamento que dividiria com Cumming na cidade. Em 4 de janeiro de 1968, em carta a Frani Blough Muser, explicou que "eu simplesmente não podia começar a morar sozinha neste momento — e não teria como suportar Nova York agora".[48] Ela reconheceu para Osser: "Eu saí do Brasil com um peso enorme no coração", e acrescentou: "Agora sinto como se tivesse vivido o tempo todo num mundo completamente falso". Também disse que quase todos os amigos de Lota "entenderam muito mal a força dos vínculos entre ela e mim — ou, agora que ela morreu, *querem* entendê-la mal". Bishop declarou: "Eu daria tudo neste mundo — uma expressão tola, mas não posso imaginar o que eu daria, mas 'tudo', com certeza — para ter Lota de volta e *bem*". E, num esforço para manter viva a sua relação com Maya depois dessas declarações francas, acrescentou: "Eu gosto muito de você e não quero que deixemos de ser amigas", mas admitiu, "estou com o coração partido — esses últimos anos foram tão horrendos, tão exaustivos". E reconheceu: "Não me comportei da maneira como podia ter me comportado, em geral, mas você tem de acreditar em mim quando digo que nós nos amávamos. As outras pessoas não têm o direito de julgar isso".[49]

Bishop contou a Frani que havia passado seis semanas difíceis no Brasil, durante as quais ficou para lá e para cá entre "Rio — Petrópolis — Rio — Ouro Preto — Rio". Pegou os papéis e os livros em Samambaia e passou seis semanas embrulhando os papéis do apartamento do Rio de Janeiro, os quais enviei "a muitos lugares diferentes", e ia vender o apartamento que compartilhara com Lota em dias mais felizes "o mais depressa possível".[50] Falou a Frani de passar longas tardes chuvosas com Lili e o poeta Vinicius de Moraes durante suas estadas no Chico Rei. Acerca de Vinicius, ela disse: "Eu já o conhecia, mas dessa vez estávamos praticamente morando juntos e ficamos muito amigos, e ele é muito doce e generoso". A frase "e ficamos muito amigos" foi acrescentada à mão.[51] Mais tarde, Bishop contou ao amigo Lloyd Schwartz que, algumas noites, depois de vários drinques, ela e o amigo Vinicius acabavam indo para a cama juntos num dos quartos do Chico Rei.

Roxanne Cumming recordaria depois que Bishop e Vinicius de Moraes "se amavam de verdade",[52] mas a relação entre os dois, fosse qual fosse, não era exclusiva. Moraes a estimulou a ir morar em San Francisco, que, na sua opinião, era a cidade mais atraente dos Estados Unidos. As cartas de Bishop de 4 de janeiro de 1968 a Frani Blough Muser e a Maya Osser, sobre sua recente viagem ao Brasil, representam lados opostos da mesma moeda acerca de seu sentimento de então pelo país em que morou durante muito tempo. A julgar pela extensão e pela profundidade de introspecção dessas duas cartas, Bishop deve ter passado o dia todo datilografando febrilmente. Embora ela continuasse voltando ao Brasil durante muitos anos, daquele momento em diante sua vida tomaria definitivamente o rumo da Casa Mariana e da roda de amigos que passou a ter em Ouro Preto.

Cinco dias depois de terminar suas cartas de 4 de janeiro a Maya Osser e Frani Blough Muser, Bishop e Cumming se mudaram para o apartamento da Pacific Avenue, 1559. Na época, Bishop também estava preparando seus *Poemas completos* para publicação pela Farrar, Straus & Giroux.

Bishop ficou familiarizada com o mundo da poesia de San Francisco quando Cumming adotou o simples expediente de convidar todos os poetas notáveis da cidade a uma festa no seu apartamento da Pacific Avenue, inclusive Robert Duncan, Denise Levertov, Kenneth Rexroth, Thom Gunn e outros. Muitos habitantes do universo poético de San Francisco viam Bishop como uma poeta antiquada da Costa Leste que às vezes recorria a convenções datadas como a métrica e a rima, mas, em geral, ela gostava de suas relações literárias mais ou menos livres de pressão, e fez amizade com o poeta inglês expatriado Thom Gunn, entre outros. Em março de 1969, Bishop escreveu para os Barker sobre uma festa à qual compareceriam escritores como Robert Duncan: "Todo mundo ficou meio de pileque (menos eu — não bebo há meses) e muito fofoqueiro".[53] Na época, Bishop, mesmo estando absolutamente sóbria, gostava de uma noite de mexerico sobre o panorama literário local. Ela confessou que, quando participou de uma leitura de poesia, sendo uma de doze poetas "majoritariamente selvagens", em apoio aos professores estaduais em greve em San Francisco, ela recusou os "jarros do vinho barato horrível" que passavam de mão em mão nos bastidores, mas "aceitei umas tragadas de 'erva' — o baseado estava enrolado em papel de cigarro vermelho sabor cereja". Quando soube que Cumming era secretária de Bishop, Denise Levertov decidiu que também precisava de uma secretária e a empregou uma vez por semana nessa função. Cumming lembrou que Bishop ficou relutante em se separar dela e se punha a ler numa poltrona próxima enquanto sua jovem parceira trabalhava nos papéis de Levertov.[54]

Em abril de 1969, Bishop, acompanhada de Cumming, fez leituras na Costa Leste, inclusive uma na Universidade Harvard, na qual foi apresentada por Robert Lowell, e conheceu o poeta Frank Bidart, que viria a ser seu protegido. O plano era pôr o dinheiro dessas leituras "na nossa doleira e partir para o Brasil no dia 15 de maio". Em maio de 1969, elas chegaram a Ouro Preto e se instalaram na casa de Bishop. Esta recebeu visita de seus amigos, o dueto de piano Robert Fizdale e Arthur Gold. Em agosto de 1969, Bishop escreveu aos Barker de Ouro Preto, sugerindo que Cumming estava dando sinais de instabilidade psicológica com as palavras "o verão (inverno) foi horroroso demais para falar a respeito, portanto, vou pular tudo e me concentrar no presente". Com a reconstrução da Casa Mariana ainda em andamento, ela e Cumming estavam "NÃO na minha casa, mas na de Lili, do outro lado da rua, uma arca magnífica caindo aos pedaços que sempre me dá asma porque é muito fria, úmida e principalmente mofada... A MINHA casa é um sonho de beleza, de verdade, e talvez um dia vocês a visitem". Mas, no esforço de concluir a reconstrução, ela passava a maior parte do tempo "brigando com pedreiros, vizinhos e advogados".[55] Admitiu que se sentia tentada a batizar a casa Loucura de Bishop, mas escolheu Casa Mariana, "principalmente em homenagem a Marianne Moore, mas também por ficar na *estrada de Mariana*, uma cidadezinha cheia de ruínas eclesiásticas",[56] inclusive impressionantes igrejas barrocas. Explicou que, "como ela ainda não estava habitável, Roxanne e eu tivemos um verão bem desconfortável e miserável [...]. Mas agora as coisas parecem estar aos poucos melhorando, e espero mudar para lá dentro de alguns dias, pelo menos acampar na casa, começar a arrumar os livros e finalmente, finalmente, voltar a trabalhar".[57]

Em outubro de 1969, Bishop explicou aos Barker que "nós mudamos para a casa muito antes que estivesse pronta, mas que alívio mesmo assim — ela é bonita até com muitas coisas e milhares de livros ainda EMPILHADOS". Acrescentou que "tivemos a sorte de arranjar uma empregada maravilhosa chamada Áurea — de uma família negra especialmente inteligente e grande daqui —, prima do jovem 'restaurador' que eu sempre vejo por aí e que recebeu bolsas para estudar na França, na Bélgica, em Harvard etc. — um sujeito encantador e modesto, que voltou para cá para se casar e é o homem do 'Patrimônio' oficial (como o National Trust) deste estado".[58] Enquanto Bishop vivia esses desafios e aventuras no Brasil, seus *Poemas completos* foram publicados em Nova York. Mais tarde, ela contou a Mildred Nash que o título se deveu a um mal-entendido entre ela e o editor. *Poemas escolhidos* seria um título mais preciso. *Poemas completos* reuniu os três volumes *Norte e sul*, *Uma primavera fria* e *Questões de viagem*, assim como um conjunto de trabalhos novos ou ainda não coletados.

Cumming voltou temporariamente a San Francisco, deixando Bishop sozinha. Em dezembro de 1969, esta escreveu a Lowell expressando a crise em que agora havia se metido. Ele lhe contou que, entre os colegas poetas nos Estados Unidos, "todos gostam de você e a admiram muito", mas esse não era de modo algum o caso no Brasil.[59] Ela disse a Lowell: "Foi um período totalmente desperdiçado — e também muito tempo antes disso. Ah, talvez parte dele venha a parecer cômico um dia, mas se eu tivesse ficado em Nova York ou San Francisco, acho que poderia ter trabalhado no livro do Brasil e até conseguido dizer algumas coisas boas... agora já esqueci quais eram! Acho que, durante muito tempo, eu contei com Lota para intervir por mim em Petrópolis, pelo menos — e fui de fato feliz lá durante muitos anos. Agora sinto que o seu país realmente a matou — e é capaz de matar qualquer um que seja honesto, tenha padrões elevados e queira fazer uma coisa boa... e o meu único desejo é ir embora. Mas como VIVER?".[60] Dias antes, ela havia escrito aos Barker acerca da Casa Mariana: "À sua maneira antiga, é a coisa mais linda da cidade — ou do mundo — e agora *eu quero vendê-la*".[61]

Bishop escreveu aos Barker com raiva quando se iniciou 1970, manifestando frustração com o lento processo de reconstrução, agora no seu quinto ano: "E o maldito processo judicial no Rio de Janeiro". Dadas as circunstâncias, acrescentou: "A única coisa em que consigo pensar é em sair viva daqui. Aliás, toda manhã acordo admirada por ainda estar viva". Expressando frustração com o que ela considerava a traição de pessoas que julgava que fossem amigas, acrescentou: "Agora vejo que fui muito idiota ou ingênua a vida toda: juro que, só aos 58 anos, eu me dei conta do quanto as pessoas que a gente realmente conhece podem ser cruéis e perversas".[62]

Cumming retornou a Ouro Preto, mas, na percepção de Bishop, começou a apresentar sinais crescentes de instabilidade mental. Ao mesmo tempo, Bishop estava às voltas com batalhas judiciais contínuas pelo patrimônio de Lota. Em março de 1970, ela disse aos Barker: "Durante muito tempo, eu me senti simplesmente muito desgraçada para escrever a não ser a pessoas que não conhecia, editores e coisa que o valha — agora as coisas parecem um pouco melhores, mesmo que os problemas ainda não tenham sido resolvidos —, ou talvez eu só esteja me sentindo melhor — fisicamente, e também decidi o que fazer com eles, e isso dá a sensação de estar um pouco acima disso tudo... ou será que se trata do tão falado 'distanciamento' da velhice?".[63]

Bishop soube que havia recebido o National Book Award por seus *Poemas completos* quando estava na central telefônica de Ouro Preto e ouviu a voz do seu editor Robert Giroux chegar pela linha vindo do balcão de outra operadora. Bishop decidiu que não conseguiria fazer a viagem aos Estados Unidos para receber o prêmio, coisa que teria de fazer a curtíssimo prazo, então Robert Lowell recebeu o prêmio em Nova York no lugar dela.

Enfim, apesar do esforço anterior para negar isso a si própria, Bishop se convenceu de que Cumming havia se tornado, por ora, mentalmente instável. Escreveu aos Barker em 13 de maio: "Estou passando por um momento dificílimo e não estou inteiramente fora de perigo", acrescentando que "há muito, muito tempo, Roxanne e eu devíamos ter percebido que ela estava doente, e percebemos há uns três meses — teve uma crise nervosa grave. Não vou entrar nos detalhes tristes e verdadeiramente horríveis, pobrezinha — *pobrezinha* mesmo —, mas, em todo caso, depois de mais ou menos dez dias num hospital em Belo Horizonte, ela por fim conseguiu ir para os Estados Unidos com Boogie [apelido de seu filho Hugh] no dia 11". Ainda acrescentou, expressando sua ansiedade incessante, pois não tinha recebido confirmação de Seattle da chegada de Cumming, "pelo menos, espero que tenha chegado — um amigo [José Alberto Nemer] foi com ela ao Rio de Janeiro para embarcá-la no avião a San Francisco". E prosseguiu: "É claro que a pessoa de quem sinto mais pena é Boogie — que estava muito chateado e confuso. Só espero que isso não o prejudique muito. Tudo se parece demais com a minha infância".[64] Bishop escreveu a Dorothee Bowie quinze dias depois que, inicialmente, ela não tinha conseguido reconhecer os sinais por que sua parceira podia ser "tão convincente que quase podia se tratar de uma *folie à deux*".[65]

Nesse contexto, Bishop começou a escrever uma série de longas cartas a Bowie, que conhecia Cumming dos círculos artísticos que frequentavam em Seattle. Numa carta de 14 de junho a Bowie, com referência tanto a sua própria situação quanto às dificuldades que sua amiga Dorothee estava enfrentando com o marido, Taylor, ela escreveu que "não foi nada fácil [...] descobrir sobre mim — POR QUE eu deixo as pessoas me tratarem tão abominavelmente, e continuo sendo boa e complacente muitas e muitas vezes, feito uma perfeita palerma [...] (e depois penso que a culpa foi minha)".[66] Depois dessa difícil epifania, Bishop escreveu a Bowie cinco dias mais tarde: "Acho que estou me sentindo muito melhor — como saindo de dentro de um automóvel destroçado ou algo assim —, talvez em breve eu também comece a pensar melhor".[67] Apenas quatro dias antes dessa carta a Bowie, Bishop mostrou um sinal de que estava se sentindo melhor. Havia concluído um de seus poemas mais magistrais, "Na sala de espera", e o apresentou à *New Yorker*. E, poucos dias depois da partida de Cumming, Bishop havia apresentado outro trabalho de cativante mestria, o autobiográfico "Crusoé na Inglaterra". Esses poemas, que passaram por uma prolongada gestação e foram arrematados rapidamente, sob coação, foram aceitos de maneira imediata e entusiasmada pelo editor Howard Moss. Dando prosseguimento a essa fase de transição, ela aceitara recentemente a oferta de um cargo de docente em tempo integral na Universidade Harvard no semestre do outono de 1970. Robert Lowell, com a ajuda do amigo William Alfred e do colega poeta Robert Fitzgerald, havia convencido o departamento de inglês de Harvard a contratar Bishop para substituí-lo enquanto ele ficava na Inglaterra com seu novo amor, Caroline Blackwood.

"Na sala de espera", que Bishop havia terminado logo após sua crise com Roxanne Cumming, explora um tipo diferente de crise: a de identidade, que ela se apresenta experimentando quando era uma menina de quase sete anos. O poema começa de modo prosaico, um tom característico de muitas das aberturas "de uma simplicidade de quáquer" que Lowell denominava. A tia Consuelo do poema representa, em pseudônimo, sua tia Florence Bishop, e, no seu contexto biográfico, o poema tem paralelismo com o fim de seu conto "A ratinha do campo", no qual ela está à beira de um colapso físico e emocional por ter sido deslocada da casa dos Bulmer, em Great Village, para a lúgubre e inóspita residência dos avós Bishop, em Worcester. Enquanto espera nesse estado liminar, Bishop se envolve com aquele que se revelaria um de seus passatempos prediletos, viajando indiretamente pelo reino dos livros e das revistas ilustradas, neste caso, a edição de fevereiro de 1918 da *National Geographic*. O que a menina vê se mostra bem desnorteador e envolve um grande salto a partir do contexto da Worcester hibernal. Entre essas fotografias, há "um vulcão visto por dentro,/ negro, e cheio de cinzas;/ depois ele aparecia/ jorrando riachos de fogo". As páginas da *National Geographic* estão repletas de figuras surpreendentes, inclusive um conhecido casal que era considerado a dupla quinta-essencial de exploradores americanos, "Osa e Martim Johnson/ com trajes de montaria, com botas e capacetes". Então vem um grupo de imagens talvez ainda mais inquietantes, já que mostram uma série de intensas diferenças culturais. "Antropófagos" refere-se a uma carcaça humana prestes a ser consumida por uma tribo de canibais.

A menina procura voltar para o mundo presente, lembrando a si mesma que está apenas lendo uma revista na sala de espera de um dentista, porém, mesmo sendo tola ou tímida, sua tia, cujo gemido de dor ela ouve, é membro de uma tribo maior que sua família de Worcester. Súbito, a garota parece ser varrida para fora de si, e tenta se apegar a realidades familiares. Ser "uma *Elizabeth*" e ao mesmo tempo "uma *delas*" pode ser a coisa mais inquietante de todas. A menina se vê cercada de questões de identidade aparentemente irrespondíveis. Na sala de espera superaquecida, esses pensamentos e sentimentos criam um efeito de vertigem. Então, de repente, a onda de vertigem passa e a garota dá consigo de volta a um mundo familiar que talvez tenha mudado para sempre.

Desde janeiro de 1966, quando chegou a Seattle, Washington, para começar a dar aula no ensino superior aos 55 anos, Bishop tinha vivido uma série de acontecimentos esmagadores. Enfrentara o esgotamento nervoso e o suicídio da mulher que amava e com a qual compartilhara os melhores anos de sua vida. Havia sido banida, com razão ou não, por uma cidade cheia de gente que ela considerava amiga. Enfrentara o colapso mental de outra amante numa remota cidade de serra brasileira quando morava numa casa ainda em construção. E agora estava terminando um poema sobre a crise de identidade que tinha vivido na passagem dos seis para os sete anos de idade. No contexto dessas experiências desconcertantes, ela se viu perguntando que coisas "nos mantinham todas juntas/ ou nos tornavam uma só?". Essa é uma pergunta que "Na sala de espera" não tenta responder.

* * *

Em julho de 1970, James Merrill chegou para uma visita. Bishop achou que sua presença lhe proporcionou uma grande sensação de alívio. Como escreveu a Fizdale e Gold, "Jim Merrill foi o hóspede perfeito, ao passo que eu estava longe ser a anfitriã perfeita, em meio a uma crise nervosa (ou algo assim), creio eu". Todavia, foi durante essa visita que Merrill concluiu que "foi *du coté de chez* Elizabeth [...] que eu vi a vida cotidiana que me agradava [...] com seu tipo de superfície aleatória, tchekhoviana, aberta para surpresas triviais e divertidas, ou até para as dolorosas, hoje um acesso de choro, amanhã um piquenique". Foi então que ele decidiu: "Elizabeth tinha mais talento para a vida — e a poesia — do que qualquer outra pessoa que eu conhecia, e isso me serviu como ideal".[68] A certa altura, um amigo de Bishop entrou na casa bem quando ela, aos prantos, estava contando a Merrill suas muitas tribulações recentes e, ao ver a consternação desse amigo, Bishop disse em português: "Tudo bem, José Alberto. Eu só estou chorando em inglês". Mais tarde, Merrill recordou que, depois de "uma semana de chuva intensa" em Ouro Preto, Bishop propôs uma visita de táxi a um vilarejo vizinho. Quando avançava aos trancos pela área rural, o táxi passou "de repente *por baixo* de um arco-íris — feito uma auréola na fronte da colina". Ao ouvir as palavras que Bishop lhe disse em português, o taxista "caiu na gargalhada". Ela me explicou que, no norte do Brasil, "há uma superstição: quem passa por baixo de um arco-íris muda de sexo". Merrill acrescentou de maneira cáustica: "Nós devíamos passar mais de uma vez por baixo desse".[69]

Certamente, durante seus primeiros dez meses, 1970 se revelou mais um ano difícil. Na época da viagem para o período que iria lecionar em Harvard, Bishop escreveu um bilhete aos Barker: "Há muito tempo a vida tem sido dificílima, mas acho que estou vendo parte do meu caminho adiante".[70] Ela estava trabalhando para terminar um livro de poesia brasileira traduzida para o inglês, que ia coeditar com seu amigo Emanuel Brasil. Este passou vários dias com ela em Ouro Preto, com ambos trabalhando intensamente no livro. Essa obra notável seria publicada em 1972 como *An Anthology of Twentieth-Century Brasilian Poetry* [Uma antologia da poesia brasileira do século XX]. Trazia catorze traduções da própria Bishop, inclusive sete poemas do muito admirado Carlos Drummond de Andrade, cuja obra, como a de Bishop, em geral se volta para um estudo profundo da memória e da família. O livro também apresentava traduções de uma gama de notáveis poetas americanos, dentre os quais Paul Blackburn, Richard Eberhart, Barbara Howes, Galway Kinnell, James Merrill, W. S. Merwin, Louis Simpson, Mark Strand, Jean Valentine e James Wright. Essa continua sendo uma das tentativas mais admiráveis de levar a poesia brasileira do século XX para o inglês.

Bishop reconheceu que, depois da estimulante visita de James Merrill, "eu meio que me rendi durante mais ou menos duas semanas — literalmente, não conseguia fazer absolutamente nada, estava tão cansada e todos os meus problemas também pareciam ter me derrotado". Mas não muito tempo depois desse acesso de exaustão, chegou a hora de se preparar para a viagem a Boston, onde as aulas de Bishop em Harvard começariam em 28 de setembro de 1970. Ela ficou encantada por ter encontrado um casal confiável que ficasse na Casa Mariana durante a sua ausência, coisa que ela chamou friamente de "meu maior golpe de sorte em vários anos". O marido, Donald Ramos, era um "americano descendente de portugueses, estava aqui com bolsa da Ford etc. fazendo pesquisa — muito simples, inteligente, acho eu, e confiável". Ramos concordara em revisar a enorme papelada de Bishop enquanto ela estivesse fora. Como sempre, agora ela se viu diante do problema: "O que fazer com as valiosas cartas...???". Ao sair de

Ouro Preto, previu "uma soturna e solitária semana de costureiras e advogados no Rio de Janeiro, antes de partir para Boston".[71]

No dia 15 de setembro de 1970, no Hotel Serrador, no Rio de Janeiro, Bishop escreveu uma carta nos mesmos termos a Dorothee Bowie, dizendo que "esta é e continuará sendo uma estada muito taciturna nesta cidade supostamente glamorosa". Porque agora quase todos os amigos de Lota tinham se voltado contra ela, admitiu Bishop, "não tenho mais nenhum amigo aqui que me dê vontade de procurar". No entanto, ela tinha muito que fazer no Rio de Janeiro, já que achava que não podia lecionar em Harvard com algumas calças jeans e outros trapos. "Preciso mandar fazer roupa na única costureira de que gosto no mundo, conversar com dois advogados *aqui* [ela havia consultado outros em Boston e em San Francisco], pagar meus impostos brasileiros, se possível", e "renovar meu passaporte vencido há muito tempo". Havia escolhido um "hotel grande de caixeiros-viajantes no centro", sendo a única hóspede mulher, porque ficava perto da costureira. Seu plano era aparecer em suas leituras de poesia "com um terninho de seda preta e blusa rosa... UAU". Mas quando levou amostras de tecido ao quarto de Bishop no Serrador, "o marido da costureira foi ignominiosamente expulso do meu quarto. Isso jamais aconteceria em um hotel de praia, onde a gente pode ser tão imoral quanto quiser". Ela acrescentou com ironia "pobre de mim, tão VELHA, e pobre do sr. Lauro, *mais velho* ainda e surdo como uma porta, devemos estar parecendo horrivelmente perversos".[72] Perverso ou não, agora o plano de Bishop era pegar um voo direto para Boston em 24 de setembro, apenas dois dias antes que suas aulas em Harvard começassem. Ouro Preto e a Casa Mariana ainda tinham um lugar no seu coração e, durante vários anos, ela voltaria toda primavera a sua casa no Brasil. Mas, na viagem a Boston, levaria consigo poucas lembranças agradáveis da beleza esfarrapada do Rio de Janeiro.

16. Canção do café da manhã

Com a aproximação do Dia de Ação de Graças de 1970, Alice Methfessel, a jovem que viria a ser a parceira romântica e a musa dos últimos anos de Elizabeth Bishop, escreveu um bilhete curto no papel timbrado da Kirkland House da Universidade Harvard, onde Bishop morava na época e onde Methfessel exercia a função de secretária. Nesse bilhete, ela pormenorizou as muitas qualidades que encontrou em Bishop e que a fizeram se sentir agradecida. Entre elas figuravam bondade e afeição, confiança e generosidade, espontaneidade e o uso cuidadoso das palavras, bem como, naturalmente, o senso de humor. Methfessel assinou o prenome, Alice, com sua mão grande, ousada, ágil, sob uma despedida que oferecia muito amor.[1]

A missiva seguinte de Methfessel, escrita três dias antes do Natal na casa de seus pais, na região turística de Buck Hill Falls, nas montanhas Pocono, Pensilvânia, foi endereçada à "Queridíssima Elizabeth". Falava como era maravilhoso praticar esqui e dizia esperar ansiosamente um encontro com ela, em breve, em Cambridge, Massachusetts. Methfessel acrescentou um pós-escrito, mencionando um presente de Natal que ela estava usando naquele momento, a bonita pulseira que Bishop lhe havia presenteado. Adicionou que se sentia muito especial quando a usava — porque servia de lembrete constante do carinho de Bishop.[2] O jovem sobrinho de Methfessel, que a admirava como a "tia bacana de Boston" e que a valorizava muito pela simpática atenção que ela sempre prestava a ele e a seus irmãos durante as férias com a família, recordaria posteriormente que sua tia nunca mencionou Bishop na sua presença.[3] Ele só soube do relacionamento da tia com a famosa poeta depois da morte de Bishop. Mas a tia de Gary Methfessel evidentemente gostava de usar no pulso aquele símbolo silencioso, quase um talismã secreto, do vínculo especial que havia formado apenas alguns meses antes com sua nova amante.

Bishop respondeu à homenagem pré-natalina de Methfessel do Cosmopolitan Club, em Manhattan, onde estava visitando velhos amigos. Admitiu que "sinto falta dessa voz alta, alegre, e acho que estou conseguindo manter meu alto-astral sem que ele me controle várias vezes por dia".[4] Dentro de poucos meses, Bishop acabou dependendo do cuidado, do carinho, da praticidade e da animação de sua parceira de 27 anos. No início de fevereiro de 1971, quando ela estava prestes a fazer uma viagem planejada a Ouro Preto depois de concluir seu primeiro outono em Harvard, Methfessel escreveu um bilhete se perguntando o quanto se sentiria sozinha quando Bishop partisse e admitindo que seu coraçãozinho estava quase estourando de tanto afeto que sentia pela parceira mais velha. Bishop passou o seu sexagésimo aniversário a bordo do jato da Varig que a transportava de Boston ao Brasil. A animada carta seguinte de Methfessel também reconhecia que parecia impossível que, naquele momento, Bishop estivesse dentro de uma cápsula prateada se distanciando dela a uma velocidade incrível.

Durante as semanas seguintes, Methfessel enviaria à casa de Bishop em Ouro Preto mais de 25 cartas, cartões e aerogramas manuscritos ou datilografados. Sua voz alta e alegre chegava até pelo correio, pois o teor dessas numerosas epístolas aéreas se reduzia a três palavras simples: EU TE AMO! Aliás, essas palavras em maiúsculas apareciam com frequência nas missivas que desbordavam da caixa de cartas de Bishop na Casa Mariana. Depois das relações tensas que ela tinha vivido recentemente com Lota de Macedo Soares e Roxanne Cumming, essa nova e afetuosa ligação com Alice Methfessel devia ter proporcionado um alívio impressionante, mas também uma surpresa avassaladora.

Quando chegou a Cambridge para o seu primeiro semestre dando aula na Universidade Harvard, Bishop era a sobrevivente recente de uma série de catástrofes ou quase catástrofes pessoais. Entretanto, enquanto poeta, estava ingressando na sua última e maior fase criativa. Três importantes intercessores da faculdade de inglês de Harvard a tinham ajudado a construir a sua ocupação de então. Seu intercessor mais antigo era Robert Lowell, que começara a lecionar em Harvard em 1963, e Bishop inicialmente esperava trabalhar com ele. Mas, no outono de 1970, Lowell solicitou uma longa licença à universidade para se dedicar ao seu relacionamento, na Inglaterra, com a aristocrática escritora britânica Caroline Blackwood, que um dia se tornaria sua terceira esposa. Quem mais estava próximo dela era William Alfred, o exuberante professor e dramaturgo irlandês-americano conhecido pela sua premiada peça *Hogan's Goat* [A cabra de Hogan], e Robert Fitzgerald, um bom poeta e renomado tradutor de Sófocles, Homero, Eurípides e Virgílio. Depois da bem-sucedida leitura que Bishop deu em Harvard em 1968, esses três se uniram ativamente para incentivar o departamento de inglês a contratá-la como professora temporária, embora Alfred se lembre de que esse esforço não encontrou nenhuma dificuldade, já que os membros do departamento "se diziam dispostos a dar tudo para contar com seus préstimos".[5] Ao chegar, ela se alojou temporariamente na Warren House de Harvard. Bishop contou à sua amiga Frani que havia passado as primeiras horas da noite com Bill Alfred e que "ele foi muitíssimo gentil no dia seguinte — passou o dia todo me ajudando a enfrentar os procedimentos burocráticos".[6] As cartas de Bishop a outros expressam com frequência sua gratidão a Alfred pela ajuda diante da complexidade dos trâmites e da abstrusa política do departamento. Por sua parte, Alfred relembrou: "Nossa amizade era feliz". E declarou: "Eu achava que o privilégio da sua atenção era uma grande dádiva", acrescentando que "Elizabeth era infinitamente animada nas suas amizades" e que "tinha o dom de fazer a gente sentir que era íntimo dela".[7]

Não muito depois de sua chegada a Cambridge, Bishop fez preparativos para se mudar da Warren House para uma suíte na Kirkland House — com dois cômodos e uma cozinha de verdade. Tratava-se de uma suíte que o próprio Alfred ocupara outrora e lhe custaria apenas quinhentos dólares por semestre. Em troca, ela devia compartilhar refeições ocasionais com os "rapazes" residentes. Mas pelo menos um item de sua vida anterior ainda estava por ser resolvido. Em meio ao seu frenético esforço para preparar as aulas futuras depois dos meses perturbadores em Ouro Preto, Bishop tinha de arranjar tempo para ir a San Francisco a fim de concluir a deprimente tarefa de esvaziar o antigo apartamento da Pacific Avenue, pois o imóvel estava à venda. A sempre prestativa Dorothee Bowie viajou de Seattle para ajudá-la na mudança.

Ao retornar de San Francisco a Cambridge, Bishop escreveu da Kirkland House a Loren MacIver que achava que até estava indo bem "para uma velha e assustada 'professora' amadora".[8] Seu programa de ensino compreendia dois seminários de três horas, um na tarde de quarta-feira e o seguinte na quinta-feira. Isso lhe daria cinco dias para se recuperar e preparar as aulas seguintes, deixando tempo para atualizar sua correspondência e talvez até mesmo compor um pouco de poesia. As cartas dessa época a vários amigos incluem menções a Alice Methfessel curtas e com sua cautela característica. A Swenson, por exemplo, ela contou: "A secretária da Kirkland House, uma garota muito amável, vai me apresentar aos mistérios da lavanderia no subsolo daqui, e eu tenho de comprar *mantimentos*". Suas cartas a Bowie também estão repletas de uma série de breves referências alusivas a Methfessel, que ela não tarda a contar que lhe empresta seu apartamento na Chauncey Street, 16, durante o dia, por ser um lugar tranquilo para trabalhar. Com a ajuda dessa nova amiga, Alice Methfessel na Kirkland House, e a orientação e a defesa dos professores Alfred e Fitzgerald em Harvard, Bishop foi se adaptando a um novo tipo de vida em Cambridge.

No entanto, estava longe de ter deixado o seu passado para trás. Mesmo quando estava começando a se sentir mais em casa em Harvard, expressou preocupação a Bowie e a outros sobre seu medo de ser publicamente confrontada por Roxanne Cumming, que ela sabia que estava na região de Boston. Depois, numa carta de 2 de novembro a Bowie, Bishop escreveu: "R[oxanne] entrou em cena. Bem quando eu estava começando a relaxar um pouco — e, na quarta-feira, o seminário tinha ido muito bem e acho que muito melhor na quinta". No entanto, naquela quinta-feira uma figura se postou diante dela no vão da porta. Era Cumming. Bishop contou a Bowie que, quando ela saiu da sala de aula vazia para o corredor escuro, "juro que pensei pela primeira vez na vida que estava vendo um fantasma; simplesmente não consegui acreditar. Mas a figura não foi embora, e tenho certeza de que era R". Antes disso, naquele mesmo dia, Cumming tinha aparecido na Kirkland House à procura de Bishop. "Alice e a outra secretária acharam que alguma coisa estava muito errada, mas não sabiam o quê." Bishop explicou a Bowie que Cumming pediu informações para sua matrícula na faculdade. Também acusou os amigos de Bishop e os profissionais da saúde de Ouro Preto de a terem maltratado. Bishop pediu desculpas a Bowie por lhe enviar "uma carta tão agradável para começar a semana [...]. E eu tenho tanto trabalho para fazer! Deus me ajude".[9] Recorrendo ao auxílio de Robert Bowditch, seu advogado em Boston, ela providenciou para que Cumming fosse mantida à distância; e explicou a Bowie: "Não posso deixá-la fazer um escândalo aqui".[10] Talvez tenha sido nesse dia que Bishop disse a Alfred "estou triste", quando ele a visitou na Kirkland House. Alfred relembrou que, nessa ocasião, "ela voltou a beber (a maior parte do tempo da nossa convivência, ela tomava Antabuse), e eu voltei a beber. Os dois ficamos completamente bêbados".[11] Cumming não tornou a voltar a Harvard. Porém, um mês depois, apareceu num simpósio de poesia em Chicago. Nesse evento, Bishop conseguiu fugir habilmente de sua perseguidora, mas continuou preocupada com futuros encontros inesperados.

Cumming deixou claro para Bishop e seu advogado que queria receber uma compensação pelo tempo e pelo esforço que dedicara a Bishop em San Francisco e em Ouro Preto, inclusive pelo serviço que lhe tinha prestado como secretária pessoal. Meses depois, as duas chegaram a um acordo. Cumming havia se matriculado no período da primavera de uma faculdade importante da região de Boston e, em carta de fevereiro de 1971 a Bowie, Bishop explicou que pagaria metade da taxa escolar de Cumming (450 dólares) naquele período e metade no período seguinte — e que esse ajuste daria um fim ao seu relacionamento outrora íntimo. Em alguns de seus momentos mais atormentados pela culpa,

Bishop lamentava com os amigos que ela arruinara a vida de Cumming, assim como a de Lota. Mas, na verdade, Cumming, que, segundo Bishop, havia "dito que ia 'me mostrar'"[12] que podia ter sucesso na vida e que fez bom uso do benefício da taxa escolar que recebia de Bishop, mostrando ter talento e resiliência, diplomou-se, estudou medicina e praticou a profissão com sucesso em Massachusetts e em outros lugares durante muitos anos, até se aposentar.

O poeta Frank Bidart, que tinha sido durante vários anos amigo íntimo e protegido de Lowell, não tardou a se tornar também um amigo íntimo e importante de Bishop. Ele recordou que conheceu Elizabeth Bishop em 1969 no escritório de Lowell numa terça-feira de manhã. Notou que ela estava com uma estola de visom e "parecia uma matrona de Scarsdale. Não tinha cara de poeta". Pensou que, "na maravilhosa frase de Merrill", Bishop estava "personificando uma mulher comum". Bidart lembrou que achou incrível a leitura que ela fez naquela tarde, na qual se destacou sua bela tradução de "Viagem na família" de Carlos Drummond de Andrade. Lowell, que estava na Inglaterra em 1970, ao saber da chegada de Bishop a Harvard, escreveu a Bidart "que eu devia conhecê-la quando ela viesse, que não existia ninguém que fosse tão divertida quanto Elizabeth Bishop". Acerca de seu primeiro encontro com Bishop, Bidart disse: "Nós simplesmente nos demos bem. O vínculo entre nós foi imediato". À pergunta se realmente não havia quem fosse tão divertida quanto Elizabeth Bishop, Bidart respondeu que "'divertida' é uma palavra complicada". E observou que Bishop era muito envolvente "e agradável. Não era difícil nem polêmica. Tentava muito tornar as ocasiões sociais vivas, interessantes e engraçadas". Mas acrescentou: "Havia profundidade na graça. Aquilo não era apenas divertido e cômico". Bidart também sentiu que, com a ausência de Lowell, ele passou a ser uma espécie de ponte entre os dois poetas, observando que Bishop e Lowell "não se viam muito. Eu costumava me encontrar com Lowell com muito mais frequência. De certo modo, ser minha amiga era uma maneira de se manter em contato com ele. Acho que Bishop desejava aquele tipo de intimidade com ele". À pergunta se Lowell queria que ele cuidasse dela em Cambridge, Bidart respondeu: "Muito. E eu queria cuidar dela tanto quanto possível. Era uma pessoa que a gente tinha vontade de ajudar e proteger".[13]

Depois de deixar Alice Methfessel chorando e partir de Boston em 1971, Bishop passou a primavera na sua casa que não estava completamente pronta de Ouro Preto, na qual recebeu um fluxo constante de cartas de amor da nova parceira. Depois de quinze dias na Casa Mariana, escreveu a Dorothee Bowie: "Bom, agora eu estou bem. Só muito solitária, droga, especialmente depois de Cambridge", e acrescentou: "Não sei ao certo se posso mesmo ter uma vida de meio período nesta cidade — é realmente muita solidão —, mas talvez eu me anime se tiver um ou dois hóspedes". Pensando, em parte, no governo militar que tanto oprimia o Brasil, observou que pelo menos sua empregada era alegre, "e é disso que eu mais preciso neste país triste, com o qual já não sei se tenho alguma ligação".[14] Em abril, foi com prazer que hospedou na Casa Mariana Frani Blough Muser, que logo depois faria uma viagem à Amazônia. Mas, em maio, Bishop foi internada em Belo Horizonte, onde a diagnosticaram com febre tifoide, por ter descuidado das vacinas. Quando teve alta, retornou a Cambridge, no início de junho, onde passou várias noites com Methfessel enquanto decidia se ficava ou não com o apartamento do quarto andar que Alice havia encontrado para ela na Brattle Street, 60, convenientemente situado alguns quarteirões ao nordeste da Harvard Square. Mas, embora a febre tifoide tivesse sido curada no Brasil, ela ainda se sentia indisposta quando chegou aos Estados Unidos. Viajando a Nova York para consultar Anny Baumann, foi submetida, como de costume, a um exame completo e, depois dos testes prescritos, recebeu, como de costume, um diagnóstico exato de sua médica de confiança. Foi informada de que sofria de uma forma particularmente horrível de disenteria amebiana, além de "outros três tipos" de disenteria, e, reconhecendo que "não era à toa que estava se sentindo tão mal", confessou: "Eu sempre culpo minha falta de fibra moral, é claro, quando me sinto cansada e fico melancólica".[15] Ela voltou a Cambridge, onde passou por um prolongado tratamento. Quando finalmente se curou dessas enfermidades debilitantes, Bishop, com sua resiliência habitual, voltou a Ouro Preto em julho. Lá seu jovem amigo artista José Alberto Nemer passou um mês na Casa Mariana, "para não ficar tão solitária".

Após passarem junho juntas em Cambridge, Bishop e Methfessel decidiram se encontrar em Quito, no Equador, no dia 1º de agosto. Então iriam às ilhas Galápagos e encerrariam sua viagem de um mês com uma peregrinação ao Peru para conhecer Machu Picchu. Regressariam a Cambridge no dia 2 de setembro para que Bishop tivesse tempo de se preparar para as aulas do outono de 1971 em Harvard. Uma semana depois de chegar, ela escreveu a Anny Baumann do apartamento de Methfessel na Chauncey Street, onde esperava os últimos móveis do seu apartamento novo na Brattle Street. Declarou que a viagem com Methfessel ao Peru e às ilhas Galápagos tinha sido "maravilhosa", embora desconfiasse que o jovem agente de correio havia lido e jogado fora os vários cartões-postais que tentara enviar a Baumann das ilhas. Bishop achou as ilhas Galápagos, outrora estudadas com tanto cuidado por seu querido Darwin, "absolutamente maravilhosas — mais ou menos como a ideia que a gente tem do Paraíso". Os pássaros e os animais não tinham medo dos seres humanos e "se aproximam e sentam em você ou bicam seus tênis".[16] A mamãe foca mostrava os filhotes para os visitantes da ilha, depois se deitava na areia a fim de observar os banhistas humanos. Em "No pesqueiro", de 1947, Bishop afirmou que uma foca, habitante "das gélidas águas cinza-claras" da Nova Escócia, ficara tão curiosa por ela que as duas tinham silenciosos colóquios toda tardinha. Agora, naquelas águas muito mais quentes, Bishop gostava de dividir casualmente a praia com todo um grupo de mamães focas equatoriais e seus rebentos.

Pouco depois de retornar das ilhas Galápagos, Bishop deixou um bilhete no apartamento de Methfessel, onde estava trabalhando, datado apenas de "4 da tarde", no qual declarou: "Sempre me sinto protegida quando estou com você". A seguir, referindo-se à inclinação de sua jovem parceira ao motociclismo, acrescentou: "Salvo, possivelmente, numa Honda". Então a breve mensagem datilografada de Bishop voltou-se para a homenagem, refletindo tanto a intensidade de seu vínculo com Methfessel quanto o peso da ansiedade que carregava havia tanto tempo. Falando no apartamento de Alice, no qual às vezes trabalhava a sós na sua escrita e geralmente passava a noite, ela disse: "Eu adoro este lugar porque também me sinto protegida aqui — ou mais protegida do que em casa [...]. Coisas horríveis NÃO vão acontecer — você pode enxotá-las com o seu feitiço, ou me fazer ver as coisas como de fato são, não da maneira mórbida como as imagino — quando começo a beber".[17] Ao longo da vida, em quantos lugares Bishop não se sentiu protegida?

Seu programa de ensino no outono compreendia, além de uma classe de escrita padrão de poesia, outra, que fora aprovada pelos colegas do departamento de inglês, centrada, como ela a descreveu a um amigo, "só em cartas, como uma forma de arte ou algo assim".[18] O curso atraíra um grupo tão grande de alunos potenciais que ela foi obrigada a cortar pela metade o número de matrículas. Ao optar por oferecer tal seminário, dificilmente um gênero padrão no currículo literário da época, Bishop tornou pública sua própria afinidade com a forma epistolar. Ela contou à colega autora Ilse Barker que desconfiava de que as duas gostavam tanto de escrever cartas porque "é mais ou menos como trabalhar sem trabalhar de verdade".[19] Mas, nos anos subsequentes à sua morte, as cartas de Bishop se revelaram muito mais que um atributo periférico de seu legado artístico. A coletânea *Uma arte: As cartas de Elizabeth Bishop*, editada por seu amigo e editor Robert Giroux em 1994, tem mais de seiscentas páginas envolventes. O poeta Tom Paulin, numa resenha perspicaz desse volume no *Times Literary Supplement*, observou que uma passagem vívida de uma carta a Lowell "salta à vista como se ela fosse uma atriz ou uma dançarina, inspirada pela inteligência e pela atenção de seu público de uma pessoa só. Pois há — isso dificilmente precisa ser enfatizado — um elemento intensamente performativo na arte epistolar".[20] Bishop não levou uma abordagem performativa ao ensino nem às leituras públicas de sua poesia, mas certamente trata as cartas como uma forma de arte performática. *Words in Air: The Complete Correspondence Between Elizabeth Bishop and Robert Lowell* [Palavras no ar: A correspondência completa entre Elizabeth Bishop e Robert Lowell] (2008) foi descrito por um crítico da *New Yorker* como talvez "o único livro desse tipo já publicado: a correspondência de toda a vida entre dois artistas igualmente geniais". Mas, junto com *Elizabeth Bishop and The New Yorker* (2011), *Words in Air* oferece precedente para um gênero literário novo e peculiar: as cartas entre Bishop e um correspondente brilhante. Livros sobre os intercâmbios epistolares da vida inteira de Bishop com Marianne Moore e com May Swenson estão no prelo. A dramaturga Sarah Ruhl viu o potencial teatral de

Words in Air quando o transformou no drama *Dear Elizabeth*. Já em 1963, Swenson observou de maneira jocosa para Bishop: "Quando eu estiver pronta para escrever sua biografia, vou ter um material maravilhoso nas suas cartas". Um crítico de *Words in Air* ainda citou outro gênero literário bem estabelecido quando descreveu esse intercâmbio epistolar como "um romance sobre duas pessoas no qual o autor é Deus e 'a linha narrativa é a própria vida'".[21] O papel histórico que a produção epistolar de Bishop desempenhou no reconhecimento acadêmico da correspondência literária como uma forma de arte está sugerido no título de um volume recente de ensaios críticos: *Letter Writing Among Poets: From William Wordsworth to Elizabeth Bishop* [Escrita de cartas entre poetas: De William Wordsworth a Elizabeth Bishop] (2015).[22] Portanto, ao ministrar o curso centrado "só em cartas, como uma forma de arte ou algo assim", em Harvard em 1971, ela antecipou uma tendência.

Uma das velhas amigas de Bishop, U. T. Summers, admitiu ter aprendido muito sobre ela lendo suas cartas a outras pessoas. Em uma resenha de 1994, "Surprised by *One Art*" [Supresa com *Uma Arte*], Summers ponderou que a frequente alusão da poeta à timidez e à solidão havia levado seu marido, Joseph Summers, e ela própria a presumir que "Bishop tinha apenas alguns amigos selecionados, dentre os quais nós éramos dois". Mas, depois de imergir na sua correspondência escolhida, eles descobriram que "suas cartas a nós eram só uma pequena fração de uma grande produção de cartas, não só a amigos, mas a bons amigos". Summers acrescentou: "Sendo órfã, ela investia nos amigos, e eles nela, mais do que é normal para a maioria de nós". Summers, que era asmática como Bishop, reconheceu que, desde menina, fizeram com que "o número de coisas que eu 'não podia fazer' parecesse infinito". E ficou surpresa ao saber que Bishop, cuja asma era muito mais grave e persistente que a dela, envolveu-se desde cedo com atividades atléticas como a pesca e a navegação a vela, o ciclismo, a caminhada e o montanhismo. E também se surpreendeu quando soube que, já perto do fim da vida, ela e a amiga começaram a praticar esqui de fundo.

Para Summers, era assombroso considerar as viagens de Bishop a "lugares remotos e improváveis [...] levando consigo apenas a seringa e a adrenalina medicinal, certa de que ia precisar delas" quando foi ao Marrocos, percorreu a Amazônia, visitou minúsculos assentamentos à beira do rio São Francisco e, aos sessenta e poucos anos, viajou às ilhas Galápagos. Summers também se surpreendeu com a autoconfiança artística que encontrava em toda parte nas cartas de Bishop, sob um verniz de autodepreciação que remontava à aptidão precoce, à ousadia e à versatilidade que ela demonstrara como poeta, autora de ficção, ensaísta e editora quando ainda aluna de sua alma mater comum, o Vassar College.[23]

O ano anterior de Bishop em Harvard tinha sido relativamente livre de asma, mas, no outono de 1971, ela sofreu um grave e prolongado ataque da doença quando compareceu a um evento no Vassar. O episódio foi provocado por um casaco de pele de carneiro no carro que a transportou. Por conta desse surto, Bishop teve de ser internada, primeiro em Poughkeepsie, depois na clínica de Harvard, situação que a fez perder várias aulas. Ainda assim, conseguiu terminar o segundo outono de ensino com significativos sinais de sucesso. Numa carta a Frani de 8 de janeiro de 1972, ela contou que um aluno "disse a Alice que o meu curso era o mais difícil que ele já tinha feito! Fiquei atônita — para mim, parecia tão fácil".[24] Bishop também falou de uma leitura em sala de aula de seu poema predileto de Herbert, "Amor desconhecido", que ela pedira a um aluno que fizesse. O rapaz não sabia que, na edição antiga (um presente de Lowell) que Bishop levou à aula, alguns dos efes deviam ser pronunciados como esses, coisa que levou a uma confusão incrível. Bishop teve de assumir a leitura, que terminou sem mais nenhum incidente. Naquele mesmo mês, ela anunciou alegremente a Ashley Brown que tinha se recuperado o suficiente do surto de asma e, apesar de seus ossos frágeis, estava adorando fazer esqui de fundo com sua parceira, Alice. Falando do seu novo lar na Brattle Street, disse: "Este apartamento é agradável — queria que ficasse num andar mais alto, mas, fora isso, eu gosto dele — e preciso de mais móveis. Meu primeiro compromisso sério será receber os Robert Fitzgerald para jantar — na mesa de pingue-pongue".[25]

Quinze dias depois de Bishop ter mudado para a Brattle Street, 60, seu "Crusoé na Inglaterra", que tinha sido aceito dezoito meses antes — quando ela estava sozinha e muito longe em Ouro Preto —, foi publicado na edição de 6 de novembro de 1971 da *New Yorker*. Ela dá uma vida extraordinária ao mundo de seu Robinson Crusoé reinventado ("nenhum livro o entendeu corretamente"). Quando descobriu "Crusoé na Inglaterra" na *New Yorker*, May Swenson lhe contou que o achou "maravilhoso e triste, absurdo e verdadeiro". Qualificando-o de "um poema grande e notável em todos os níveis", ela viu "Crusoé" como um representante do "único, do explorador, do abandonado, da abstinência — que escolhe a unicidade, inventou seu equipamento de sobrevivência e vive num mundo próprio — e, no fim, acaba descobrindo que ele não é exceção ao destino comum de todos os outros que nunca se aventuraram".[26] Bishop respondeu com prazer que Swenson "entendeu com perfeição" a ideia desse poema, que, historicamente, assim como "Na sala de espera", definia um novo progresso no estilo tardio e autoexploratório da poeta. A ilhota de Crusoé — muito mais desesperadamente precária e estéril que a de Defoe — é povoada por cabras, gaivotas e guano, por vulcões extintos e praias cobertas de lava. A esterilidade essencial do lugar é sublinhada pelo penoso fato de que "de cada coisa a ilha tinha um tipo": uma única espécie de caracol violeta-azulado, uma única variedade de árvores ("escuras e raquíticas")[27] e um único "tipo de frutinha, rubra, escura", com as quais Crusoé faz uma poção alcoólica efervescente horrível. Quando ele a ingere, essa beberagem caseira sobe diretamente à cabeça e o embriaga, de modo que ele toca sua flauta feita em casa, "(com a escala musical mais doida do mundo),/ e, tonto, dançava e gritava entre as cabras".[28] Seus agradáveis sonhos com comida e amor se transformam em pesadelos. Parado junto ao vulcão batizado "*Mont d'Espoir* ou *Mount Despair*", ele medita sobre seu afeto pela "menor de minhas indústrias insulares", reconhecendo com tristeza que a menor de todas e pela qual ele não tinha nenhum afeto "era uma filosofia infeliz".[29] Por fim, oferecendo um alívio miraculoso de seu isolamento, eis que "chegou Sexta-Feira [...], Sexta-Feira era bom, e ficamos amigos". Crusoé admira o belo corpo de Sexta-Feira, pensando "Ah, se ele fosse mulher!".[30] Ele sonha propagar sua espécie — uma dolorosa necessidade prática naquele lugar desolado. Quando enfim e abruptamente os dois são levados embora de sua ilha, Crusoé descobre que, longe de se sentir contente com o regresso, está "entediado, tomo chá de verdade,/ cercado por coisas sem nenhuma graça". Seu maior desgosto é que ao retornar à Inglaterra ("outra ilha,/ que nem parece ilha, mas quem sou eu para dizer?"), ele perdeu o amigo que o havia aliviado da solidão, porque "Sexta-Feira, meu querido Sexta-Feira, morreu de sarampo,/ vai fazer dezessete anos agora em março".[31]

Lowell achou que "Crusoé na Inglaterra" era "talvez o seu melhor poema, um análogo da sua vida ou uma Ode à Prostração". Acrescentou que "nada do que você escreveu tem essa mescla de humor e desespero" e que "ele expressa o que eu venho sentindo nos últimos dois meses [...]. Tudo estava tão perto".[32] Lowell não foi o único a detectar o elemento autoexploratório nesse poema. Frank Bidart lembrou que, quando ele lhe disse que via "Crusoé" como "uma espécie de metáfora autobiográfica de sua própria vida com o Brasil e Lota", Bishop ficou horrorizada com a sugestão. No entanto, Bidart disse que ela permaneceu "magnificamente incoerente" no tocante ao elemento autobiográfico na sua escrita, já que, ao mesmo tempo, aceitava "com franqueza" que o poema tinha relação direta com a sua vida.[33] Convém realçar que, embora fosse natural para as pessoas que a conheciam presumir que a morte de Sexta-Feira fosse um tratamento alegórico da morte de Lota, por outro lado, a correspondência de Bishop com a *New Yorker* deixa claro que ela havia concluído um esboço do poema, inclusive com a morte de Sexta-Feira, em 1965, dois anos antes do suicídio de Lota. Bishop brincou com a ideia de apresentar o poema à *New Yorker*, mas acabou decidindo que não estava pronto.[34] Contudo, o relacionamento de Bishop com Lota já estava profundamente desgastado em 1965, quando ela esboçou o poema, e trabalhos de amor anteriores, como "O banho de xampu" e "Canção do tempo das chuvas", também contêm previsões de futura perda. O timing da composição e da conclusão do poema sugere a relação biográfica entre Bishop e Crusoé e entre Lota e Sexta-Feira. Curiosamente, com o passar dos anos, o poema tornou-se mais fiel à vida de Bishop.

Outro dos mais poderosos poemas de Bishop, "O alce", foi finalmente concluído, apresentado e publicado pouco depois, tendo levado mais tempo ainda que "Crusoé na Inglaterra" para encontrar sua forma final. De fato, ele exigiu um quarto de século e a pressão de um prazo para passar da contemplação à conclusão. Bishop se impôs o prazo quando concordou em ler o poema na cerimônia da Phi Beta Kappa, em Harvard, no dia 13 de junho de 1972.

"Crusoé" é um poema de isolamento e deslocamento, mas "O alce", dedicado a Grace Bulmer Bowers, é um poema de comunidade, talvez até de comunhão, que evoca quatro das presenças mais reconfortantes na vida de Bishop. Essas quatro figuras, nenhuma das quais aparece diretamente no poema, mas todas estavam claramente no espírito de Bishop, são Grace, a tia à qual o poema é dedicado, seus avós Bulmer e a psiquiatra Ruth Foster. Os fatos descritos no poema remontam ao verão de 1946, quando Bishop visitou a tia na fazenda de seu marido nas proximidades de Great Village. Ela tinha sido convocada a voltar imediatamente a Nova York para assinar os documentos que encerrariam a venda de sua casa da rua White Street, 624, em Key West. Tomou um ônibus para o Oeste no portão da fazenda dos Bowers, e a experiência dessa viagem manteve-se viva em sua imaginação durante um quarto de século, antes de sua articulação e transfiguração em "O alce". Na terceira carta autoanalítica escrita por Bishop a Foster, em fevereiro de 1947, seis meses depois do acontecimento inicial, ela descreve uma experiência que veio a ser o cerne do poema, embora as figuras nomeadas no relato de Bishop de 1947 passem por uma transformação significativa na conclusão do fim de 1972. "O alce" começa com uma bela e desenredada descrição da vida na enseada da baía de Fundy: aquelas "estreitas províncias/ de peixe, de pão e de chá", esse cenário que é "terra de marés bem longas/ onde duas vezes por dia/ foge do mar a baía/ e leva os arenques pra longe". Na única frase que, aparentemente, viaja quase sem esforço por uma série de seis estrofes rimadas de seis versos cada, Bishop desdobra muitos dos esplendores do seu mundo neoescocês. Durante essa longa sentença, "uma passageira" (Bishop) e seus "sete parentes" (Grace e sua família) aguardam o ônibus que deles se aproxima "sob o olhar de um cachorro".[35]

Na carta a Foster, Bishop menciona que a tia Grace lhe ofereceu uma dose de rum antes do embarque no ônibus que segue para o Oeste, em uma longa viagem rumo a Boston e Nova York. Então, uma vez no veículo, ela toma um comprimido para dormir. Quando desperta depois de meia-noite, na melhor das hipóteses num estado semiconsciente, ouve as vozes de duas mulheres sentadas no fundo, e elas parecem continuar conversando a noite toda. Uma voz, um pouco mais alta que a outra, contou ela à dra. Foster, "tinha uma entonação muito parecida com a da tia Grace — muito mais neoescocesa que a dela, mas com o mesmo tipo de tom comiserativo".[36]

Bishop ainda estava semiadormecida e lhe pareceu que a "outra voz que eu não conseguia ouvir bem... era a sua" — ou seja, a de Ruth Foster. Ainda que, naturalmente, nenhuma dessas figuras reconfortantes estivesse de fato presente, Bishop sentiu que estava ouvindo "aquela conversa infindável entre você e a tia G.". Sem poder captar as palavras exatas, ela "parecia entender o sentido pelo tom de voz, como um animal". Para ela, aquela conversa interminável parecia "algo como as lavadeiras de Joyce".[37] Em seu poema escrito tantos anos depois, Bishop mantém a figura das duas mulheres conversando atrás dela, mas já não têm a voz da tia Grace e da dra. Foster. Agora se transformaram em "vozes velhas de avós// falando uma fala eterna/ uma fala ininterrupta". Em "O alce", as vozes se tornaram mais audíveis, e ela as ouve "citando nomes/ quem disse o quê, quem ganhou pensão de quanto". A conversa dos avós inclui um catálogo de "casamentos, mortes e doenças" junto com pormenores mais auspiciosos como "o ano em que (o quê?) aconteceu". À medida que muitas estrofes e uma série de frases longas e volteadas se desdobram, não ouvimos nenhum nome próprio, apenas nomes e pronomes de gênero.

Assim, ouvimos que "ela morreu de parto/ quando nasceu o menino/ que depois morreu no naufrágio.// Ele passou a beber./ É. Ela caiu na vida". E quando enfim ouvimos um nome próprio é para saber do momento em que "o Amos deu de rezar/ até quando estava na loja,/ e a coisa chegou a um ponto/ que o jeito foi internar". A voz dos avós é evocada como "falando como falavam/ no velho colchão de penas, bem baixinho, sem parar". Omitindo as vozes projetadas da tia e da psiquiatra nessa conversa, Bishop tem a possibilidade de ligar as vozes às dos seus avós Bulmer e às conversas que ela deve ter ouvido quando era uma menina praticamente órfã e passava todo verão na casa da família em Great Village.

O poema chega ao momento culminante quando o motorista para bruscamente o ônibus e apaga as luzes porque "um alce acaba de emergir/ da floresta impenetrável,/ e seu vulto majestoso/ se planta no meio da estrada". O alce, que acaba se revelando "*ela!*", se aproxima do ônibus e fareja o capô quente, e, durante um prolongado momento, contempla o veículo ("Com toda a calma do mundo/ ela examina o ônibus") enquanto os passageiros a contemplam. É "sem chifres, imponente/ alto como uma igreja,/ simples como uma casa/ (ou, como uma casa, tranquilo)". Uma voz de homem os acalma — "Totalmente inofensivo" —, enquanto outros observam: "Mas que bicho enorme, hein" e "Ele é feio de dar dó". Durante esse colóquio, a poeta pergunta: "Por quê, por que nos domina/ (a todos) uma alegria/ imensa, deliciosa?". Por fim, dizendo com sua fala rascante as palavras "bicho mais curioso", o motorista engata a marcha, dá a partida, mas por um instante, "virando a cabeça para trás/ ainda se pode vê-la/ ao luar, já pequenina". Então o alce desaparece e o que resta é "um cheiro indistinto/ de alce, e um outro cheiro,/ acre, de gasolina". No seu longo processo de gestação e concentração, Bishop havia conseguido comprimir aspectos de sua experiência em muitos níveis num poema que começara como uma viagem de ônibus um quarto de século antes.

Bishop tinha prometido o poema para a cerimônia da Phi Beta Kappa na semana de formatura de Harvard, e Bidart lembrou que "terminar 'O alce' foi uma crise". Ela teria de ler esse poema "longo e intrincado" para centenas de pessoas, e o texto ainda não estava pronto. Como contou Bidart, "Elizabeth, Alice e eu tínhamos combinado de passar o fim de semana nas Bermudas; as duas insistiram para que fôssemos. Elizabeth levou o poema consigo". Quando o examinou no avião, Bidart pensou que "a não ser por um punhado de conectivos, um punhado de frases", o poema já estava lá. Achou que se servisse de público para que Bishop "discutisse o que as estrofes cheias de lacunas precisavam realizar dentro do quadro narrativo, ela acabaria preenchendo-as". Embora muitas frases fossem alteradas posteriormente, "quando o avião chegou às Bermudas, Bishop tinha um esboço contínuo do todo".[38] A leitura de "O alce" na cerimônia da Phi Beta Kappa foi um sucesso. Ela ficou particularmente satisfeita quando Alice contou que um estudante da Kirkland House, sem saber da relação de Alice com Bishop, disse que "quanto a poemas — esse não foi nada ruim".[39] Bishop considerou esse o melhor elogio.

A relação de Bishop com Lowell entrou numa fase turbulenta em 1972, quando ele lhe enviou uma sequência datilografada de sonetos brancos, do tamanho de um livro, intitulada *The Dolphin* [O golfinho]. Esse extenso poema explorava sua nova vida com Caroline Blackwood e o fim da vida antiga com a esposa anterior, Elizabeth Hardwick. Como passara a ser característico do estilo de Lowell, o livro incluía uma poesia que retrabalhava cartas de Blackwood e de Hardwick. Bishop manifestou muita preocupação com o uso das cartas da ex-mulher por parte de Lowell. Essa restrição ao uso das cartas de uma mulher nesse livro ecoa uma objeção de Bishop, já numa carta de 30 de junho de 1948, reprovando o uso das cartas de uma poeta por William Carlos Williams em seu *Paterson II*. Na época, ela disse: "Talvez eu tenha sentido demais o modo como sentiu a mulher em certos momentos mais histéricos. As pessoas que não viveram a solidão absoluta durante longos períodos não podem de modo algum simpatizar com isso".[40] Sobre Lowell usar as cartas da ex-esposa, Elizabeth Bishop disse, numa missiva que, segundo ela afirmou, foi um "inferno" escrever: "Tenho certeza de que minha ideia é muito simples... Lizzie ainda está viva etc. — mas há uma 'mistura de fato e ficção' e você *alterou* suas cartas. Isso é uma 'maldade infinita', acho eu". Bishop reconheceu: "A gente pode usar a própria vida como material — e usa mesmo —, mas essas cartas — você não está violando uma confiança? SE você tivesse autorização — SE você não as tivesse alterado... etc. Mas *a arte simplesmente não vale tanto a pena assim*".[41] Lowell fez modificações significativas em *The Dolphin* para satisfazer as restrições de Bishop, mas, mesmo assim, deu continuidade à publicação do livro em 1973, e ela não ficou nada tranquila com as tais alterações. Achava que estava tentando proteger tanto Lowell quanto Hardwick das consequências negativas que podiam resultar dessa publicação. *The Dolphin* ganhou o prêmio Pulitzer, mas também recebeu várias resenhas duras pelo tratamento dado por Lowell às cartas da ex-mulher, inclusive uma especialmente mordaz de Adrienne Rich, que até então era amiga íntima do poeta.

Informada por uma carta de Lowell de que Hardwick ficara consternada com as críticas a *The Dolphin* e com a atenção que elas chamaram para o fim de seu casamento com Lowell, Bishop escreveu a ela, dizendo que "só quero oferecer a vocês dois toda a solidariedade de que sou capaz e dizer que, do jeito que isso é ruim, tenho certeza de que a solidariedade de qualquer um, de todo mundo, está inteira com você. Você sempre foi notavelmente corajosa e forte, de modo que eu espero que essas qualidades venham socorrê-la uma vez mais — (e as resenhas idiotas — mesmo os livros cruéis — desaparecem rapidamente)". E acrescentou: "Como creio que você já sabe, eu fiz de tudo para impedir Cal de escrever grande parte daquilo — aliás, depois das minhas cartas (que foi um inferno escrever) ele modificou algumas coisas para melhor [...]. Mas nada podia impedi-lo, obviamente. Por favor, acredite que eu lamento muito por você e espero que as coisas melhorem logo" — assinada "Lealmente, Elizabeth".[42] Em 1948, Bishop havia tentado proteger Lowell contra Hardwick quando pensou que ela estava decidida a fazer dele seu marido, recomendando a Lowell "*tome cuidado*". Agora Bishop protegia e se solidarizava com Hardwick. Mas sua relação com Lowell passara por muita tensão. Ele próprio concluiu para Bishop acerca de *The Dolphin*: "Meu pecado (erro?) foi publicá-lo. Eu não podia suportar deixar meu livro (minha vida) esperando escondido dentro de mim como um filho morto".[43]

A relação de Bishop com Lowell se recuperaria e eles continuariam sendo amigos — uma prova da força da sua ligação.

Em dezembro de 1972, perto do fim de seu terceiro outono em Harvard, e, em parte, graças à estrênua advocacia de Bill Alfred e Robert Fitzgerald, Bishop recebeu, pelo voto unânime da faculdade de inglês, uma nomeação permanente na universidade, que duraria até que ela chegasse aos 65 anos, idade de aposentadoria. Bishop havia recebido outras ofertas, inclusive uma da Universidade da Virgínia que ela foi diligentemente incentivada a aceitar por admiradores da faculdade de inglês como K. C. Levenson, Irving Ehrenpreis e Peter Taylor, romancista e amigo íntimo de Lowell, e isso, sem dúvida, muito contribuiu para que ela garantisse uma vaga mais segura em Harvard. Pode ser que Virgínia pagasse mais, porém a decisão de Bishop foi influenciada pelo acesso livre à clínica de Harvard enquanto estivesse dando aula na faculdade, assim como por outros benefícios de seguro-saúde.

E também foi influenciada a ficar em Harvard pela presença de Alice Methfessel. Ela recebera, ademais, uma oferta da Universidade de Washington para voltar a lecionar um trimestre lá. Assim, em março de 1973, voltou a Seattle, o cenário de sua experiência inicial de ensino sete anos antes. Lá renovou antigas amizades, especialmente com sua grande apoiadora Dorothee Bowie. Com uma colocação permanente em Harvard e a de visitante em outros lugares, a "velha e assustada 'professora' amadora" estava se transformando numa profissional.

O ano de 1972 foi um desafio para ela em termos de saúde física, mas tinha sido bastante produtivo para a criação de poemas de altíssima qualidade. Além de "O alce", a *New Yorker* publicou dois outros trabalhos de Bishop naquele ano, "Poema" e "Cidade noturna". Howard Moss, em sua carta de aceitação do primeiro, começou com as palavras: "Que beleza é POEMA! Eu o adorei, assim como todos que o leram. Queria ler um poema assim todo dia até o fim da vida".[44] "Poema" toma como ponto de partida o que ele chama de "uma relíquia familiar menor", um pequeno quadro ("Mais ou menos do tamanho de uma antiga nota de um dólar") pintado por seu tio-avô neoescocês George Hutchinson, que lhe tinha sido presenteado por uma tia Bulmer. A obra de Hutchinson também fora tema de um poema mais antigo, "Uma pintura grande e feia".

O tecnicamente inepto quadro feio era uma obra mais antiga de Hutchinson. Mas esse tio-avô artisticamente talentoso depois fixou residência em Londres, onde se tornou um ilustrador profissional de livros, prolificamente publicado. Hutchinson, irmão da avó Bulmer de Bishop, que nunca teve oportunidade de conhecê-lo, às vezes fazia esboços de cenas locais quando voltava a Great Village para visitar a família. Antes da publicação de "Poema", os amigos que frequentavam o apartamento de Bishop começaram a se referir à diminuta pintura de seu tio-avô como "uma pintura pequena e bonita". A pintura de Hutchinson revela uma capacidade impressionista de usar cores contrastantes e elegantes, bem como pinceladas sugestivas, para dar vida a uma cena em toda a sua ocasional complexidade. Bishop descreve o quadro como "inútil e livre" (ambos termos-chave de elogio no seu vocabulário pessoal). Eis um objeto que nada reivindica de nós, que "jamais ganhou dinheiro na vida", ao passo que era "passada adiante a proprietários/ que ora olhavam para ela às vezes, ora nem isso". Mas agora que começou a olhar para a pintura, o que a poeta nota são traços de seu passado neoescocês compartilhado.

Bishop, ela mesma aquarelista, apresenta a técnica elegante e artística da pintura, às vezes com admiração, às vezes de modo jocoso, ao mesmo tempo que esboça os atributos do quadro, inclusive "olmos, morros baixos, um fino pináculo de igreja/ — aquele traço azulado — ou não?". No primeiro plano, encontra "uma várzea com vaquinhas mínimas,/ duas pinceladas cada, mas são vacas com certeza;/ dois minúsculos gansos brancos na água azul,/ um de costas para o outro, comendo". Sempre temos consciência de uma pintura aplicada à tela: "Mais de perto, um íris silvestre, branco e amarelo,/ recém-espremido do tubo de tinta".

Então, com um sobressalto, Bishop descobre subitamente na pintura não só uma obra de arte, como também uma recriação de seu próprio passado:

Meu Deus, reconheço este lugar, eu estive lá!
Fica atrás — quase recordo o nome do fazendeiro.
Essa várzea ficava atrás do celeiro. Lá está ele,
branco de titânio, uma pincelada. O esboço de pináculo,
filamentos de pincel, quase invisíveis,
deve ser a igreja presbiteriana.[45]

O campanário dessa igreja presbiteriana em Great Village devia ser o daquela em frente ao terreno comunitário da aldeia a partir de sua casa, o campanário que ainda guardava o eco do grito de sua mãe, como ela o recriou no conto "Na aldeia". O exame minucioso da pintura não mostra nenhum vestígio desse campanário, nem mesmo como filamentos de pelo de pincel, em nenhum lugar da linha do horizonte do quadro. No ponto mais dramático do poema, Bishop interpola uma imagem-chave de seu passado pessoal e um motivo-chave de sua própria escrita para dramatizar a conexão entre a pintura de seu tio-avô e ela.

Agora "Poema" passa para um estado de epifania quando Bishop reflete sobre seu tio-avô: "Não o conheci. Nós dois conhecemos este lugar, ao que parece,/ este pequeno cafundó". Cada qual o contemplou "o bastante para guardá-lo na memória,/ em duas épocas diversas. É estranho". Também descobre, acerca de um lugar que ela pensou que havia esquecido, que "ele ainda é amado,/ ou melhor, sua lembrança (o lugar terá mudado muito)". Agora Bishop acha "a vida e sua memória de tal forma comprimidas/ que uma vira a outra. Qual é qual?". Durante toda sua carreira, ela havia lidado com a tríade vida, arte e memória. Agora, nesse pequeno quadro, encontrou "a vida e sua memória amontoadas,/ vagas, num pedaço de cartolina,/ vagas, mas tão vivas, tão tocantes em detalhe". E o que significa isso? O que representa esse objeto que jamais ganhou dinheiro na vida? Para Bishop, representa "o pouco que ganhamos de graça,/ o pouco que o mundo nos confere. Pouco, mesmo". Pouco, mas talvez suficiente. Esse pequenino objeto ganhou vida própria e, no processo, passou a parecer não só "mais ou menos do tamanho de uma nota antiga de um dólar", mas também "mais ou menos do tamanho de nossa permanência/ e da deles". E quem são eles com que partilhamos a permanência? Apenas "as vacas a pastar, os íris, nítidos, a estremecer, a água/ ainda fresca do degelo primaveril,/ os olmos ainda não derrubados, os gansos". Não são muitos os poemas de Bishop que terminam numa epifania, mas, quando terminam, essa epifania sempre parece *merecida*, como acontece aqui. As posses da memória não podem desconsiderar as destruições do tempo, mas um mundo perdido ainda vive *nela*, "vagas, num pedaço de cartolina".[46]

Um dos jovens admiradores de Bishop mais ardentes durante seus anos em Harvard foi o poeta e crítico Lloyd Schwartz, que mais tarde editaria vários livros importantes de poemas, prosa e correspondência da autora. Schwartz havia se apaixonado pela poesia de Bishop quando uma de suas colegas de faculdade, Mary Curran, leu "O homem-mariposa" para ele e um grupo de estudantes em 1960, quando estavam sentados no chão de seu apartamento próximo da Washington Square. Schwartz relembrou que, quando o ouviu, "o poema me impressionou. E me levou às lágrimas. Era uma obra tão original e poderosa, totalmente surpreendente e fascinante". Dali por diante, ele acompanhou de perto o trabalho de Bishop. Agora cursava pós-graduação em Harvard, com um doutorado não concluído sobre W. B. Yeats, e chegara a conhecer Bishop superficialmente por intermédio de seu amigo Frank Bidart. Enfim, em dezembro de 1973, ele juntou coragem para convidá-la a almoçar num bistrô da Harvard Square, e ela aceitou. Durante a refeição, lastimaram o fato de os dois passarem o Natal sozinhos em Cambridge. Todos os amigos de Schwartz iam viajar, e Alice Methfessel estaria muito longe, esquiando na Suíça. Eles fizeram planos vagos de talvez se encontrarem no período de festas e trocaram números de telefone. Depois, sabendo que Schwartz era um estudante pobre, Bishop fez questão de pagar o almoço.

No começo de janeiro, recebeu um telefonema de Bishop, que tinha fraturado o ombro e estava na clínica de Harvard. Desculpando-se muito, ela lhe pediu que fosse à clínica buscar a chave e depois se dirigisse ao seu apartamento da Brattle Street. Lá pegaria sua correspondência, sua bolsa, um bloco de papel que estava na mesa de centro e levaria tudo de volta à clínica. Schwartz achou emocionante poder ajudar, fosse como fosse, uma poeta que ele tanto admirava. E, em todo caso, o apartamento dele, a clínica e o de Bishop ficavam a alguns quarteirões de distância, de modo que esse favor não lhe causava nenhum problema. Mais tarde, ele concluiu que os excessivos pedidos de desculpas de Bishop, dado seu entusiasmo por ajudá-la, talvez se devessem ao sentimento de culpa por ter caído por causa da bebida. Ela caíra da escada externa quando estava descendo do primeiro andar de um estabelecimento da Harvard Square chamado Casablanca (o bar ficava nesse andar; e o restaurante, no térreo). Bishop pedia desculpas muito reiteradamente quando causava mais um mal-estar por causa do alcoolismo. Mas agora, no quarto de Bishop na clínica, ele percebeu que tinha a oportunidade de passar um tempo privilegiado com a poeta. Schwartz passou aquele dia com Bishop no seu quarto de hospital, conversando sobre cinema, discos, o campus e a fofoca literária, os cantores preferidos e outros interesses comuns. Antes, ele tinha achado Bishop cautelosa, mas agora achava sua conversa fácil, espontânea. O único tópico proibido era qualquer elogio ou discussão sobre os poemas dela. Dali por diante, durante toda a permanência de Bishop na clínica, Schwartz a visitava diariamente, e eles passavam a maior parte do dia conversando.

Certa vez, Bishop foi levada do quarto para um procedimento médico, e Schwartz depois confessou: "Não pude resistir a dar uma espiada no caderno. As primeiras páginas tinham o que parecia ser o esboço de um novo poema, 'Canção do café da manhã'". E acrescentou: "Fiquei comovido com ele — e abalado. Nunca tinha visto um poema dela que tratasse tão diretamente do amor sexual e do medo da morte". Schwartz sentiu que "eu tinha de ter uma cópia. Queria lê-lo muitas e muitas vezes". E também temeu que Bishop não o concluísse e acabasse destruindo-o. "Então eu o copiei e esperei que ele fosse publicado um dia." Com o tempo, descobriram-se vários outros poemas de Bishop com uma dimensão sexual, inclusive "É maravilhoso despertar juntas", mas nunca apareceu nenhuma outra versão completa de "Canção do café da manhã", embora tenham sido encontrados esboços dos versos iniciais em outros cadernos. Schwartz observou corretamente que "seria uma grande perda se ele não existisse". E acrescentou: "Ainda me sinto um pouco culpado pelo modo como vim a tê-lo". "Canção do café da manhã" finalmente foi publicado na *New Yorker* em 2002, 23 anos depois da morte de Bishop e quase trinta anos depois que Schwartz o encontrou num dos cadernos da poeta na clínica de Harvard.

O tema do poema é Alice Methfessel, na abertura ela é tratada como "meu amor, minha graça salvadora". Uma graça salvadora é, de modo característico, o único recurso que vale a pena num objeto em que tudo o mais é indigno, e aqui Bishop parece sugerir que *sua* única graça salvadora não reside nela própria, mas na sua parceira Alice. Os versos subsequentes são um catálogo dos atributos de sua parceira: "seus olhos são terrivelmente azuis./ Eu beijo seu rosto gracioso,/ sua boca com gosto de café". E o poema prossegue de maneira bastante lírica: "Ontem à noite eu dormi com você". Mas então ele se volta inesperadamente a uma forma muito diferente de dormir: "Hoje eu te amo tanto/ como posso suportar ir/ (assim que for preciso, eu sei)/ para a cama com a feia morte/ naquele lugar frio e imundo,/ para lá dormir sem você". Lá ela teria de ir "sem a respiração fácil/ e o calor de toda uma noite e ao longo do flanco/ a que me acostumei?". Em linguagem simples e direta, esse poema atinge diretamente o centro da questão existencial humana.

Porque ele prossegue:

— Ninguém quer morrer;
diga que é mentira!
Mas não, eu sei que é verdade.
É apenas um caso comum;
não se pode fazer nada.

Finalmente ela retorna ao início do poema — mas com um giro surpreendente no último verso.

Meu amor, minha graça salvadora,
seus olhos são terrivelmente azuis
de um azul precoce e instantâneo.

Alguns anos depois, quando Schwartz perguntou a Methfessel acerca de "Canção do café da manhã", ela disse: "Ah, aquele poema". Devia conhecê-lo bem. "Canção do café da manhã" continua sendo um poema que só Bishop podia ter escrito.

O acordo de Bishop com Harvard para estender seu contrato de docência até a aposentadoria a levou a começar a pensar em procurar um lugar de residência mais permanente, e ela não tardou a se interessar pelo Lewis Wharf, o prédio de granito de um armazém, no porto de Boston, que estava sendo reformado e transformado em condomínio. Bishop examinou o imóvel e descobriu que podia adquirir um espaçoso apartamento num andar superior com vista panorâmica do porto. Tomou prontamente a decisão de assinar um contrato para garantir seu lugar preferido no Lewis Wharf, e agora precisava esperar que o projeto de construção ficasse pronto. Na primavera de 1974, Bishop visitou Ouro Preto e tratou de despachar todos os seus pertences no Brasil para Boston. Ainda esperava vender a Casa Mariana, pois, sem essa venda, a compra do apartamento do Lewis Wharf seria um risco financeiro. Mas ela havia se comprometido, e sua viagem da primavera de 1974 a Ouro Preto marcou sua última visita ao Brasil, embora o país sempre se mantivesse vivo na sua memória e na sua arte.

17. O pássaro-íris

Elizabeth Bishop assinou a escritura de compra de seu apartamento no terceiro andar do recém-reformado armazém de granito, no Lewis Wharf de Boston, em março de 1973.[1] Mas o processo de construção no condomínio se arrastou numa sucessão de atrasos, de modo que Bishop só tomou posse do imóvel muito depois do esperado. "Eu me mudei em 8 de agosto [de 1974] [...] no dia em que Nixon renunciou — duas coisas inesquecíveis",[2] ela enfim pôde contar a Dorothee Bowie.

Desde a infância na Nova Escócia, Bishop gostava de morar perto da água. O que a atraiu *naquele* edifício, bem próximo da Atlantic Avenue de Boston, foi a vista que oferecia do porto e do rio Mystic, e ela ficou com um apartamento de um andar superior. Como contou aos Barker: "É uma vista maravilhosa, e os navios — rebocadores, cargueiros, petroleiros (a maioria) —, mas também muitos veleiros —, tão perto, são um prazer constante — e uma distração".[3] Alice Methfessel estava de mudança para o pequeno, mas convenientemente localizado apartamento da Brattle Street, ao norte da Harvard Square, e elas dividiam a cama algumas noites em cada lugar. Alice também ficou com muitos móveis de Bishop: "A mesa de pingue-pongue, a mesa da cozinha, a escrivaninha, as estantes — a cadeira de balanço etc.... tudo de grande ajuda para mim".[4] Howard Moss esperava que Bishop mantivesse a mesa de pingue-pongue, "porque um dos meus sonhos de glória é voltar a Cambridge e vencer todo mundo".[5] O endereço da Brattle Street ficava a uma curta viagem de carro da universidade, onde Alice estava fazendo pós-graduação em administração de empresas.

Vinte e dois anos antes, Bishop viajara com Lota do Brasil aos Estados Unidos para tirar seus pertences do depósito e enviá-los a Samambaia. Agora esses bens, combinados com os que se acumularam em duas décadas, deviam ir para o seu novo lar na América do Norte. Ela havia passado a primeira semana de abril anterior na Casa Mariana, embrulhando industriosamente quarenta caixas de livros,[6] assim como muitos manuscritos, cartas e pastas que um dia constituiriam a principal coleção de uma biblioteca de pesquisa, muitos móveis notáveis, obras de artistas contemporâneos (a maior parte deles amigos pessoais), um punhado de relíquias de família, suas aquarelas, o clavicórdio Dolmetsch e uma coleção carinhosamente escolhida de arte folclórica brasileira. Como Bishop contou a Dorothee Bowie, ela tinha feito "tanta coisa que ainda não posso acreditar".[7] Como gostava de contar aos amigos, Bishop confiara aquele monte de carga pessoal a uma empresa transportadora com o improvável nome "FINK* Transportes".[8] Estava ansiosa por recomeçar num lugar que fosse todo dela. Mas teria de esperar muito tempo até que o que ela denominava "bens e haveres" chegassem do Brasil de cargueiro.

Em novembro de 1974, três meses depois de se mudar para seu novo espaço, Bishop contou aos Barker: "*Adoro o meu aparta-*

* "Fink" em inglês significa "dedo-duro" ou "dedurar". (N. T.)

mento — se eu alguma vez conseguir arrumá-lo". Na noite do sábado anterior, tinha visto o *Queen Elizabeth 2* sair do porto de Boston. Para enxergar melhor, Bishop e alguns amigos subiram à lavanderia no último andar do Lewis Wharf, onde acabaram dividindo o espaço da janela com um grupo de aristocráticos moradores do condomínio que também queriam ver o *QE2* iniciar sua viagem transatlântica. Bishop achou aquela cena singular, estarem, depois do pôr do sol, cercados de máquinas de lavar roupa e "secadoras... de damas e cavalheiros — alguns com binóculo de ópera", lado a lado, "todos a observar a anca gigantesca" do grande transatlântico virar lentamente na escuridão, com a ajuda de três rebocadores — pequenas linhas de luzes vermelhas — a cada lado". Quando um barco anti-incêndio se aproximou devagar e "acionou todas as suas mangueiras — como Versalhes", Bishop concluiu: "Morar aqui tem seus prazeres simples". Nessa mesma carta, observou com preocupação: "Meus bens não chegaram do Brasil — estou preocupadíssima, juro, e imagino tudo sendo vendido em vários antiquários".[9] Por fim, em abril de 1975, ela pôde anunciar com alívio aos Barker que "meus pertences finalmente CHEGARAM do Brasil, depois de dez ou quase onze meses...?".[10]

Bishop passou muito tempo tentando acomodar esses objetos do passado no apartamento novo, e, durante meses ou mesmo anos, partes da sua casa ficaram atravancadas de caixas de livros. Mas, em 1978, quando Elizabeth Spires, uma ex-aluna do Vassar mais jovem, chegou ao Lewis Wharf para entrevistá-la para o *Vassar Quarterly*, teve o prazer de observar uma sala de estar espaçosa com "piso de tábua corrida larga e encerada, duas paredes de tijolo e uma de livros, teto com vigas e portas de vidro que davam para um balcão". Spires também reparou numa série de objetos que pareciam um virtual registro de viagens da vida peripatética da dona do apartamento: "Um espelho veneziano ferozmente barroco, uma cadeira de balanço de jacarandá e outras peças antigas do Brasil, dois quadros de Loren MacIver, uma enorme concha de cavalo de Key West e um fogão Franklin com a lenha num paneiro, também do Brasil".[11] A famosa crítica Helen Vendler, uma visitante frequente, mencionou "um santo numa vitrine de vidro, uma carranca na parede e uma gaiola de madeira, como a que ela descreve em 'Questões de viagem'".[12] O crítico David Kalstone achava que visitar o apartamento de Bishop era "como ler um de seus poemas. Cabia ao leitor mergulhar nos pormenores. Ele não era instruído".[13] Paula Dietz, amiga de Bishop, considerava o Lewis Wharf — agora um endereço chique, mas não naquela época — "um lugar muito exposto ao vento para morar. Era preciso um bocado de talento para viver lá [...]. O interior era de tijolo bruto". Para Dietz, não "havia nada delicado" na escolha da residência de Bishop. "Um lugar como aquele exigia uma espécie de franca independência."[14]

Quando se instalou no Lewis Wharf, Bishop viu que estava morando a oito quilômetros em linha reta ou a quinze minutos de carro do apartamento da Cambridge Street, 55, em Revere, onde havia passado tantos anos de isolamento na infância, sob a vigilância dos tios Maud e George. A uma hora de viagem ficava o Cemitério Hope, em Worcester, no qual seus pais jaziam sob sua lápide comum. Bishop havia fechado o círculo, mas agora morava em uma casa só dela.

Apenas um mês antes de tomar posse de seu apartamento no Lewis Wharf, Bishop e Alice Methfessel, acompanhadas de Frank Bidart, acharam outro lugar especial. Tinham alugado uma propriedade chamada Fazenda Sabine, situada na ilha de North Haven, na costa do Maine. Ficava perto da ilha Deer, com sua aldeia lagosteira de Stonington, o cenário de "Water" [Água], de Robert

Lowell, um poema nostálgico sobre não pedir Bishop em casamento em 1948. Para Bishop, aquela ilha de oito quilômetros de comprimento, no centro da baía Penobscot, era "inacreditavelmente linda — e a casa também era inacreditavelmente maravilhosa". Tal como Lewis Wharf, a Fazenda Sabine oferecia vistas aquáticas. Mas não a de um porto em plena atividade, e sim de "ilhas e ilhas, colinas no continente, veleiros passando". Assim como registrava os nomes dos navios que passavam sob suas janelas no Lewis Wharf, lá ela se viu no rastro de "27 flores silvestres diferentes". Bishop, Bidart e Methfessel gostaram da sua primeira temporada em North Haven, "o incrível bom tempo do Maine — luminoso e ensolarado todos os dias, com exceção dos três últimos, quando a neblina chegou (mas isso eu também adoro)", e Bishop achou a ilha, com seu armazém geral, suas florestas e pradarias, seus pássaros e, claro está, suas flores silvestres, "parecidíssima com a Nova Escócia".[15] North Haven era, nas palavras de Hallie Tompkins, sua amiga do Vassar, "puramente um terreno de Bishop".[16]

A Fazenda Sabine oferecia muito espaço para os hóspedes e, no futuro, passaria a ser ponto de encontro dos amigos de Bishop. Ela reservou a fazenda para agosto seguinte e voltou para lá todo verão até o fim da vida. A escritora, jornalista e ex-combatente da Resistência Célia Bertin a visitou na ilha, em 1975, e relembrou: "Eu adorava ver Elizabeth na cozinha em North Haven. Aquele passou a ser um lugar poético, o modo como ela cozinhava, o modo como falava sobre coisinhas à toa, o modo como fazia compras", por exemplo a pesca do lagosteiro local. Acerca desse e de outros habitantes de North Haven, Bertin acrescentou: "Ela gostava de gente de verdade". Bertin achava que, embora na superfície Bishop parecesse ser apenas "uma velhota de cabelo branco", por dentro "era muito especial [...]. Havia tanta coisa naquele corpinho miúdo. A gente chegava a sentir". E a respeito de North Haven: "Era maravilhoso estar sozinha com Bishop porque ela curtia tudo — flores, pequenas caminhadas, lugares novos".[17] Jerry Reich, o marido de Bertin, acrescentou que "Elizabeth tinha muito talento para viver o dia e fazer do dia uma celebração".[18] Conhecida de membros do grupo de Lota no Rio de Janeiro, Bertin lembrou que "Elizabeth falava em Lota quase como se ela ainda estivesse viva". Bishop não voltou a ver o Brasil depois da visita de 1974 para empacotar e despachar seus "bens e haveres", mas o país continuaria habitando sua poesia, assim como o mundo da Fazenda Sabine serviria para reinspirá-la.

Um poema de Bishop concluído em julho de 1974 foi publicado no ano seguinte, na *New Yorker*, de maneira sazonalmente adequada sob o título "Fim de março, Duxbury (para John Malcolm Brinnin e Bill Read)". Bishop e Alice Methfessel iam com frequência à histórica cidadezinha litorânea de Duxbury, 56 quilômetros a sudeste de Boston, para visitar seu gentil amigo e também poeta John Malcolm Brinnin e o parceiro de Brinnin, Bill Read. Elas ficavam na casa de praia que Lloyd Schwartz descreveu como "informal, mas elegante",[19] e, com frequência, Brinnin as convidava a se hospedarem lá quando ele e Read se ausentavam. Durante uma visita num dia frio e ventoso perto do fim de março, Bishop e Methfessel, a outra anônima do poema,[20] saíram para um passeio gelado na praia, ambas com um lado do rosto entorpecido pelo "vento gélido, estrepitoso". Esperavam chegar àquela que Bishop chamou de "a casa de meus sonhos, a original/ e secreta, aquela caixa torta sobre estacas,/ toda coberta de sarrafos verdes". O objeto de sua glacial busca era "uma casa-alcachofra, só que mais verde ainda". Bishop comentou, divertida, para Lowell que um motivo pelo qual compôs o poema foi o fato de "John B ter ficado horrorizado quando eu disse que queria que aquele feio barraco verde fosse a minha casa de veraneio! (Ele não comparte o meu gosto pelo medonho, infelizmente)".[21]

No tempo de Harvard, quando Bishop dava aula, avaliava poemas e trabalhos dos alunos, fazia leituras, comparecia a cerimônias para receber um fluxo constante de títulos honorários ("Dava para eu revestir minhas paredes com eles", disse), e percorrendo pilhas de manustritos de poesia não solicitados, ela em geral protestava dizendo que detestava ser tão *ocupada*! Seu "Fim de março" permite-se um desejo não completamente caprichoso de se intalar naquela casa dos sonhos quase em ruínas, na qual "tem que haver uma estufa" porque "já existe a chaminé". Naquele lugar, seria livre para "não fazer *nada*,/ ou quase nada, para todo o sempre, em dois aposentos nus", terminar o dia olhando de binóculo (sua atividade predileta no apartamento do Lewis Wharf) e ler livros chatos (um anseio também expresso pelo narrador de "Na prisão", composto quase quarenta anos antes). Nessa casa dos sonhos ela podia "falar sozinha, e, em dias de neblina,/ ver as gotinhas, pesadas de luz". Podia finalizar esses ciclos diurnos praticamente sem acontecimentos com "um *grog à l'américaine*,/ flambado com um fósforo de cozinha,/ e uma linda chama azul, diáfana,/ se elevaria, com seu duplo na janela". Se essa casa dos sonhos tivesse "uma luz de leitura", tudo podia se revelar, no fim, "perfeito! Porém — impossível". E mesmo chegar à casa dos sonhos resultou impossível, pelo menos naquele dia, já que, como ela admite, "o vento estava frio demais pra irmos até lá,/ e a casa, é claro, estava fechada, com tábuas pregadas na porta".[22] Quando apresentou "Fim de março" à *New Yorker*, Bishop gracejou com Howard Moss dizendo que aquele poema bastante longo era sua resposta a "Lake Isle of Innisfree" [A ilha do lago de Innisfree],[23] de doze linhas de Yeats. E, aliás, sua duvidosa casa tem certa afinidade com a pequena cabana que Yeats imagina construir de barro e quincha numa ilha desabitada chamada Innisfree, situada num pequeno lago no condado de Sligo. Harold Bloom achou que "Fim de março" de Bishop evocava associações em escala mais grandiosa, proclamando-o "mais um grande poema do litoral americano para acompanhar *Seashore* [Litoral], de Emerson, *Out of the Cradle...* [Fora do berço...] e *As I Ebb'd...* [Quando eu refluí...], de Whitman, *The Idea of Order at Key West* [A ideia de ordem em Key West], de Stevens, e *Voyages I* [Viagens I], de Crane".[24] "Fim de março" se mantém em meio a essa inebriante companhia apoiado no eufemismo calculado, no humor autodepreciativo, no tom coloquial e numa bem guardada reserva de senso de imenso poder. Esse poder, que se acumula continuamente no curso meditativo do poema, é por fim liberado nos versos finais na forma de uma epifania deslumbrante. Encerramentos poderosos são uma característica de quase toda a obra de Bishop, e aqui ele se alça a um dos mais mágicos e transformativos de todos.

As duas pessoas passeando na praia do poema desistem da busca da casa e retornam em direção à residência de Brinnin em Duxbury. "Na volta, o vento congelava o outro lado do rosto." Então, subitamente, "o sol saiu por um minuto apenas", e a cena sombria se transfigura quando:

Por um minuto, nos seus engastes de areia,
as pedras pardas, úmidas, espalhadas na praia
ficaram furta-cor,
e as maiores delas projetaram sombras longas

Bishop enfatiza a transitoriedade dessa revelação, mas tal natureza passageira não faz senão aumentar sua magia. As "sombras longas, separadas", das pedras maiores realçam as mais coloridas dentre elas. O fim do poema reúne a série de enigmas espalhados por toda a abertura, no qual se sugere jocosamente, ainda que com grande força cumulativa, que essas sombras "talvez provocassem o sol-leão,/ só que ele agora estava por trás delas". Antes havia se imaginado de maneira burlesca que as pegadas de um cachorro grande talvez fossem "de leão", e agora o sol é visto como o próprio animal:

— um sol que andara pela praia na última vazante,
deixando aquelas pegadas grandes, majestosas,
e derrubara do céu um papagaio pra brincar com ele.[25]

Bishop solicitou insistentemente que a *New Yorker*, apesar da sua política desfavorável às dedicatórias, a autorizasse dedicar esse novo poema a Brinnin e Read "como uma carta de agradecimento a sua grande hospitalidade comigo",[26] e os editores anuíram ao seu desejo. "Fim de março", concebido em Duxbury e concluído durante seu primeiro verão em North Haven, coincidentemente antes de uma visita de Brinnin e Read, é um poema muito diferente do adstringente "Crusoé na Inglaterra" ou de "Na sala de espera". Bishop havia concluído e apresentado estes na esteira de um desesperado período de choque e isolamento em Ouro Preto em junho de 1970. "Fim de março", concluído quatro anos mais tarde, pode ser lido, em parte, como uma celebração da recuperação da energia de Bishop à medida que sua vida começava a florescer no seu novo bairro de Boston, cercada por amigos afetuosos.

Em julho de 1975, Howard Moss escreveu uma carta nervosa a Bishop dizendo que, apesar de sua escassa experiência anterior, tinha sido convidado a dar um curso de poesia no Bernard College, no outono, e outro na Columbia na primavera seguinte, "e eu já estou morrendo de medo dos dois. O que você me diz? O que você faz?". E acrescentou: "Qualquer conselho será bem-vindo".[27] Bishop havia iniciado sua carreira em Harvard aos 59 anos como "uma velha e assustada 'professora' amadora".[28] Agora, com nada menos que cinco anos de experiência na universidade, colegas escritores assustados lhe pediam socorro ao contemplar o suplício de enfrentar pela primeira vez uma sala de aula de faculdade.

Ao contrário de seus amigos Jarrell e Lowell, Bishop não se sentia dotada de vocação para o ensino. Tinha certeza, às vezes uma certeza imprudente, de que dava aula principalmente porque precisava do dinheiro. Entretanto, desempenhava o papel constante e conscientemente, enfatizando o poder de transformar o que vê e sabe em palavras precisas. Ela nunca desenvolveu nem se esforçou para ter uma persona de sala de aula elegante. Brad Leithauser achava que Bishop "não era uma professora inspirada. Aquilo tudo não passava de uma chatice. Ela era diligente".[29] Jonathan Galassi reconhecia que Bishop "não era uma professora profissional. Não era uma gestora de gente". Todavia, achava que ela "era a melhor professora que ele teve porque não havia descontinuidade entre Bishop e sua apresentação de si própria". Alguns de seus alunos se queixavam de ela lhes pedir que decorassem poesia, mas Dana Gioia sentia que ela "sabia algo essencial sobre a sensualidade da poesia que eu quase esqueci".[30] Bishop costumava contar aos alunos que os poemas que suas tias memorizaram na juventude às vezes pareciam ser o único discurso sensível de que elas eram capazes na velhice.[31]

Robert Boucheron recordou um exercício divertido que Bishop preparou para uma discussão da sextina. Pediu a cada aluno que escrevesse uma palavra num pedaço de papel e o entregasse a ela. "Depois leu em voz alta as palavras, que deviam ser as palavras finais de cada verso." A forma da sextina tem seis estrofes de seis versos, nos quais a palavra final varia numa ordem prescrita, e uma estrofe concludente de três versos, cada um dos quais contém duas das seis palavras finais. Boucheron relembrou que "os outros alunos escolheram palavras como 'cinza' ou 'pedra', ao passo que eu dei 'barco'. Depois de sacudir a cabeça, Bishop a incluiu". Cada aluno tinha então de construir sua sextina a partir do mesmo conjunto de seis palavras escolhidas aleatoriamente. Eric M. Van, que participou do seminário intermediário de poesia de Bishop no outono de 1975, enquanto Lowell orientava o avançado, disse que, na época, pelo menos no âmbito de Harvard, a estrela de Bishop como professora já havia eclipsado a de Lowell, "e seu curso era considerado o mais desejável e o mais competitivo para conseguir vaga". Sabendo da predileção de Bishop pelos alunos com conhecimento das formas tradicionais, ele disse: "Eu consegui entrar essencialmente por meio de uma artimanha: uma letra de música em dísticos alexandrinos rimados". Van achava que, na época em que estava dirigindo sua oficina de poesia, Bishop tinha evoluído para uma professora altamente eficaz e envolvente. E lembrou que ela instigava seus aspirantes a poeta a ler dois modelos, Hopkins e Lewis Carroll, em especial "A caça ao Snark". Um reiterado exercício consistia em reescrever, cada vez numa forma de verso diferente, a seguinte passagem quase do fim do conto "Revelação", de Flannery O'Connor: "Então, como uma estátua monumental a ganhar vida, ela inclinou lentamente a cabeça e olhou, como que pelo próprio coração do mistério, para os porcos no chiqueiro". Bishop há de ter adorado o modo como a abertura grandiosa e formal é transferida para o "chiqueiro" com aqueles porcos. Van ficou encantado quando descobriu que Bishop preferia as letras de rock que ele próprio mais gostava de trabalhar nos seus exercícios mais formais em verso.[32]

Às vezes, a discussão de Bishop de sua arte se tornava mais pessoal, como quando, segundo Boucheron, ela falou do alcoolismo como um risco ocupacional do ofício da escrita. Ela declarou, conforme a lembrança de Boucheron, que "tantos poetas sofriam disso, e o dano a sua saúde era enorme". Boucheron acrescentou que "ela não disse nada a respeito de seu próprio alcoolismo, mas aludiu a um passado problemático do qual havia se recuperado". No fim do período do seminário, Boucheron teve uma reunião de uma hora com Bishop em seu apartamento da Brattle Street. Ela abandonou essas reuniões de fim de semestre quando se mudou para o Lewis Wharf, em especial quando soube que os colegas professores já não as faziam. Boucheron achou que Bishop apresentou a persona de "uma dama vitoriana em circunstâncias reduzidas".[33] Katha Pollitt, que admirava muito as aulas de Bishop, observou que "havia um aspecto do modo como a srta. Bishop se apresentava que levava a rejeitar a ideia de que ela fosse uma pessoa sensual, apaixonada e profundamente sensível".[34] A realidade, claro, era muito diferente. A aluna Dana Gioia reagiu à sua autoapresentação à sua maneira característica: "Ela combinava a liberdade de uma cultura boêmia com a civilidade de certas tradições da classe média. Essa síntese lhe permitia se sentir bem no mundo sem suportar todo o peso de suas convenções".[35] No ensino, como na arte, Bishop apresentava uma persona com múltiplas camadas, e cabia ao indivíduo interpretá-la à sua própria maneira. Como David Kalstone podia ter dito, numa aula de Bishop, a gente não era instruído.

Anne Hussey já era bem publicada quando tentou entrar na oficina de Bishop, e esta aceitou prontamente sua amostra de escrita. Mas o administrador da Escola de Pós-Graduação em Artes afirmou que, como era uma estudante não tradicional (por ser casada e ter filhos), Hussey teria de superar uma série de barreiras administrativas antes de poder obter um lugar na classe de Bishop. Isso finalmente foi resolvido por um pedido pessoal da própria poeta. Quando Hussey leu para ela a carta do administrador sobre a sua professora preferida, Bishop exclamou: "Ah, pelo amor de Deus!". Isso "a colocou imediatamente do meu lado. Ela telefonou para a Escola de Pós-Graduação de Artes e Ciência e isso pôs fim ao caso. Eu estava na turma". Hussey via sua professora com certa reverência. "Eu nunca tinha encontrado um espírito tão grande como o de Elizabeth. Ele abrangia filosofia, literatura, arte, música, medicina, biologia, história natural e mais. Sua memória era prodigiosa." Hussey recordou que Bishop podia recitar de memória poema atrás de poema e disse que "a gente saía da aula de Elizabeth com dezesseis horas de trabalho para fazer se quisesse assimilar o que ela tinha dito".[36] Bishop podia não ter uma conduta tradicional na sala de aula, mas tinha claramente talento para inflamar a imaginação de certo tipo de aluno com a envergadura de sua vida e erudição.

Alguns alunos de Bishop se tornaram amigos pessoais da poeta. Uma delas foi Mildred Nash, que também era mãe de filhas pequenas e lutou para entrar na turma Inglês 285: Estudos de Poesia Moderna durante um dos últimos períodos de Bishop na universidade. Nash estava se preparando para ser professora do ensino médio e havia escolhido a Escola de Educação de Harvard porque permitia aos alunos fazer a metade de seus cursos em outro estabelecimento. Como Hussey, Nash às vezes se sentia menosprezada por estar matriculada na Escola de Educação. Bishop concordou, segundo Nash, que havia "uma mentalidade elitista em Harvard, e ela não gostava disso". Nash acrescentou que Bishop, como poeta e talvez também como mulher, nunca seria cogitada para a estabilidade no emprego e "sentia sua marginalidade em Harvard", status que nunca variou apesar da sua fama crescente.

Nash tinha duas filhas e às vezes levava uma delas, Becca, de nove anos, à aula, coisa que não incomodava a professora. Nash recorda que Bishop adorava crianças e, quando as duas começaram a ficar amigas, ela "incluía as meninas na conversa tanto quanto a mim". Nash relembrou especificamente uma longa conversa de Bishop com Becca sobre a torta de limão. E lembrou o senso de humor de Bishop, que "dizia coisas engraçadíssimas com a expressão totalmente séria". Na sua primeira visita ao Lewis Wharf, no outono de 1977, Nash não deixou as filhas usarem jeans — elas precisavam ir bem-vestidas para se encontrar com a grande poeta. Mas quando Bishop abriu a porta e as cumprimentou, estava descalça e de calça jeans. As meninas tiveram ali uma pequena vitória. Nash também se recordou de uma história que Bishop lhe contou que a deixou impressionada. Certa vez, num avião, a passageira sentada ao seu lado quis saber a sua profissão, e ela admitiu que era poeta. A vizinha declamou um poema escrito pela própria Bishop, que foi obrigada a confessar: "Eu escrevi esse poema".[37]

Em 1978, Bishop pediu a Nash que a ajudasse a reorganizar a sua biblioteca. Começando pela sala de estar, elas trabalharam na vasta seção de viagem de Bishop, na sua fileira de seis metros de livros de arte e numa seção de quase dois metros de filosofia. A maior parte do espaço restante na sala de estar estava ocupada por romances, dentre os quais se achavam não só os previsíveis clássicos como também "muitos volumes grossos, desconhecidos", embora não fossem best-sellers recentes. Nash lembrou que "o trabalho em qualquer fileira de livros levava invariavelmente a uma discussão sobre o gênero", e notou que progredia mais rápido quando Bishop saía para fazer algum trâmite. Quase toda uma parede de livros no escritório estava repleta de poesia. Bishop comentou sobre o autor de um livro de poemas: "Esse foi o único aluno que eu pus fora da aula na minha vida, mas ele não parava de falar — e agora aí dentro há até um poema para mim!".[38] Nash contou que a tarefa ficou pronta em "quatro dias que, embora longos, passaram depressa". Elas tinham combinado que o pagamento desse trabalho bibliófilo seria com os livros duplicados de Bishop, e ela voltou para casa com nove sacolas cheias de livros, desde um dicionário de rimas sobressalente até coleções de Yeats e Auden, um livro sobre flores alpinas e um exemplar autografado dos *Poemas completos*.[39] Depois, ao lecionar para uma turma "dotada e talentosa", Nash modelava sua abordagem e estilo de ensino na experiência de sala de aula e da biblioteca de Elizabeth Bishop.[40]

Além de se livrar de sacolas repletas de livros duplicados, Bishop estava tentando ter controle sobre o apartamento se desfazendo também de outras coisas. Em 1975, Howard Moss manifestou interesse por comprar seu clavicórdio. Evidentemente, ela sentia que seus dias de teclado eram coisa do passado. Explicou a Moss, numa carta, que aquele instrumento tinha sido feito por ninguém menos que "O Dolmetsch", o qual levara meses para concluí-lo, e que fora pintado pela sra. Dolmetsch em pessoa. E descreveu meticulosamente a pintura (moldada na de Ralph Kirkpatrick), assim como a capa do clavicórdio, que agora era considerada uma obra de arte. Ela concordou em vender o instrumento pelo preço de mercado (cerca de mil dólares na metade da década de 1970), e se ofereceu para incluir "muitas partituras de música antiga para teclado".

Bishop tinha encomendado o clavicórdio pouco depois de se formar no Vassar. Recebeu-o durante o seu primeiro ano em Paris e o levou consigo de volta a Nova York; então o instrumento foi com ela a Key West e depois retornou a Nova York, onde passou algum tempo emprestado a Rosalyn Tureck, a grande expoente de Bach. Foi com ela a Yaddo e, mais tarde, os dois voltaram a se unir alegremente quando ele chegou ao Brasil, em 1953. Houve um período em que o dueto pianista Fizdale e Gold fazia palhaçadas com ele perto de sua piscina. Depois, o clavicórdio viajou a San Francisco, onde Bishop gostava de tocá-lo com Roxanne Cumming e onde ele passou pela última restauração importante. A seguir, ela o enviou da cidade californiana a Ouro Preto e, enfim, de volta ao Lewis Wharf, aonde chegou com um atraso de onze meses. Bishop explicou que o clavicórdio custou tão caro que ela teve de pagá-lo em parcelas mensais por mais de um ano. Moss também comprou o instrumento à prestação e, quando quitou a última parcela, disse: "Agora o clavicórdio é todo meu e, quando você vier me visitar, vou tocar uma coisa muito fácil para você".

No Rio de Janeiro, Bishop tinha vivido no epicentro de uma época tumultuosa na política brasileira, na década de 1960, um período que começou com grandes esperanças, mas acabou com o país nas mãos repressivas de uma ditadura militar. Bishop havia reagido a esse ambiente com poemas poderosos como "Brasil, 1º de janeiro de 1502", "O ladrão da Babilônia" e, alguns anos depois, "Cadela rosada", de 1979. Na Harvard dos anos 1970, ela se viu em meio a uma intrincada política cultural que enfatizava muito questões de identidade de gênero e de posicionamento cultural, questões que, para Bishop, eram muito complexas. O poeta mexicano Octavio Paz, que estava visitando Harvard, tornou-se um de seus grandes amigos. Ele declarou, segundo o professor Robert B. Shaw, colega dela, que a política de Bishop "era da década de 1930. À medida que tinha interesses políticos ou sociais, Elizabeth se preocupava com a justiça social, com que o povo tivesse o suficiente para comer".[41] Se Bishop tinha desenvolvido essas preocupações políticas na década de 1930, elas decerto foram reforçadas no Brasil, onde a justiça social e a subnutrição eram questões com consequência cotidiana.

O poeta e editor Frederick Morgan afirmou que o que ele mais gostava em Bishop era ser "não ideológica". Contudo, como declarou Frank Bidart, apesar de seu ceticismo em relação a certos aspectos do movimento feminista contemporâneo — revelado de modo controverso em sua recusa a ser publicada em antologias só de mulheres —, Bishop "era ardentemente feminista e podia ser amarga com o modo como o mundo a havia tratado porque ela era mulher".[42] Segundo Lloyd Schwartz, Bishop se recusava a participar de antologias de mulheres porque achava que eram "uma forma de segregação". Esse tinha sido seu ponto de vista nos anos 1930, e então "por que ela devia mudar de posição agora?".[43] Quando sentia que estava sendo desprezada por *ser* mulher, Bishop podia reagir com força considerável. Mesmo resenhas aparentemente favoráveis em geral continham notas implícitas de desdém. Ela se enfurecia quando Lowell e outros se referiam a ela como uma das maiores poetas *mulheres*. Um crítico comparou a voz de Bishop com a de "uma muito estimada, sincera e agradavelmente idiossincrática tia solteirona" em uma resenha de 1969, na revista *Life*, significativamente intitulada "Minor Poet with a Major Fund of Love" [Poeta menor com um grande estoque de amor],[44] um título que o crítico evidentemente pretendia que fosse um elogio. Bishop explicou, em uma carta de 1979, que sempre que a descreviam como parecida com a avó ou a tia-avó de alguém, a raiva "exacerbava a minha faceta feminista".[45] E observou de maneira enfática para Nash que "Robert Fitzgerald é mais velho que eu e ninguém lhe diz: 'Você é parecido com o avô de não sei quem'".[46]

Bishop às vezes era pressionada por poetas abertamente lésbicas, como Adrienne Rich, para que fosse mais explícita quanto à sua identidade sexual. Richard Howard, que estava presente numa dessas ocasiões, comentou que Bishop "não encarava a ideia com simpatia". Depois da visita de Rich, Bishop estava mostrando a Howard as comodidades do seu apartamento no Lewis Wharf quando exclamou: "Sabe o que eu quero, Richard? Eu quero armários, armários e mais armários". E então riu.[47] Bidart achava que a resistência de Bishop a fazer revelações sobre a sua sexualidade provinha de "sua desconfiança do mundo heterossexual". Sentia que, cedo ou tarde, ela e outras seriam punidas por serem abertamente gays. O fato de Bishop ser de uma geração mais velha que Rich, Howard ou Bidart decerto afetava sua visão. De importância igual ou talvez maior para entender a reticência de Bishop sobre a sua sexualidade era o clima de silêncio em que tinha sido criada.

Quatro anos depois da morte de Bishop, Rich publicou a influente resenha de 1983 "The Eye of the Outsider" [O olhar do outsider], uma análise de *Poemas completos: 1927-1979* de Bishop. Ela apresenta uma reavaliação do seu posicionamento cultural nos anos imediatamente posteriores à sua morte. Rich chama a atenção para "a experiência de outsider" de Bishop, muito ligada — ainda que não exclusivamente — "à condição essencialmente de outsider de uma identidade lésbica". E se preocupa em especial "com como o olhar do outsider possibilita a Bishop perceber outros tipos de outsiders com os quais se identificar ou tentar se identificar".[48] Uma década depois, Marilyn May Lombardi afirmou que a arte de Bishop "expande as nossas definições estreitas da 'mulher poeta' ou da 'poesia de mulher' e, assim, apresenta um grande desafio às ortodoxias feministas que os leitores de outrora podiam estar dispostos a admitir".[49] De lá para cá, as leituras feministas de Bishop se ramificaram em todas as direções, definindo o significado do seu legado em um espectro de opinião que representa toda a diversidade do feminismo atual. Bishop pode não ter nascido para liderar um movimento ou mesmo para participar dele, mas a sutileza do seu olhar e o seu poder de empatia e identificação a situaram com frequência na linha de frente, ou perto dela, do discurso de estudos culturais de um modo que talvez surpreendesse seus próprios contemporâneos em Harvard.

A vida de Bishop em Harvard sempre envolveu um esforço vigoroso para acompanhar o ritmo de sua jovem e atlética parceira Alice Methfessel. Robert Lowell, pelo contrário, escrevendo na

Milgate House da muito mais jovem lady Caroline Blakwood, perto de Maidstone, Kent, em dezembro de 1974, revelou que estava lutando com uma depressão profunda, expressando seu cansaço com o início da velhice. Essas preocupações se mesclavam, no seu espírito, com o temor de jamais conseguir encerrar satisfatoriamente a sua obra: "Parece que estamos perto do fim, tão perto que o final, o perfeito etc. nos é proibido, até mesmo no jogo".[50] Bishop, seis anos mais velha que Lowell, respondeu com sua força característica, talvez impregnada de sua própria ansiedade latente do processo de envelhecimento: "Agora eu vou ser muito impertinente e agressiva. Por favor, por favor, não fale tanto em velhice, meu velho e querido amigo! Você me dá arrepios". E acrescentou: "A coisa que Lota tanto admirava em nós norte-americanos era a nossa obstinada juventude e energia, o nosso 'nunca fale em morrer' — e acho que ela tinha razão!". Para reforçar, citou sua recente experiência durante uma visita à Flórida e descreveu uma amiga que havia se "casado pela terceira vez — seu segundo casamento tinha sido aos 67 anos —, e ela e o marido, também de 76 anos, caminhavam quilômetros na praia todos os dias, de mãos dadas, felizes da vida, aparentemente, e eu adorei".[51] Mas no ano seguinte ao da resposta "impertinente" de janeiro de 1975 a Lowell, ela mesma caiu numa depressão profunda e num colapso emocional. Durante aquela visita lembrada com carinho de dezembro de 1974 a Fort Myers Beach, Bishop e Alice Methfessel se hospedaram na residência de inverno de Louise Crane e bem perto de seus velhos amigos do tempo de Key West, Red e Charlotte Russell. Quando ela voltou a Fort Myers em dezembro de 1975, Alice não foi, e Bishop passou por uma crise emocional que deixou tanto ela quanto seus amigos abalados. O centro do problema era uma questão contínua e esgotante de sua saúde física que exigiu toda a aptidão diagnóstica de Anny Baumann para ser resolvida. Ela também estava às voltas com uma fase aguda de sua luta de toda a vida com o abuso do álcool. Pior ainda, estava diante da sassustadora perspectiva de perder sua querida parceira Alice Methfessel.

Alguns meses antes de sua crise em Fort Myers Beach, Bishop tinha enfrentado a atemorizante perspectiva de organizar a enorme carga com seus bens que chegara ao Lewis Wharf, em abril de 1975. Ela agradeceu muito o auxílio de Methfessel para pôr as coisas em ordem, embora esta tivesse de arranjar tempo para isso em meio aos seus cursos de pós-graduação em administração na Universidade de Boston. Como Bishop escreveu aos Barker: "Eu tenho a sorte de contar com Alice (embora ela fique deprimida com o curso de 'estatística' — mas ADORA 'impostos' e em breve vai cuidar dos de todo mundo!!!)".[52] Frank Bidart via em Methfessel uma pessoa prática que não se levava muito a sério e recordou que, embora ela gostasse de beber, Bishop "bebia muito mais que Alice", que, por sua vez, "detestava o fato de Elizabeth às vezes começar a beber e não conseguir parar". Como explicou Bidart, os padrões de Bishop com o álcool eram imprevisíveis. "Havia ocasiões em que ela podia beber socialmente e outras em que ficava bêbada com um só trago." Ele relembrou um jantar com David e Ann Ferry em que "Elizabeth se embriagou com um único drinque e ficou repetindo a mesma história". E acrescentou: "Foi trágico. Tanto quanto eu conseguia enxergar, era impossível prever quando ela podia tomar alguns aperitivos e se divertir e quando não podia".[53] O poeta Gregory Orr lembrou um episódio, na metade da década de 1970, que ilustra a complexidade da situação. Ele contou que, depois de uma "grande conversa", Bishop deu uma seleção de seus poetas preferidos (Herbert, Moore, Lewis Carroll e um hino) a um grupo de mestrandos de artes da Academia de Poetas Americanos de Nova York, e Betty Kray, a diretora-

-executiva da Academia, lhe pediu que cuidasse para que Bishop chegasse a salvo a seu apartamento. Quando Bishop sugeriu que eles interrompessem a corrida de táxi para ir a um bar, Orr concordou. Segundo ele recorda, Bishop bebeu dois ou três bourbons enquanto ele tomava uma coca. Depois desses tragos, ela "relaxou e começou a contar histórias hilariantes de poetas. Estava relaxada, engraçada, travessa, encantadora. Eu adorei, é claro, achei aquilo fascinante e maravilhoso. Enfim, nós continuamos o resto da viagem e eu voltei à Academia".

Quando Orr retornou, Kray ficou zangadíssima com ele. Orr não se deu conta de que a parte mais importante da sua missão era garantir que Bishop não bebesse nada no caminho de casa. Ele lembrou que, pelo menos naquela ocasião, "pareceu-me que não tinha havido nenhum mal e eu conheci uma pessoa e poeta muito diferentes daquela que percorria o nosso campus cheia de cautela e com uma reticência autoprotetora". Para ele, aquele tempo a sós com Bishop formou uma "parte querida dos meus primeiros tempos de poeta".[54]

Methfessel, por outro lado, enfrentava, mais ou menos em tempo integral, as oscilações do humor que acompanhavam as bebedeiras de Bishop. Ela nunca sabia qual faceta podia emergir depois de um ou dois drinques: a "relaxada, engraçada, travessa e encantadora", a insensivelmente repetitiva ou a compulsiva e desesperada. A bebida talvez a ajudasse a relaxar daquilo que Orr descreveu como sua "cautela e reticência autoprotetora", e Lloyd Schwartz lembrou que essa era a única ocasião em que ela se sentia capaz de se aliviar das muitas mágoas que havia suportado. Mas a incapacidade periódica de Bishop de controlar seu consumo era difícil para os mais próximos dela, assim como ruim para o seu corpo e o seu espírito. Segundo Bidart, Bishop sempre tinha medo de que uma daquelas ocasiões em que não conseguia controlar a ingestão de álcool "destruísse seu relacionamento com Alice. Ela pisava em ovos o tempo todo".[55]

* * *

Nos seus primeiros anos em Harvard, Bishop só dava aula no outono, mas na primavera de 1975 ela trabalhou em tempo integral. Também estava terminando um livro, o volume de poesia que viria a ser *Geografia III*. Entrementes, Methfessel continuava estudando muito no seu curso sobre impostos e estatística e se mostrava cada vez mais impaciente com as altas pilhas de caixas de livros em todo o piso do apartamento de Bishop. Quando esta começou a beber bem mais no fim da primavera e começo do verão, Methfessel tratou de recuar emocionalmente. Também se interessou por um rapaz no seu programa de pós-graduação em administração, tanto que começou a pensar em se casar. Bidart contou que, antes que Bishop chegasse a Harvard em 1970, Methfessel teve um relacionamento com um biógrafo inglês conhecido que estava morando na Kirkland House. Bishop sabia desse relacionamento anterior, e o matrimônio que Alice estava cogitando parecia ser uma possibilidade muito real. E o casamento era um desenlace que a família de Alice, que nunca recebeu Bishop em casa, sem dúvida teria preferido. Mas Methfessel continuou indecisa, e sua relação com Bishop definhava num estado de incerteza. Penelope Laurens Fitzgerald, a mulher de Robert, contou: "Um dia, quando estávamos no Lewis Wharf e Elizabeth se achava muito deprimida, Robert ficou e escutou suas confidências e a consolou enquanto Alice e eu fomos comprar comida". Ela começou a reconhecer, enquanto as duas faziam compras, que "Alice ainda era muito jovem quando conheceu Elizabeth e tinha de se preocupar em construir sua vida. Sempre havia certa tensão relacionada com a compreensível necessidade de Alice ser independente e pensar no seu futuro e a forte dependência de Elizabeth de Alice e a necessidade de ter toda a sua atenção e o seu tempo".[56]

As aulas na escola de administração de Methfessel não permitiram que ela passasse todo o mês de julho com Bishop em North Haven no verão de 1975, motivo pelo qual Bishop convidou Célia Bertin e seu marido, Jerry Reich, para uma estada prolongada. Foi durante essa temporada, quando Bishop devia estar extremamente deprimida com a possibilidade de perder Alice, que Reich observou: "Elizabeth tinha tanto talento para viver o dia e fazer do dia uma celebração".[57]

Ao período primaveril de ensino em Harvard e as férias de julho em North Haven, seguiu-se outro outono dando aula. O que Bishop só percebeu nesse semestre foi que estava sofrendo aquelas múltiplas tensões de disenteria que a afligiram em 1971, inclusive uma forma particularmente "horrível" de disenteria amebiana. Sem dúvida, havia contraído essas tão persistentes e variadas formas de disenteria durante uma das muitas excursões no interior do Brasil. Em 1971, só Anny Baumann tinha sido capaz de diagnosticar plenamente a gravidade dos distúrbios intestinais de Bishop, que os médicos do Brasil e de Boston deixaram escapar, e tal seria o caso em 1975. A combinação do sofrimento devido ao risco de perder Alice com o impacto da ingestão excessiva de álcool e a obstinada persistência da disenteria serviu para solapar grande parte da força física e emocional de Bishop. Uma das maneiras como ela reagiu a essas pressões foi compondo aquele que se tornaria, talvez, o seu poema mais famoso, "Uma arte".

Bishop havia trabalhado em "Uma arte" quando visitou sua velha amiga Rhoda Wheeler Sheehan, do tempo da Walnut Hill e do Vassar, que ela descobriu que dava aula de inglês no Bristol Community College (BCC), uma hora de carro ao sul de Boston. Bishop fazia leituras ocasionais no BCC e, às vezes acompanhada de Alice, costumava visitar Rhoda na casa de sua família, a Fazenda Redwing, perto daquela que Bishop chamava de "lindíssima" praia Elephant Rock,[58] na aldeia litorânea de Westport Harbor, em Massachusetts. Quando visitava Rhoda, Bishop tendia a ficar na Hurricane House [Casa do furacão], que era menor e ficava diretamente na praia, por ser alérgica aos cães da família na casa principal. Essa casa à beira-mar devia seu nome ao fato de ter sido varrida por um furacão na década de 1930 — sem dúvida, esse domicílio lembrou Bishop da casa "secreta, aquela caixa torta sobre estacas" que ela evocou com tanto ardor em "Fim de março". As filhas de Rhoda, Eileen e Marion, relembraram que Bishop "mexeu" em "Uma arte" durante uma ou mais visitas que fez à Hurricane House. Também confessaram que, na época, tinham medo de que ela, agora com uns 65 anos, "corrompesse" sua mãe nos momentos em que ficavam sozinhas na Hurricane House, levando-a a aderir ao lesbianismo. Olhando em retrospecto, essas filhas hoje se orgulham da disposição de sua mãe — de modo algum universalmente comum na metade da década de 1970 — a aceitar Elizabeth Bishop como a pessoa que era.

Depois de muita reescrita, inclusive do trabalho feito na Hurricane House,[59] "Uma arte" foi aceito pela *New Yorker* no dia 4 de novembro de 1975, em pleno período de outono de Bishop em Harvard. Na carta de aceitação, Howard Moss chamou-o de "bonito — também inquietante e triste. Mas tudo é manejado com tanta habilidade, sentimento e quantidade certa de distância que ele transcorre de maneira maravilhosa".[60] Quando Bishop apresentou "Uma arte" à *New Yorker*, o futuro de sua relação com Mathfessel ainda era muito duvidoso, e esse estado de incerteza se prolongaria por vários meses.

A estrutura da villanella envolve um par de rimas recorrentes e um par de refrões alternados. A estrofe inicial de três versos estabelece o padrão que o resto do poema acompanha. "Uma arte" de Bishop começa com um tom de negação ou barganha sobre como lidar com a perda:

A arte de perder não é nenhum mistério;
tantas coisas contêm em si o acidente
de perdê-las, que perder não é nada sério.[61]

As convenções da villanella buscam um efeito psicológico, porque as palavras "mistério" e "sério", alternando posições no fim de cada estrofe de três versos, conduzem-nos, queiramos ou não, por toda a extensão do poema. A segunda estrofe enfoca, quase na linguagem de um manual de autoajuda, as incômodas perdas que pessoas como um escritor preocupado sofrem quase todos os dias por:

Perca um pouquinho a cada dia. Aceite, austero,
a chave perdida, a hora gasta bestamente.
A arte de perder não é nenhum mistério.

Algumas perdas também parecem ser uma consequência do envelhecimento, que pode invadir o poder de recordação ou entendimento:

Depois perca mais rápido, com mais critério:
lugares, nomes, a escala subsequente
da viagem não feita. Nada disso é sério.

Daqui por diante, o catálogo de perdas do poema se torna mais específico e mais pessoal. Lota havia observado, antes de chegar a Nova York naquela viagem fatal de 1967, que os únicos bens com que Bishop realmente se importava eram seus manuscritos e um relógio de ouro que fora de sua mãe. Perder esse objeto deve ter doído. E, dada sua eterna busca por um lar, a perda da casa da White Street em Key West, a perda de sua querida residência em Samambaia e a renúncia à meticulosamente restaurada Casa Mariana são perdas que ela podia, na melhor das hipóteses, lutar para desconsiderar:

Perdi o relógio de mamãe. Ah! e nem quero
lembrar a perda de três casas excelentes.
A arte de perder não é nenhum mistério.

Um lar ainda restava, na forma do hipotecado apartamento no Lewis Wharf (portanto o "penúltimo"). Mas sua perda do Brasil, que ela nunca mais veria, incluía (a não ser na memória) a do Rio de Janeiro e de Ouro Preto, assim como a perda da Amazônia, do rio São Franciso, e além:

Perdi duas cidades lindas. E um império
que era meu, dois rios, e mais um continente.
Tenho saudade deles, mas não é nada sério.

Sua perda de uma dessas cidades e a das queridas casas no Brasil foi precipitada pelo suicídio de sua amada Lota. Uma nova parceira, Alice Methfessel, finalmente havia começado a preencher o vazio. O engraçado senso de divertimento com as absurdidades da vida de Alice ajudou a manter Bishop alegre. Mas agora ela também pode perder Alice, e *essa* perda potencial parecia verdadeiramente assustadora. Entretanto, o esforço debilitante de autopersuasão continua mesmo na estrofe final de quatro versos do poema, desaparecendo apenas no brilhante, desolador e autoagressivo último verso:

— *Mesmo perder você (a voz, o ar etéreo*
que eu amo) não muda nada. Pois é evidente
que a arte de perder não chega a ser mistério
por muito que pareça (Escreve!) muito sério.[62]

Durante muitos anos, "O peixe" foi considerado o melhor e mais característico poema de Bishop; de fato, ele chegou a parecer um poema tão "marca registrada" que ela finalmente declarou que não ia permitir que voltasse a ser publicado em uma antologia a não ser que fosse acompanhado de outro poema dela. Os críticos citavam "O peixe" como prova de que o forte de Bishop, quase excluindo as outras qualidades, era a descrição precisa e objetiva. Mas quase imediatamente depois de sua publicação, "Uma arte" substituiu "O peixe" como o poema característico da autora. E os antologistas, os críticos e os leitores começaram a enxergar a perda como o tema de Bishop, e descobriram que ele percorria profundamente toda a sua poesia, inclusive exemplos como "O peixe".

Depois de concluir "Uma arte", Bishop terminou seu difícil semestre e voltou a Fort Myers Beach em 21 de dezembro — sendo que Methfessel a levou de carro ao aeroporto numa uivante nevasca. Bishop passou algum tempo com os velhos amigos Red e Charlotte Russell, e, pouco depois do Natal (Alice estava com a família no condado de Bucks), Rhoda Wheeler Sheehan chegou para uma visita de dez dias. Rhoda recordou que as duas "até que se divertiram", mas também, como ela indicou numa carta posterior a Bishop, que sua amiga andava bebendo muito. E contou: "Quando eu tive de voltar, Elizabeth ficou muito ansiosa [...], implorou que eu não fosse embora — [mas] eu tinha um emprego e uma família". Além do excesso de álcool, Bishop estava tomando uma série de remédios fortes para a asma, a anemia, a disenteria e a depressão. Quando soube disso, Rhoda disse: "Isso fez com que me sentisse péssima".[63]

É difícil saber com certeza até que ponto os atos de Bishop eram deliberados. Ela nunca admitiria que havia tentado conscientemente acabar com a própria vida e rejeitou de maneira vigorosa essa possibilidade em cartas a Anny Baumann, dizendo que, por experiência própria, ela conhecia muito bem as consequências do suicídio para infligi-las aos outros. E os efeitos de seus excessos parecem não ter sido especialmente perigosos. A. L. Francis, que era empregado da família Crane, contou que estava trabalhando ali perto quando Charlotte Russell foi correndo até ele para dizer que Elizabeth tinha caído no chão e ela queria ajuda para colocá-la de volta na cama. "Então eu fui para lá e, depois de um pouco de luta — Elizabeth estava inconsciente, bem ao lado da cama —, ela estava vestindo sua roupa normal de passar o dia." Francis prosseguiu: "Elizabeth foi posta na cama para dormir até que aquilo passasse. Se achasse que ela corria perigo, Charlotte ou eu teríamos chamado a ambulância. Ninguém nunca mencionou nenhum suicídio". Na opinião de Francis, Bishop era uma alcoólatra que havia misturado bebida com "comprimidos para se nocautear e conseguir dormir um pouco, mas não conseguiu chegar à cama".[64] O resultado da experiência de Bishop, e provavelmente suas intenções, eram muito diferentes da aventura fatal de Lota em 1967, mas, mesmo assim, os paralelos não deixam de ser perturbadores.

Frank Bidart foi buscá-la no aeroporto quando Bishop retornou no começo de janeiro de 1976. Sua depressão continuou até já entrado fevereiro, e ela obteve licença médica da universidade durante o período de primavera. Depois de uma consulta com a dra. Baumann em Nova York, seu estado de espírito começou a melhorar quase de imediato, e lá, tendo recorrido a um especialista em doenças tropicais, Elizabeth iniciou um bem-sucedido tratamento. Também soube que havia ganhado o prestigioso Neustadt International Prize for Literature, um prêmio concedido pela revista *World Literature Today*, baseada na Universidade de Oklahoma, em Norman. Bishop foi a primeira americana e a primeira mulher a ganhar o prêmio. Seus defensores na comissão de premiação foram a romancista, poeta e dramaturga franco-canadense Marie-Claire Blais e o poeta John Ashbery, um admirador de longa data. A parceira de Blais era Mary Meigs, uma velha amiga de Bishop e, como ela, ex-amante de Louise Crane.

Quando "Uma arte" foi publicado na *New Yorker* em abril de 1976, Bishop e Methfessel estavam juntas de novo. Evidentemente, depois de um período de teste mútuo e incerteza, tanto Bishop quanto Methfessel tinham reconhecido o quanto uma amava e precisava da outra. Bidart lembrou que, antes da reconciliação, Methfessel não havia assumido plenamente um compromisso com Elizabeth Bishop, mas, depois, "acho que ela se comprometeu".[65]

"Uma arte" foi o último poema publicado dos que apareceram em *Geografia III*, o livro que transformaria a reputação literária de Bishop da de uma modesta e discreta mestra da descrição precisa para a de uma poeta de uma ousadia e um escopo tremendos. Harold Bloom observou numa resenha anterior que "a linguagem da perda pessoal, que antes mal era sugerida por Bishop, agora começa a usurpar a voz meditativa". E acrescentou em sua recensão que "um poder oblíquo foi desalojado por um mais direto, por um páthos ainda mais profundamente comovente por ter sido 'adiado' durante tanto tempo e com tanta nobreza".[66]

Geografia III se revelou um importante sucesso de crítica e de público e, depois de sua publicação, Bishop continuou a produzir poemas de altíssima qualidade. Desses, o primeiro a ser publicado foi "Santarém", que conta a chegada da autora, durante sua viagem pelo rio Amazonas, ao lugar em que o rio Tapajós desemboca no poderoso rio e suas águas se misturam muito devagar. Nesse lugar, ela teve uma sensação de completude e satisfação: "Naquela tarde dourada eu não queria seguir viagem;/ queria mais que tudo era ficar um tempo/ ali na confluência de dois grandes rios, Tapajós, Amazonas,/ fluindo, majestosos, silenciosos, para o leste". Nas águas do Amazonas, ela viu "barcos vira-latas zanzando de um lado pro outro". Aquela era uma paisagem de sonho — ou melhor, uma paisagem aquática —, com apenas o bastante do horrendo naqueles barcos vira-latas para tornar tudo "claro, alegre, descontraído — pelo menos parecia".

Talvez houvesse qualquer coisa quase paradisíaca para ela em Santarém, mas, por outro lado, não tanto: "Gostei do lugar; gostei da ideia do lugar". Lá estavam "dois rios. No Jardim do Éden/ não brotaram dois rios? Não, eram quatro/ e divergiam. Aqui, só dois,/ e se juntando". Essa junção leva Bishop a um de seus raros envolvimentos com o tipo de discurso acadêmico empregado por seus colegas de Harvard. Para ela, tais "interpretações literárias" costumavam parecer binários simplistas "do tipo vida/morte, certo/errado, macho/fêmea". A fusão gradual dos dois rios, de conteúdos químicos diferentes, de modo que só se conjuntavam muito paulatinamente, serviu de metáfora para tais noções binárias, no mundo como *ela* o via, "tais conceitos se teriam resolvido, dissolvido, de imediato/ naquela aquática, deslumbrante dialética". Bidart lembrou a dificuldade de Bishop em introduzir certa quantidade de "linguagem acadêmica abstrata" nos seus versos em "Santarém" sem "engolir, achatar, banalizar o poema".[67] Aqui Bishop consegue fazê-lo apresentando aquela linguagem por meio da paródia e então passando imediatamente para a sua imagética preferida do espectro ensolarado que se recusa a entender o mundo em termos binários. Bishop tardou quase duas décadas a concluir "Santarém", da experiência inicial ao poema completo, que a *New Yorker* se apressou a publicar em uma edição de aniversário. Talvez o poema tenha exigido a exposição de Bishop ao "academiquês" tão prevalente em Harvard para empurrar o escrito para a forma final.

* * *

No início de agosto de 1977, Lowell havia pedido para visitar Bishop em North Haven em companhia de Mary McCarthy, sua vizinha em Castine, no Maine. Mas Bishop ainda estava com raiva de McCarthy por causa de *The Group* e não queria que seus olhos de romancista viessem esquadrinhar a sua organização doméstica. Bishop manifestou o desejo de revê-lo em breve em Cambridge ou em Nova York, mas, no dia 12 de setembro de 1977, Lowell faleceu de insuficiência cardíaca num táxi nova-iorquino quando estava a caminho da casa de sua ex-esposa Elizabeth Hardwick. Ilse Barker, amiga de Bishop, relembrou: "Elizabeth me telefonou na manhã seguinte à morte de Lowell, eram quatro horas, só para conversar. Cal Lowell não significava nada para mim. Eu não tinha nada a ver com ele. Imaginei que ela tivesse passado a noite emocionalmente perturbada, telefonando para todo mundo".[68] Lloyd Schwartz contou que "Elizabeth ficou terrivelmente transtornada quando Lowell morreu, em parte porque eles não tinham resolvido as tensões crescentes em sua amizade".[69] No verão seguinte, Barker a visitou na sua ilha favorita bem quando ela estava terminando "North Haven (In Memorian: Robert Lowell)". Mais tarde, Barker recordou: "Nós fomos à biblioteca, onde ela queria procurar uma referência, um verso ou alguma coisa bíblica". Está claro que a estrofe que Barker tinha em mente é a terceira do poema, que descreve uma das ilhotas costeiras que Bishop tinha visitado com Lowell. Mas os termos em que ela a vê não são bíblicos, e sim shakespearianos:

Este mês, a nossa favorita está toda florida:
ranúnculos, trevos, vícias, eufrásias,
as estrelas incandescentes do gálio perfumado,
hieráceas ainda ardendo, margaridas variegadas,
e outras mais, voltaram, para pintar de delícias o prado.[70]

Aqui a alusão de Bishop define um terreno comum entre ela e o intensamente culto e livresco Lowell, que tendia a enxergar a natureza ao mesmo tempo nos termos dela e nos de sua vasta leitura. Bishop se vale especificamente da conhecida canção que encerra *Trabalhos de amor perdidos*. Na canção de Shakespeare, são as "margaridas variegadas e as violetas azuis/ as cardaminas prateadas,/ todas olorosas, todas vistosas/ e o amarelo agrião-dos-prados" que "a pradaria pintam com deleite". Salvo as "margaridas variegadas", quase todas as flores de Shakespeare são diferentes das enumeradas com cuidado por Bishop em seu registro de North Haven. Também diferentes são os sons que povoam esses poemas. Em Shakespeare, ouve-se o canto do cuco: "Ah! que palavra temível/ desagradável ao ouvido dos casados". Os pássaros de Bishop são naturais da sua ilha litorânea do Maine e, embora diferentes, são, à sua maneira, igualmente adoráveis e inquietantes:

Voltaram os pintassilgos, ou outros parecidos com eles,
e o pardal-de-papo-branco, com seu canto de cinco notas,
implorando, implorando, dá vontade de chorar.
A natureza se repete, ou quase isso:
repetir, repetir, repetir; revisar, revisar, revisar.

A memória de Barker do esforço de Bishop com sua elegia sublinha a prolongada ligação com o amigo querido, fossem quais fossem suas diferenças recentes, pois quando eles estavam na ilha

> ela conseguiu terminar "North Haven", o poema para Lowell. Leu-o para nós e perambulou com ele na mão. Eu achei muito comovente ela sentir que quase não suportaria pô-lo no papel, que aquilo

fazia parte dela. Empurrou para o lado seu prato no jantar [...]. A gente tinha a sensação de que aquilo fazia realmente parte dela e ela queria tê-lo consigo durante algum tempo.[71]

Lowell era conhecido pelas revisões aparentemente obsessivas que fazia mesmo na sua obra já publicada, em particular quando reescreveu e reescreveu os sonetos brancos de suas várias iterações de *Notebook* [Caderno], que enfim se transformou nos livros *History* e *For Lizzie and Harriet*. Talvez a maior revisão que nós enfrentamos enquanto humanos seja a própria morte, e foi a partir dessa dura realidade que Bishop criou a comovente conclusão de sua única elegia publicada:

Você deixou North Haven ancorada em sua pedra,
flutuando em azul místico... E agora — você partiu
para sempre. Não pode mais reformar,
nem deformar os seus poemas. (Mas os pássaros mudam seus
[cantos.)
As palavras não mudam. Meu triste amigo, você não pode
[mais mudar.[72]

Enquanto Bishop concluía "North Haven" na ilha cujo nome serviu de título ao poema, Elizabeth Hardwick estava passando o verão na casa de Lowell em Castine, não muito longe do continente. Tinha recebido a casa no acordo de divórcio com Lowell, que morreu quando estava tentando voltar com ela. Hardwick escreveu a Bishop, no dia 16 de agosto de 1978, que "estou olhando do porto imaginando ver North Haven, mas provavelmente não chegarei a tanto com o abençoado nevoeiro de hoje". Hardwick explicou que Frank Bidart tinha lido a elegia de Bishop a Lowell para ela pelo telefone, e acrescentou: "Eu chorei quando fui ficar lá fora pensando nisso. Oh, os mágicos detalhes de North Haven e a naturalidade com que você os leva à paisagem humana, para Cal". Hardwick observou: "Sua arte é sempre capaz de fazer isso — e a autenticidade, a falta de esforço, a verdade das coisas". Embora tivesse ouvido "North Haven" só uma vez pelo telefone, ela confessou: "Esse poema me comove de maneira insuportável". E encerrou com a esperança de que "Frank me envie logo uma cópia".[73]

A morte da própria Elizabeth Bishop foi inesperada, não muito mais de um ano depois que recebeu a carta de Hardwick. Ela ganhou a Bolsa Guggenheim, coisa que a livrou das responsabilidades docentes durante o ano letivo 1978-9. Fez uma turnê de leituras com Alice Methfessel no outono de 1978, inclusive uma em novembro na Universidade da Virgínia, onde compartilhou sua obra com um grande público na recém-reformada Sala da Cúpula na rotunda de Thomas Jefferson. No verão de 1979, viajou à Nova Escócia e partiu num cruzeiro da Swan's Hellenic na Grécia com Alice Methfessel. Muitos amigos notaram que ela estava às voltas com problemas de saúde, mas nenhum deles parecia lhe ameaçar a vida, e Bishop raramente se queixava. Como observou Anne Hussey, "Elizabeth era movida pela curiosidade e pela determinação. Não gostava de quem reclamava muito da própria saúde e de qualquer outra coisa. Não queria que falassem em doenças, queria superá-las".[74]

No outono de 1979, Bishop iniciou mais um semestre de ensino no Massachusetts Institute of Technology. Não pôde dar aula nos dias 30 de setembro e 1º de outubro por estar hospitalizada com anemia, um problema recorrente, de modo que deixou aos alunos tarefas escritas em maiúsculas manuscritas, dizendo que ela se encontraria com eles nos dias 7 e 8 de outubro. Contavam com a sua presença no jantar na casa de Helen Vendler, com Frank

Bidart e outros, em 6 de outubro. Passou o dia com Alice Methfessel, depois voltou ao Lewis Wharf a fim de trocar de roupa para a ocasião. Segundo Vendler, quando Methfessel chegou ao Lewis Wharf para levá-la, encontrou-a morta no chão, ainda não completamente vestida para o jantar. Alice telefonou para Vendler, e Bidart, que já estava lá, foi imediatamente ao Lewis Wharf para ajudar. Ao chegar, o médico-legista fechou temporariamente o apartamento para averiguar há quanto tempo ela estava morta. Constatou-se que a causa mortis foi aneurisma cerebral.

Bishop tinha marcado uma leitura com a escritora irlandesa Mary Lavin no Sanders Theatre em 7 de outubro, um dia depois da sua morte, em prol da revista *Ploughshares* de Boston. Lloyd Schwartz e seus colegas organizadores decidiram que não seria justo com Lavin cancelar o evento e que, no lugar de Bishop, cinco amigos dela leriam seus poemas favoritos da obra da poeta falecida. Robert Taylor comentou no *Boston Globe* que "embora a notícia de sua morte inesperada tivesse se espalhado, nada menos que 750 pessoas compareceram para ouvir suas palavras. Foram recebidas por um cartaz: 'Esta noite, amigos de Elizabeth Bishop lerão sua poesia em sua memória'".[75] Evidentemente, muitos nesse público numeroso ainda não tinham sido informados do falecimento de Bishop e não viram o cartaz ou não compreenderam seu significado. Lloyd Schwartz lembrou que "ouviu-se um suspiro de choque em grande parte do público" quando DeWitt Henry "apareceu no início da leitura e anunciou que [Bishop] falecera na véspera". O *Globe* informou que Frank Bidart estava na plateia, mas "muito triste para ler", e que Alice Methfessel, a quem *Geografia III* era dedicado, também estava presente. Schwartz depois qualificou a leitura dos poemas de Bishop de "catártica", e Robert Pinsky, um dos leitores, achou a noite "muito comovente porque não tinha qualidade memorial, nenhuma atmosfera fúnebre". Pelo contrário, os admiradores de Bishop "apenas leram aqueles poemas incrivelmente lindos e divertidos".[76] Apesar do fato de muitos na plateia e no palco estarem "ainda bem tristes", não faltaram risos junto com "a poesia extraordinária" oferecida por um grupo de leitores. O *Globe* citou Schwartz dizendo que "Elizabeth, claro está, trabalhava de maneira meticulosa; às vezes passava anos pensando numa frase ou palavra. Portanto, provavelmente, não há um conjunto enorme de poesia aguardando ser descoberto".[77] Ironicamente, o próprio Schwartz descobriria quatro poemas de Bishop até então desconhecidos durante uma viagem ao Brasil, e os publicaria como parte de um ensaio na *New Yorker* em 1991.[78] Antes disso, Lorrie Goldensohn havia descoberto "É maravilhoso despertar juntas" no Brasil. E foi Schwartz, é claro, que descobriu em 1974, num hospital de Cambridge, "Canção do café da manhã" de Bishop. Colegas acadêmicos deram com muitas outras descobertas intrigantes no arquivo do Vassar, tanto que, quando *Edgar Allan Poe & The Juke-Box: Uncollected Poems, Drafts, and Fragments* foi publicado em 2006, sob a vigilância editorial de Alice Quinn, chegou-se a mais de cem exemplos de poemas desconhecidos, curtos e longos, em diferentes estágios de conclusão.

No dia 21 de outubro, apenas duas semanas depois da leitura no Sanders Theatre, houve uma cerimônia memorial na Agassiz House em Cambridge. Dentre os muitos oradores, Alice Methfessel foi a primeira e também a mais breve. Citou o fim de *Charlotte's Web* [A teia de Charlotte] de E. B. White: "Wilbur nunca esqueceu Charlotte. Embora amasse ternamente os filhos e netos dela, nenhuma das aranhas novas tomou o seu lugar no coração dele. Ela era única numa classe. Não é com frequência que aparece quem seja uma amiga verdadeira e uma boa escritora. Charlotte era as duas coisas". E concluiu que, como Charlotte, Elizabeth era as duas coisas. Helen Vendler leu o poema de George Herbert predileto de Bishop, "Amor desconhecido". Lloyd Schwartz encerrou o evento lendo "Soneto", o último poema de Bishop aprovado para publicação.

"Soneto" tinha sido aceito pela *New Yorker* mais de um ano antes, em 12 de outubro de 1978, mas ainda não fora publicado nas páginas da revista. Schwartz recordou que, embora gostasse de Howard Moss, o editor de poesia da *New Yorker*, Bishop estava irritada a ponto de recitar essa pequena quadra: "Todos os nossos poemas/ descansam na prateleira,/ enquanto Howard se publica/ a si mesmo".[79]

Methfessel pediu a Schwartz que lesse "Soneto" na cerimônia, mas ninguém em Boston conseguiu achar uma cópia. Por fim, Moss teve de ler o poema por telefone para Schwartz, e foi essa transcrição telefônica que ele leu. A elegia de May Swenson à amiga falecida, "No corpo das palavras", afirmava que "a visão vive, Elizabeth. A sua visão multiplica,/ é ampliada no corpo das palavras. Não desapareceu, a sua visão vive de olho a olho,/ as suas palavras de lábio a lábio perpetuadas".[80] "Soneto" havia passado de fato de "boca em boca". Finalmente apareceu nas páginas da *New Yorker* oito dias depois, na edição de 29 de outubro.

O bonito e divertido "Soneto" trata de vários temas recorrentes de Bishop de maneiras novas, e, entre suas muitas surpresas, figura o modo como ele maneja a forma do soneto. Para começar, não parece nem soa como um soneto:

Cativas — a bolha
no interior do nível,
um ser dividido;
na bússola, a agulha

oscila, em terrível
irresolução.
Libertos — o azougue,
quebrado o termômetro,
escorre no chão;
o pássaro-íris
pula no bisel
do espelho vazio,
e voa no céu
sem rumo, feliz!

Os sonetos tradicionais se desdobram em um majestoso fluxo de catorze versos iâmbicos pentâmetros, cada qual com dez sílabas metrificadas. Mas os versos de Bishop são curtos e denteados, sendo que o sexto compreende apenas a palavra "irresolução". O esquema de rimas, caso haja, é completamente irregular, e as rimas são tão enviesadas que o leitor em geral não tem certeza de poder dizer quais palavras rimam com quais. Acaso "bolha" rima com "nível", "agulha", "bisel" — ou com nenhuma dessas três? Bishop também vira de ponta-cabeça a oitava e o sexteto do soneto petrarquiano, começando com uma seção de seis versos e encerrando com uma de oito. A abertura do sexteto e a da oitava estão marcadas por dois termos-chave do vocabulário de Bishop: "cativas" e "libertos". Cativa no nível do carpinteiro, uma mera bolha de ar se torna um símbolo da condição humana ou até, talvez, uma metáfora da própria Bishop: "um ser dividido". A agulha da bússola também assume características humanas: "oscila, em terrível/ irresolução". A primeira figura "liberta" representa uma fuga aparentemente aleatória do confinamento: "o azougue,/ quebrado o termômetro,/ escorre no chão". A imagem final do poema é a mais complexa, ocupando "puramente um terreno de Bishop". O bisel de um espelho é a borda chanfrada que se enfia na moldura do espelho. Se a luz do sol sobre ele incidir corretamente, esse vidro chanfrado vira um prisma, e se pode dizer que a luz refratada surge como um "pássaro-íris/ pula no bisel/ do espelho vazio, e voa no céu/ sem rumo, feliz!". Schwartz lembrou que Bishop declarou a ele que, aqui, estava tentando recuperar o uso mais tradicional da palavra "feliz" ("gay", no original inglês). Mas tal palavra, nesse contexto, parece viva e com borda de arco-íris. Bishop sempre afirmou que "a poesia deveria ser tão inconsciente quanto fosse possível". Então era impossível que, ao compor seu último verso, ela estivesse ligando inconscientemente as palavras "libertos", "arco-íris" e "gay" à famosa bandeira do arco-íris que Gilbert Baker desfraldou na Parada do Dia da Liberdade Gay de San Francisco, no verão de 1978, não muito antes que Bishop apresentasse o "Soneto" à *New Yorker*?

Elizabeth Bishop fazia parte de uma geração de escritores — como Theodore Roethke, John Berryman, Randall Jarrell, Robert Lowell e Delmore Schwartz — que trabalharam numa época que deve ter sido arriscada para os poetas. Nenhum desses amigos e pares viveu mais de sessenta anos, e só Lowell chegou a tanto. Bishop viveu até os 78 e, quando morreu, estava no auge do seu poder poético. Aos quinze anos de idade, havia declarado a sua primeira grande amiga epistolar Louise Bradley: "Só se vive uma vez, *e eu vou viver*!". Durante os 53 anos seguintes, cumpriu a promessa.

Bishop havia passado por uma infância e uma adolescência atormentadas por doenças, isolamento e flageladas pela aflição emocional. Pelo menos parcialmente em consequência desse sofrimento e trauma, lutou durante toda a vida adulta com distúrbios autoimunes, depressão e abuso periódico de álcool. Apenas para respirar com a asma crônica, Bishop primeiro recebeu e mais tarde aplicou em si própria incontáveis injeções de adrenalina. A partir da década de 1950, também se submeteu a muitos tratamentos com fortes medicamentos anti-inflamatórios que lhe alteravam o estado de espírito como a cortisona e a prednisona. Com o decorrer das décadas, tais remédios decerto geraram prejuízo naquele corpo que certa vez ela afirmou que era feito "de ferro-gusa".

Em "Questões de viagem", Bishop medita sobre "continente, cidade, país", concluindo que "não é tão sobeja a escolha, a liberdade, quanto se deseja". Mas, a vida toda em busca de tanta liberdade quanto podia alcançar em meio às opções a ela disponíveis, sempre aceitou riscos de bom grado. Sem dúvida, em muitos momentos de sua vida, sentiu-se como uma bolha no interior do nível ou como uma oscilante agulha de bússola. Mas, através da sua arte e no conjunto das suas palavras, finalmente se transformou no pássaro-íris — liberto.

Coda — A atividade confusa continua

Na época de sua morte, Elizabeth Bishop era uma poeta respeitada, que contava com um pequeno, mas apaixonado, núcleo de devotos. Talvez só esse grupo ardente a considerasse uma grande poeta. Mas, ao longo da década de 1980, sua reputação aumentou de maneira contínua e, no início dos anos 1990, estudos sobre Elizabeth Bishop passaram a ser publicados rapidamente e em grande número — cada qual com sua história peculiar para contar, e cada qual mostrando novas maneiras convincentes de ler uma poeta que muitos consideravam difícil de entender. Na metade dos anos 1990, formou-se um consenso entre os leitores de poesia de que Bishop não era apenas uma poeta importante, mas uma poeta de capacidade e magnificência reais. Enquanto isso, um lugar após outro se esforçava para provar sua forte associação com a vida de Bishop e exigia ser reconhecido como um dos mundos importantes da poeta, recebendo um simpósio ou uma conferência.

Em janeiro de 1993, ao iniciar sua sequência de retrospectivas, o XI Seminário Literário de Key West foi dedicado exclusivamente a Bishop. Esse evento incluiu um reluzente grupo de amigos, colegas e protegidos de Bishop, dentre os quais Octavio Paz, James Merrill, Frank Bidart, Lloyd Schwartz, Richard Wilbur, Anthony Hecht, Elizabeth Hardwick e Alice Methfessel. Nos seus comentários introdutórios, John Malcolm Brinnin, amigo, poeta e anfitrião frequente de Bishop, observou que, depois da "morte da maioria dos poetas, sua reputação desce à cova de indiferença. Mas, no caso de Elizabeth Bishop, vimos o contrário desse fenômeno. Desde o momento em que expirou, parece que sua reputação tem ascendido constantemente".[1] Seis semanas depois desse seminário em Key West, foi publicada a primeira biografia em grande escala: *Elizabeth Bishop: Life and the Memory of It* [Elizabeth Bishop: A vida e a memória dela], de Brett Millier. A biografia de Millier termina com a seguinte observação:

> como a maioria dos outros poetas, [Bishop] contou a história da sua vida na sua obra. Contou-a com tristeza, humor e uma compreensão quase perfeita de suas próprias forças e deficiências. "Medonha, mas animada", pediu ela a Alice Methfessel que inscrevesse na sua lápide no túmulo da família Bishop em Worcester.[2]

Este biógrafo achou as palavras finais de Millier particularmente gratificantes, uma vez que, como editor do *Elizabeth Bishop Bulletin*, o boletim informativo da recém-fundada Elizabeth Bishop Society, eu tomei como seu lema jornalístico as palavras "a atividade confusa continua". Esse lema parecia captar o espírito do empreendimento. Como ele também compreende o penúltimo verso de "A baía",[3] de Bishop, e flui diretamente para o verso final, "medonha, mas animada", achei que talvez tivesse acertado na escolha do lema.

No outono de 1994, ocorreu o segundo e significativo simpósio sobre Bishop, uma conferência acadêmica acolhida em um dos outros mundos da poeta: sua alma mater, o Vassar College. O *CBS News Sunday Morning* chegou com jornalistas e câmeras para fazer a cobertura do evento, pois o programa considerava a ascensão da reputação literária de Bishop um fato digno de nota. Assim como vários colegas na conferência, eu me surpreendi ao saber que o lado de Bishop na lápide do túmulo de seus pais não tinha recebido nenhum epitáfio. Ficou completamente em branco. A verdade ficou conhecida quando três jovens poetas e admiradores de Bishop, Jeffrey Harrison, Robert Cording e Peter Schmitt, que haviam se inspirado no encerramento da biografia de Millier, visitaram o túmulo de Bishop em Worcester. Lá, desconcertados, constataram que o jazigo continuava sem nenhuma inscrição, fato relembrado no poema de Schmitt "Hope Cemetery (Worcester, 1944)". A biógrafa Millier, que participou da conferência do Vassar, explicou aos colegas estudiosos de Bishop que, ao encerrar sua obra com aquela frase cuidadosamente formulada, ela esperava instigar Methfessel a realizar o desejo de Bishop e escrever seu epitáfio. Millier não sabia bem o motivo, mas sabia que algo no pedido de Bishop incomodava Methfessel. Harrison fez uma indagação a James Merrill, que a repassou a Frank Bidart. Quando este telefonou para Methfessel perguntando por quê, ela admitiu que tinha sido "pega com a boca na botija",[4] mas se recusou a dar maiores explicações sobre o motivo, e assim a sepultura continuou sem epitáfio.

Em maio de 1996, fui convidado a uma reunião com Laura Menides, Carle Johnson e Angela Dorenkamp em Worcester, Massachusetts, para discutir a organização de uma conferência e do Festival de Poesia Elizabeth Bishop em Worcester, em outubro de 1997. A professora Dorenkamp foi encarregada de resolver certas minúcias da programação da conferência com a testamenteira de

Bishop, Alice Methfessel. Os organizadores da conferência haviam planejado, naturalmente, uma peregrinação ao túmulo de Bishop no Hope Cemetery, próximo ao local. Se o lado de Bishop do monumento continuasse em branco, seria um pequeno escândalo. Dorenkamp explicou que, depois de muito tempo, conseguiu extrair uma explicação do impasse; para Methfessel, o epitáfio escolhido por Bishop, as palavras "medonha, mas animada", simplesmente eram demasiado fortes ou rudes. Ela não tinha coragem de colocar aquelas três palavras, sozinhas, sob o nome e as datas de Bishop. No entanto, também achava incômodo inscrever o nome de Bishop sem o epitáfio, por isso a lápide continuava em branco depois de tantos anos.

Com o lema do *Bishop Bulletin* ainda fresco na memória, eu propus que inserissem o verso "a atividade confusa continua" antes de "medonha, mas animada". Isso talvez aparasse um pouco as arestas da frase de Bishop, transformando-a num interessante e característico comentário sobre a vida. A comissão organizadora endossou a sugestão, e, quando Dorenkamp a repassou, Methfessel também a aceitou de imediato, autorizando a inscrição na lápide de Bishop dos dois últimos versos do poema "A baía".[5] O trabalho do epitafista foi executado prontamente, e, no verão de 1996, o *Bulletin* informou que agora a lápide de Bishop contava com uma "nova inscrição". Dorenkamp ofereceu uma versão judiciosamente condensada da história, "Inscribing the Stone: Notes from Wocester's Hope Cemetery" [Inscrevendo na pedra: Notas do Hope Cemetery de Worcester], no *Bulletin* do inverno de 1996. Agora tudo sem dúvidas estaria em ordem para a planejada peregrinação ao túmulo de Bishop.

Mas nem tudo estava *tão em ordem* assim. Quando a visita por fim ocorreu em outubro de 1997, mais que um observador perspicaz percebeu que faltava uma vírgula no fim do verso "a atividade confusa continua". Isso causou não pouco transtorno em certos peregrinos, que endereçaram protestos verbais aos organizadores da conferência. Mesmo assim — *um bafafá por causa de uma vírgula!* A *New Yorker* ficaria orgulhosa.

Enfim, até mesmo essa nota de discórdia foi resolvida, e num texto curto para o *Bulletin* do verão de 1998 intitulado "A Comma for a Bishop" [Uma vírgula para Bishop], Dorenkamp declarou: "Depois de esperar o clima adequado e a disponibilidade de um talhador de pedras, a vírgula foi restaurada no lugar certo no panteão da pontuação. Descanse em paz!". Atualmente, a inscrição da poeta diz:

ELIZABETH BISHOP
1911-1979
"A ATIVIDADE CONFUSA CONTINUA,
MEDONHA, MAS ANIMADA"

E assim, na cidade em que nasceu, sob o epitáfio revisado, expandido e editado inscrito em sua lápide, as cinzas de Elizabeth Bishop agora repousam, reunidas aos pais que ela perdeu tanto tempo antes.

Agradecimentos

A elaboração desta biografia teria sido impossível sem o apoio e o incentivo contínuo dos meus amigos e colegas da Elizabeth Bishop Society nas últimas três décadas. Grande parte da bolsa sobre Bishop se transformou em biografia, e, embora o caráter desta biografia tenha excluído as extensas citações da bolsa anterior, isso não significa que eu valorize menos a obra dos meus colegas. Nos últimos anos, o apoio incansável dos membros da sociedade me ajudou a enfrentar alguns momentos desafiadores com que me deparei ao longo deste projeto biográfico, e só espero que este livro se revele digno desse consistente apoio. Também fui com frequência informado, estimulado e inspirado pelo esforço biográfico anterior de Brett Millier, Gary Fountain e Megan Marshall.

Sandra Barry, cujo domínio dos primeiros anos de Bishop na Nova Escócia é ímpar, partilhou generosamente seu vasto estoque de conhecimento comigo e com muitos outros. Frank Bidart também compartilhou seu conhecimento e entendimento dos últimos anos da sua mentora Elizabeth Bishop, quando ela lecionava em Harvard e inspirava a obra de uma nova geração de poetas. Neil Besner compartilhou seu conhecimento da cultura brasileira e da vida de Bishop no Brasil. Também leu e fez comentários inestimáveis sobre vários de meus capítulos sobre o país. Lorrie Goldensohn leu todo o manuscrito e propiciou sugestões, insights e correções vitais. David Hoak também leu todo o manuscrito, inclusive alguns capítulos em numerosos esboços. Serviu de contínua caixa de ressonância à medida que minhas ideias evoluíam, ofereceu-me numerosas indicações de pesquisa e me estimulou a examinar mais detidamente a importante relação de Bishop com May Swenson. Laura Menides me informou sobre os primeiros anos de Bishop na sua terra natal, Worcester, Massachusetts. Mônica Stearns Morse forneceu perspectivas decisivas sobre os anos de Bishop no Rio de Janeiro e na fazenda Samambaia, sobre a relação de Bishop com Mary Morse, a mãe adotiva de Mônica, e sobre a relação que tinha com Lota de Macedo Soares. Mildred Nash compartilhou suas experiências como aluna de Bishop e também sua valiosa coleção de clippings dos anos de Bishop em Harvard. Ron Patkus, chefe das Coleções Especiais no Vassar College, e Dean Rogers, assistente das Coleções Especiais, deram um apoio perseverante à minha contínua exploração da maior coleção de arquivo de Bishop. Minha ex-aluna Danielle Pelloquin, no papel de arquivista da Walnut Hill School for the Arts, forneceu material manuscrito crucial para documentar o período de Bishop na Walnut Hill. Francesco Rognoni me chamou a atenção para a importância da correspondência de Bishop com Ilse e Kit Barker, compartilhando comigo a transcrição que havia feito dessa correspondência. Lloyd Schwartz, amigo e editor de Bishop, deu uma série de entrevistas e, ao longo de mais de trinta anos, dividiu seu profundo conhecimento da personalidade de Bishop e de seus anos em Harvard. Fiona Sheehan proporcionou insights importantíssimos e material manuscrito para iluminar a amizade de Bishop com sua avó, Rhoda Wheeler Sheehan. Minha agente Wendy Strothman me ajudou a aprimorar minha proposta de livro e encontrou, na Viking/Penguin, a melhor editora para esta biografia. A editora da Penguin, Kathryn Court, que adquiriu o manuscrito, e Victoria Savanh, que junto com Court o editou através de vários esboços, ajudou a polir o volume até que chegasse ao seu formato atual. Meu esforço biográfico recebeu mais apoio com uma bolsa Guggenheim, um National Endowment para a Bolsa de Verão para Ciências Humanas, uma subvenção da Franklin Research e uma residência nos Key West Literary Seminars. O Hartwick College propiciou um prêmio Wandersee Scholar-in-Residence, uma licença sabática antecipada e numerosas subvenções que ajudaram a financiar minha viagem de pesquisa, além da dispensa do ensino.

Estímulo e assistência adicionais foram fornecidos por, entre muitos outros, Linda Anderson, Steven Gould Axelrod, Jacqueline Vaught Brogan, Brewster Chamberlin, Angus Cleghorn, Bonnie Costello, Roxanne Cumming, Jonathan Ellis, Richard Flynn, Gary Fountain, Dave Gonzales, Kenneth Gordon, Ann Grifalconi, Saskia Hamilton, Jeffrey Harrison, Arlo Haskell, Bethany Hicok, Carle Johnson, Bessel van der Kolk, Brian Loughlin, Megan Marshall, Gary Methfessel, Brett Millier, George Monteiro, Carmen Oliveira, Gregory Orr, Barbara Page, Robert Pinsky, Susan Rosenbaum, Jane Shore, Kathleen Spivack, David Staines, Joan Thompson, Zuleika Torrealba, Michael e Emily Travisano, Heather Treseler, Eric M. Van e Bessie Weiss.

As palavras não podem expressar a dívida de gratidão que tenho com minha esposa, Elsa, que foi não só a essência da paciência durante meus seis anos de trabalho nesta biografia, mas também meu auxílio e apoio durante minhas mais de três décadas de estudo e pesquisa da vida e da obra de Elizabeth Bishop. Ainda por cima, o ouvido atento de Elsa, seu zeloso faro editorial e seu domínio — como profissional de informática — de todas as matérias relacionadas com dispositivos eletrônicos da Apple se revelaram indispensáveis como sempre.

Notas

PRÓLOGO [pp. 11-5]

1. Adrienne Rich, "The Eye of the Outsider", *Boston Review*, abr. 1983, p. 16.

2. James Merrill, *Poetry Pilot*, Academy of American Poets, dez. 1979.

3. James Merrill, *Poetry Pilot*.

4. Sinopse na sobrecapa do livro, Gary Fountain e Peter Brazeau, *Remembering Elizabeth Bishop: An Oral Biography*. New Brunswick, NJ: Rutgers University Press, 1994. Citado, daqui em diante, como *Remembering EB*.

5. David Orr, "Rough Gems", *New York Times Book Review*, 2 abr. 2006. Disponível em: <www.nytimes.com/2006/04/02/books/review/rough-gems.html>. Acesso em: 12 mar. 2013.

6. Swenson a Bishop, 24 e 29 ago. 1955. Washington University Library.

1. ENTRE DOIS MUNDOS [pp. 17-37]

1. Elizabeth Bishop, *Poems*. Nova York: Farrar, Straus & Giroux, 2011, pp. 317-9. Citado, daqui em diante, como *Poems*.

2. Elizabeth Bishop, *Prosa*. Trad. e notas de Paulo Henriques Britto. São Paulo: Companhia das Letras, 2014, p. 77. Citado, daqui em diante, como *Prosa*.

3. Bishop a Lowell, 15 ago. 1957. *Words in Air: The Complete Correspondence between Elizabeth Bishop and Robert Lowell*. Org. de Thomas Travisano e Sakia

Hamilton. Nova York: Farrar, Straus & Giroux, 2008, p. 225. Citado, daqui em diante, como *WIA*.

4. Kathleen Spivack, *With Robert Lowell and His Circle*. Lebanon, NH: Northeastern University Press, 2012, pp. 98-9.

5. *Remembering EB*, p. 285.

6. *Remembering EB*, p. 278.

7. *Prosa*, p. 286.

8. Sam Leith, "Love between Lines". *The Spectator*, 19 nov. 2008.

9. *Prosa*, p. 259.

10. *Prosa*, p. 304.

11. *Prosa*, p. 304.

12. Ellery Crane Bicknell, *Historic Homes*. Nova York: Lewis Publishing, 1907, p. 174.

13. *Prosa*, p. 269.

14. Junto com prédios públicos e igrejas em Boston e Nova York e estruturas substanciais em Harvard, Brown e Dartmouth, a empresa da família também erigiu numerosos edifícios em Worcester, inclusive o Arsenal de Worcester, a Capela Curtis, a Biblioteca Pública e a igreja Congregacional dos Peregrinos. O *Architectural Record* observou, em 1895, que a igreja Congregacional dos Peregrinos, que o próprio John W. frequentava, pelo menos oficialmente, e que a sua esposa ia com frequência, era "considerada a mais bela igreja da Nova Inglaterra".

15. *Architectural Record: Great American Achitects Series*, n. 1, p. 113, 1895.

16. "A Brief History of the American Antiquarian Society", American Antiquarian Society. Disponível em: <www.americanantiquarian.org/Exhibitions/View/index.htm>. Acesso em: 12 maio 2015.

17. Nancy Hall Burkett e John B Hench, *Under Its Generous Dome: The Collections and Program of the American Antiquarian Society*. Worcester, Mass.: American Antiquarian Society, 1992.

18. *American Antiquarian Society Proceedings*, v. 27, p. 284, 1917.

19. Brett C. Millier, *Elizabeth Bishop: Life and the Memory of It*. Berkeley: University of California Press, 1933, p. 3.

20. *Prosa*, p. 318.

21. *Prosa*, p. 318.

22. Sandra Barry, "The Art of Remembering: The Influence of Great Village, Nova Scotia, on the Life and Works of Elizabeth Bishop". *Nova Scotia Historical Review*, v. 1, n. 1, 1991, p. 12.

23. *Prosa*, p. 302.

24. Convém falar algo sobre o sobrenome da família materna de Elizabeth, que muitas vezes era grafado "Bulmer", mas com a mesma frequência soletrado

— e sempre pronunciado — "Boomer". A família tratava essas grafias de maneira quase intercambiável. No Cemitério Mahon, em Great Village, é possível que, no caso de parentes próximos sepultados em túmulos adjacentes, uma laje apresente o nome "Bulmer", e a outra, "Boomer". Esta biografia adotará a grafia "Bulmer", porque Bishop lhe deu preferência nos últimos anos de vida e porque seus avós maternos, em Great Village, e sua mãe, em Worcester, estão sepultados com o sobrenome Bulmer. Não obstante, quando as fontes citadas dão o sobrenome Boomer, a grafia não será alterada.

25. *Prosa*, p. 301.

26. *Edgar Allan Poe & The Juke-Box*. Org. de Alice Quinn. Nova York: Farrar, Straus & Giroux, 2006, p. 154. Citado, daqui em diante, como *EAP*.

27. "Poema", *Poemas escolhidos*. Seleção, trad. e textos introdutórios de Paulo Henriques Britto. São Paulo: Companhia das Letras, 2012, p. 361. Citado, daqui em diante, como *Poemas escolhidos*.

28. *EAP*, p. 170.

29. *Remembering EB*, pp. 2-3.

30. *Prosa*, p. 306.

31. *Prosa*, p. 304.

32. *Remembering EB*, p. 13.

33. Pode-se encontrar esse livro, bem como a maior parte de seus papéis, no arquivo e nas coleções especiais da biblioteca de sua alma mater, o Vassar College. Embora *The Biography of Our Baby* fosse em geral publicada com capa azul-clara, tratava-se de uma edição de luxo. Ao longo de mais de um século, sua outrora elegante capa de pano escarlate se deteriorou muito, desbotou e se esgarçou, e as letras douradas ornamentadas que proclamavam com orgulho seu título foram tristemente corroídas nas bordas.

34. *EAP*, p. 155.

35. *EAP*, p. 156.

36. Grace Bulmer, "Depoimento" ao Hospital Nova Escócia, 1916. Universidade Acadia, Wolfville, Nova Escócia. A partir daqui citado como "Depoimento".

37. *Poemas escolhidos*, pp. 285-7.

2. A RATINHA DO CAMPO [pp. 38-62]

1. Anotações de Ruby Willis, "Confidential Information Given by Elizabeth Bishop's Guardian, 27 July 1926". *Remembering EB*, pp. 29-30.

2. Joelle Biele (org.), *Elizabeth Bishop and The New Yorker: The Complete Correspondence*. Nova York: Farrar, Straus & Giroux, 2011, p. 318. Citado, daqui em diante, como *EBNYR*.

3. *Prosa*, p. 77.

4. *Prosa*, p. 191.

5. Bishop a Bradley, 5 ago. 1925. Wylie House Museum, Universidade de Indiana.

6. *Prosa*, p. 78.

7. *Prosa*, p. 78.

8. "Declaração".

9. "Declaração".

10. "Declaração".

11. "Declaração".

12. Bishop a Lowell, 11 dez. 1957. *WIA*, p. 243.

13. *EAP*, p. 150.

14. *Prosa*, p. 77.

15. Richard Famularo, *Harvard Mental Health Letter*, v. 13, p. 8, jan. 1979.

16. *Prosa*, p. 77.

17. Bishop a Foster, fev. 1947. Biblioteca do Vassar College, Arquivos e Coleções Especiais, s. 118.33. A primeira referência será citada, daqui em diante, como BVC.

18. *EAP*, pp. 156 e 347.

19. *Prosa*, p. 87.

20. *Prosa*, p. 89.

21. *Remembering EB*, p. 9.

22. *Prosa*, p. 96.

23. *Poemas escolhidos*, p. 281.

24. *Poemas escolhidos*, p. 283.

25. *Prosa*, p. 98.

26. *Prosa*, p. 102.

27. *Prosa*, p. 104.

28. *Prosa*, p. 105.

29. *Prosa*, p. 105.

30. *Prosa*, p. 100-1.

31. *Barry*, "Art of Remembering", p. 33.

32. *Prosa*, p. 105.

33. *Prosa*, p. 105.

34. *Prosa*, p. 110.

35. *EAP*, p. 102.

36. *Prosa*, p. 113.

37. *Prosa*, p. 118.

38. *Prosa*, p. 95.

39. Bishop a Foster, fev. 1947.

40. Bishop a Foster, fev. 1947.

41. *Prosa*, p. 121-2.

42. *Prosa*, p. 122.

43. *Prosa*, p. 123.

3. MIDAS NOS TOCOU A TODOS? [pp. 63-86]

1. *EAP*, p. 198.

2. *EAP*, p. 198.

3. Elizabeth Spires, "The Art of Poetry, XXVII: Elizabeth Bishop", em George Montiero (org.), *Conversations with Elizabeth Bishop*. Jackson, Miss.: University Press of Mississippi, 1996, p. 114. Citado, daqui em diante, como *Conversations*.

4. *EAP*, p. 197.

5. *Prosa*, p. 305.

6. *EAP*, p.197.

7. Bishop a Lowell, 27 ago. 1964. *WIA*, p. 553.

8. O nome da tia de Bishop era grafado tanto "Maud" como "Maude" pelos membros da família, sem preocupação visível com a coerência. Grande parte dos estudiosos de Bishop se decidiram pela transcrição "Bulmer" (não "Boomer") do sobrenome da família materna de Bishop, mas até agora não conseguiram chegar a um consenso sobre a escrita do prenome de sua tia materna mais velha. Como nos últimos anos Bishop deu preferência a "Maud", esta biografia também adotará essa grafia, permitindo a forma alternativa quando aparecer em citações.

9. *EAP*, p. 203.

10. Bishop a Foster, 24 fev. 1947, BVC.

11. *EAP*, p. 203.

12. Bishop a Bradley, 16 out. 1926.

13. *EAP*, p. 203.

14. *EAP*, p. 197.

15. *Prosa*, p. 305.

16. Entrevista com o dr. Bessel van der Kolk, 22 maio 2015. Agradecemos a Lorrie Goldensohn por ter organizado essa entrevista. Van der Kolk é fundador e diretor médico do Trauma Center de Brookline, Massachusetts, e diretor do National Complex Trauma Treatment Network.

17. Alice Miller, *Drama of the Gifted Child*. Trad. de Ruth Ward. Nova York: Basic Books, 1981, p. 74.

18. *EAP*, p. 164. Editado com uma introdução do autor na *Georgia Review*, inverno 1992.

19. *EAP*, p. 164.

20. *EAP*, p. 164.

21. *EAP*, p. 165.

22. 1 dez. 1923, carta do funcionário municipal de Truro, Nova Escócia, ao dr. F. E. Lawlor, superintendente do Hospital Nova Escócia. Universidade Acadia, Wolfville, Nova Escócia.

23. *Prosa*, p. 317.

24. Bishop a Lowell, 14 dez. 1957. *WIA*, p. 247.

25. Agradeço ao dr. Kenneth Gordan a consulta sobre o diagnóstico de Gertrude Bulmer Bishop.

26. *Prosa*, p. 317-8.

27. *Prosa*, p. 317-8.

28. Atualmente, o "Prontuário clínico" do Hospital de Dartmouth está arquivado na fundação da família Bulmer-Bower-Huchinson-Sutherland, na biblioteca da Universidade Acadia, em Wolfville, Nova Escócia.

29. "Prontuário Clínico de Gertrude Bulmer Bower, Hospital Nova Escócia". Não paginado. Arquivo da Universidade Acadia em Wolfville, Nova Escócia. Citado, daqui em diante, como "Prontuário clínico".

30. "Prontuário clínico".

31. *Prosa*, p. 122.

32. "Prontuário clínico".

33. "Prontuário clínico".

34. *EAP*, p. 282.

35. *EAP*, p. 282.

36. *Prosa*, p. 77.

37. *Poemas escolhidos*, p. 361

38. *Poemas escolhidos*, p. 343.

39. *EAP*, p. 98.

40. *Prosa*, p. 303.

41. *Prosa*, p. 78-9.

42. *Conversations*, p. 71.

43. *Poemas escolhidos*, p. 218.

44. *Poemas escolhidos*, p. 176.

45. *Poemas escolhidos*, p. 178.

46. *Poemas escolhidos*, p. 130.

47. *Poemas escolhidos*, p. 363.

48. Bishop a Foster, fev. 1947.

49. Bishop a Foster, fev. 1947.

50. Bishop a Foster, fev. 1947.

51. Famularo, *Harvard Mental Health Letter*, p. 8.

52. Bessel van der Kolk, *The Body Keeps the Score*. Nova York: Viking, 2014, p. 127.

53. Randall Jarrell, "An Unread Book", em *Third Book of Criticism*. Nova York: Farrar, Straus & Groux, 1969, pp. 51-2.

54. *EAP*, p. 5.

55. *EAP*, p. 7.

4. CHAFURDANDO NA LAMA DOS JARDINS CELESTIAIS [pp. 87-103]

1. Bishop a Bradley, 26 out. 1926.

2. Bishop a Foster, fev. 1947.

3. *Prosa*, p. 305.

4. Bishop a Foster, fev. 1947.

5. William Logan, "Elizabeth Bishop at Summer Camp". *Virginia Quarterly Review*, v. 88, n. 2, primavera 2012.

6. Bishop a Bradley, 5 ago. 1925.

7. Bishop, "The Call", *Camp Chequesset Log*, 18, out. 1925.

8. Bishop a Bradley, 17 set. 1925.

9. Bishop a Bradley, 5 jan. 1926.

10. Michael Hood, "The Rever and Saugus, Massachusetts, Experience". *Worcester Review*, v. 21, 2000.

11. Bishop a Bradley, 30 mar. 1926.

12. Bishop a Bradley, 14 jan. 1926.

13. Bishop a Bradley, 14 jan. 1926.

14. Bishop a Bradley, jul. 1926.

15. Bishop a Bradley, jul. 1926.

16. Bishop a Bradley, 29 ago. 1926.

17. Bishop a Bradley, 5 dez. 1926.

18. Bishop a Bradley, 16 nov. 1926.

19. Bishop a Bradley, 16 out. 1926.

20. Bishop a Bradley, 20 mar. 1926.

21. Bishop a Foster, fev. 1947.

22. Elizabeth Bishop, *Poems, Prose, and Letters*. Nova York: Library of America, 2008, p. 183. Citado, daqui em diante, como *PPL*.

5. WALNUT HILL [pp. 104-30]

1. Atualmente, a Walnut Hill é uma escola independente de artes. Seu último dormitório a ser construído recebeu o nome de Elizabeth Bishop '30.

2. Folheto de admissão da Walnut Hill, [s. d.], *c.* 1930.

3. Rhoda Wheeler Sheehan a sua mãe, 28 set. 1927. Cortesia de Fiona Sheehan.

4. Rhoda Wheeler Sheehan a sua mãe, 6 out. 1927.

5. *PPL*, p. 321.

6. Folheto de admissão da Walnut Hill, [s. d.], *c.* 1930.

7. "Introduction", em Elizabeth Bishop, *Collected Prose*. Org. de Robert Giroux. Nova York: Farrar, Straus & Giroux, 1984, p. xii.

8. *Remembering EB*, p. 27.

9. "Introduction", *Collected Prose*, p. xiii.

10. *Conversations*, p. 21.

11. *PPL*, p. 639.

12. *PPL*, p. 639.

13. Bishop a Bradley, 19 abr. 1927.

14. "English 285, TAKE-HOME EXAMINATION", maio 1975. Fornecido ao autor por Dana Gioia.

15. *PPL*, p. 285.

16. *Remembering EB*, p. 22.

17. *Remembering EB*, p. 22.

18. *Remembering EB*, p. 23.

19. *Remembering EB*, p. 24.

20. *Remembering EB*, p. 27.

21. Rhoda Wheeler Sheehan a sua mãe, 25 out. 1927.

22. *Remembering EB*, p. 28.

23. *Remembering EB*, p. 21.

24. *Remembering EB*, p. 21.

25. *Remembering EB*, p. 25.

26. *Prosa*, p. 308-9.

27. *Remembering EB*, p. 25.

28. Rhoda Wheeler Sheehan a sua mãe, 22 jan. 1930.

29. *Prosa*, p. 309.

30. Gravado em 1935. Cf. Boris Berman, *Prokofiev's Piano Sonatas: A Guide for the Listener and the Performer*. New Haven: Yale University Press, 2008.

31. Programa do recital, primavera 1930, Walnut Hill School.

32. Bishop a Bradley, 3 jan. 1928.

33. Bishop a Bradley, 3 jan. 1928.

34. Bishop a Bradley, 3 jan. 1928.

35. Bishop a Bradley, 5 mar. 1928.

36. *PPL*, p, 186.

37. Bishop a Bradley, 3 jan. 1928.

38. Bishop a Bradley, 17 jul. 1928.

39. Robert Boucheron, "Elizabeth Bishop at Harvard". *Talking Writing*, 21 jan. 2013. Disponível em: <http://talkingwriting.com/elizabeth-bishop-at-harvard>. Acesso em: 3 mar. 2018.

40. Bishop a Bradley, 27 jun. 1928.

41. Bishop a Bradley, ago. 1929.

42. Bishop a Foster, fev. 1947.

43. Caderno, 1 ou 2 jul. 1935. *EAP*, pp. 247-8.

44. Elizabeth Bishop, *One Art: Letters.* Org. de Robert Giroux. Nova York: Farrar, Straus & Giroux, 1994, p. 320.

45. Bishop a Foster, fev. 1947.

46. Bishop a Foster, fev. 1947.

47. Bishop a Foster, fev. 1947.

48. Bishop a Foster, fev. 1947.

49. Bishop a Blough, 22 jan. 1975. *AO*, p. 594.

50. Bishop a Blough, 22 jan. 1975. *AO*, p. 594.

51. *EAP*, p. 244.

52. *Remembering EB*, p. 29.

53. Bishop a Foster, fev. 1947.

54. "Morta" passou despercebido na meticulosa *Elizabeth Bishop: A Bibliography*, de Candace MacMahon, cuja lista de publicaçoes de Bishop na Walnut Hill formou a base da seção "Poems Written in Early Youth" nos *Complete Poems* de Bishop de 1983. Foi descoberto por este autor e publicado pela primeira vez na *Gettysburg Review* em 1992.

55. *PPL*, p. 189.

56. Elizabeth Bishop, *Prose.* Org. de Lloyd Schwartz. Nova York: Farrar, Straus & Giroux, 2011, pp. 455-6. Citado, daqui em diante, como *Prose.*

57. Bishop a Bradley, 17 jul. 1928.

58. *Prose*, p. 456.

59. *Prose*, p. 457-8.

6. CON SPIRITO [pp. 131-63]

1. "Jenny Holzer's Granite Ode to Elizabeth Bishop Honors Vassar Presi-

dent", Departamento de Comunicações do Vassar, 5 maio 2006. Disponível em: <http://info.vassar.edu/news/announcements/2005-2006/060505-jenny-holzers.html>. Acesso em: 10 fev. 2017.

2. "Interview with Jenny Holzer". Disponível em: <https://fllac.vassar.edu/about/articles/interview-with-jenny-holzer.html>. Acesso em: 10 fev. 2017.

3. *Conversations*, p. 128.

4. Bishop to Bradley, [s. d.], verão de 1930.

5. Bishop to Bradley, [s. d.], verão de 1930.

6. *Conversations*, p. 127.

7. "Elizabeth Bishop: One Art". *Voices and Visions*, New York Center for Visual History, 1988.

8. *Conversations*, p. 128.

9. *Remembering EB*, p. 40.

10. *Remembering EB*, p. 39.

11. *Remembering EB*, p. 39.

12. *Remembering EB*, pp. 39-40.

13. Entrevista com o dr. Bessel van der Kolk, 22 maio 2015.

14. *Remembering EB*, pp. 39-40.

15. Bishop a Foster, fev. 1947. BVC.

16. Eunice Clark Jessup, "Memoirs of Literatae and Socialists, 1929-1933", *Vassar Quarterly*, p. 17, inverno 1979.

17. May Swenson, "Her Early Work", em *Collected Poems*. Nova York: Library of America, 2013, p. 471.

18. Jessup, "Memoirs", p. 17.

19. Jessup, "Memoirs", p. 17.

20. Bishop a Bradley, 15 set. 1931.

21. Bishop a Bradley, datada de "Manhã de segunda-feira". Enviada no fim de agosto ou no começo de setembro de 1931, com base na caligrafia, na cor da tinta e em indícios externos.

22. Bishop a Bradley, ago.-set. 1931.

23. Bishop a Bradley, 15 set. 1931.

24. Bishop a Bradley, 15 set. 1931.

25. "Elizabeth Bishop: One Art", *Voices and Visions*.

26. Recitado de cor por Mary McCarthy, "Elizabeth Bishop: One Art", *Voices and Visions*.

27. "Elizabeth Bishop: One Art", *Voices and Visions*.

28. Bishop a Foster, fev. 1947.

29. *Remembering EB*, p. 41.

30. *Remembering EB*, p. 43.

31. Miller, *Elizabeth Bishop*, pp. 47-8.

32. Bishop a Blough, 20 ago. 1932. *OA*, pp. 6-7.

33. "Elizabeth Bishop: One Art", *Voices and Visions*.

34. Bishop a Bradley, 30 dez. 1932.

35. "Informal Interview with Mary McCarthy", *Vassar Encyclopedia*, 12 fev. 1982. Disponível em: <http://vcencyclopedia.vassar.edu/interviews-reflections/mary-mccarthy.html>. Acesso em: 12 out. 2017.

36. "T.S. Eliot Reads and Comments on His Poetry", *Miscellany News*, p. 1, 10 maio 1933.

37. *Conversations*, p. 108.

38. "Eliot Favors Short-Lived Spontaneous Publications", *Miscellany News*, p. 1, 10 maio 1933.

39. *Poems*, p. 217.

40. *Conversations*, pp. 128-9.

41. Bethany Hicok, *Degrees of Freedom: American Women Poets and the Women's College, 1905-1955*. Cranbury, NJ: Bucknell University Press, 2008, p. 110.

42. *Miscellany News*, 29 nov. 1933. Sem assinatura, como todas as contribuições da "Campus Chat". Bishop reivindicou a autoria no dia 12 de dezembro de 1933, carta a Frani Blough, *AO*, pp. 14-5.

43. Esses dezoito textos foram publicados na *Con Spirito* e na *Vassar Review*, assim como no *Vassar Journal of Undergraduate Studies*. Essa conta considera "Three Sonnets for the Eyes" poemas individuais. Cf. MacMahon, *Bibliography*, pp. 140-1. Essa conta *não* inclui os muitos textos produzidos para o *Miscellany*, a maioria anônimos.

44. *Conversations*, p. 129.

45. Bishop a Foster, fev. 1947.

46. Bishop a Foster, fev. 1947.

47. Christopher Ricks, "The Art and Faith of Gerard Manley Hopkins", *New Criterion*, set. 1991.

48. *Prosa*, pp. 336-7.

49. *Prosa*, p. 337.

50. *Conversations*, p. 26.

51. *Poems*, p. 220.

52. Marianne Moore, *The Poems of Marianne Moore*. Org. de Grace Shulman. Nova York: Viking, 2003, p. 155.

53. Moore, *Poems*, p. 155.

54. Bishop a Blough, 1 abr. 1934. *OA*, p. 21.

55. *Prosa*, p. 149.

56. Bishop a Foster, fev. 1947.

57. Bishop a Blough, 4 jun. 1934.

58. Bishop a Foster, fev. 1947.

59. Bishop a Blough, 27 maio 1934. *OA*, p. 24.

60. Bishop a Blough, 29 jul. 1934. *OA*, p. 25.

61. Bishop a Blough, 1 nov. 1934. *OA*, p. 28.

62. Marianne Moore, "Archaically New", em *Trial Balances*. Org. de Ann Winslow. Nova York: Macmillan, 1935.

63. Berryman a Bishop, 22 dez. 1969. BVC 1.13.

64. *Remembering EB*, p. 64.

7. O ESTRANHO MUNDO DA VIAGEM [pp. 164-87]

1. Bishop to Blough, 1 nov. 1934. *OA*, p. 28.

2. *Remembering EB*, p. 63.

3. *EAP*, p. 3.

4. Bishop a Blough, 27 ago. 1935.

5. *Remembering EB*, p. 63.

6. Bishop a Bradley, 18 set. 1935.

7. Bishop a Blough, 3 ago. 1935.

8. Bishop a Blough, 27 ago. 1935. *OA*, p. 35.

9. *Remembering EB*, p. 63.

10. Bishop a Moore, 21 ago. 1935. *AO*, p. 34.

11. *Remembering EB*, p. 63.

12. Bishop a Blough, 27 ago. 1935. *AO*, p. 35.

13. Bishop a Blough, 27 ago. 1935. *AO*, p. 35.

14. Bishop a Moore, 27 ago. 1935, *AO*, p. 34.

15. Bishop a Bradely, 18 set. 1935.

16. Bishop a Bradely, 18 set. 1935.

17. Bishop a Blough, 20 out. 1935. *AO*, p. 37.

18. Louise Crane a Josephine Crane, 12 nov. 1935. Biblioteca Beinecke, Universidade Yale.

19. Bishop a Blough, 20 out. 1935. *AO*, pp. 38-9.

20. *Remembering EB*, p. 64.

21. Apesar de diligente pesquisa, o dito erro de impressão ainda não foi encontrado.

22. *Poemas escolhidos*, pp. 89 e 91.

23. Robert Lowell, "Interview with Frederick Seidel", *Paris Review*, inverno/primavera 1961.

24. *Poemas escolhidos*, p. 81 e 83.

25. *Poemas escolhidos*, p. 115.

26. *Remembering EB*, p. 65.

27. Louise Crane a Josephine Crane, 10 dez. 1935.

28. *Prosa*, p. 16.

29. Bishop a Moore, 12 maio 1936 (*OA*, p. 41, dá erroneamente a data 21 de maio) — Hotel Costa Brava, Puerto de Sóller, Maiorca.

30. *Prosa*, p. 151.

31. *Prosa*, p. 151.

32. Millier, *Elizabeth Bishop*, p. 112.

33. Bishop a Moore, 5 jan. 1937. *OA*, p. 53.

34. Bishop a Moore, 4 fev. 1937. *OA*, p. 58.

35. Bishop a Moore, 4 fev. 1937. *OA*, p. 59.

36. Bishop a Humphries, abr. e maio 1937. *OA*, p. 60

37. George Herbert, "Love Unknown", em *The Temple*, 1633.

38. *Poemas escolhidos*, p. 105.

39. Miller, *Elizabeth Bishop*, pp. 121-3.

40. Bishop a Blough, 28 jul. 1937.

41. Bishop a Blough, ago. 1937.

42. *Remembering EB*, p. 41.

43. Bishop a Blough, 21 ago. 1937.

44. Bishop a Blough, 21 ago. 1937.

45. Bishop a Blough, 7 out. 1937.

46. Bishop a Blough, 21 nov. 1937.

47. Bishop a Blough, 24 nov. 1937. *OA*, p. 64.

48. Bishop a Blough, 10 dez. 1937. *OA*, p. 65.

49. Bishop a Gregory, 27 dez. 1937. *OA*, p. 66.

8. O ESTADO DE NOME MAIS BONITO [pp. 188-215]

1. Bishop a Blough, 4 jan. 1937.

2. *Conversations*, p. 27.

3. Bishop a Moore, 19 fev. 1939. *OA*, p. 80.

4. Lynn Mitsuko Kaufelt, *Key West Writers and Their Houses*. Sarasota, Fla.: Pineapple Press, 1991.

5. Entrevista de Dave Gonzales, 17 mar. 2013.

6. Maureen Ogle, *Key West: History of an Island of Dreams*. Gainesville, Fla.: University Press of Florida, 2006.

7. Ogle, *Key West.*

8. Bishop a Blough, 4 jan. 1937.

9. *Poemas escolhidos*, p. 147.

10. Bishop a Moore, 31 jan. 1938.

11. David Kalstone, *Becoming a Poet.* Ann Arber: University of Michigan Press, 2001, p. 56.

12. *Prosa*, p. 25.

13. Ogle, *Key West.*

14. Louise Crane a Josephine Crane, 20 mar. 1938.

15. Bishop a Moore, 2 jun. 1938. *OA*, p. 75.

16. Bishop a Blough e Miller, 3 jun. 1938. *OA*, p, 75.

17. *Prosa*, p. 36.

18. Ogle, *Key West.*

19. *Prosa*, p. 40.

20. *Conversations*, p. 27.

21. *Conversations*, p. 27.

22. Ogle, *Key West.*

23. *Remembering EB*, p. 75.

24. *Remembering EB*, p. 75.

25. *Remembering EB*, p. 104.

26. *Prosa*, p. 284.

27. Bishop a Moore, 21 maio 1940. *OA*, p. 90.

28. Milton Trexler, "Elizabeth Bishop's Private Love: Thomas Edwards Wanning", 21 dez. 2014. Disponível em <http://slatebaron.blogspot.com/2014/12/elizabeth-bishopss-private-love-thomas.html>. Acesso em: 8 set. 2015.

29. Trexler, "Elizabeth Bishop's Private Love".

30. Elizabeth Wanning Harries, e-mail ao autor, 12 set. 2015.

31. *Poemas escolhidos*, p. 139.

32. Bishop a Blough, 2 maio 1938. *OA*, p. 71.

33. Bishop a Blough, 2 maio 1938. *OA*, p. 71.

34. Louise Crane a Josephine Crane, datada de "sábado" em 1939.

35. James Merrill, "Elizabeth Bishop (1911-1979)", *New York Review of Books*, 6 dez. 1979.

36. Ogle, *Key West.*

37. Louise Crane a Josephine Crane, 14 dez. 1939.

38. Louise Crane a Josephine Crane, 3 jan. 1939.

39. Louise Crane a Josephine Crane, 3 jan. 1939.

40. *Prosa*, p. 285.

41. *Prosa*, 285.

42. Bishop a Moore, 5 fev. 1940. *OA*, p. 47.

43. Ernest Hemingway, *Death in the Afternoon*. Nova York: Scribner's, 1932, p. 192.

44. *Conversations*, p. 99.

45. Bishop a Moore, 31 jan. 1938. *OA*, p. 68.

46. *Poems*, p. 35.

47. *Prosa*, p. 286.

9. COMO ESTÃO MUDANDO NOSSOS BEIJOS [pp. 216-31]

1. *Poems*, p. 40.

2. *Prose*, p. 328.

3. Bishop a Moore, 5 fev. 1940. *OA*, p. 87.

4. *Remembering EB*, p. 93.

5. *Prosa*, pp. 184-5.

6. *Prosa*, p. 190.

7. *Prosa*, p. 203.

8. *Remembering EB*, p. 85.

9. *EAP*, p. 44

10. Lorrie Goldensohn, "Elizabeth Bishop: An Unpublished, Untitled Poem". *American Poetry Review*, pp. 35-6, jan.-fev. 1988.

11. Bishop a Charlotte Russell [jun. 1941]. *OA*, p. 100.

12. Ogle, *Key West*, cap. 9.

13. *EAP*, p. 59.

14. Ronald Christ, "Elizabeth Bishop's Doctor". *New York Times*, 8 maio 1994. Disponível em: <www.nytimes.com/1994/05/08/books/l-elizabeth-bishop-s-doctor-911631.html>. Acesso em: 26 abr. 2019.

15. Millier afirma que Bishop começou a se consultar com Baumann na primavera de 1947, mas as cartas de Bishop de fevereiro de 1947 deixam claro que ela se tornou paciente de Baumann e subsequentemente de Foster alguns meses antes da viagem de agosto de 1946 a Great Village.

16. Randall Jarrell, *Poetry and the Age*. Nova York: Vintage, 1953, p. 235.

10. O PRÓDIGO [pp. 232-62]

1. Mizener a Bishop, 14 jan. 1974. Citado em nota de rodapé, *OA*, p. 144.

2. Bishop a Joseph e U. T. Summers, 18 jul. 1955. *OA*, p. 308.

3. Bishop a Summers, 18 jul. 1955. *OA*, p. 308.

4. Bishop a Swenson, 6 set. 1955.

5. Bishop a Swenson, 6 set. 1955.

6. *Poemas escolhidos*, pp. 197 e 199.

7. Bishop a Summers, 18 jul. 1955. *OA*, p. 308.

8. Bishop a Swenson, 6 set. 1955.

9. *Poems*, p. 79.

10. White a Bishop, 17 fev. 1947. *EBNYR*, p. 28.

11. *Poemas escolhidos*, p. 185.

12. *Poemas escolhidos*, p. 187.

13. Entrevista a Frank Bidart, 20 maio 2015.

14. Bishop a Foster, fev. 1947. BVC

15. Bishop a White, 13 fev. 1947. *EBNYR*, p. 28.

16. Lowell a Bishop, 18 dez. 1974. *WIA*, p. 776.

17. Lowell a Bishop, 18 dez. 1974. *WIA*, pp. 778-9.

18. "Elizabeth Bishop sobre Robert Lowell", *WIA*, p. 810.

19. Bishop a Lowell, 16 jan. 1975. *WIA*, p. 778.

20. "Elizabeth Bishop sobre Robert Lowell", *WIA*, p. 810.

21. Lowell a Bishop, 11 mar. 1970, *WIA*, p. 669

22. Bishop a Lowell, 16 jan. 1975. *WIA*, p. 778.

23. *Poemas escolhidos*, p. 189.

24. Bishop a Lowell, 14 ago. 1974. *WIA*, p. 6.

25. *Poemas escolhidos*, p. 191.

26. Bishop a Lowell, 18 nov. 1947. *WIA*, p. 13.

27. Bishop a Lowell, 18 nov. 1947. *WIA*, p. 14.

28. Millier sugere equivocadamente que o poema descreve a baía Garrison, maior e mais elegante, que ficava a certa distância da residência de Bishop, então na Dey Street, e que não era um porto em funcionamento para barcos pesqueiros como a baía Key West.

29. *Poemas escolhidos*, pp. 175 e 177.

30. *EBNYR*, p. 37.

31. *Remembering EB*, pp. 105-6.

32. Lowell a Bishop, 15 ago. 1957. *WIA*, p. 225.

33. Lowell a Bishop, 15 ago. 1957. *WIA*, p. 226.

34. Lowell a Bishop, 11 nov. 1948. *WIA*, p. 66.

35. Millier, *Elizabeth Bishop*, p. 215.

36. *Poemas escolhidos*, p. 171.

37. *Poemas escolhidos*, p. 173.

38. *Remembering EB*, p. 108.

39. James Merrill, "Overdue Pilgrimage to Nova Scotia", em *A Scattering of Salts*. Nova York: Alfred A. Knopf, 1995.

40. *Remembering EB*, pp. 115-6.

41. *Conversations*, p. 3.

42. *Conversations*, p. 5.

43. *PPL*, p. 686.

44. *PPL*, p. 687.

45. Bishop a Bradley, 14 jan. 1926.

46. *Poemas escolhidos*, p. 195.

47. Swenson a Hanson, 7 nov. 1951.

48. *Poemas escolhidos*, p. 165 e 167.

49. *Poemas escolhidos*, p. 167.

11. UM EXCESSO DE CASCATAS [pp. 263-85]

1. Bishop a McBride, 8 out. 1951. *OA*, p. 224.

2. Brochura da IFC. Web. Acesso em: 12 ago. 2015.

3. Bishop a Hanson, 29 jan. 1952. O relacionamento entre Mary Morse e Lota de Macedo Soares foi caracterizado numa apresentação de Mônica Stearns Morse, Vassar College, 11 maio 2016.

4. Bishop a Lowell, 26 nov. 1951. *WIA*, p. 131.

5. Brochura da IFC. Web. Acesso em: 12 ago. 2015.

6. Bishop a Hanson, 12 nov. 1951.

7. Bishop a Hanson, 12 nov. 1951.

8. Lowell a Bishop, 26 nov. 1951. *WIA*, p. 129.

9. Bishop a Hanson, 12 nov. 1951.

10. Lowell a Bishop, 26 nov. 1951. *WIA*, p. 129.

11. Bishop a Hanson, 12 nov. 1951.

12. Lowell a Bishop, 26 nov. 1951. *WIA*, p. 130.

13. Millier, *Elizabeth Bishop*, p. 238.

14. "'Silk Stocking' Gang Leader Suspect Seized", *Detroit Free Press*, 29 jan. 1928, pp. 1-2.

15. "Ex-policewoman Mary Breen Dies", *Detroit Free Press*, 3 jan. 1967.

16. "Lt. Mary Breen to Quit Force After 25 Years", *Detroit Free Press*, 19 set. 1946.

17. "Suicide Guard for Schweitzer", *Detroit Free Press*, 3 jul. 1935.

18. "Profile: Miss Mary Breen", *Detroit Free Press*, 7 ago. 1932.

19. Bishop a Hanson, 12 nov. 1951.

20. "It's News of Detroit in Brief", *Detroit Free Press*, 20 set. 1946.

21. "2 Policewomen Raid Hotels, Arrest Eight", *Detroit Free Press*, 7 maio 1928, p. 24.

22. "Outstate Prejudice [...]", *Detroit Free Press*, 24 dez. 1939, p. 5.

23. Millier, *Elizabeth Bishop*, p. 239.

24. *Poemas escolhidos*, p. 219.

25. Pearl K[azin] Bell, "Dona Elizabetchy: A Memoir of Elizabeth Bishop". *Partisan Review*, inverno 1991.

26. Bishop a Swenson, set. 1953.

27. Bishop a Alfred Kazin, dez. 1951. *OA*, p. 227.

28. Bishop a Hanson, 19 jan. 1952.

29. Bishop a Hanson, 19 jan. 1952.

30. Bishop a Baumann, 8 jan. 1952. *OA*, p. 231.

31. Bishop a Baumann, 8 jan. 1952. *OA*, p. 231.

32. Bishop a Hanson, 19 jan. 1952.

33. Bishop a Moore, 14 fev. 1952. *OA*, p. 236.

34. Bishop a MacIver, 26 jan. 1952. *OA*, p. 233.

35. Bishop a Hanson, 19 jan. 1952.

36. Bishop aos Barker, 7 fev. 1952. *OA*, p. 233.

37. Bishop aos Barker, 7 fev. 1952. *OA*, p. 234.

38. Bishop aos Barker, 7 fev. 1952. *OA*, p. 234.

39. Bishop aos Barker, 7 fev. 1952. *OA*, p. 233.

40. Bishop a Moore, 14 fev. 1952. *OA*, p. 236.

41. *Remembering EB*, p. 128.

42. Bishop aos Barker, 7 fev. 1952. *OA*, p. 234.

43. Bishop aos Barker, 14 fev. 1952. *OA*, p. 236.

44. Bishop a Moore, 14 fev. 1952. *OA*, p. 236.

45. *Remembering EB*, p. 128.

46. Bell, "Dona Elizabetchy".

47. Bell, "Dona Elizabetchy".

48. Lowell a Bishop, 26 fev. 1952. *WIA*, p. 133.

49. Bishop a Lowell, 21 mar. 1952. *WIA*, p. 136.

50. Bishop a Lowell, 21 mar. 1952. *WIA*, p. 136.

51. Elizabeth Bishop, *Exchanging Hats: Paintings*. Org. de William Benton. Nova York: Farrar, Straus & Giroux, 1996, p. 61.

52. *Poems*, pp. 227-8.

53. Rich, "The Eye of the Outsider", p. 16.

54. *Poemas escolhidos*, p. 213.

55. *EBNYR*, p. 112.

56. Bishop a Pearl K. Bell, 1953. *OA*, p. 241. A data de *OA* está equivocada.
57. Swenson a Bishop, 14 set. 1953. Biblioteca WU.
58. *Poemas escolhidos*, p. 213.
59. Bishop a Swenson, 19 set. 1953.
60. Swenson a Bishop, 14 set. 1953.
61. *Remembering EB*, p. 142.
62. Rich, "The Eye of the Ousider", p. 16.

12. SAMAMBAIA [pp. 286-317]

1.Bishop aos Barker, 12 out. 1952. *OA*, p. 249.
2. Bell, "Dona Elizabetchy", p. 31.
3. *WIA*, p. xv.
4. Bell, "Dona Elizabetchy", p. 34.
5. Bishop a Swenson, 1 jun. 1956.
6. Bishop a Lowell, 5 dez. 1953. *WIA*, p. 147.
7. Bishop aos Barker, 12 out. 1952. *OA*, p. 249.
8. Bishop aos Barker, 12 out. 1952. *OA*, p. 250.
9. Bishop a Swenson, 5 fev. 1956.
10. Bishop aos Barker, 12 out. 1952. *OA*, p. 249.
11. Bishop a Hanson, 25 mar. 1953.
12. Bishop aos Bakers, 13 jul. 1953. *OA*, p. 266.
13. Bishop a Bradley, 9 abr. 1927. Wylie House.
14. Bishop a Sargent, 4 out. 1952.
15. Bishop a Hanson, 25 mar. 1953.
16. Bishop a Hanson, 25 mar. 1953.
17. Bishop a Hanson, 25 mar. 1953.
18. Bishop a Hanson, 25 mar. 1953.
19. Bishop aos Barker, 24 maio 1953. *OA*, p. 265.
20. Bishop a Swenson, 17 mar. 1955.
21. Bishop a Swenson, 17 mar. 1955.
22. Bishop aos Barker, 17 jun. 1953.
23. Bishop aos Barker, 23 nov. 1953. *OA*, p. 278.
24. Bishop aos Barker, 13 jul. 1952. *OA*, p. 266.
25. Bishop aos Barker, 8 out. 1953. *OA*, p. 273.
26. Bishop a Hanson, 27 jul. 1953.
27. Bishop a Hanson, 27 jul. 1953.
28. Bishop, *Exchanging Hats*, pp. 64-5.

29. Bishop aos Barker, 24 maio 1958. *OA*, p. 256.

30. Bishop a Lowell, 1 abr. 1958. *WIA*, p. 253.

31. Bishop aos Barker, 26 jan. 1956.

32. Bishop aos Barker, 29 ago. 1953. *OA*, p. 271.

33. Bishop a Swenson, 17 mar. 1955.

34. Bishop a Swenson, 17 mar. 1955.

35. Bishop a Lowell, 21 mar. 1952. *WIA*, p. 134.

36. Bishop aos Barker, 17 jun. 1953.

37. Bishop aos Barker, 26 fev. 1954. *OA*, p. 292.

38. Bishop a Lowell, 11 dez. 1957. *WIA*, p. 242.

39. Lowell a Bishop, 10 mar. 1963. *WIA*, p. 452.

40. Bishop a Lowell, 28 jul. 1953. *WIA*, pp. 142-3.

41. Bishop a Lowell, 28 jul. 1953. *WIA*, p. 143.

42. Bishop a Lowell, 28 jul. 1953. *WIA*, p. 143.

43. Lowell a Bishop, 29 nov. 1953. *WIA*, p. 145.

44. Lowell a Bishop, 24 out. 1956. *WIA*, p. 187.

45. Lowell, *Collected Prose.* Nova York: Farrar, Straus & Giroux, 1987, p. 76.

46. Bishop a Lowell, 5 dez. 1953. *WIA*, p. 147.

47. Bishop a Pearl Kazin, 16 nov. 1953. *OA*, pp. 276-7.

48. *Remembering EB*, p. 75.

49. Bishop a Lowell, 5 dez. 1953. *WIA*, p. 146.

50. Bishop aos Barker, 22 out. 1954.

51. Bishop aos Barker, 28 fev. 1955.

52. Bishop a McKenna, 19 nov. 1956. *OA*, p. 329.

53. *Prosa*, p. 65.

54. *Prosa*, p. 67.

55. *Prosa*, p. 74.

56. *Prosa*, p. 76.

57. *Prosa*, p. 97.

58. Elizabeth Bishop, "Introduction", em *The Diary of "Helena Morley"*. Nova York: Farrar, Straus & Giroux, 1957, pp. ix-x.

59. Bishop aos Barker, 7 ago. 1954.

60. *PPL*, p. 238.

61. Bishop aos Barker, 5 fev. 1954.

62. Randall Jarrell, "The Year in Poetry", publicadas pela primeira vez na *Harper's*, out. 1955. Citado em *Kiping, Auden & Co.* Nova York: Farrar, Straus & Giroux, 1980, pp. 244-5.

63. Bishop a Jarrell, 26 dez. 1955. *OA*, p. 312.

64. Bishop a White, 28 fev. 1947. *EBNYR*, p. 28.

65. Bishop a White, 12 jan. 1949. *EBNYR*, p. 38.

66. White a Bishop, 20 jan. 1949. *EBNYR*, p. 39.

13. "O PRÊMIO PULITZER!" [pp. 318-38]

1. Bishop, "Foreword", em *Diary of "Helena Morley"*, p. vii.

2. Bishop, "Foreword". Em *Diary of "Helena Morley"*, p. xxxiii. Atualmente, esse edifício é conhecido como Hotel Tijuco Turismo.

3. Bishop aos Barker, 5 jun. 1956.

4. Bishop a Swenson, 10 maio 1956.

5. Bishop aos Barker, 5 jun. 1956.

6. Bishop a Lowell, 7 jun. 1956. *WIA*, p. 176.

7. Bishop a Swenson, 10 maio 1956.

8. Bishop aos Barker, 5 jun. 1956.

9. Bishop a Merrill, 5 jun. 1956.

10. Bishop aos Barker, 5 jun. 1956.

11. Bishop a Kazin, 21 maio 1956. *OA*, p. 318.

12. Bishop a Lowell, 7 jun. 1956. *WIA*, p. 176.

13. Bishop aos Barker, 5 jun. 1956.

14. "Está residindo em Petrópolis a laureada com o prêmio Pulitzer", *O Globo*, 11 maio 1956. Citação traduzida em *Conversations*, pp. 8-11.

15. Bishop a Baumann, 10 maio 1956. *OA*, p. 317.

16. Bishop aos Barker, 5 jun. 1956.

17. Bishop a Lowell, 17 jul. 1955. *WIA*, p. 166.

18. Bishop aos Baker, 23 mar. 1956.

19. Bishop a Swenson, 25 nov. 1956. *OA*, p. 331.

20. Bishop aos Barker, 5 jun. 1956.

21. Bishop aos Barker, 14 jun. 1956.

22. Bishop a Grace Bulmer, 5 jul. 1956. *OA*, p. 322.

23. Bishop aos Barker, 14 jun. 1956.

24. Bishop a Gold e Fizdale, 5 maio 1953. *OA*, p. 263.

25. *Poemas escolhidos*, pp. 251 e 253.

26. Ibid, p. 253.

27. Lowell a Bishop, 10 jun. 1957. *WIA*, p. 204.

28. Lowell a Bishop, 28 abr. 1960. *WIA*, p. 324.

29. Bishop a Lowell [fev. 1959]. *WIA*, p. 289.

30. Bishop aos Barker, 26 jan. 1957.

31. Bishop a Swenson, 10 fev. 1957. *OA*, p. 336.

32. *Remembering EB*, pp. 153-4.
33. Bishop a Moss, 25 jan. 1957. *EBNYR*, p. 193.
34. Bishop aos Barker, 28 jun. 1957.
35. Bishop a Lowell, 11 ago. 1957. *WIA*, p. 216.
36. Bishop a Lowell, 11 ago. 1957. *WIA*, p. 217.
37. Bishop aos Barker, 2 nov. 1957.
38. Bishop a Lowell, 29 set. 1957. *WIA*, p. 233.
39. Bishop aos Barker, 2 nov. 1957.
40. Bishop a Lowell, 28 ago. 1958. *WIA*, p. 264.
41. Bishop a Moss, 8 set. 1959. *EBNYR*, p. 215.

14. O APARTAMENTO NO LEME [pp. 339-63]

1. *Poemas escolhidos*, p. 225.
2. *Poemas escolhidos*, p. 225.
3. Lowell a Bishop, 4 jan. 1960. *WIA*, p. 307.
4. Bishop a Merrill, 25 abr. 1961.
5. Bishop a Lowell, datada de "março?? (1962)". *WIA*, p. 392.
6. Bishop aos Barker, 20 jun. 1961.
7. Robert Lowell, "Elizabeth Bishop 4", em *Selected Poems.* Nova York: Farrar, Straus & Giroux, 2006, p. 230.
8. Lowell a Bishop, 10 set. 1952. *WIA*, p. 429.
9. Cf. Bishop a Lowell, [2]1 set. 1962. *WIA*, p. 418.
10. Bishop a Lowell, 19 dez. 1962. *WIA*, p. 429.
11. Bishop a Merrill, jan. 1964.
12. Bishop a Lowell, 26 maio 1963. *WIA*, p. 460.
13. Bishop a Lowell, 26 maio 1963. *WIA*, p. 458.
14. Bishop aos Barker, 13 abr. 1964.
15. Bishop aos Barker, 27 abr. 1964.
16. Bishop a Lowell, 13 jun. 1964. *WIA*, p. 540.
17. *Remembering EB*, p. 187.
18. Bishop a Lowell, 27 ago. 1964. *WIA*, p. 554.
19. Bishop a Lowell, 30 jul. 1964. *WIA*, p. 546.
20. *EAP*, p. 126.
21. *EAP*, p. 126.
22. Bishop aos Barker, 24 nov. 1965.
23. *Poemas escolhidos*, p. 383.
24. *Poemas escolhidos*, p. 385.

25. Nota de rodapé, *WIA*, p. 559.
26. Bishop a Swenson, 5 nov. 1964.
27. *Remembering EB*, p. 192.
28. *EAP*, p. 135.
29. *EAP*, p. 134.
30. Bishop a Lowell, 2 ago. 1965. *WIA*, p. 583.
31. Lowell a Bishop, [22] nov. 1964. *WIA*, p. 560.
32. *Poemas escolhidos*, p. 267.
33. *Poemas escolhidos*, p. 275.
34. Bishop a Lowell, 11 dez. 1964. *WIA*, p. 562.
35. Bishop a Lowell, 11 mar. 1965. *WIA*, p. 574.
36. Bishop a Swenson, 10 nov. 1965.
37. *Remembering EB*, pp. 196-7.
38. Bishop a Swenson, 10 nov. 1965.
39. Lowell a Bishop, 22 nov. 1964. *WIA*, p. 560.
40. Lowell, sinopse para Bishop, *Questions of Travel*. Nova York: Farrar, Straus & Giroux, 1965.
41. Lowell a Bishop, 28 out. 1965. *WIA*, p. 591.
42. Bishop a Lowell, 18 nov. 1965. *WIA*, p. 596.
43. Lowell a Bishop, 24 nov. 1965. *WIA*, p. 507.

15. CAFÉ NENHUM TE ACORDA [pp. 364-95]

1. Tom Robbins, "Now Playing: A Touch of the Poetess", em *Conversations*, p. 33.
2. *Conversations*, p. 33.
3. *Conversations*, p. 34.
4. *Conversations*, p. 36.
5. *Conversations*, pp. 33-4.
6. *Conversations*, p. 34.
7. *Remembering EB*, p. 202.
8. Bishop a Lowell, 19 maio 1960. *WIA*, p. 328.
9. Bishop aos Barker, 8 fev. 1966.
10. Bishop a Baumann, 19 mar. 1966. *OA*, p. 446.
11. Bishop aos Barker, 8 fev. 1966.
12. *Remembering EB*, p. 203.
13. Bishop aos Barker, 8 fev. 1966.
14. Bishop a Lowell, 23 fev. 1966. *WIA*, p. 600.

15. Lowell a Bishop, 23 maio 1965. *WIA*, p. 575.

16. *PPL*, p. 460.

17. *Conversations*, p. 40.

18. *Conversations*, p. 40.

19. Entrevista de Roxanne Cumming, 19 jan. 2019.

20. Delores Tarzan Ament, "Cumming, William (1917-2010, Painter)", 15 fev. 2003. Disponível em: <www.historylink.org/File/5221>. Acesso em: 10 nov. 2018.

21. Entrevista de Cumming, 19 jan. 2019.

22. Cumming, e-mail ao autor, 22 nov. 2018.

23. Bishop a Bowie, 13 ago. 1966.

24. Bishop a Baumann, 1 set. 1966. *OA*, p. 449.

25. Bishop a Baumann, 1 set. 1966. *OA*, p. 449.

26. Entrevista de Mônica Morse, 12 jan. 2019.

27. Bishop a Magu e Rosinha Leão, 27 ago. 1967.

28. Lota a Bishop, 7 set. 1967. BVC, 118.28

29. Dr. Décio Soares de Souza a Bishop, 18 out. 1967. BVC 117.14.

30. Lota a Bishop, 15 set. 1967.

31. Bishop a Rosinha Leão, 23 set. 1967.

32. Bishop a Rosinha Leão, 23 set. 1967.

33. Bishop a Rosinha Leão, 25 set. 1967. *OA*, p. 469.

34. Lota a Bishop, 7 set. 1967. BVC 118.28.

35. Bishop aos Barker, 18 out. 1967.

36. Bishop aos Barker, 18 out. 1967.

37. Mônica Morse, apresentação no Vassar College, 11 maio 2016.

38. Bishop aos Barker, 18 set. 1967.

39. Bishop aos Barker, 28 set. 1967. *OA*, p. 470

40. *EAP*, p. 149.

41. Décio de Souza a Bishop, 18 out. 1967.

42. Bishop a Bowie, cartas de 10 e 14 nov. 1967.

43. Entrevista de Morse, 12 jan. 2018.

44. Bishop a Bowie, 14 nov. 1967.

45. Bishop a Osser, 4 jan. 1968. *OA*, pp. 488-91.

46. Bishop a Lowell, 9 jan. 1968. *WIA*, p. 635.

47. Entrevista de Morse, 12 jan. 2018.

48. Bishop a Muser, 4 jan. 1968. *OA*, p. 487.

49. Bishop a Osser, 4 jan. 1968, *OA*, pp. 488-91.

50. Bishop a Muser, 4 jan. 1968. Passagem omitida em *OA*.

51. Bishop a Muser, 4 jan. 1968. Passagem omitida em *OA*.

52. Entrevista de Cumming, 18 jan. 2019.

53. Bishop aos Barker, 31 mar. 1969.
54. Entrevista de Cumming, 18 jan. 2019.
55. Bishop aos Barker, 10 ago. 1969.
56. Bishop aos Barker, 25 ago. 1969.
57. Bishop aos Barker, 25 ago. 1969.
58. Bishop aos Barker, 3 out. 1969.
59. Lowell a Bishop, 6 dez. 1959. *WIA*, p. 656.
60. Bishop a Lowell, 15 ou 16 dez. 1969. *WIA*, p. 661.
61. Bishop aos Barker, 1 dez. 1969.
62. Bishop aos Barker, 2 jan. 1970.
63. Bishop aos Barker, 7 mar. 1970.
64. Bishop aos Barker, 13 maio 1970.
65. Bishop a Bowie, 28 maio 1970.
66. Bishop a Bowie, 14 jun. 1970.
67. Bishop a Bowie, 19 jun. 1970.
68. Merrill, *Poetry Pilot*.
69. Merrill, *Poetry Pilot*.
70. Bishop aos Barker, 28 ou 29 ago. 1970.
71. Bishop aos Barker, 28 ou 29 ago. 1970.
72. Bishop a Bowie, 15 set. 1970.

16. CANÇÃO DO CAFÉ DA MANHÃ [pp. 396-425]

1. Methfessel a Bishop, 24 nov. 1970.
2. Methfessel a Bishop, 28 dez. 1970.
3. Entrevista de Gary Methfessel, dez. 2018.
4. Bishop a Methfessel, 29 [dez. 1970].
5. *Remembering EB*, p. 270.
6. Bishop a Muser, 1 out. 1970. *OA*, p. 532.
7. *Remembering EB*, p. 270.
8. Bishop a MacIver, 6 out. 1970. *OA*, p. 535.
9. Bishop a Bowie, 2 nov. 1970.
10. Bishop a Bowie, 7 nov. 1970.
11. *Remembering EB*, p. 270.
12. Bishop a Bowie, 23 fev. 1971.
13. Entrevista de Bidart, 20 maio 2015.
14. Bishop a Bowie, 23 fev. 1971.
15. Bishop aos Barker, 25 jun. 1971.
16. Bishop a Baumann, 9 set. 1971. *OA*, p. 547.

17. Bishop a Methfessel, bilhete datilografado endereçado a "minha querida" e datado apenas de "4 da tarde".

18. Bishop a Gold e Fizdale, 8 jul. 1971. *OA*, p. 544.

19. Bishop aos Barker, 29 ago. 1953. *OA*, p. 273.

20. Tom Paulin, "Newness and Nowness: The Extraordinary Brilliance of Elizabeth Bishop's Letters". *Times Literary Supplement*, p. 3, 29 abr. 1994.

21. Resenha em *The Week*, 7 nov. 2008.

22. Jonathan Ellis (org.), *Letter Writing Among Poets: From William Wordsworth to Elizabeth Bishop*. Edimburgo: University of Edinburg Press, 2015.

23. U. T. Summers, "Surprised by *One Art*". *Elizabeth Bishop Bulletin*, pp. 2-4, verão 1994.

24. Bishop a Muser, 8 jan. 1972. *OA*, p. 553.

25. Bishop a Brown, 25 jan. 1972. *OA*, p. 556.

26. Swenson a Bishop, 2 dez. 1971.

27. *Poemas escolhidos*, p. 331.

28. *Poemas escolhidos*, p. 331.

29. *Poemas escolhidos*, p. 331.

30. *Poemas escolhidos*, p. 335.

31. *Poemas escolhidos*, p. 337.

32. Lowell a Bishop, 31 jul. 1973. *WIA*, p. 754.

33. *Remembering EB*, p. 333.

34. Cf. discussão de "Crusoe in England", *EBNYR*, pp. 273-80.

35. *Poemas escolhidos*, pp. 343 e 345.

36. Bishop a Foster, fev. 1947. BVC.

37. Bishop a Foster, fev. 1947.

38. *Remembering EB*, p. 291.

39. Millier, *Elizabeth Bishop*, p. 466.

40. Bishop a Lowell, 30 jun. 1948. *WIA*, p. 39.

41. Bishop a Lowell, 10 fev. 1972. *WIA*, p. 708.

42. Hardwick a Bishop, 16 ago. 1978. BVC.

43. Lowell a Bishop, 12 jul. 1973. *WIA*, p. 752.

44. Moss a Bishop, 28 mar. 1972. *EBNYR*, p. 339.

45. *Poemas escolhidos*, p. 359 e 361.

46. *Poemas escolhidos*, p. 361.

17. O PÁSSARO-ÍRIS [pp. 426-65]

1. Megan Marshal, *Elizabeth Bishop: A Miracle for Breakfast*. Nova York: Houghton Mifflin Harcourt, 2017, p. 261.

2. Bishop a Bowie, 11 set. 1974.

3. Bishop aos Barker, 11 set. 1974.

4. Bishop aos Barker, 5 ago. 1974.

5. Moss a Bishop, 4 jan. 1975. *EBNYR*, p. 356.

6. Bishop aos Barker, 7 abr. 1975.

7. Bishop a Bowie, 27 abr. 1974.

8. Bishop a Bowie, 27 abr. 1974.

9. Bishop aos Barker, 11 nov. 1974.

10. Bishop aos Barker, 7 abr. 1975.

11. Elizabeth Spires, "An Afternoon with Elizabeth Bishop". *Vassar Quarterly*, p. 5, inverno 1979.

12. *Remembering EB*, p. 322.

13. *Remembering EB*, p. 322.

14. *Remembering EB*, p. 322.

15. Bishop a MacIver e Frankenberg, 30 jul. 1974. *OA*, p. 587.

16. *Remembering EB*, p. 63.

17. *Remembering EB*, pp. 319-20.

18. *Remembering EB*, p. 320.

19. Schwartz, e-mail ao autor, 26 fev. 2019.

20. Bishop indicou, numa carta à *New Yorker*, que nem Brinnin nem Read participaram do passeio descrito no poema (*EBNYR*, p. 361). Sua acompanhante certamente era Methfessel.

21. Bishop a Lowell, 3 set. 1974. *WIA*, p. 767.

22. *Poemas escolhidos*, p. 367.

23. Bishop a Moss, 18 jul. 1974. *EBNRY*, p. 360.

24. Harold Bloom, "Geography III". *New Republic*, 5 fev. 1977, p. 29.

25. A *New Yorker* perdeu o encerramento revisado que Bishop lhe enviou, mas, posteriormente, ele foi restaurado na publicação em livro.

26. Bishop a Henderson, 15 ago. 1974. *EBNYR*, p. 361.

27. Moss a Bishop, 28 jul. 1975. *EBNYR*, p. 372.

28. Bishop a MacIver, 6 out. 1970, *OA*, p. 535.

29. *Remembering EB*, p. 280.

30. *Remembering EB*, p. 298.

31. Notas compartilhadas com o autor por Mildred Nash.

32. Entrevista de Eric M. Van, 13 jan. 2019.

33. Boucheron, "Elizabeth Bishop at Harvard". Web. Acesso em: 3 mar. 2018.

34. *Remembering EB*, p. 327.

35. *Remembering EB*, p. 298.

36. *Remembering EB*, p. 311.

37. Entrevista de Mildred Nash, 30 abr. 2015.

38. Mildred Nash, "Elizabeth Bishop's Library: A Reminiscence". *Massachusetts Review*, v. 24, n. 2, p. 436, 1983.

39. Nash, "Elizabeth Bishop's Library", p. 437.

40. Entrevista com Nash, 30 abr. 2015.

41. *Remembering EB*, p. 326.

42. *Remembering EB*, p. 327.

43. *Remembering EB*, p. 330.

44. Charles P. Elliot, "Minor Poet with a Major Fund of Love". *Life*, 4 jul. 1969, p. 13.

45. Bishop a Summers, 1 mar. 1979.

46. Nash, "Elizabeth Bishop's Library".

47. *Remembering EB*, p. 330.

48. Rich, "The Eye of the Outsider", p. 16.

49. Marilyn May Lombardi (org.). *Elizabeth Bishop: The Geography of Gender*. Charlottesville: University of Virginia Press, 1993, p. 5.

50. Lowell a Bishop, 18 dez. 1974. *WIA*, p. 776.

51. Bishop a Lowell, 16 jan. 1975. *WIA*, p. 778.

52. Bishop aos Barker, 7 abr. 1975.

53. Entrevista de Bidart, 20 maio 2015.

54. Gregory Orr, e-mail ao autor, 16 jun. 2013.

55. Entrevista de Bidart, 20 maio 2015.

56. *Conversations*, p. 329.

57. *Remembering EB*, p. 320.

58. Bishop aos Barker, 19 abr. 1976.

59. Troca de e-mails com Fiona Sheehan, 24 fev. 2019.

60. Moss a Bishop, 4 nov. 1975. *EBNYR*, p. 373.

61. *Poemas escolhidos*, p. 363.

62. *Poemas escolhidos*, p. 363.

63. *Remembering EB*, p. 334.

64. *Remembering EB*, p. 341.

65. Entrevista de Bidart, 20 maio 2015.

66. Bloom, "*Geography III* by Elizabeth Bishop". *New Republic*, 5 fev. 1977, pp. 29-30.

67. *Remembering EB*, p. 290.

68. *Remembering EB*, p. 341.

69. *Remembering EB*, p. 341.

70. *Poemas escolhidos*, p. 379.

71. *Remembering EB*, p. 344.

72. *Poemas escolhidos*, p. 381.

73. Hardwick a Bishop, 16 ago. 1978.

74. *Remembering EB*, p. 346.

75. Robert Taylor, "Book-Making". *Boston Globe*, 14 out. 1979, C2. Clipagem da coleção de Mildred Nash.

76. *Remembering EB*, p. 350.

77. Taylor, "Book-Making".

78. Lloyd Schwartz, "Annals of Poetry: Elizabeth Bishop and Brazil". *The New Yorker*, 30 set. 1991, pp. 85-97.

79. Lloyd Schwartz, "Elizabeth Bihop's 'Sonnet'". *Atlantic*, 29 mar. 2000.

80. Swenson, "In the Bodies of Words: For Elizabeth Bishop (1911-1979)".

CODA — A ATIVIDADE CONFUSA CONTINUA [pp. 467-71]

1. John Malcolm Brinnin, gravação de som, Key West Literary Seminar, jan. 1993.

2. Millier, *Elizabeth Bishop*, p. 550. Em um e-mail de 23 de agosto de 2013, Millier explicou: "A linguagem no meu livro foi cuidadosamente formulada, porque Alice me contou que Elizabeth lhe pedira que inscrevesse na pedra, mas ela, Alice, decidira não o fazer".

3. *Poemas escolhidos*, p. 175.

4. Merrill a Jeffrey Harrison, 25 jul. 1994. Transcrito para o autor por Harrison em um e-mail de 14 de março de 2013.

5. Troca de e-mails com Carle Johnson, 11 jun. 2014.

Créditos de textos e imagens

Manifestamos nossa gratidão pela autorização de reimpressão a:

Excertos de *Edgar Allan Poe & The Juke-Box* de Elizabeth Bishop, organizado e anotado por Alice Quinn. Copyright © 2006 de Alice Helen Methfessel. Direitos de impressão na América do Norte e no Open Market e direitos eletrônicos em todo o mundo controlados pela Farrar, Straus and Giroux. Direitos de impressão fora da América do Norte administrados pela Carcanet Press Limited. Reimpressos com autorização da Farrar, Straus and Giroux e da Carcanet Press Limited.

Excertos de *Poems* de Elizabeth Bishop. Copyright © 2011 por The Alice H. Methfessel Trust. Nota do editor e copyright de compilação © 2011 de Farrar, Straus and Giroux. Direitos de impressão e eletrônicos na América do Norte e no Open Market controlados pela Farrar, Straus and Giroux. Reimpressos com autorização da Farrar, Straus and Giroux.

Excertos das cartas inéditas escritas por Elizabeth Bishop a Ilse e Kit Barker, Louise Bradley, Dorothee Bowie, dra. Ruth Fos-

Cartas de Elizabeth Bishop a Louise Bradley, cortesia de Louise Bradley e Elizabeth Bishop Correspondence Collection, Wylie House Museum, Indiana University Libraries, Bloomington.

Carta de May Swenson a Pauline Hanson, cortesia de The Literary Estate de May Swenson.

Cartas de Louise Crane a Josephine Crane, cortesia da Crane Foundation e de Louise Crane and Victoria Kent Papers, Yale Collection of American Literature, Beinecke Rare Book and Manuscript Library.

Todas as fotografias são cortesia de Archives and Special Collections, Vassar College, com exceção das indicadas abaixo:

Foto 3 — Cortesia de Esther Clark Wright Archives, Universidade Acadia.

Foto 11 — Cortesia de Louise Crane and Victoria Kent Papers; Yale Collection of American Literature, Beinecke Rare Book and Manuscript Library.

Foto 12 — Cortesia de DeWolfe e Wood Collection, Florida Keys Public Libraries.

Foto 13 — Fotografia de Josef Breitenbach © The Josef and Yaye Breitenbach Charitable Foundation.

Foto 14 — Cortesia de The Literary Estate de May Swenson.

Foto 15 — Cortesia de Mônica Stearns Morse.

Foto 17 — J. L. Castel, cortesia de Archives and Special Collections, Vassar College Library.

Foto 23 — Cortesia da coleção particular do autor.

Índice remissivo

ESTA OBRA FOI COMPOSTA EM MINION PELO ACQUA ESTÚDIO E IMPRESSA
PELA GRÁFICA SANTA MARTA EM OFSETE SOBRE PAPEL PÓLEN SOFT DA SUZANO S.A.
PARA A EDITORA SCHWARCZ EM ABRIL DE 2023

FSC
www.fsc.org
MISTO
Proveniente de fontes responsáveis
FSC® C005648

A marca FSC® é a garantia de que a madeira utilizada na fabricação do papel deste livro provém de florestas que foram gerenciadas de maneira ambientalmente correta, socialmente justa e economicamente viável, além de outras fontes de origem controlada.